UTB

UTB **1505**

Eine Arbeitsgemeinschaft der Verlage

Beltz Verlag Weinheim und Basel
Böhlau Verlag Köln · Weimar · Wien
Wilhelm Fink Verlag München
A. Francke Verlag Tübingen und Basel
Paul Haupt Verlag Bern · Stuttgart · Wien
Verlag Leske + Budrich Opladen
Lucius & Lucius Verlagsgesellschaft Stuttgart
Mohr Siebeck Tübingen
C.F. Müller Verlag Heidelberg
Ernst Reinhardt Verlag München und Basel
Ferdinand Schöningh Verlag Paderborn · München · Wien · Zürich
Eugen Ulmer Verlag Stuttgart
UVK Verlagsgesellschaft Konstanz
Vandenhoeck & Ruprecht Göttingen
WUV Facultas · Wien

Wolfgang Butzkamm

Psycholinguistik des Fremdsprachenunterrichts

Von der Muttersprache zur Fremdsprache

3., neubearbeitete Auflage

A. Francke Verlag Tübingen und Basel

Wolfgang Butzkamm ist Professor für Englische Sprache und ihre Didaktik an der RWTH Aachen und durch zahlreiche Publikationen auf dem Gebiet der Fremdsprachendidaktik ausgewiesen.

Die Deutsche Bibliothek – CIP-Einheitsaufnahme

Butzkamm, Wolfgang:
Psycholinguistik des Fremdsprachenunterrichts : von der Muttersprache zur Fremdsprache / Wolfgang Butzkamm. – 3., neubearb. Aufl. – Tübingen ; Basel : Francke, 2002
(UTB für Wissenschaft: Uni-Taschenbücher ; 1505)
ISBN 3–8252–1505–9 (UTB)
ISBN 3–7720–1750–9 (Francke)

1. Auflage 1989
2., verbesserte und erweiterte Auflage 1993
3., neubearbeitete Auflage 2002

Dischingerweg 5 · D-72070 Tübingen
ISBN 3-7720-1750-9

Gedruckt auf chlorfrei gebleichtem und säurefreiem Werkdruckpapier.

Internet: http://www.francke.de
E-Mail: info@francke.de

Einbandgestaltung: Atelier Reichert, Stuttgart
Satz: Nagel, Reutlingen
Druck und Bindung: Hubert & Co., Göttingen
Printed in Germany

ISBN 3-8252-1505-9 (UTB Bestellnummer)

Inka †
uxori rarissimae

Inhalt

Unterricht: Wie man Sprachen lehrt ... 135

Vorwort zur Neubearbeitung

Die Neubearbeitung meines zuerst 1989 aufgelegten Buches erfüllt mich mit Freude und Trauer zugleich. Ich freue mich, dass weiterhin Interesse an dem Buch besteht. Denn der Ansatz hat sich als richtig erwiesen: „die Weiterentwicklung methodischer Traditionen aus der umfassenden Sicht des Spracherwerbs überhaupt" (Vorwort 1989). Wer Sprachen lehren will, muss wissen, wie sie gelernt werden – besonders auch in natürlichen Kontexten, ohne die Arrangements der Schule. Das schließt den Mutterspracherwerb ein. So habe ich mir eine Art Auszeit von den Fremdsprachen gegönnt und mich mehrere Jahre lang der Muttersprache verschrieben. Zusammen mit meinem Bruder, einem Psychologen, mit dem ich immer schon auf anregende Weise fachsimpeln konnte, schrieb ich dann *Wie Kinder sprechen lernen. Kindliche Entwicklung und die Sprachlichkeit des Menschen* (1999). Es war eine wunderbarer Wechsel. Nicht mehr gegen fest gefügte Überzeugungen von weiten Teilen des fremdsprachendidaktischen Establishments und zugleich gegen den Schlendrian der Schulen anschreiben zu müssen! Stattdessen die große Verheißung des Anfangs, die Gleichgestimmtheit zwischen Mutter und Kind, die Entdeckung der Namen, das Keimen der Grammatik und ihre formfordernde Macht zu beobachten, nachzubuchstabieren und einfach zu bewundern! „Einblicke in das *Werden* der Sprache beim Kind bilden den faszinierendsten und schönsten Zugang zum *Wesen* der Sprache und des mit der Sprache begabten Menschen." (aus dem Vorwort)

Dieses intensive Studium der Muttersprache kommt auch der Neubearbeitung dieses Buches zugute. Es trug ja schon immer den Untertitel, der mir auch Programm war: Von der Muttersprache zur Fremdsprache. „Great Expectations", so Lightbown (1985), große Hoffnungen durften wir in die Erwerbsforschung setzen, und sie haben nicht getrogen. Die Hauptthesen des Buches: Die Geburt der Sprache aus von Vertrauen getragener Kommunikation und Kommunikation als Weg und Ziel des Unterrichts, das doppelte Verstehen – funktionales und formales – als Grundbedingung jeden Spracherwerbs, Verstehen als Produkt von Sinnfindung und Sinngebung, dazu die Pionierarbeit der Muttersprache für alle späteren Sprachen, die Bedeutsamkeit der Analogiebildung und des generativen Prinzips, sie alle haben sich als tragfähig erwiesen. Ich habe versucht, sie in dieser Neubearbeitung noch schärfer zu konturieren und die beiden Teile „Wie man Sprachen lernt" und „Wie man Sprachen lehrt" noch besser miteinander zu verzahnen. So liefert dieses Buch die bis in die Biologie hineinreichende theoretische Grundlage für die Brennpunkte praktischer Unterrichtsarbeit: Fragen, die sich um das Thema „Grammatik" ranken, Fragen nach dem richtigen Üben und nach dem, was die kommunikative Qualität des Unterrichts ausmacht. Um die Flut der Details in Schach zu halten und trotzdem Anwendungserfahrung und weitere Beispiele mitzuteilen, verweist diese Neubearbeitung an entsprechenden Stellen auf die von mir betreuten Internetseiten www.fremdsprachendidaktik.de und www.rwth-aachen.de/lfed.

Warum dann die Trauer? „Dies Buch ist in der Hoffnung geschrieben worden, Praxis zu verändern" (Vorwort zur 2. Auflage 1993). Sie hat sich nicht erfüllt. Ich will, lieber Leser, hier kein Blatt vor den Mund nehmen. Es ist ein Trauerspiel, mitansehen zu müssen, wie noch immer die traditionelle Einsprachigkeit in Richtlinien und Lehrbüchern verankert ist. Die Muttersprache gilt weiterhin als der Störsender, den man möglichst abschalten sollte. Dass sie auch der stärkste Verbündete der Fremdsprachen sein kann, wird nicht gesehen und nicht genutzt. Es ist auch ein Trauerspiel, wenn Experten weder die Lehren der Geschichte noch eine überwältigende empirische Evidenz beherzigen, stattdessen erneut „einen grammatikfreien Fremdsprachenunterricht" fordern und damit die Theoriefeindlichkeit der Praktiker nur noch verstärken. Der Ruf nach Abschaffung der Grammatik ist ebenso katastrophal und kontraproduktiv wie vieles, was heute als Grammatikarbeit abläuft. Weitgehend verzichtbar ist die grammatische Progression bei den Lehrwerktexten. Die dadurch gewonnene Freiheit für die Gestaltung unserer Lehrwerktexte – dies allein wäre schon eine Revolution. Wohin der „grammatikfreie" Unterricht führt, zeigt uns der miserable Zustand des derzeitigen Deutschunterrichts in England.

Ich habe zwei Jahre lang eine Gesamtschule mitaufbauen dürfen und kenne aus eigener Anschauung die Schüler aus benachteiligten

Familien, die methodische Fehler am wenigsten verkraften können. Jedes durchschnittlich begabte Kind kann wohl mit zwei Sprachen fertig werden, wenn man die in ihm liegende Begabung richtig anzusprechen weiß. Aber wir dürfen uns krasse methodische Fehler in Kernbereichen weniger denn je leisten! Ich meine den Verzicht auf effektive bilinguale Lehrtechniken wie die muttersprachliche Spiegelung fremder Strukturen, die schon mal ein kleines Lernwunder bewirken kann, ich meine die mit diesem Verzicht zusammenhängende ungeregelte, wilde Verwendung der Muttersprache; ich meine die unzureichende Beachtung des generativen Prinzips und zuviel Grammatikarbeit, die Verwirrung stiftet. Schüler sind frustriert, weil über ihre Köpfe hinweg geredet wird, und genau dieser zuverlässig dokumentierte Zustand ist von der herrschenden Ideologie mitverschuldet.

Noch ein weiterer kritischer Punkt. Es gibt ein weltweites von Engländern und Amerikanern beherrschtes Meinungs- und Zitierkartell. Englische Muttersprachler verdingen sich ins Ausland und haben wenig Interesse, die Muttersprache ihrer Schüler zu lernen. Und englische und amerikanische Lehrwerke lassen sich in unvergleichlich höheren Auflagen verkaufen, wenn die Muttersprachen unberücksichtigt bleiben. Ich wünsche uns mehr Mut, uns gegen die angloamerikanische Meinungsführerschaft zu stemmen. Die Befreiung von solch selbstverschuldeter Unmündigkeit hat Kant Aufklärung genannt.

Gehen wir in die Schulen und arbeiten wir an den Problemen, die wir dort vorfinden. Sie haben mit den Modetrends, für die unsere Disziplin so anfällig ist, wenig zu tun. Für mich waren und sind die Kinder, die ich beisammen habe, um ihnen etwas beizubringen, meine Leidenschaft, meine Obsession. Die Arbeit mit ihnen verschafft mir die letzte Gewissheit, in der Praxis wie in der Theorie.

Meinetwegen kann ja die Wahrheit warten, denn, so tröstet Schopenhauer, „sie hat ein langes Leben vor sich." Aber was ist mit den Schülern von heute? Ihretwegen sollte sich die *scientific community* endlich von einem fundamentalen Irrtum befreien und die mehr als zweitausendjährige Allianz von Muttersprache und Fremdsprache wieder herstellen.

Juli 2002 *Wolfgang Butzkamm*

GRUNDLAGEN: Wie man Sprachen lernt

Vere enim Cicero: Naturam ducem si sequamur, numquam aberrabimus. Item: Natura duce errari nullo modo potest.

Johann Amos Comenii
MAGNA DIDACTICA (1657)

Une méthode ne peut jamais et ne doit jamais répéter la nature, ou ce n'est plus une méthode ... Une méthode linguistique est essentiellement un art.

Francois Gouin (1880)

Prolog

Ein deutscher Tourist macht Badeurlaub in Montenegro. Er versteht die Landessprache nicht, aber in den Hotels und Gaststätten spricht man genügend Deutsch, so dass keine Probleme aufkommen. Eines Tages findet er sich als Zuschauer bei einem Tennisturnier wieder. Er spielt selbst Tennis, das Spiel ist spannend, so bleibt er bis zum Ende dabei. Gerade haben die Spieler die Seiten gewechselt. Der Aufschläger macht den ersten Punkt: *Petnaest nula!* verkündet der Schiedsrichter. Dann hat der Gegner egalisiert: *petnaest oba! ... Cetrdeset trideset! Cetrdeset oba! Prednost Boljanovic! Garne Boljanovic!* Der Aufschläger hat sein Spiel gewonnen, und der Aufschlag wechselt zum Gegner. Sehen wir einmal davon ab, dass unser Tourist anfangs nur eine ungefähre Klangvorstellung von dem hat, was der Schiedsrichter doch so laut und vernehmbar verkündet hat, und auch nicht wüsste, wie das Gehörte korrekt zu schreiben wäre. Aber er hat verstanden. Bald ist er in der Lage, dem Schiedsrichter zuvorzukommen. *Nula cetrdeset!* sagt er sich (oder so ähnlich), und schon hört er sich vom Schiedsrichter bestätigt. Dabei hat es genau diesen Spielstand vorher noch nicht gegeben! Als das Spiel aus ist, hat er ein Stück Serbokroatisch gelernt.

Die Anekdote ist als Experiment jederzeit wiederholbar. Man mache die Probe aufs Exempel und gehe ins Ausland seiner Wahl, vorausgesetzt, man versteht etwas vom Tennis! Um ein solches Vorverständnis geht es uns hier. Der Beobachter lernt ein Stück fremde Sprache, weil er das Gesagte schon verstanden hat, und zwar auf zweierlei Weise. Er versteht den Spielstand, hat also verstanden, wie's gemeint ist, und zugleich, wie das Gesagte strukturiert ist, also *fünfzehn beide* und nicht etwa *beide fünfzehn*. **Dieses Doppelverstehen, die semantische und syntaktische Transparenz des Zugesprochenen, ist die Grundbedingung des Spracherwerbs**, nicht nur notwendige, sondern auch schon hinreichende (Butzkamm 1992).

I. Mutterspracherwerb als Sprachvermittlung

1. Von vorsprachlicher zu sprachlicher Verständigung

Verstehen ist auch Vorbedingung für den kindlichen Spracherwerb. Das Kind erfasst das Zugesprochene, ohne die Sprache selbst im Blick zu haben, und benutzt das sprachunabhängig gewonnene Sinnverstehen, um damit den sprachlichen Kode zu knacken: „The infant uses meaning as a clue to language, rather than language as a clue to meaning." (Macnamara 1973, 59). Bis dahin hatte man gefragt: Wie erwirbt das Kind die Bedeutungen? So als ob es zunächst leere Schälle und Klänge vernähme, die es nachträglich mit Bedeutung zu füllen hätte: *Going from sound to sense*. Bedeutungserwerb als ein Ratespiel, in dem sich das Kind auf das Gesagte konzentriert und seine ganze Intelligenz einsetzt, um dessen Sinn zu erschließen.

Unsere Tochter sagte *ein*, wann immer sie noch mehr vom Gleichen haben wollte: noch mehr Brei! noch ein Liedchen! noch ein Bild! bitte weiterkitzeln! und so fort. Andere Kinder gebrauchen für die gleiche Absicht lautliche Vereinfachungen von *noch* oder *mehr*. Wie gelangen die Kinder dazu, sich auf diese Weise sinnvoll zu äußern und ihren Willen kundzutun?

Gewiss, sie übernehmen da etwas, was ihnen zunächst zugesprochen wurde. Heißt das aber, dass etwa beim Füttern das Baby sein Hauptaugenmerk auf die Sprache richtet und herauszukriegen versucht, was diese Klänge bedeuten: noch ein Löffelchen, *ein* Löffelchen für Mama, *ein* Löffelchen für Papa usw.? Nein, das Kind versteht den Sprecher, bevor es das Gesprochene versteht. Es weiß schon längst, was Mama oder Papa mit dem Löffelchen wollen. Das Zugesprochene ist zunächst kaum mehr als eine freundliche Beimischung zur Situation – ebenso wie die Ausrufung des Spielstands durch den Schiedsrichter für den Kenner nur eine freundliche Beigabe ohne weiteren Informationswert darstellt. Das Kind überträgt dieses vorrangige Situationsverständnis auf das Stück Sprache, das die Mutter gratis mitgeliefert hat. Der Weg geht also nicht vom

Wort zur Bedeutung, sondern umgekehrt vom Bedeuten, Meinen und Verstehen – Hörmann (1981) sagt: von der Intentionsstruktur – zur Sprache. Das Kind hat die Sache: die Rituale des Fütterns; des Aufnehmens, Herzens, Abküssens; die Badezeremonie. Die Worte folgen dann schon. **Sprechen ist ein Abkömmling des Miteinandertuns**.

Von Geburt an halten Mutter und Kind regelrechte Zwiesprache miteinander, eine Zwiesprache, die sich vielfältiger Signale bedient und alle Sinne des Kindes anspricht und entwickelt. Die Münchener Kinderpsychiater H. und M. Papousek (1977, 22) fassen minutiöse Videoanalysen wie folgt zusammen: „Die Mutter wandelt ihr Verhalten und ihre Sprache unwillkürlich zu einfachen, oft wiederholten Schablonen um. Typischerweise wechselt sie ständig zwischen Wiederholung und Abwechslung, zwischen Bekanntem und Unbekanntem, und bietet so dem Kind eine nicht abreißende Kette von kognitiven Anreizen: Erkennen und Wiedererkennen, Ausbildung von Erwartungen, Erfüllung der Erwartungen oder Überraschungseffekte. Sie dosiert die Intensität und die Dauer ihrer Anregungen jeweils nach den Reaktionen des Kindes und nach seiner momentanen Fähigkeit, die neuen Erfahrungen zu integrieren."

Von der Wortsprache, die lange Zeit nur der erwachsene Partner beisteuert, gewinnen zunächst die melodischen Muster Bedeutung: Abfallende Kurven sind beruhigend und tröstend, ansteigende wirken aufmunternd. Der Ton macht die Musik, und der ist nicht ohne Grund überhöht, ja exaltiert. Alle Eltern benutzen ganz unbewusst eine übertriebene Intonation, sie scheinen zu ahnen, dass das Kind zur Ausreifung seiner noch unvollkommenen Wahrnehmung überdeutliche Signale braucht. Die Häufigkeit, Regelmäßigkeit und Verlässlichkeit der sich dabei ausprägenden winzigen Verhaltensmuster (z.B. Aufnehmen des Babys) machen diese für das Kind vorhersehbar, durchschaubar, verständlich. Es entstehen Wechselbeziehungen, d.h. die Situationen sind allemal Kommunikationssituationen. Denn das Baby ist ja keineswegs untätig in diesem Wechselspiel. Es kann sein Wohlbefinden anzeigen und damit signalisieren: Mach weiter so! Oder es dreht die Augen weg, zeigt an, dass es genug hat und schlafen will, und die Mutter versteht das bald und beendet die Kommunikation. Möglich auch, dass Lächeln, Augen wegdrehen usw. zunächst rein physiologische Reaktionen sind und Kommunikation erst dadurch entsteht, dass die Mutter diese beharrlich unterstellt. Was beim Säugling zunächst bloße

Spannungsabfuhr ist, deutet sie als Appell. Jedenfalls tut sie immer schon so, als ob ihr das Baby etwas zu verstehen gebe, als ob es sich ihr mitteile, und lockt bei ihm vielleicht erst dadurch hervor, was anfangs gar nicht da war: ein auf den Partner gerichtetes Wollen, eine Verständigungsabsicht. Kindliche Lautgebärden werden von der Mutter sozusagen überinterpretiert – bis das, was die Mutter zunächst nur hineingedeutet hat, vom Kind tatsächlich assoziiert wird. Bald wirken Mutter und Kind wie ein eingespieltes Team, bei dem auch der Säugling einen eigenständigen Part übernimmt.

Der Dauerkontakt mit dem Kind schärft den Blick und das Ohr der Mutter dafür, wie die Äußerungen ihres Kindes zu deuten sind. Wer nicht ständig dabei ist, gerät rasch ins Hintertreffen (wie ich als Vater erfahren musste). Gewiss gibt es Komplikationen im Zusammenspiel Mutter/Kind. Wie auch später im Leben verständigt man sich nicht immer. Das Schreien des Säuglings kann die Mutter verwirren: Will er hochgenommen, geschaukelt, gestillt werden? Liegt er nur unbequem, drückt irgendetwas, ist er gar krank, oder gibt sich das gleich von selbst? Allmählich lernt sie ihr Baby besser kennen, und es scheint, als ob auch dessen Schreilaute sich plötzlich deutlicher unterscheiden lassen: Schreit es aus Hunger, oder wünscht es nur Kontakt?

Bei der Mutter-Kind-Interaktion spielt das Rituelle – die regelmäßig wiederkehrenden Handlungen und Situationen – für das Kind eine außerordentlich wichtige Rolle, wie auch Canetti (1987, 46) beobachtet hat: „Es muss alles genauso wiedergeschehen, wie es ihr bekannt ist, im selben Raum, mit demselben Menschen, auf dieselbe Weise. Sie bekommt Zornanfälle, wenn etwas in einem Ablauf sich ändert. Seit längerer Zeit schon reagiert sie sehr empfindlich auf Namen. Eine neue, scherzhafte Benennung fühlt sie als Schimpf. Sie schlägt um sich und fängt an, zu weinen. Sie wiederholt den Namen, den sie kennt und mag, und fordert, dass man ihn ausspricht. Sie beruhigt sich nicht, bevor man ihn sagt. Am vertrauten Namen besänftigt sie sich und ist dann gleich wieder so ruhig, als wäre nichts geschehen."

Wehe, ich weiche vom Wortlaut der Geschichte ab, die wir Gisa zum wiederholten Male vorlesen. Wir werden sofort – und unerbittlich – korrigiert. Eine Zeit lang vollzieht sich das Zubettgehen nach folgendem Ritual:

- sie versteckt sich im Bettkasten und wird „gesucht"
- sie lässt sich ins Bett packen
- die Geschichte wird vorgelesen
- das Licht wird gelöscht
- sie lässt sich im Dunkeln den Rücken kraulen
- sie bekommt einen Gutenachtkuss und -gruß
- sie erwidert den Gutenachtgruß
- wir sind entlassen.

Solche Ordnungsliebe ist nicht von ungefähr. Dass ein Kind Spaß daran hat, immer wieder die gleichen Handlungen auszuführen, hängt wohl letztlich mit der Ausreifung des Nervensystems zusammen. Mit jeder Erfahrung des Neugeborenen strukturiert sich sein Gehirn, immer neue Aussprossungen, Knoten und Verästelungen von Nervenzellen bilden sich. Erst wenn diese so entstandenen Bahnen durch wiederholte gleichgerichtete Erfahrungen genutzt werden, können sie sich stabilisieren. Ohne solche Wiederholungen in frühen Stadien können bereits gebildete Strukturen wieder verfallen.

Die Wiederkehr des Gleichen macht Welt verständlich und Spracherwerb möglich. Die Dinge müssen ihren Platz bekommen. Die Lust am Wechsel und Wandel kommt später. Sie setzt eine Ordnung allemal voraus. Über alle Wandlungen hinweg gibt es das Durchgehende, durch alle Wandlungen hindurch scheint das Beständige.

Es ist also eine Tatsache, dass das Kind schon im vorsprachlichen Stadium sinnvoll mit seiner Umwelt interagiert. Das Kind lebt in immer wiederkehrenden Pflege- und Spielsituationen, lernt sie durchschauen, weiß, was die Mutter als nächstes tun wird, erkennt ihre Absichten und lernt, eigene Absichten kundzutun. Sein Handlungsspielraum weitet sich. Die Frage lautet jetzt, wie aus diesem Handeln und dieser vorsprachlichen Verständigung abschnittsweise ein Sprachhandeln wird und sich später immer mehr Handeln in Sprachhandeln verlagert.

„Weil der Duktus der Situation für das kleine Kind verständlich ist, kann es dieses Verständnis für den Erwerb des linguistischen Codes einsetzen. Weil das Kind versteht, was der Sprecher meint, erhält die sprachliche Äußerung des Sprechers Bedeutung" (Hörmann 1976, 359). Verständigung wäre nicht möglich, „wenn nicht eben die allen Beteiligten gegenwärtige Situation die eigentliche Sprache mitschüfe", formulierte Mauthner schon zu Beginn dieses

Jahrhunderts (1923, III, 226). Dass das Kind den Sprachschällen überhaupt Beachtung schenkt, kann nur genetisch bedingt sein, ebenso wie es genetisch in optimaler Weise für Sprachwahrnehmung und Artikulation ausgerüstet ist.

Spracherwerb braucht also eine Vermittlungsinstanz, die das Verstehen sichert, einmal die Kenntnis der „Tennis-Grammatik", zum anderen die Kenntnis der Situationsgrammatik des Fütterns usw. Das Kind weiß, was die Mama von ihm will, wenn sie ihm das Löffelchen mit Brei an den Mund hält, und es weiß auch, wie's weitergeht. Mutter und Kind kommunizieren schon lange, bevor die Sprache an dieser Kommunikation einen relevanten Anteil übernimmt. Hörmann (1981, 29) vergleicht denn auch die Situation des Kleinkindes, das sein vorsprachliches Verständnis einsetzt, um die der Handlung beigemischte Sprache zu entschlüsseln, mit der Leistung Champollions, der die Hieroglyphen mit Hilfe des Steins von Rosetta teilweise entziffern konnte. Letzterer wusste ja schon, was der Schreiber gemeint hatte, denn der Stein enthielt denselben Text in Hieroglyphen, in demotischer Schrift und auf Griechisch. (Dass es sich hier um Übersetzungen handelte, konnte er zunächst nur vermuten). Am Anfang des Spracherwerbs steht mithin das Erfahren von Ordnung in der Wiederkehr engumgrenzter, bald vertrauter sozialer Situationen. Dieses Herstellen von Ordnung und auch das sinnstiftende Unterstellen eng auf die Situation bezogener Absichten beim Säugling geht dabei entschieden von der Mutter aus. Auf sie ist Verlass, denn sie macht die Welt verlässlich. An das Erfahren von Ordnung schließt das – lustvolle – Erwarten von Ordnung an, eine auf den Partner gerichtete Absicht und das Unterstellen einer ähnlichen Absicht beim Partner. „Learning of language is learning how to mean" (Halliday 1973, 35). Hierdurch wird ein wechselseitiges Verstehen erzeugt, das wiederum den Schlüssel zum Verständnis der von der Mutter mitgelieferten Sprache bildet.

- Das Kind wird verstanden bzw. ein Sinn wird unterschoben
- Das Kind versteht
- Das Kind spricht

Dies ist – in groben Zügen – der Weg zur Sprache, der Weg „from communicating to talking", wie ihn Bruner (1983a) aufgrund intensiver Beobachtungsserien von Mutter-Kind-Situationen im Detail nachzeichnet. Demnach setzt Spracherwerb das Einander-Verstehen immer schon voraus. Mehr noch: Ein schon funktionierendes Kommunikationssystem ist geradezu die Vorbedingung für den Spracherwerb. Erst von einem gewissen Niveau an kann schließlich Sprache selbst zur Vermittlungsinstanz für weitere Sprache werden.

2. Elternsprache als Verstehens- und Analysehilfe

Unter Elternsprache verstehen wir hier die Sprache, die Eltern oder sonstige Pflegepersonen an Säuglinge und Kleinkinder richten. Neuerdings spricht man auch in Anlehnung an *motherese* vom „Mutterischen". Weitere englische Bezeichnungen sind *parentese, baby talk* und *caretaker speech*. Wir vermeiden „baby talk" oder „Babysprache", weil man dabei zumeist an verniedlichende Diminutiva und eigentümliche Prägungen wie „taita", „wauwau" oder „a-a" denkt. Die Elternsprache umfasst nämlich weitaus mehr Besonderheiten. Erwähnt wurde schon die übertriebene Intonation; man benutzt generell eine höhere Tonlage und kontrastiert stärker, indem man einen größeren Frequenzbereich ausnutzt. Außerdem spricht man gewöhnlich langsamer und verdeutlicht dabei die Gliederung der Äußerung in Wörter und Wortgruppen. Vor allem wird viel wiederholt, und zwar wörtlich wie auch in Form von Umschreibungen, und es wird überhaupt viel mehr geredet, als es die Situation normalerweise erfordert.

Da sich das Sprechen am konkreten Tun entfaltet, kommen kaum Abstrakta vor, dafür aber überdurchschnittlich viele Imperative und Fragen. Die Eltern versuchen also, das Kind in das Handeln sprachlich einzubeziehen. Ihre Sätze sind in mehrfacher Hinsicht syntaktisch vereinfacht, sind allgemein kurz, enthalten weniger Nebensätze und Konjunktionen, kurz, sie richten es so ein, dass die sprachlichen Strukturen gewissermaßen an der Oberfläche liegen. „The mother's input and feedback is so adapted in its temporal and structural relations to filial speech that it exhibits the analytic, pattern-abstracting, word-class-defining, and synthetic features that are needed to help the child analyze the regularities underlying the strings of sounds she hears", urteilt Moerk (1985, 265) auf der Grundlage einer Analyse von 40 Aufnahmestunden eines Kindes im Alter von 18 bis 27 Monaten. Die Mutter sorgt also nicht nur für ein Verstehen aus der Situation heraus, sondern bringt es durch die Art der Gesprächsführung zugleich fertig, dabei dem Kind zu verdeutlichen, welche Worte im Satz wohin gehören. Besser gesagt: Der

Mutter-Kind-Dialog ist so angelegt, dass nicht nur beide verstehen, was der andere will, sondern dass es dem Kind zugleich leicht fällt herauszufinden, an welcher Stelle im Satz die Akteure des Geschehens und die jeweils relevanten Komponenten der Situation (wer tut wem was, womit usw.) charakteristischerweise auftauchen. Dies ermöglicht das uns schon aus dem Tennisbeispiel bekannte doppelte Verstehen. Im Dialog wird offengelegt, wie und wo die vor der Sprache liegende Sinnstruktur in der Sprache wiederkehrt. Durch das wechselseitige Bemühen um Verständigung im Dialog wird die Bühne eingerichtet für das Auftreten grammatischer Beziehungen in der Rede des Kindes.

BRENDA: tape corder
use it
use it
ADULT: Use it for what?
BRENDA: Talk
corder talk
Brenda talk. (Hatch 1978, 407)

Aus solchen „vertikalen" Strukturen (vertikal, weil sie in der Aufzeichnung untereinander stehen) werden „horizontale", wenn es dem Kind schließlich gelingt, die drei Teile zu einem Satz zusammenzuschweißen, etwa: „(Let's) use the tape recorder for talking". Die Mutter bereitet diese künftige Leistung vor, wenn sie dem Kind durch ihre Frage nicht nur den gedanklichen, sondern zugleich den syntaktischen Anschluss nach *use* anzeigt – natürlich ohne eine grammatische Absicht zu haben. Die Satzstruktur geht aus der Dialogstruktur hervor. Die Syntax entwickelt sich aus dem auf doppeltes Verstehen angelegten Dialog heraus.

3. Das Prinzip der Mehrdarbietung

Mit Stolz und Freude begleiten die Eltern jeden Lernfortschritt des Kindes. Dabei passen sie sich den Fortschritten sprachlich an. Der mehr oder weniger bewusst reduzierte syntaktische Vorsprung wird beibehalten, und erst das Schulkind kann ihn einholen. Darüber hinaus betätigen sich die meisten Eltern ganz offen als Lehrer von Wörtern und stellen dazu auch die berühmte Lehrerfrage, die keine ist, weil sie die Antwort schon kennt: *display questions.*

Eine solche Elternsprache existiert über soziale Schichten hinweg (schichtspezifische Unterschiede bestehen gleichwohl) und ist in den verschiedensten Sprachen und Kulturen belegt. Sie braucht nicht erst erlernt zu werden, Eltern verwenden sie intuitiv, und schon Siebenjährige beherrschen sie, wenn sie zu ihren jüngeren Geschwistern sprechen.

Elternsprache ist somit systematisch vereinfachte und verdeutlichte Sprache. Sie steht ganz im Dienst des wechselseitigen Verstehens und hilft dem Kind, ohne dass es Eltern bewusst darauf anlegten, beim Aufbau seiner Grammatik. So im folgenden Beispiel, in dem der Vater mit seiner zweijährigen Gisa ein Bilderbuch anschaut:

G. Wurst aufagessen.
P. Ja der Hund hat die Wurst aufgegessen. Und jetzt, was macht der Mann jetzt?
G. Wiedaholen, Wurst.
P. Ja, der läuft hinter dem Hund her und hat'n Stock in der Hand. Was will er denn mit dem Stock machen?
G. Hauen.
P. Wen will er denn hauen?
G. Hund.
P. Aha.
G. Hund hauen.
P. Warum denn?
G. Mit'm Tock.
P. Warum will er denn den Hund hauen?
G. Mit'm Tock.
P. Ah so, mit'm Stock. So. Gut.

Vater und Tochter einigen sich über die Geschichte. Zugleich aber werden quasi Satzteile nacheinander abgefragt. Dabei schafft Gisa schon den Zweiwortsatz „Hund hauen“, aber den Instrumentalis „mit'm Stock“ kann sie damit noch nicht in eine Reihe bringen. Was hier im Protokoll noch untereinander steht, wird sie aber demnächst in einem Satz zusammenbringen. (Also wieder von „vertikalen“ zu „horizontalen“ Strukturen). Womit sie noch gar nicht fertig wird, ignoriert sie schlicht. So ist es, als ob sie das „Warum“ völlig überhört. Aber es muss doch im stillen unterirdisch weiterwirken, sonst würde sie ja nicht irgendwann an den Punkt kommen, an dem sie Warum versteht und selbst handhaben kann.

Eltern gehen also immer ein wenig über das, was die Kinder schon können, hinaus: das „Prinzip der Mehrdarbietung." (Stern/ Stern, 1928). Fremdsprachenlehrer tun dasselbe.

Bruner (1983b, 173) rühmt die „fine-tuned responsiveness" der Eltern, die ihr Kind zur Sprache führen. Sie liefern nicht nur artikulatorisch korrekte und syntaktisch vereinfachte Sprachvorbilder, sondern pflegen auch besonders verständnisvolle, freundliche, den Partner einbeziehende Umgangsformen. Im äußersten Gegensatz dazu stünde etwa das politische Streitgespräch, das nur aus aneinandergereihten, verkappten Monologen besteht. Jeder brennt darauf, selbst zu Wort zu kommen, sich selbst zur Geltung zu bringen. Dagegen hört die Mutter konzentriert zu und achtet auf kleinste Reaktionen. Sie weiß auch, dass beiläufiges Sprechen ohne Blickkontakt und eindeutige Zuwendung den Säugling nicht erreicht. Die Natur inszeniert auf diese Weise eine Art Unterricht – allerdings ohne dass die Eltern dabei an Unterricht denken. Nicht unentwegte Sprachberieselung ist entscheidend, sondern das Aufnehmen voll verstandener Sprache in sinnvollen Lebenskontexten: „Being exposed to language is not like being exposed to a virus. One doesn't catch it automatically ... The learner must do something active that involves him cognitively in the process." (Seliger 1977, 275). „Exposure to language is not enough; it must be directed at the learner, and shaped with his needs and abilities in mind." (Fillmore 1976,119). Was Seliger im Hinblick auf den Fremdsprachenunterricht, Fillmore mit Blick auf den natürlichen Zweitspracherwerb feststellt, gilt schon für den Erwerb der Muttersprache.

Spracherwerb geschieht durch Teilhabe am Leben der Gemeinschaft, in der die Sprache natürliches Verständigungsmittel ist. Kinder trachten so sehr nach Sprache, dass sie auch in einem ungepflegten Sprachmilieu, bei geringem Input, eine Erstsprache erwerben. Sie lernen jedoch weitaus schneller und besser, wenn man sich auch um sie kümmert und in einfacher, verständnisinniger Weise anspricht. Allerdings: Ohne einen genetischen Schlüssel dafür wären Sprachen nicht erlernbar – in einer behüteten Familie genauso wenig wie in einem asozialen Milieu.

Es ist dennoch eigenartig, dass Chomsky, soweit ich sehen kann, oft abwertend und zudem äußerst vage von der Sprache handelt, die Kindern gegenüber verwendet wird. Diesem werde nur eine „impoverished experience", ja „degenerate evidence" zuteil; „it is clear that the language each person acquires is a rich and complex construction hopelessly underdetermined by the fragmentary evidence available." (Chomsky 1975, 5, 10, 22). Typisch für ihn sind auch Formulierungen wie „the language faculty, given appropriate stimulation, will construct a grammar." (1975, 13). Dass ein entscheidendes Moment bei dieser „Stimulation" Sprache ist, die das Kind *versteht*, wird in den Zitaten nicht deutlich. Gewiss, „Eltern lehren die Kinder nie Sprache, ohne dass diese nicht immer selbst mit erfänden." (Herder 1772, 52) Aber wie reich auch immer das Kind für den Spracherwerb genetisch ausgestattet ist, **Spracherwerb ist Gemeinschaftsarbeit**. Das eine – der Beitrag des Kindes – macht das andere – den Beitrag der Mutter – nicht überflüssig.

4. Sinnfällige Situationen – transparente Sprache

Warum ist Verstehen so entscheidend? Jemand, der eine Äußerung auf doppelte Weise versteht – was jemand in einer Situation will, und wo die Dinge, von denen gehandelt wird, in der Äußerung platziert sind – hat auch ihre Grammatik verstanden. Er muss nicht nur die Wortbedeutungen, sondern zugleich die Beziehungsbedeutungen im Satz erfasst haben, die beide zusammen erst den Sinn ergeben. Auf dieser Grundlage kann der Lerner – unbewusst – Hypothesen darüber ausbilden, wie die Umsetzung von Sinn in sprachliche Form geregelt ist. Sprechenlernen heißt eben diese Regelungen erkennen und benutzen. „Wie willst du's? Warm – wärmer – noch wärmer? Kalt – kälter – noch kälter?" Das Kind muss immer wieder Gelegenheiten bekommen zu erfassen, wie sich Situation und Sprache im Einklang miteinander verändern. Die Wassertemperatur verändert sich und mit ihr die Sprache – und zwar in charakteristischer Weise, wie das Kind allmählich herausfindet. Sinnfällige Situationen – transparente Sprache. Die Ordnung des Welterlebens, wiederauffindbar in der Ordnung des Sprechens. Noch anders gesagt: Das Gespräch muss soviel Klarheit schaffen, dass das Kind die Rede zergliedern und gewissermaßen Vokabelgleichungen aufstellen kann. „Gib Mama das Häschen": „Gib" – was ich tun soll; „Mama" – ist doch klar, die kriegt das jetzt; „das Häschen" – was ich gerade halte, mein Kuscheltier.

Verstehen ist somit die Voraussetzung dafür, dass wir Sprache innerlich verarbeiten und ihre Grammatik schrittweise aufbauen. Im Verein sorgen die Gesprächspartner dafür, dass das Zugesprochene in **doppelter Hinsicht – situativ wie struktural – verstanden wird**. Zugleich liefern die Eltern Rückmeldungen darüber, ob und wie sich im Zwiegespräch die Äußerungen der Kinder als verstehbar bewähren oder nicht. Was immer auch das Kind selbst zum Spracherwerb beisteuert, natürlicher Spracherwerb – und nicht nur der Unterricht – ist von Anfang an Sprachvermittlung.

- Elternsprache ist, zusammengefasst
  - □ vereinfachte Sprache
  - □ grammatisch richtige Sprache
  - □ redundante Sprache
  - □ situativ und oft auch grammatisch transparente Sprache.

Der Lehrer aber sollte wissen, dass verständiges Hören und sinnvolles Sprechen schon Grammatikarbeit ist, insofern sie dem Schüler schon an die Hand gibt, was er braucht, um die Struktur einer Sprache zu entschlüsseln. Die Hauptaufgabe des Unterrichts besteht demnach darin, den Schüler, wie Krashen (1981; 1982) formuliert, mit „comprehensible input" zu versorgen, allerdings nur, wenn *comprehensible* oder besser *comprehended input* situativ-funktional und zugleich struktural verstandene Sprache bedeutet. Damit sich Strukturverständnis einstellt, bedarf es gewöhnlich auch des Outputs, d.h. der aktiven Beteiligung des Kindes am Gespräch. Zwar braucht unser Tennistourist den Dialog mit dem Schiedsrichter nicht, weil in seiner Situation situatives und strukturales Verständnis zusammenfallen, das Kind aber *muss* mitwirken, wenn das Zugesprochene optimal transparent werden soll. „In order to obtain input of the proper sort, the learner must play an active role." (Fillmore 1979). „It is by negotiating the exchange of meaning through conversation that the learner typically obtains information about the target language which enables him to revise his existing interlanguage system" (Ellis 1988, 14). Krashens *input hypothesis* wäre demnach durch die These vom **Doppelverstehen als Grundbedingung des Spracherwerbs** zu ersetzen (Butzkamm 1992).

Diese Sichtweise steht mit der Evolutionstheorie im Einklang, für die das Leben von Anfang an einen kenntnissuchenden und kenntnisgewinnenden Prozess darstellt. Es kann sich höher entwickeln, weil es aktiv herumprobiert, etwas unternimmt und riskiert (Popper/Lorenz 1985). So erwerben wir auch Sprache nur in Extremfällen durch Zuhören allein, sonst aber, indem wir durch eigene Sprechversuche erkunden, wie weit die Verständigung reicht und unserem Partner Klärungsbedarf signalisieren.

5. Die Muttersprache als Vorleistung für die Fremdsprache

Sprache beginnt mit dem Erfassen bereits wahrnehmungsmäßig herausgehobener Zustände und Ereignisse. Sprache ist somit die Welt noch einmal. Fokussiertes und Vorgedeutetes wird ins Wort gehoben. Es bleibt aber nicht bei der bloßen Verdoppelung der praktischen Lebenswelt durch Sprache. Wäre es so, blieben uns die Welten der Theorien, Phantasien und Fiktionen mit Brettern verschlagen. Wo Sprache aber selbst zur Vermittlungsinstanz für Sprache wird, d.h. wo Begriffe in der Form neuer Wortbedeutungen nicht aus der Erfahrung, sondern aus der Sprache selbst gewonnen werden, entwickelt die Sprache eine Eigendynamik, die sie weit über die praktische Lebenswelt hinaushebt. In der Sprache ist eine solche Scheidelinie sichtbar: *Blatt, blau* oder *brenzlig* – das sind Wörter für etwas. Sie verstehen heißt: wissen, was so heißt. „Hier riecht's aber brenzlig." Die Empfindung ist zuerst da, und ganz deutlich. „Wie nennt man das Eisen, mit dem du da den Spargel ausgräbst?" „Das ist ein Spargelstecher." Sofern man die Sache schon kennt, braucht man nur noch das Wort dafür zu lernen. Dies ist wie bei der onomasiologischen Forschung, der wir die Sprachatlanten verdanken. Man wählt etwa bestimmte Gerätschaften aus und erfragt von Dorf zu Dorf, wie sie dort benannt werden.

Auf der anderen Seite gibt es Wörter, die wir am besten verstehen, wenn wir sie gegen andere Wörter abgrenzen. *Glaube* grenzen wir ab gegen *Wissen, Gewissheit, Überzeugung, Meinung, Vermutung, Annahme* usw. Was ein *Amtmann* ist, wird am deutlichsten, wenn wir ihn in die Hierarchie der Amtsbezeichnungen einreihen. Wo schließlich alles Stoffliche aus den Worten geschwunden ist, können wir auch nicht mehr vorzeigen, sondern verstehen nur, indem wir das Wort definieren bzw. in ein Netz anderer Wörter einknüpfen.

Solche begrifflichen Vernetzungen sind besonders in Texten präsent, die einen größeren Zusammenhang allein mit sprachlichen Mitteln erfassen – gleichviel, ob es sich etwa um erzählende, berichtende, beschreibende oder argumentierende Texte handelt. Die Situationsentbundenheit der Schrift zwingt zur Durchgestaltung logischer Bezüge, erhöht die Notwendigkeit, die benutzten Begriffe zu bestimmen und führt zwangsläufig zu Begriffen mit höherem Allgemeinheitsgrad. Solche Texte erzeugen eine neue Art zu denken. Z.B. erscheinen uns Paare wie

nicht nur – sondern auch
zwar – aber
sei es – sei es
nicht – es sei denn
je – umso

als Geländer des Denkens, die – so dürfen wir spekulieren – zunächst über die Schrift errichtet und von da aus in die Rede übernommen wurden. So tauchen Bindewörter wie *allerdings, immerhin* und *dennoch* erst beim Schulkind auf, das schon lesen gelernt hat, und es scheint mir, dass Kinder, die viel und gern lesen, besonders gute Chancen vor anderen haben, sich zu entwickeln und von ihnen abzusetzen. „It is reading that is the great divider." urteilt Hawkins (1987, 76).

In diesem Sinne lassen sich britische Untersuchungen über die Lese- und Schreibfähigkeit von Grundschulkindern interpretieren, von denen hier nur die Haringey-Studie genannt sei (Tizard u.a. 1981). Um ihre geistigen Potenzen voll zu entwickeln, brauchen Kinder das Gespräch mit den Erwachsenen, das nie abreißen darf. Sie brauchen ganz schlicht die Zuwendung ihrer Eltern, denn diese Zuwendung ist ja normalerweise nie stumm. Dazu bedarf es keiner schwierigen Elternpädagogik. Mutter oder Vater müssen einfach da sein und so viel wie möglich die täglichen Verrichtungen, Pläne, Freuden und Sorgen mit den Kindern besprechen. Im Vorschulalter sollten Eltern ihren Kindern regelmäßig vorlesen, wobei die Texte naturgemäß weiteren Gesprächsstoff bilden. Bekannt ist ja die Bereitschaft des Kindes, sich die ewig gleiche Geschichte wieder und wieder anzuhören, bis es sie schließlich auswendig kann und den Wegfall auch nur eines Wortes merkt. Schließlich wollen sie es allein können – so wie sie beim Gehenlernen nach einer Weile die helfende Elternhand fortstoßen. Sie nehmen sich dann von selbst den Text vor und „lesen", d.h. sie sagen ihn zunächst nur auswendig auf. Wenn sie dann nachfragen und die Eltern ein wenig mithelfen, prägen sich bei diesem gleichzeitigen Anschauen und Hersagen erste Wortbilder ein. Kurz, auf diese Weise lernen viele Kinder schon vor der Schule selbständig lesen. Sobald die Kinder nun selber zu lesen anfangen, sollen sich umgekehrt die Eltern regelmäßig vorlesen lassen und das Gelesene besprechen.

Dieses Sich-Vorlesen-Lassen wurde in der Haringey-Studie überprüft. Erstaunlichstes Ergebnis: Selbst wenn Eltern kaum Englisch sprachen oder nicht lesen konnten, machten die Kinder, die ihren Eltern zu Hause vorlasen, immer noch größere Fortschritte als eine Kontrollgruppe, der in Förderstunden besondere schulische Nachhilfe erteilt wurde.

So bestimmt nicht die soziale Klassenzugehörigkeit an sich den Schulerfolg, sondern eher die Art und Weise, wie Eltern ihre Klein- und Grundschulkinder sprachlich betreuen. Zumindest geht aus einer Reihe von Spezialuntersuchungen klar hervor, dass Mittelschichteltern ihre Kinder sprachlich intensiver anregen als Eltern aus der Unterschicht (vgl. Grimm 1977). Entsprechend ist der Wortschatztest als einer der besten Intelligenzindikatoren für Schichtunterschiede besonders empfindlich. Das heißt aber nicht, dass Mittelschichteltern die besseren Sprachexperten seien, die über besondere pädagogische Tricks verfügten. Wäre folgende Episode nicht ebenso in einem Arbeitermilieu denkbar?

NICO (5 J.) telefoniert mit seiner Tante.
NICO: Die Gisa hat was von ihrer Flöte hier vergessen.
TANTE: Von welcher Flöte? Die hatte doch bei euch keine Flöte!
NICO: Doch, von der Flöte.
TANTE: Ich weiß wirklich nicht was du meinst.
NICO (*nach einer Pause*): Du weißt doch, die Flöte, wo man immer „tööö" mit machen kann.
TANTE: Ach so, du meinst die Klarinette!
NICO (*mit Nachdruck*): Ja!

Die Tante weiß sofort, dass Nico tatsächlich die Klarinette meint, stellt sich aber unwissend und fordert ihn somit zu einer sprachlichen Glanzleistung heraus. Ist das nun eine bewusste Lehrstrategie? Denkt die Tante an die sprachliche Entwicklung ihres Neffen? Das wäre reichlich überspitzt. Sie freut sich einfach über das Gespräch, nimmt sich dafür Zeit, zögert es hinaus, ist für ihn da. Sie weiß auch: Nico hat von sich aus angerufen, ist also gesprächsbereit und wird sich durch „dumme" Fragen nicht so leicht vergrämen lassen. So geht es in erster Linie um Zeit und Zuwendung für die Kinder. Die Sprache spricht von selbst mit.

Wer Chancengerechtigkeit will, sollte deshalb in erster Linie die Zusammenarbeit mit den Eltern suchen und ihr Verhalten beeinflussen. In Haringey, einem typischen Arbeiterviertel mit hohem Ausländeranteil, klappte die Zusammenarbeit vorzüglich. Man verlangte von den Eltern nichts weiter, als dass sie sich von ihren Kindern aus den mitgebrachten Büchern regelmäßig vorlesen ließen und darüber Buch führten (Eintrag auf einer *report card*). Sie wurden in keiner Weise belehrt, geschweige denn besonders geschult.

Die Entscheidungen fallen vor dem Sekundarschulalter und – in der Hauptsache – nicht einmal in der Schule. Die Schule kann da machen, was sie will: Wenn sie die Fortgeschrittenen nicht einfach vernachlässigt, klafft die Schere zwischen ihnen und den weniger begünstigten Kindern trotz besonderer Fördermaßnahmen zunehmend auseinander.

So erwies sich auch die Hoffnung, der Fremdsprachenunterricht könne zum Chancenausgleich beitragen, da ja alle Kinder gleichsam bei Null anfingen, als Illusion. Der Rangkorrelationskoeffizient zwischen der Deutsch- und der Englischnote betrug bei 6 Stichproben (jeweils $n > 100$) in 6. und 8. Klassen von Haupt-, Realschule und Gymnasium zwischen $R= 0.98$ und 1.00 (berechnet nach Krüger – Spearman). Diese fast vollkommene Entsprechung ist fürwahr ein deutlicher Hinweis (Geisler 1988, unveröff. Ms.). Fremdsprachen sind – zusammen mit Mathematik – an den Schulen die klassischen Selektionsfächer. Der Fremdsprachenunterricht fängt eben nicht bei Null an. Obwohl Wygotski, der schon 1934 im Alter von 38 Jahren verstarb, einen methodisch veralteten Fremdsprachenunterricht im Blick gehabt haben mag, stimmt seine Analyse: „Der Fremdsprachenunterricht in der Schule hat also die Kenntnis der Muttersprache zur Grundlage." (Wygotski 1971, 187). Denn der Fremdsprachenschüler (wir denken hier durchweg an denjenigen, der im Alter von 10–11 Jahren mit einer Fremdsprache beginnt) muss zwar neue Wörter und deren spezifisches Bedeutungsspektrum erlernen, aber nur zu einem geringen Teil neue Begriffe. Hier baut der Fremdsprachenunterricht wie selbstverständlich auf muttersprachlich vorgeprägte Alltags- und wissenschaftliche Begriffe auf.

Der Schüler weiß schon, was ein Turm ist, unterscheidet auch spitze Kirchtürme von eckigen oder runden Türmen und Türmchen. All dies hat er begrifflich erfasst. Allerdings kann er sich im Deutschen damit begnügen, unterschiedslos von *Turm* zu sprechen, während ihn die englische Sprache dazu zwingt, einen bestimmten Unterschied nicht nur aus der Situation heraus mitzuverstehen, sondern auch auszusprechen: *tower* oder *steeple*. Ebenso sind Türken nicht so sprachbefangen, als dass sie nicht zwischen *nehmen, kaufen* und *bekommen* unterscheiden könnten (wer könnte sich das überhaupt leisten?), auch wenn sie gewöhnlich nur ein Verb, *almak*, dafür gebrauchen. Die Unterschiede werden in der Situation mitgedacht und können, falls notwendig, durch Zusatzausdrücke auch sprachlich bezeichnet werden. An solchen Stellen können sich typische, muttersprachlich bedingte Interferenzen einstellen, die uns aber nicht den Blick für das fundamentale Faktum muttersprachlicher Vorleistungen verstellen dürfen.

Nehmen wir die Zahlen und ihre Wörter. Hildegard Leopold besaß drei Bälle. Hielt sie den einen in der Hand, verlangte sie jeweils zweimal hintereinander nach „mehr Ball“, auch wenn sie ihre restlichen Bälle nicht mehr sah. Hatte sie ihre drei Bälle, war sie zufrieden. „In other words, she had a functional numerical concept of three, although she did not yet dispose of a linguistic expression for it. This is the more surprising as numerical concepts later lagged far behind numerical words.“ (Leopold, 1949b, 107). Hildegard konnte „innerlich“ bis drei zählen, verfügte somit über den Begriff der Dreiheit, ohne die Zahlwörter zu haben. Bekannt ist die spätere Phase, in denen die Kinder umgekehrt mit vielen Zahlwörtern jonglieren, ohne ihre Ordnung zu durchschauen. Der Fremdsprachenschüler wiederum verfügt schon über einen ausreichenden Zahlbegriff. Zu lernen hat er die Zahlwörter in ihrer sprachlichen Systematik, so die Eigenheit des deutschen Systems, das die Einer immer zuerst nennt (*ein*undzwanzig: twenty-*one*, ein Grund, warum wir uns beim Telefonieren oft verwählen), oder die historisch erklärbaren Ungereimtheiten der französischen Sprache von *soixante-dix* bis *quatre-vingt-dix-neuf*.

Ein weiteres Beispiel berührt Pragmatik und Syntax. Der Schüler braucht nicht mehr zu lernen, was „fragen“ ist. Autistische Kinder z.B. haben damit besondere Schwierigkeiten (Butzkamm & Butzkamm 1999, 169ff.) Das normale Schulkind verfügt schon über den Sprechakt des Fragens. Lernen muss es aber die englische *do*-Umschreibung, oder dass das Französische gleich drei Frageprogramme zur Auswahl anbietet, den reinen Frageton, die Inversion und die Partikel *est-ce que*.

Das Kleinkind muss hingegen den Sprechakt des Fragens selbst entwickeln. Dessen Ursprung ist wahrscheinlich in der Kategorie des Von-jemand-etwas-wollen (*request*) zu sehen. Nach Bruners (1983a) meisterhafter Analyse nimmt dieses auf einen Partner gerichtete Wollen seinen Anfang in dem deutlichen Verlangen des Säuglings nach der Übergabe eines sicht- und greifbaren Gegenstandes. Von da bis zum Fragen, d.h. dem Auskunft-haben-wollen, ist noch ein langer Weg. Diesen Weg braucht der Schüler nicht mehr zu gehen.

Er hat auch schon gelernt, ein Gespräch zu führen, wie man es beginnt, in Gang hält, abschließt – wie viele Einzelmomente hier zusammenkommen, hat uns die Konversationsanalyse aufgezeigt. So ist Fremdsprachenunterricht – selbst wenn wir nicht im gleichen Kulturkreis verbleiben – zu einem guten Teil „a new way of doing what the learner can already do." (Corder 1973, 113). Die sich an und mit der Muttersprache ausprägenden geistigen und sozialen Fähigkeiten der Kinder sind unverzichtbare Vorleistungen für den Fremdspracherwerb.

Eine dieser Vorleistungen gilt es noch besonders hervorzuheben. Etwa im Alter von 12 Jahren erreicht nach Piaget das Kind die Stufe der formal logischen Operationen: Es operiert mit seinen Operationen, lernt sie bewusst zu reflektieren, unabhängig vom konkret-anschaulichen Ereignis. **Das Kind wird reif für das Denken des Denkens und zugleich das Denken der Sprache.** „Der Fortgang der Sprache durch die Vernunft und der Vernunft durch die Sprache" – was Herder (1772, 92) auf die Stammesgeschichte bezieht, kehrt in der Ontogenese der Sprache wieder. Das Kind lernt etwa die Gleichwertigkeit von Aktiv- und Passivsätzen richtig beurteilen und kann schließlich Aktiv- in Passivsätze umformen und umgekehrt, eine Aufgabe, die es in der Grundschule überfordert hätte. Es versteht nicht nur Äußerungen, sondern lernt, Sätze zu analysieren. Das alles geschieht nicht auf einmal; jedenfalls erwirbt das Kind erst im Sekundarschulalter die Fähigkeit zur grammatischen Analyse – ein Umstand, der für den Stellenwert von grammatischer Bewusstmachung im Fremdsprachenunterricht bedeutsam ist.

Geht man nun über „primitive" Fähigkeiten wie Zählen-Können oder Fragen-Können hinaus und bezieht höhere Niveaus ein, so sind offensichtlich nicht alle Kinder gleich gut auf eine Fremdsprache vorbereitet. Wer z.B. schon früh gelernt hat, in seiner Muttersprache mit Texten und Ideen umzugehen, hat in der Fremdsprache einen Startvorteil. So stellte Dodson (1967) zunächst fest, dass es keine Beziehung gab zwischen den Intelligenzwerten und den fremdsprachlichen Imitationsleistungen der Kinder. Aber: „As soon as the teacher begins to use substitution, extension or question-and-answer exercises the learner must apply thought processes which depend on his ability to handle concepts logically. Long-term experiments showed that differences in I.Q. began to take effect approximately one month after the first language lesson by which time mimicry no longer takes up the greatest amount of time in the classroom." (Dodson 1967, 30). Das sprachliche Manipulieren, das Umstellen, Verschieben und Umformen fiel einer Reihe von Kindern deutlich schwerer. Genau an der Stelle, wo Sprache sich vom Handeln löst und zu einem mächtigen Denkinstrument wird – Denken ist ja ein Hin- und Herschieben und Neuverknüpfen im geistigen Raum – zeigten sich schon zu Beginn des Fremdsprachenunterrichts fatale Leistungsunterschiede. Sie ließen sich wahrscheinlich zu einem beträchtlichen Teil ausgleichen, wenn nach Maßgabe der britischen Vorschläge der intensive Eltern-Kind-Dialog überall stattfinden würde. Im Grunde hat dies schon Herder gewusst: „Glücklich ist das Kind, dem seine Mutter, seine älteren Geschwister, seine Anverwandten und Freunde, endlich seine frühesten Lehrer auch im Gehalt und von der Rede gleichsam Vernunft, Anstand, Grazie zusprachen; der Jüngling, der Mann wird sie nie verleugnen, solange er lebt."

■ Fassen wir zusammen:

1. Übersehen wir nicht, was so selbstverständlich ist. Kommuniziert wird mit Lust und Liebe, als Selbstzweck, zwischen Menschen, die sich vertrauen, unabhängig davon, was Kommunikation sonst noch bezwecken kann. Wenn es auch Verstimmung und Verdruss geben kann – Verstummen wäre die Katastrophe. Anhaltende Freudigkeit am Austausch und geselligen Verkehr muss auch das Signum eines kommunikativen Sprachunterrichts sein.

2. Die muttersprachlichen Pionierleistungen, auf die jeder Fremdsprachenunterricht wie selbstverständlich zurückgreift, beziehen

sich auch auf unser *allgemeines Welt- und Selbstverständnis*, etwa das Erkennen der Zeichenfunktion, das von Helen Keller so eindrucksvoll geschilderte Urerlebnis, dass Wörter (hier: Tastzeichen) etwas **bedeuten**. Ob dies Wissen nun aus Handeln und Erleben stammt oder aus Reden und Texten gewonnen wird (oder aus beidem zugleich), unser Wissen wird zumeist auch sprachlich ergriffen, verarbeitet und vernetzt. Dazu gehört etwa, dass der Fremdsprachenschüler schon „ich" sagen kann, während das Kleinkind zunächst das Pronomen vermeidet und sich selbst beim Namen nennt – eine Vereinfachung, die ihm die Eltern selbst nahe legen. Dazu gehört etwa auch, dass wir uns als „eine Ursache zwischen anderen" erkennen und als „ein Objekt, das denselben Gesetzen wie die anderen unterworfen ist" (Piaget 1975, II, 339).

3. Muttersprachliche Vorleistungen gibt es auf *allen Ebenen der Sprache*. Eingeschlossen sind dialogische Fähigkeiten, Lesen- und Schreiben-Können, syntaktisches Wissen (Kap. VI), Verständnis für metaphorische Redeweisen und Ironie ebenso wie hier nicht weiter angesprochene artikulatorische Fähigkeiten. Letztere sind ja nicht von Geburt an funktionsbereit vorhanden. Viele neuronale Verknüpfungen, auditorische und artikulatorische Bahnen entstehen erst mit der Muttersprache und durch sie. Denn wenn auch unsere Muttersprache eine Einzelsprache wie jede andere ist, **lernen wir an ihr und mit ihr Sprache überhaupt**. „L'acquisition d'une L 2 s'effectue sur le fond des préacquis linguo-cognitifs de la L 1" (Petit 1987, 111). Anders gesagt: **Die Muttersprache ist der Wegbereiter jeder späteren Sprache (pathfinder hypothesis).**

4. Anfänglich ist die Beteiligung der Muttersprache im Verstehensprozess nicht nur hilfreich, sondern sogar unvermeidbar. Zur „Ununterdrückbarkeit der Muttersprache" (Kar 1959, 25) in den ersten tastenden Verstehensversuchen befragen wir wieder unseren Tennistouristen. Sich den Spielstand vergegenwärtigen, ihn denken, heißt schon ihn benennen, wenn auch oft nur im Geiste, ohne Verlautbarung. Der Tourist, der dem Schiedsrichter aufmerksam zuhört, wird 1. den Spielstand erkennen, 2. den Schiedsrichter hören: *Petnaest nula!*, 3. sich sagen: Aha, das heißt fünfzehn: null. Auch eine andere Reihenfolge ist denkbar: 1. den

Spielstand erkennen, 2. sich sagen: fünfzehn beide. Na, was heißt das wohl auf serbokroatisch? 3. den Schiedsrichter hören: *petnaest oba*. „Besitzen die Monolinguisten so wenig Selbstbeobachtungsgabe, dass sie nicht merken, wie oft ihnen selber, in der Schule und im Leben, beim Gebrauch der zweiten Sprache die Rückmeldung an die Muttersprache zu Hilfe kommt, wie oft sie sich andererseits in acht nehmen müssen, dass die Muttersprache ihnen nicht unvermutet ein Bein stellt?" (Wandruszka 1979a, 326). Auch im rein einsprachig geführten fremdsprachlichen Anfangsunterricht schließt man auf eine stille Präsenz der Muttersprache, da sich die Schüler durch spontane, unwillkürliche muttersprachliche Reaktionen gewissermaßen immer wieder verraten.

Natürlich gelingt die absolute Einsprachigkeit über weite Strecken des Unterrichts, solange man im festen Korsett schriftlich vorgezeichneter Übungen verbleibt, die dem Schüler nur genormte Reaktionen nach vorgegebenem Muster abverlangen – fürwahr eine teuer erkaufte Einsprachigkeit. Sobald der Unterricht aber in das offene Fahrwasser freier Kommunikation gerät – oder auch nur in dessen Nähe – wird nicht nur die Präsenz der Muttersprache deutlich, sondern auch, wie durch die gezielte Mithilfe der Muttersprache die fremdsprachige Kommunikation eher gefördert als behindert wird:

SCHÜLER: If the child ... what does it mean, hat Schläge verdient?
LEHRER: deserves it
SCHÜLER: If the child deserves it, he should get it.

So kann der Fremdsprachenschüler gar nicht anders, als sein Weltwissen und seine muttersprachlichen Fähigkeiten in den Unterricht miteinzubringen. Sie sind ein wesentlicher Teil seines Selbst, den er nicht einfach in einem Spind ablegen kann, bevor er den Klassenraum betritt. Eine Fremdsprache lernen heißt zuerst einmal anknüpfen und übernehmen, dann umlernen und neu lernen. Das, was man umlernen muss, wenn man eine Fremdsprache erwirbt, ist nur ein Bruchteil dessen, was neu zu lernen wäre, wenn man noch keine Sprache hätte. Auch der Lehrer kann gar nicht umhin, als auf die unter l. angesprochenen semantisch-begrifflichen Vorleistungen, an denen die Muttersprache immer beteiligt ist, zu rekurrieren. Denn das heißt ja nichts anderes, als dass er seine Schüler ihrem Alter und ihrer

Lebenserfahrung gemäß anspricht. So ist die Muttersprache auch denjenigen Fremdsprachenlehrern ein mächtiger Bündnispartner, die das gar nicht merken.

5. Ebenso zentral für unser Anliegen sind die grammatischen Vorleistungen der Muttersprache. Phänomene wie Subjekt und Prädikat, tempustragendes Verb, Rektion, Nomina und ihre Stellvertreter, Kongruenz, Neben- und Unterordnung usw. sind ihm weder dem Namen nach bekannt noch explizit bewusst, aber durch seine deutsche Muttersprache intuitiv vertraut. Deshalb sollten wir auch – solange wir das Verständnis der Texte sichern können – die noch überall beachtete grammatische Progression der Lehrwerktexte aufgeben – zugunsten größerer Freiheit bei den Textinhalten.

Alle diese Vorleistungen, die Freude im geselligen Austausch, unser muttersprachlich geprägtes Welt- und Sprachwissen, unsere muttersprachlich gewonnenen Fähigkeiten des Artikulierens, Lesens und Schreibens sind – ungerufen – da und wirken mit beim Erwerb anderer Sprachen. Kein Zweifel, dass diese Mitwirkung auch zu Fehlern führt – auf allen Ebenen der Sprache. Aber auch kein Zweifel, dass die positiven Vorleistungen ganz und gar unverzichtbar und ungleich wirkungsmächtiger sind als die störenden Einflüsse. Im Fremdsprachenunterricht gilt es, diese Vorleistungen nicht nur hinzunehmen, sondern einen Prozess, der ohnehin stattfindet, wirksam zu stützen und zu optimieren. Die Muttersprache ist ein Pfund, mit dem man wuchern muss. Es ist traurig, mitanzusehen, wie die herrschende Ideologie dies bewusst vermeidet, ja den natürlichen Erwerbsprozessen eher entgegenarbeitet – zum Schaden der Schüler weltweit.

II. Natürliche Zweisprachigkeit: Im Gespräch bleiben!

1. Kommunikationsstrategien: Hauptsprache als Vermittlungsinstanz

So sehr eine Analyse des Erstspracherwerbs zum Verständnis des Spracherwerbs überhaupt beiträgt und damit auch fremdsprachliche Erwerbsprozesse aufklären kann – wer so etwas wie eine „Naturmethode" für die Fremdsprachen sucht, sollte doch zunächst einmal die natürliche Zweisprachigkeit in den Blick nehmen, um sie dann mit der schulischen Zweisprachigkeit zu vergleichen. Aber gerade die Reformer des ausgehenden neunzehnten Jahrhunderts, u.a. Franke (1884, 14) hatten lediglich den Mutterspracherwerb vor Augen, als sie postulierten, „dass die Spracherlernung innerhalb einer Sprache vorgenommen wird". Diese These ist heute noch weit verbreitet, jedenfalls in vielen behördlichen Unterrichtslinien sanktioniert, obwohl sie längst unhaltbar geworden ist. Denn aus den Studien zum natürlichen Bilinguismus ergibt sich eindeutig folgende Erkenntnis:

Natürliche Bilinguale benutzen ihre jeweils stärkere Sprache, um in der anderen voranzukommen.

Der Rückgriff auf die jeweils dominante Sprache gehört eindeutig zu den natürlichen Strategien, mit denen das Kind seine sprachliche Kompetenz erfolgreich erweitert. Er kommt in folgenden Formen vor:

1. Aus reiner Wissbegier und Lernfreude – also ohne dass Verständigungsprobleme vorliegen – erfragen bilinguale Kinder den äquivalenten Ausdruck in der Sprache, in der gerade nicht kommuniziert wird. Sie verlangen von ihrem Partner zusätzlich eine Übersetzung.

2. Das bilinguale Kind ordnet sich seine sprachliche Welt, indem es mitunter äquivalente Ausdrücke gegenüberstellt, sich dabei Klarheit verschafft und Sprache bewusst einübt.

3. Das bilinguale Kind erfragt die Bedeutung eines Ausdrucks, den es nicht verstanden hat; oder es will selbst etwas sagen und sucht nach einem Ausdruck, den es sich über die Erstsprache von seinem Partner nennen lässt.

4. Wenn ihm sein Partner bei Verstehensschwierigkeiten das muttersprachliche Äquivalent nicht geben kann (oder nicht gibt), vergewissert es sich, indem es nachträglich selbst ein Äquivalent benennt und damit sein Verstehen bestätigt.

5. Das bilinguale Kind macht sich nicht die Mühe, einen Ausdruck zu erfragen, sondern setzt einfach einen Ausdruck aus der Erstsprache in den zweitsprachigen Satz ein. Solche Sprachmischungen können in sehr unterschiedlichem Ausmaße vorkommen.

Hierzu einige Beispiele. Wir hätten sämtliche Phänomene allein aus Leopolds (1939–1949) vierbändigem Klassiker über die englisch-deutsche Zweisprachigkeit seiner beiden Töchter belegen können. Stattdessen zitieren wir aus verschiedenen Fallstudien, um zu zeigen, wie typisch die fünf Verhaltensweisen sind. Sie wurden mir darüber hinaus in Gesprächen mit zahlreichen Kollegen aus sprachlichen Mischehen und mit bilingual aufgewachsenen Studenten bestätigt.

1. Nachfragen aus Wissbegier

Wenn ihm die deutschsprachige Mutter etwas Neues erklärt, will der zweieinhalbjährige Nico gerne wissen, wie der englischsprachige Vater (Don) dies bezeichnen würde – und umgekehrt. (Unter natürlicher Zweisprachigkeit verstehe ich also auch die in manchen sprachlichen Mischehen praktizierte Zweisprachigkeit von Geburt an, also den simultanen Bilinguismus, der oft auch als doppelter Erstspracherwerb bezeichnet wird. Im Hinblick auf Kommunikationsstrategien scheint es zwischen verschiedenen Typen natürlicher Zweisprachigkeit keinen kategorialen Unterschied zu geben.)

Mutter (Elfi) und Nico betrachten ein Bilderbuch.
NICO: Don sagt dazu? Don sagt dazu?
MUTTER: Crocodile.
VATER (Don) und Nico im Gespräch:
NICO: Elfi sagt?

VATER: Hum? (Wahrscheinlich hat der Vater den Sohn sehr wohl verstanden und signalisiert ihm durch die Rückfrage, dass er nicht damit einverstanden ist, wenn Nico mit ihm Deutsch – seine dominante Sprache – spricht. Nico reagiert aber nicht wie gewünscht, sondern wiederholt auf Deutsch:)
NICO: Elfi sagt?
VATER: What does Elfi call it?
NICO: Ja.
VATER: Elfi calls that a ‚Reißverschluß'.
NICO: Rei-ver-kluß.
VATER: I call it a zipper.
NICO: Zipper.
VATER: Yeah.

(Porsché 1983, 165)

2. Streben nach Ordnung

Olivier und Jens wachsen in Berlin als Söhne einer französischen Mutter und eines deutschen Vaters zweisprachig auf. „Mit 2,4 Jahren macht der jüngere Jens seinen Bruder Olivier häufig darauf aufmerksam, daß Mama so und Papa so sagt; zum Beispiel stellt er fest: Mama sagt *train* – Papa *Eisenbahn*" (Kielhöfer/Jonekeit 1983, 47).

Drei Monate früher wurde Jens sogar dabei beobachtet, wie er im Selbstgespräch Papa- und Mamasprache miteinander verglich, d.h., „wie er versucht, ein zweisprachiges Lexikon aufzubauen. Wenn er alleine spielt, sagt er nämlich Wörter in beiden Sprachen hintereinander auf und versieht sie jeweils mit ihrem Etikett, z.B.:

PAPA: nee-mann; maman: homme-neige;
PAPA: tuhl; maman: chaise; etc." (Kielhöfer/Jonekeit 1983,66).

Giulia lebt in Rom als Tochter einer deutschsprachigen Mutter und eines italienischen Vaters:

- G (l;9): (Looking at her feet, which she has pulled out from under the blankets, and talking to her-self): Ah! Cè piedini. Füsse, chiama piedini, chiama Füsse. Füsse anche piedini. (Oh! They're feet. Füsse, called Füsse. Piedini called Füsse Füsse also piedini.)
- G (2;6): Ich will pet/... kämmen. Mami, pettinare ist auf italienisch, kämmen ist in deutsch. (Mommy,pettinare is in Italian, kämmen is in German.)

(Taeschner 1983, 42 u. 171).

3. Nachfragen bei Nichtverstehen bzw. Wortnot

Saunders' Söhne sprechen mit dem Vater deutsch. Muttersprache und Landessprache (Tasmanien) ist Englisch:

- THOMAS (3;9,22) (To mother): Dad drew me a – ah, what you say for Leuchtturm?
  MOTHER: Lighthouse.
  THOMAS: He drew me a lighthouse.
- FRANK (4;9,30) (chuckling): Mum! Mummy! Hey, Daddy threw a snowball at the – (to father) was sagt man in Englisch?
  FATHER: Headmaster.
  FRANK: Ah. Mummy, Daddy threw a snowball at the headmaster.
  MOTHER: Oh, he didn't, did he?
  FRANK (thrilled): Yeah!

(Saunders 1982, 143)

Die Ausschnitte zeigen, wie das Erfragen des Ko-Wortes die Kommunikation in der Zweitsprache vorantreibt. Die Muttersprache ist hier keineswegs die Krücke, ohne die man schließlich gar nicht mehr gehen kann, sondern eine, die man gleich wieder in die Ecke stellt, wenn sie ihren Dienst getan hat. Und sie versieht diesen Dienst ebenso wirksam wie unaufdringlich. Weit davon entfernt, den Kommunikationsfluss zu stören, ermöglicht sie erst deren reibungslosen Ablauf.

Eine Variante besteht darin, einen Ausdruck versuchsweise zu gebrauchen, um durch Zögern oder im Tonfall anzudeuten, dass man vom Partner eine Bestätigung oder Korrektur wünscht:

A: Naturellement il y a de grandes différences qu'il faut tenir ...?
B: Dont il faut tenir compte.
A: Des différences dont il faut tenir compte.

Ein- oder zweisprachiges *vocabulary elicitation* (Hatch 1978, 429) gehört zum Alltag eines jeden Fremdsprachlers. Entscheidend ist die Fortsetzung des Gesprächs in der Fremdsprache. Dazu Ausschnitte aus dem bilingualen Geschichtsunterricht einer Klasse 7 (Gymnasium), die ich an anderer Stelle komplett dokumentiert habe (Butzkamm 1998). Das Thema war „The war in the Gulf: a holy war?"

TEACHER: Why do the Christians think that Jerusalem is a holy place?
PUPIL: Because Christ was ...gekreuzigt?
TEACHER: Was crucified

TEACHER: There's a certain group of people and they stopped all this. They were Muslims, too. But they were not Arabs.
PUPIL: The Turks, erm, früher?
TEACHER: Pardon?
PUPIL: Was heißt „früher"?
TEACHER: Earlier.
PUPIL: Earlier the Turks were called Seljuk Turks.
PUPIL: One can't say like F. that the allies were really the ones who began and are the ... Sündenböcke?
TEACHER: Are the scapegoat.
PUPIL: Yes, and I think it's better to try to talk with Saddam Hussein. I think you have to do it with peaceful means.
PUPIL: I didn't mean to say that the allies are a scapegoat or „Sündenböcke" because I mean they haven't tried it any longer with the embargo.
TEACHER: So this is what Y. said, and you agree with him. They should have tried it longer and stricter.
PUPIL: But I don't mean that they are a scapegoat or so.

In dieser Stunde wirkte die Muttersprache wie der Tropfen Öl, der die fremdsprachige Kommunikationmaschinerie schmiert, damit sie nicht quietscht oder gar zum Stillstand kommt. Was zählte war keineswegs das Geschick von Lehrer oder Schülern, die Muttersprache zu umgehen. Diese war vielmehr das schnellste und sicherste Mittel, ein plötzlich auftauchendes Kommunikationsproblem zu lösen, um anschließend fremdsprachlich fortzufahren.

4. Vergewisserung

Am überzeugendsten für die Verstehenshilfe, die die Muttersprache bietet, scheinen mir solche Beispiele zu sein, in denen sich die Kinder die – ihnen vorenthaltene – Auskunft selbst geben. Leopold (1949b, 33) notiert über die zweieinhalbjährige Hildegard:

- Yesterday I spoke of ‚Unterwäsche'. Thereupon I heard her say to herself: „Unterwäsche means underwear".

Über die Achtjährige findet sich folgender Tagebucheintrag:

- „When she asks me for the meaning of an unfamiliar German word, which she does not do often, I give her as a rule not the English translation, but a simple explanation in German: Often she says then the more familiar English equivalent to show that she has understood." (Leopold 1949 b, 146).

Instruktive Beispiele finden sich bei Saunders (1982, 144):

- THOMAS (5; 5, 16): Warum hast du das benutzt?
  FATHER: Oh, nur zur Abwechslung.
  THOMAS: For a change?
  FATHER: Ja.
- MOTHER: In England there's longer twilight than in Australia.
  THOMAS (6;8,1): What's that, Mum?
  MOTHER: That's that sort of greyish, darkish time before it gets properly dark.
  THOMAS: Ah, Dämmerung.
  MOTHER: Yes.

Und ein weiteres Beispiel deutsch-englischer Zweisprachigkeit aus Australien (Döpke 1992,S.)

CHILD: I want to piss.
MOTHER: Geh schnell.
CHILD: Yeah. I geh schnell. Quick run, quick run.
MOTHER: Jetzt geh schnell, Jakob.
CHILD (*softly, to himself*): Quick run, quick run.

Es scheint, als gäbe es zuweilen einen psychologischen Zwang, sich durch ausdrückliche Bewusstmachung des muttersprachlichen Äquivalents seines Verstehens zu vergewissern. Man meint, erst dann richtig verstanden zu haben, wenn man den Sachverhalt auch in seiner Hauptsprache benennen kann.

5. Sprachmischung

Es folgen Beispiele für Sprachwechsel als kommunikative Strategie, alle bei Leopold (1949 b, passim):

- Soll ich alles auf ein *pile* tun?
- Papa, wenn du das Licht ausmachst – *then I'll be lonesome*
- *I can't give you any* Kuss *because I have a* Schmutznase.

Das fremde Element wird in die Kontextsprache eingepasst:

- Ich habe nicht *ge-yawn-t.*
- Ich muß es *ausfiggem.*

Ebenfalls mit phonetischer und morphologischer Anpassung (deutsch *spülen* anstatt *faire la vaisselle*):

– Je ne veux pas spuler / ʃpyle/aujourd'hui. (Kielhöfer/Jonekeit 1983, 68)

Zwei weitere Beispiele, die mir W. Croon mitgeteilt hat: „C'est toi qui a grabsché mon stylo?" „Toujours en train de glotzer des conneries à la télé?"

> „Camouflaging a foreign word by adapting its morphological features is a strategy that almost all bilinguals use" (Taeschner 1983, 176).

Die Beispiele in der Literatur sind Legion, und was hier grob als Sprachwechsel bezeichnet wurde, ist vielfach zu differenzieren: bewusstes Umschalten, etwa bei Themenwechsel, spontane Sprachmischungen mitten im Satz, nicht erkannte Interferenzen, bewusstes Stilmittel usw. Wandruszka (1979a, 25) vergleicht diese Phänomene der Mehrsprachigkeit mit dem „unablässigen Ineinandergreifen verschiedener Register, den vielen Zwischenbereichen, den Mischgebilden" beim Einsprachigen; in Wahrheit gäbe es viel mehr als ein code-switching, „es ist ein unablässiges code-mixing, -merging, -blending."

Sprachmischungen als allgemeines Phänomen des Sprachkontakts treten allerdings sowohl beim Sprachaufbau als auch beim Sprachverlust auf. So führt der Verlust der Muttersprache von Einwandererfamilien, wie von Clyne (1981) an deutschen Einwanderern in Australien hervorragend dokumentiert, über ein Stadium, in dem sich immer mehr englische Anteile auch in solche Gesprächssituationen hineinmischen, die noch der Muttersprache vorbehalten sind. Es kann sich dann eine regelrechte Mischsprache, eine Art Kauderwelsch entwickeln, das schließlich ganz aufgegeben wird. Sprachmischungen können also auf dem Weg zum drohenden Sprachverlust Bequemlichkeit, Unbekümmertheit, eine Haltung des *couldn't-care-less* signalisieren. Kielhöfer/Jonekeit (1983, 38) sprechen hier vom „Trägheitsprinzip" als einer Variante des Ökonomieprinzips. So kann auch eine Muttersprache schließlich vergessen werden, aber erst, wenn die neue Sprache die muttersprachlich gebahnten Wege mitbenutzt hat. Zum Thema Sprachverlust und Sprachensterben empfehle ich Kouritzin (1999) und Crystal (2000).

Unser Augenmerk gilt jedoch der Rolle der dominanten Sprache beim Aufbau einer weiteren. In vielen Fällen gibt es nicht einmal eine Sprache, die konstant dominant ist; stattdessen wird jeweils eine der beiden Sprachen (oder eine von mehreren Sprachen) phasenweise oder auch gebietsweise bevorzugt. Die Sprache, die jeweils aushilft, wenn man in einer anderen kommuniziert und dabei auf Schwierigkeiten stößt, heißt deshalb bei Dodson (1985, 326) „preferred language", definiert als „that language in which a bilingual, whether developing or developed, finds it easier to make individual utterances in discrete areas of experience at any given moment". „Preferred language" hat also nichts mit Vorliebe für eine der beiden Sprachen zu tun. Ich sehe eine ähnliche Konzeption bei Lyon (1996), derzufolge eine Sprache stets einen Startvorteil hat („sequential model of language acquisition"). Die positive Rolle, die der Rückgriff auf die jeweils präsentere/stärkere Sprache beim Aufbau einer anderen Sprache spielen kann, ist durch die obigen Beispiele erwiesen. Dies ist im Fremdsprachenunterricht durchweg die Muttersprache. Hier hat die schlichte Einfügung eines muttersprachlichen Ausdrucks in die fremdsprachige Rede einen positiven Effekt, wenn sie die Fortführung des fremdsprachigen Gesprächs ermöglicht. Hingegen können weder der Kommunikationsabbruch noch die Fortsetzung des Gesprächs in der Erstsprache zum Erwerb der Zweitsprache beitragen. Aus diesem Grund rät Mme La Roche (1708): „Das reden muß vornehmlich durch die übung und durchs reden erlernet werden, und wer nicht eher zu reden anfangen will, bis er keine fehler im reden begehet, der lernt es nimmermehr. Man muß zuweilen ein teutsch wort mit einmengen, oder eines vom zaun brechen, wenn man das rechte nicht gleich weiß, daß man im reden nicht stecken bleibe; der mit dem man redet, mag es corrigieren."

- **Fazit:** Richtig eingesetzt kann die stärkere, jeweils präsentere Sprache den Erwerb der schwächeren vorantreiben. Wo sie aber aus Trägheit und Bequemlichkeit anstelle der schwächeren verwendet wird, behindert sie deren Erwerb.

2. Soziale Strategien – individuelles Lerntempo und der Wille zur Sprache

Neun Monate – ein ganzes Schuljahr – lang hat Fillmore (1976) fünf mexikanische Einwandererkinder in Kalifornien in der Grundschule, in der Familie und auf dem Spielplatz beobachtet und getestet. Ein Resultat dieser ergebnisreichen Studie: Die Englischkenntnisse der Kinder, die zu Beginn kein Englisch konnten, unterschieden sich am Ende des Schuljahrs beträchtlich. So war ein Kind nach drei Monaten schon sprachlich weiter als zwei andere am Ende des Schuljahrs. Die lernschnellen Kinder zeichneten sich vor allem dadurch aus, dass sie folgende Strategien im Umgang mit englischsprachigen Kindern befolgten:

1. Schließ dich einer Gruppe an. Tu so, als ob du weißt, worüber man spricht, auch wenn du es nicht weißt.
2. Gib dir mit wenigen gezielten Floskeln den Anschein, dass du die Sprache sprichst.
3. Rechne mit der Hilfe deiner Freunde.

Dieses Verhalten trug vor allem dazu bei, notwendige Sprachkontakte zu initiieren und aufrechtzuerhalten, d.h. sich mit Sprache zu versorgen:

> „In order to obtain the necessary verbal input from native speakers, through which he can improve and expand his knowledge of the new language, the learner must have some new ways of interacting with them which do not require a great deal of knowledge of the structure of the language, at least in the early stages ... These devices give the impression that he is speaking the language, and this is the vital encouragement required by speakers of the target language to keep trying – to keep talking with the learner“ (Fillmore 1976, 107).

Gefragt ist also die Fähigkeit der Einwandererkinder, mit Einheimischen soziale Kontakte herzustellen und Freundschaften zu schließen. Denn jeder Sozialkontakt ist auch ein Sprachkontakt. So treffen sich die Kommunikationsstrategien, die bilinguale Kinder in bilingualer Umgebung anwenden, mit den sozialen Strategien, die sie in rein fremdsprachiger Umgebung verfolgen. (Es sind Gebrauchsstrategien, nicht zu verwechseln mit Erwerbs- oder Entwicklungsstrategien (Kap. VI)). Beide Male geht es darum, ins Gespräch zu kommen oder im Gespräch zu bleiben. **Denn nur wer kommuniziert, lernt kommunizieren.**

Anders als bei der Muttersprache hängt der Erfolg des Zweitsprachenerwerbs stärker von der Persönlichkeit, ja dem **Willen zur Sprache** ab. Nicht aufgeben! ist denn auch der wichtigste Rat, den Hatch (1978, 434) auf der Grundlage umfangreicher Gesprächsanalysen Zweitsprachenlernern auf den Weg gibt. Es gibt nicht mehr den „geborenen" Partner, sondern der Lerner muss sich seine Sprechpartner aktiv suchen. Entscheidend ist dabei der Wunsch, dazuzugehören, so zu sein wie die andern, wenigstens in bestimmen Lebensbereichen, kurz: der Wille zur Identifikation. Auch unter äußerlich guten Bedingungen gelingt natürliche Zweisprachigkeit nicht mit der schönen Regelmäßigkeit und Robustheit des Mutterspracherwerbs. So kommt es öfter zur Sprachverweigerung, ja selbst beim Mutterpracherwerb können im Extremfall emotional tief gestörte Kinder plötzlich verstummen (Mutismus, vgl. Butzkamm/Butzkamm 1999, 35). Der doppelte Spracherwerb ist, wie Saunders (1988, 5) zugibt, „not all plain sailing". Eltern brauchen unter Umständen viel Geduld, Geschick und Willensstärke, um die Kinder bei der Stange zu halten. Wenn die Kinder eine Sprache aufgeben, weil sie ihnen eher lästig wird, akzeptieren sie aber durchaus, dass der Elternteil, der die schwächere Sprache vertritt, dies weiterhin tut. Damit bleibt aber genug an Sprache erhalten, denn aus einer rezeptiven Zweisprachigkeit wird im Nu eine aktive, sobald man ins Ausland geht und ein Muss dahinter steht. Insgesamt brauchen wir aber noch mehr Studien über gescheiterte Zweisprachigkeit. „Though we have little data on non-learners, the studies presented in this volume show that some children learn a second language much more rapidly than others" (Hatch 1978). Auch wenn sie in gleichen oder ähnlichen Milieus aufwachsen, lernen Kinder unterschiedlich schnell und kommen unterschiedlich weit. Und nicht alle begreifen die Zweisprachigkeit als Chance. Offenkundiger als bei der Muttersprache ist auch ein individuelles Bewältigungsverhalten der Zweitsprachenlerner. Es ist wahrscheinlich, dass emotionale Faktoren dabei die größte Rolle spielen. „Jede nicht ständig und gern geübte Sprache verblasst und verschwindet schließlich" (Zimmer 1998, 221).

III. Über das Denken in der Fremdsprache und das Wegkürzen

Betrachten wir noch einmal unseren Tennisfan in Montenegro und formulieren wir eine weitere These:

In der Fremdsprache denken ist eine Sache der Übung und Gewöhnung und wird durch die anfängliche punktuelle Zuhilfenahme der Muttersprache nicht behindert.

Diese These richtet sich gegen zwei in der Fremdsprachendidaktik vertretene Meinungen:

1. Bei den wenigen Stunden Unterricht sei es meist nicht möglich, den Fremdsprachenschüler dahin zu bringen, in der Fremdsprache zu denken. Dies könne nur bei längerem Aufenthalt im Sprachlande gelingen.

2. Durch „Übersetzen" – dies wird meist nicht näher differenziert – werde die Ausbildung fremdsprachiger Denk- und Sprechweisen vollends behindert.

Unser Tourist hat jedoch schon im dritten Satz die Sachverhalte, um die es bei dem Spiel geht, unmittelbar erkannt und serbokroatisch benannt, d.h., er hat fremdsprachlich gedacht. „In der Fremdsprache denken" heißt hier also, ohne Dazwischentreten einer anderen Sprache verstehen und fremdsprachlich formulieren. Dies – so behaupten wir – gelingt nach einer Weile aufmerksamen Zuschauens und Übens, obwohl gerade zu Beginn die Zwischenschaltung der Muttersprache immer dann hilfreich ist, wenn Verstehensschwierigkeiten auftreten. Denn zunächst ist es notwendig, sich über das Gehörte absolute Klarheit zu beschaffen. Hört er etwa *petnaest oba,* später beim gleichen Spielstand *oba petnaest,* so rückt ein Vergleich mit der Muttersprache alles zurecht: *fünfzehn beide* oder *beide fünfzehn,* das ist Jacke wie Hose. Oder er hört *prednost Boljanovic* und gleich darauf *game Boljanovic,* und schon schließt er messerscharf: also nicht „Vorteil auf" bzw. „rück", sondern „Vorteil Müller, Meier, Schulze". Aber nach dieser muttersprachlich vermittelten

Klärung lebt er sich im weiteren Verlauf des Spiels so sehr in die Ankündigungen des Schiedsrichters ein, dass er sich schließlich dabei ertappt, wie er direkt und unmittelbar den Spielstand serbokroatisch vor sich hinmurmelt, noch bevor er den Schiedsrichter hört. Ergibt sich dann aber zwischen Schiedsrichter und Spieler eine kleine Diskussion um einen strittigen Ball, rätselt unser Fan wieder muttersprachlich über das, was die beiden einander sagen. Das Denken in der Fremdsprache ist mithin kein Alles-oder-nichts-Phänomen, sondern gelingt nur stückweise, hier also für den kleinen Bereich formelhafter Wendungen, die er immer wieder zu hören bekam und somit einüben konnte. Diese Formeln sind ihm inzwischen in Fleisch und Blut übergegangen, er kann sie im Schlaf. Als er nachts die schönsten Ballwechsel noch einmal im Traum durchlebt, träumt er sie auf serbokroatisch.

Eindrucksvolle Belege für stückweises, spontanes Denken in der Fremdsprache sind die vielen Sprachmischungen, die uns oft ganz ungewollt über die Lippen kommen. Dazu gibt es Quellenmaterial in Hülle und Fülle. Ich zitiere aus Luthers Tischreden, in denen er sich über seine Übersetzungsarbeit äußert:

> „Nec translatores debent esse soli, denn eim einigen fallen nicht allzeit gut et propria verba zu" (961).

> „Modus vertendi ist, daß man das vocabulum nicht tzu nahe noch tzu weit, sed propriissime secundum quamlibet linguam neme" (2771b).

Solche Sprachwechsel können ohne erkennbare Pause übergangslos eintreten. Deshalb spricht wenig für die Annahme, dass hier stets innere Übersetzungsvorgänge beteiligt seien; vielmehr scheint oft schon die Redeplanung selbst sprachlich gemischt. Natürlich gibt es auch Fälle, wo beim Übergang ein Zögern deutlich erkennbar ist und der Sprachwechsel dem Sprecher sehr bewusst sein muss. Aber gerade bei Luthers Tischreden ließe sich schwer ausmachen, welche Sprache nun eigentlich den Vorrang hat: Wird zunächst lateinisch gedacht und dann ins Deutsche übersetzt oder umgekehrt?

Man hat dies „sprachliche Indifferenz" genannt (Schuchardt, zt. bei Stolt 1964, 14); beide Sprachen scheinen mühelos und fast ohne Einschränkung austauschbar. Man beachte das Hin- und Herwechseln in folgender Tischrede:

> sed (ratio) illustrata a Spiritu hilfft judicirn die heylig schrifft. Sicut lingua Coclei loquitur blasphemias, mea lingua loquitur laudem Dei, et

> tamen est idem instrumentum in utroque, ist eine zung ante fidem et post fidem, et lingua, in quantum lingua, hilfft dem glauben nit, et tamen dienet sie yhm, quando cor est illustratum (439).

In einem Atemzug wechseln *glauben* mit *fides* und *zung* mit *lingua*, die Begriffe gehören zu Luthers Gedankenwelt, ohne mehr an die eine als an die andere Sprache gebunden zu sein. Luther ist gewiss ein Idealfall, was die Beherrschung beider Sprachen anbetrifft, aber hierin nicht unbedingt ein Sonderfall unter den Gelehrten seiner Zeit. So spannt sich ein weites Übergangsfeld zwischen dem Touristen auf der einen Seite, der lediglich ein paar fremdsprachliche Formeln parat hat, und einem Bilingualen wie Luther auf der anderen Seite, dessen Lebens- und Gedankenwelt sich sowohl in der einen wie der anderen Sprache artikulierte. Hier interessiert, dass selbst ein Anfänger direkt fremdsprachlich reagieren kann, ohne dass innere Übersetzungsvorgänge zu postulieren wären. „Fremdsprachlich denken“ ist nicht erst das Ergebnis andauernder intensiver Sprachkontakte, sondern kann stück- und schrittweise geschehen. Auch die Selbstbeobachtung führt zu diesem Schluss, wie etwa bei Stolt (1964, 286):

> Mir persönlich drängen sich mitunter englische Ausdrücke auf, obwohl ich diese Sprache nicht so gut beherrsche wie das Deutsche und Schwedische; z.B. „pick one's way“, als auf aufgeweichter Landstraße vor uns ein Reiter auftauchte, dessen Pferd mit äußerster Sorgfalt seine Hufe zwischen die Pfützen, Löcher und ausgefahrenen Reifenspuren setzte; „a nodding acquaintance“ bei der Begegnung mit einem flüchtigen Bekannten, dem man zunickt, ohne je stehenzubleiben, um sich zu unterhalten. – Die Ausdrücke werden nicht ausgesprochen, sie dienen zur geistigen Verarbeitung, evtl. Wertung sinnlicher Eindrücke. Die Prägnanz der Ausdrücke verleiht ihnen die Durchschlagskraft.

Die Bildhaftigkeit eines fremdsprachlichen Ausdrucks, die haften geblieben ist – das ist nur *ein* Grund, warum sich unter den vielen Assoziationen, die in uns aufsteigen, auch fremdsprachliche Ausdrücke, Redeweisen, ja ganze Sätze befinden können. Fremdsprachlich assoziieren oder denken ist nicht so mysteriös, wie man vielfach annimmt. Es ist eine weit verbreitete laienhafte Vorstellung, „dass die Sprache, in der man träume, die Muttersprache sein müsse .... als ob man nur in einer Sprache träume“, schreibt Elwert, der den Terminus „Nachhallsprache“ (*langue écho*) einführt und erklärt:

> Wenn ich etwa ein französisches, italienisches oder englisches Buch gelesen habe, so fahre ich oft noch lange danach fort, mich in der betreffenden Sprache mit dem Gelesenen auseinanderzusetzen, wobei das Selbstgespräch die Form eines Dialogs mit einem entsprechenden Partner annimmt, der gedacht anwesend ist; doch geht das Weiterdenken in der Sprache auch so weit, dass ich einen Brief an den Betreffenden zu formulieren beginne, oder der Wunsch immer stärker wird, eine tatsächliche Aussprache in dessen Sprache herbeizuführen. Entsprechend steht es, wenn ich aus einem Buch Exzerpte mache und meine persönlichen Bemerkungen dazu schreibe: Oft genug verbleibe ich bei der Sprache des exzerpierten Textes, und zwar weil das bequemer ist und schneller geht. Nun wird man noch einwenden, im Traume müsse es doch anders sein. Das ist nicht der Fall. (Elwert 1959, 64)

Es ist also gar nichts so sehr Geheimnisvolles um die Muttersprache, sie ist nicht kraft eines Naturgesetzes die Sprache des inneren Selbstgesprächs, des Phantasierens, Tagträumens und Nachtträumens, der spontanen Affektäußerungen, des Rechnens. Die Sprache, in der wir gerade denken und uns äußern, wird durch kurzfristige Nachhalleffekte wie durch langfristige Gewöhnung bestimmt. Elwert (1959, 63) betont: „Diese Vorgänge spielen sich bei jedem Menschen ab, der sich einer zweiten Sprache aktiv bedient, gleichgültig ob er sie gut oder nur unvollkommen beherrscht, ob er sie in der Kindheit erlernt hat oder erst später. Jeder, der eine zweite Sprache zu benützen gelernt hat, kann davon berichten. Hieran muss ausdrücklich erinnert werden, um nicht die Vorstellung bestehen zu lassen, dies erlebe nur jenes Sonderwesen, das man den Zweisprachigen, den Bilinguen nenne, das zwei Sprachen vollkommen beherrsche – und das es nicht gibt".

Die Klasse, die ihren Englischlehrer gewohnheitsmäßig mit „Good morning, Sir" begrüßt, tut das ohne stilles Dazwischentreten der Muttersprache. Der Tourist, der kaum Französisch kann, wird bald „gedankenlos" und völlig korrekt „merci", „oui", „non" sagen. Assoziationspsychologisch ist eine direkte Verbindung zwischen Ideen, Vorstellungen oder kommunikativen Impulsen und fremdsprachlichen Ausdrucksweisen geschaffen worden. Durch schlichte Gewöhnung ist die Muttersprache als vermittelndes Zwischenglied weggefallen und eine neue Assoziationsbahn geschaffen worden. Dies könnte dann „Denken in der Fremdsprache" genannt werden.

Der Wegfall vermittelnder Zwischenglieder ist in der Assoziationspsychologie seit langem bekannt und wurde schon zu Beginn dieses Jahrhunderts von der Fremdsprachenmethodik aufgegriffen (vgl. Butzkamm 1973, 60ff., 1980, 119ff.). Brown (1972) nennt den Wegfall *cognitive pruning*; wir ziehen im Anschluss an Woodworth (1938, 34) und andere den Terminus **short-circuiting** vor, nennen es im Deutschen „**Wegkürzen**" und sprechen an anderer Stelle von **„Gestaltwandel"** (Kap. V). Die Muttersprache wird weggekürzt, fällt aus der Rechnung heraus und ist im Ergebnis nicht mehr auffindbar. Die *short-circuiting hypothesis* erklärt das scheinbare Paradox, dass das Verschwinden letztlich unerwünschter Vermittlungsglieder eben nicht durch ihre sofortige Unterdrückung, sondern gerade durch ihre anfängliche Zuhilfenahme erreicht wird. Die Muttersprache treibt sich selbst aus unseren fremdsprachlichen Formulierungen hinaus.

„The indirect bond is short-circuited out by practice just as memorial dodges for remembering people's names are eliminated once the name is established" analysierte M. West (1960, 48) diesen Vorgang. Michael West war psychologisch ausgebildet, bevor er als Sprachlehrer nach Indien kam und ein klassisches Werk über Probleme der Mehrsprachigkeit in diesem Land vorlegte. Ich erwähne die Tatsache, dass West von Haus aus Psychologe war, weil das Wegkürzen als psychologischer Prozess offenbar unter Sprachwissenschaftlern nicht bekannt ist. Wie sonst hätte Krashen postulieren können, es gebe keine Berührung, keine Vermittlung, keine „Schnittstelle" zwischen bewusstem Lernen und unbewussten Erwerb (*non-interface hypothesis*)? Der psychologische Prozess bezieht sich also nicht nur auf muttersprachliche Einhilfen, sondern gilt für alle Arten von Erklärungen und Denkhilfen, auch grammatischer Art, die sich bei der Ausbildung von Fertigkeiten durch Übung und Gewöhnung überflüssig machen können. **Somit ist das Wegkürzen – eine Art neurolinguistisches Ökonomieprinzip – für eine Fremdsprachenlerntheorie von erheblicher Bedeutung** (vgl. Kap. V).

IV. Psycholinguistik des Verstehens

1. Zwischen Sinnentnahme und Sinngebung: Die Verstehensspirale

> Piece out our imperfections with your thoughts:
> Into a thousand parts divide one man,
> And make imaginary puissance;
> Think, when we talk of horses, that you see them
> Printing their proud hoofs i'th' receiving earth;
> For 'tis your thoughts that now must deck our kings.
>
> (Shakespeare: Prologue to Henry V)

Denken wir überhaupt in einer Sprache? Ist das Denken an sich nicht sprachneutral? Erst eine Klärung solcher Grundsatzfragen kann auch fremdsprachendidaktische Streitfragen klären.

Folgende Argumentation hat eine lange Tradition: Jede Sprache ordnet die Welt auf je eigene, unverwechselbare Weise. Eine fremde Sprache kann daher adäquat nur aus sich selbst heraus vermittelt werden. Wer die Muttersprache zu Hilfe nimmt, zerstört den charakteristischen, weltordnenden Zugriff der Fremdsprache und leistet allen möglichen Interferenzen Vorschub.

Analysiert man jedoch den Prozess des Verstehens, so zeigt sich, dass man eine fremde Sprache gar nicht rein durch sich selbst darbieten kann, auch wenn der Unterricht völlig im Rahmen der Fremdsprache verbleibt und kein muttersprachliches Wort zulässt. Kann man überhaupt eine sprachliche Äußerung ganz aus sich selbst heraus verstehen? Verstehen schließt doch immer ein Heranziehen von Informationen ein, die weit über die der Äußerung selbst entnehmbaren hinausgehen. Was Shakespeare von der Einbildungskraft seines Publikums verlangt: nicht nur mitzudenken, sondern hinzuzudenken und auszugestalten, das tun wir im Grunde alle, wenn wir uns verständigen. Klein (1984) hat die hinzuzudenkenden, im Wortlaut selbst nicht enthaltenen, zum richtigen Verstehen aber notwendigen Informationen in *Weltwissen*, *Situations-*

wissen und *Vorgängerinformationen* eingeteilt. *Vorgängerinformationen* sind solche, die wir dem zuvor Gesagten oder dem vorauslaufenden Text entnehmen. Für *Situationswissen* ist auch der auf Tulving (1972) zurückgehende Ausdruck *episodisches Wissen* geläufig, und statt *Weltwissen enzyklopädisches Wissen*. Unser Situationswissen trägt z.B. dazu bei, dass wir einen indirekten Sprechakt richtig verstehen, d.h. etwa in einer Feststellung („Du hast deine Schularbeiten noch nicht gemacht") oder einer Frage („Ist das Fenster auf?") eine Aufforderung erkennen.

Beschränken wir uns zunächst auf das *Weltwissen*, „unser allgemeines, im Verlauf des bisherigen Lebens angesammeltes Wissen über physikalische, soziale und sonstige Gegebenheiten" (Klein 1984, 124). Es gibt keinen Text, schon gar keinen Lehrtext aus fremdsprachlichen Unterrichtswerken, der in dieser Hinsicht voraussetzungslos wäre. „Der Mensch knüpft immer an Vorhandenes an" (Humboldt 1963, 393).

Da ist z.B. eine Geschichte, in der jemand zum Geburtstag ein Fahrrad geschenkt bekommt. Der Lehrer erklärt *anniversaire*: „Wolf, c'est ton anniversaire, le onze novembre; et ton anniversaire, Ingrid, c'est le huit janvier, n'est-ce pas?". Dann vergewissert er sich: „Et quel jour est ton anniversaire, Gisèle?" Alle haben das neue Wort verstanden. Wie selbstverständlich benutzt der Lehrer dabei die Tatsache, dass seine Schüler über einen recht einheitlichen Begriff „Geburtstag" schon verfügen. (Gewiss gibt es Kulturen, in denen man keinen Geburtstag feiert, in denen mithin der Begriff unbekannt ist.) Er erklärt auch nicht weiter, was ein „Geschenk" ist oder dass es zum Geburtstag Geschenke geben könnte. Ob Geburtstag, Geschenk oder Fahrrad – auf jeden Fall rekurriert er dabei auf schon vorhandenes Alltagswissen seiner Schüler. Erkennen und Verstehen ist in Bruners (1957) Worten grundsätzlich ein „going beyond the information given". Jedes Wahrnehmen – so hatten es die Gestaltpsychologen gesagt – ist schon ein konstruktiver Akt des Deutens, in dem wir Gegebenes zu Gestalten *ergänzen*. Ein Tier hinter einem Baum zerfällt nicht in ein sichtbares Vorderteil und Hinterteil, sondern bleibt das ganze Tier, weil wir die unsichtbare Mitte sofort hinzufügen. Verstehen ist ein Einordnen neuer Informationen und Anbinden an schon vorhandenes Wissen und gespeicherte Erfahrung. Gerade der hat am besten verstanden, der das Neue auf möglichst vielfältige Art in ein schon vorhandenes Wissensgeflecht einknüpft. Verstehen ist ein Prozess, in dem sich Sinnentnahme und – vom Hörer/Leser beigesteuerte – Sinngebung wechselweise anstoßen, auseinander falten und ineinander greifen. Hörendes Verstehen ist zugleich ein Heraushören und Hineinhören.

Das Verstehen von Wörtern kristallisiert sich in einem Wechselspiel von aufwärts gerichteten *(bottom-up)* und abwärts gerichteten *(top-down)* Aktivierungsprozessen heraus, die sich im Auffinden der zum Kontext passenden Bedeutung verschränken. Der Prozess setzt bei der Wahrnehmung des Wortes – nehmen wir das Beispiel *Arm* – als Klang- oder Schriftbild an. Schon während der akustischen oder visuellen Analyse der Wortform erfolgt ein Zugriff auf die Bedeutung. Noch bevor wir also das Wort vollständig erkannt haben, werden Bedeutungskomponenten assoziativ herbeigezogen. Nach Abschluss der wahrnehmungsmäßigen Analyse wird die zugehörige Bedeutung, sofern sie als *lexikalisches Wissen* schon bereitliegt, voll aktiviert: die Laut- oder Buchstabenfolge *Arm* führt zur Bedeutung. In diesem aufsteigenden Prozess kann äußerst kurzfristig (ca. 200 ms) und uns nicht bewusst auch der Bedeutungsbereich abgetastet werden. Wir gelangen zur passenden Bedeutung durch einen gleichzeitig verlaufenden, abwärts gerichteten Prozess. Sein Ausgangspunkt umfasst die genannten Vorgängerinformationen wie Situations- und Weltwissen. Er lenkt zu bestimmten Bedeutungsarealen hin und scheidet damit zugleich andere aus, so dass wir gewöhnlich den Eindruck haben, unmittelbar zu verstehen. Wenn z.B. vom Rheindelta und dessen Armen die Rede ist, kommt uns der Körperteil gar nicht in den Sinn, wir denken sofort an die Arme des Flusses. Lesen wir aber „ich lass mich doch von dir nicht auf den Arm nehmen", verstehen wir dies gleich so, als ob Bedeutungen wie Fluss-, Hebelarm usw. gar nicht existierten. Es ist also dieser abwärts gerichtete Prozess, unser durch den Kontext im weitesten Sinn vorstrukturiertes, auf bestimmte Sinnerwartungen hin ausgerichtetes Bewusstsein, der das Verstehen so effizient macht (Zimmer 1985, 323). Natürlich lauern hier auch Verstehensfallen, die wir durch die bekannten Scherzfragen vom Typ „Wie viele Tiere von jeder Art nahm Moses mit auf die Arche?" aufdecken können. „Natürlich zwei", lautet die Antwort gewöhnlich, obwohl wir wissen, dass es Noah und nicht Moses war, der die Arche baute. Wir übersehen die Unstimmigkeit. Der Effekt verschwindet aber, wenn Noah nicht mehr durch alttestamentarische Namen ersetzt wird. Offensichtlich teilen Noah und Moses genügend Bedeutungskomponenten, die durch die sich ausbreitende Wirkung reaktiviert werden, so dass der Verstehensprozess abbricht, bevor der Widerspruch bemerkt wird. Die ansonsten das Verstehen fördernde Aktivierungsausbreitung lässt an solchen Stellen Fehler entstehen“ (Zimmer 1985, 319).

Das Verstehen von Texten ist demnach als eine sich in die Höhe schraubende Spirale vorstellbar. Die eine Seite der Kreisbahn besteht aus dem Eigenbeitrag des Lesers, mithin den bewusstseinsmäßig präsenten Vorgängerinformationen, dem breiteren Situationswissen und seinem gesamten Weltwissen, von dem natürlich nur Bruchstücke aktiviert werden. Die andere Seite bilden die in dem Textstück selbst enthaltenen Informationen. Eigenbeitrag und Textbeitrag – Sinngebung und Sinnfindung – stoßen sich gegenseitig weiter. Mit jedem Umlauf nimmt das Verstehen zu, wobei auch Schlüsse vom Textganzen auf die Teile und von den Teilen auf das Ganze gezogen werden.

Wer Texte versteht, versteht schon immer mehr, als im Text steht. Das Welt- und Situationswissen, das der Fremdsprachenschüler im Verstehensprozess hinzufügt, ist zunächst muttersprachlich geprägt, einerlei ob es als hochabstraktes Kürzel oder in sprachlich entfalteter Form, aber nur gedacht vorhanden ist, oder gar ausgesprochen wird. Die „Verfälschung“ durch ein muttersprachliches „Weltbild“ wäre demnach ein Faktum, ob der Lehrer nun die Muttersprache als Verstehenshilfe einsetzt oder nicht. Kulturspezifische, eigensprachliche Sichtweisen müssten auf andere Weise aufgelöst oder revidiert werden; die äußerliche Vermeidung eines muttersprachlichen Äquivalents ist keine Hilfe.

2. Spontane Fehldeutungen – Volksetymologien im Klassenzimmer

Auf einen vorzeitigen Abbruch des Verstehensprozesses gehen viele Missverständnisse bei fremdsprachigen Worterklärungen zurück. Der Schüler glaubt, schon verstanden zu haben, sein Denken ist angekommen, ein Sinn ist gefunden. Auch wenn der Lehrer noch weiter erklärt, schenkt er diesen Erklärungen nicht mehr genügend Aufmerksamkeit. Offensichtliche Ungereimtheiten fallen ihm dann nicht mehr auf. Ein kontrollierter, bewusster Verarbeitungsprozess, der zu einer Umzentrierung der Aufmerksamkeit führen würde, findet nicht mehr statt. Dem Lehrer entgehen solche Missverständnisse zumeist, oder er wundert sich, dass trotz allgemein einleuchtender Erklärungen solche „Irrläufer" zustandbekommen.

Bekannt sind die kindlichen Fehldeutungen, die Stern/Stern (1928) in Anlehnung an den Begriff der Volksetymologie „Kindesetymologien" nennen. „Kreiselbeere" statt Preiselbeere, das eierlegende „Eihörnchen" statt Eichhörnchen sind Beispiele der Stern-Kinder. Viele Missverständnisse gibt es bei Kirchenliedern: die „knabenbringende" Weihnachtszeit, „Herr Rodes" statt „Herodes", sogar „Johannes der Teufel"! Wir erkennen, dass solche Missverständnisse Zurechtdeutungen sind, Akte spontaner Sinngebung, Ergebnis einer Sinnsuche, keine eigentlichen Dummheiten. Manchmal muss man genau hinhören, um die kindlichen Umdeutungen zu erkennen, die wohl häufiger sind, als wir ahnen: „Umfall" statt Unfall, „Lämpchen" statt Lämmchen usw. Die Dunkelziffer, so vermute ich, ist hoch!

Das gilt wohl auch für die „Klassenzimmer-Etymologien". Wir machen uns keinen Begriff davon, wie viel Unverstandenes oder nur halb Verstandenes die Schüler mitschleppen (Belege bei Butzkamm 1980, 150f.). Aus Moritzens „Anton Reiser" (1785): „Er mußte nun anfangen, den Donat auswendig zu lernen; allein freilich hatte er einen wunderbaren Akzent, der sich bald zeigte, da er gleich in der zweiten Stunde sein Mensa auswendig hersagen mußte, und indem er Singulariter und Pluraliter sagte, immer den Ton auf die vorletzte Silbe legte, weil er sich beim Auswendiglernen dieses Pensums wegen der Ähnlichkeit dieser Wörter mit Amoriter, Jebusiter usw. fest einbildete, die Singulariter wären ein besonderes Volk, das Mensa, und die Pluraliter ein anderes Volk, das Mensä gesagt hätte. Wie oft mögen ähnliche Mißverständnisse veranlaßt werden, wenn der Lehrer sich mit den ersten Worten des Lehrlings begnügen läßt, ohne in den Begriff desselben einzudringen." Als Anton das Lied „Hüll, o schöne Sonne/ Deiner Strahlen Wonne ..." singen hört, phantasiert er es sich „orientalisch" zurecht: „Hylo, schöne Sonne ..." Ein modernes Beispiel aus dem Schwabenland: Ein Mädchen hatte das „listen carefully" ihres geschätzten Lehrers eine Zeitlang als „Listen, Käferle" gedeutet! „Ganz generell sind einsprachige, durch Gestik und Mimik unterstützte Worterklärungen anfällig für Missverständnisse. So musste z.B. ein Lehrer nach ausführlichen Bemühungen um die mimische Vermittlung der Bedeutung von „happy" erfahren, dass seine Schülerinnen und

Schüler dieses Wort mit „blöd" übersetzten", berichtet Solmecke (2000, 319), der mit vielen Beispielen untermauert, wie sehr auch Übungsanweisungen oder Erläuterungen aller Art die Schüler irreführen können. So sollten wir auch gegenüber unseren grammatischen Erklärungen kritischer, ja misstrauischer sein. Auch hier gibt es wohl eine hohe Dunkelziffer unaufgeklärter kindlicher Missverständnisse (Kap. XII). **Die Frustration der Schüler über viele, besonders durch die Einsprachigkeitsideologie verursachte Verständigungsschwierigkeiten ist aus Schülerbefragungen ablesbar** (Düwell 1979, Czerwenka 1990; Hermann-Brennecke/Candelier 1992). Frust statt Freude!

■ **Fazit:** Schüler verstehen vermutlich viel mehr falsch, als unsere Lehrerweisheit sich träumen lässt. Da aber das Verstehen des Zugesprochenen Grundbedingung des Spracherwerbs ist, müssen wir der Bedeutungsvermittlung die allergrößte Sorgfalt schenken. Nur solche Semantisierungsverfahren dürfen gelten, die den Sinn klar und eindeutig, ohne unverstandenen Rest vermitteln.

3. Verstehen vor und jenseits von Sprache: Die Entsprachlichungs-Hypothese

Wie weit kann man *ohne*? – was muss man *mit* Sprache denken?
(Herder 1772)

Wir hören eine Geschichte. Später erzählen wir sie weiter. Wir tun das in unseren eigenen Worten, müssen dies sogar, weil wir den Wortlaut völlig vergessen haben. Wenn wir eine zweite Sprache gut beherrschen, können wir die gleiche Geschichte ohne innere Übersetzung in dieser Sprache nacherzählen. Denn da wir den Wortlaut nicht mehr haben, gibt es auch nichts von der einen in die andere Sprache zu übersetzen.

Ähnlich erging es Canetti (1979,15), der sich an manche Ereignisse, Geschichten und Märchen seiner Kindheit bis ins Detail erinnern konnte, aber nicht in der Sprache, in der er sie gehört hatte. „Alle Ereignisse jener ersten Jahre spielten sich auf spanisch oder bulgarisch ab. Sie haben sich mir später zum größten Teil ins Deutsche übersetzt. Nur besonders dramatische Vorgänge, Mord und Totschlag sozusagen und die ärgsten Schrecken, sind mir in ihrem spanischen Wortlaut geblieben, aber diese sehr genau und unzerstörbar. Alles übrige, also das meiste, und ganz besonders alles Bulgarische, wie die Märchen, trage ich deutsch im Kopf."

Gewöhnlich speichern wir weder den gesamten Wortlaut, noch einzelne Schlüsselwörter, noch irgendwelche anderen verbalen Bestandteile, sondern etwas weitaus Abstrakteres und Dichteres, ob wir dies nun Bedeutungen, Gedanken, Vorstellungskomplexe, Schemata oder anders nennen. Wir schauen gewissermaßen durch die Sprache hindurch auf das Gemeinte und Erzählte und lassen den Wortlaut dabei hinter uns zurück. Er zerfällt, das Gemeinte bleibt: Entsprachlichung. Allerdings können wir dies so Aufgenommene und Verstandene selber nur dann weitergeben, wenn wir es wieder verlautbaren und in Sprache umsetzen. Entsprachlichtes wird wieder versprachlicht. Der Gedanke reift erst dann zur Klarheit, wenn er mitteilbar geworden ist und sich in Sprache niedergeschlagen hat. „Wissen muss sich aussprechen" (Jaspers 1964, 20).

Wir postulieren damit sowohl die Sprache übersteigende und aus ihr abstrahierte Erkenntniselemente als auch der Sprache vorgängige und damit von ihr unabhängige Denk- und Vorstellungsinhalte:

- vorsprachliches Denken
- sprachliches Denken
- nachsprachliches, d.h. Sprache voraussetzendes, entsprachlichtes Denken. (Butzkamm/Butzkamm 1999, 246ff.)

Machen wir uns die Natur solch hochabstrakter Schemata anhand eines Beispiels etwas klarer. Die meisten von uns haben gelernt, mit der rechten Hand zu schreiben. Dennoch gelingt es uns – mit einiger Mühe – den Bleistift mit der linken Hand, zwischen die Zähne oder auch die Zehen zu nehmen, ja dabei die Augen zu schließen und im ersten Versuch etwas durchaus Lesbares hinzukritzeln. „In diesem Fall, wo ganz andere Bündel von Muskeln in einem ganz anderen Teil des Körpers aktiviert werden ..., müssen wir ein zentrales abstraktes Schema für ein motorisches Muster postulieren, vermittels dessen wir die Fertigkeiten auf andere Muskeln übertragen können." (Lenneberg 1972, 367). Ebenso postulieren wir hochabstrakte Bedeutungsgehalte, die nicht nur in die Muttersprache, sondern auch in weitere Sprachen transformiert werden können.

Das Kind, das gerade gelernt hat, Mama zu sagen, hat nur einen Ausdruck für einen inneren Zustand gefunden, in dem es sich schon viele Male zuvor befunden hat. Dieser Zustand wird nun mit dem Wort Mama verknüpft. „This relation is not created by language, but ante-dates it. What language does is to make it communicable" (Russell 1975, 110). Oder um ein Beispiel Neissers (1976, 118) aufzunehmen: „A child can find his way around long before he can give an adequate account of where he has been or how he got there, just as he can do many other things that he is not fluent enough to describe".

Es gibt demnach ein Wahrnehmen, Erkennen, Erinnern, In-Beziehung-Setzen sowohl *vor, in* **und** *mit,* **als auch** *jenseits* **von Sprache.** Uns interessiert hier nicht das vorsprachliche, also wirklich sprachfreie „unbenannte" Denken (Köhler 1973, 253ff.), sondern das schon durch Sprache hindurch gegangene, sprachneutrale Denken, das gewissermaßen seine sprachliche Unschuld verloren hat.

Denn die These einer die Sprache(n) überwölbenden Erkenntnis- und Denkinstanz spielt in der modernen Bilinguismus-Forschung eine Rolle, weil sie die positiven Effekte bestimmter bilingualer Schulversuche erklärt. So vergleicht Cummins (1981) die *Balance Effect Theory* mit einem *Think Tank Model.* Nach ersterer bilden Sprechen und Denken eine untrennbare Einheit. Wenn nun ein Teil des Lehrplanes in einer Zweitsprache unterrichtet wird, gehe dies automatisch zu Lasten der Denk-Sprechleistungen in der Erstsprache.

Wenn z.B. jemand Erdkunde in der Zweitsprache lernt, müssten seine geographischen Kenntnisse, sein geographisches Denken und Urteilen an die Zweitsprache geknüpft bleiben, in der sie auch vermittelt wurden. Es gebe keinen Gewinn der Zweisprachigkeit, der nicht durch einen Verlust bei der Erstsprache erkauft wäre: ein Nullsummenspiel.

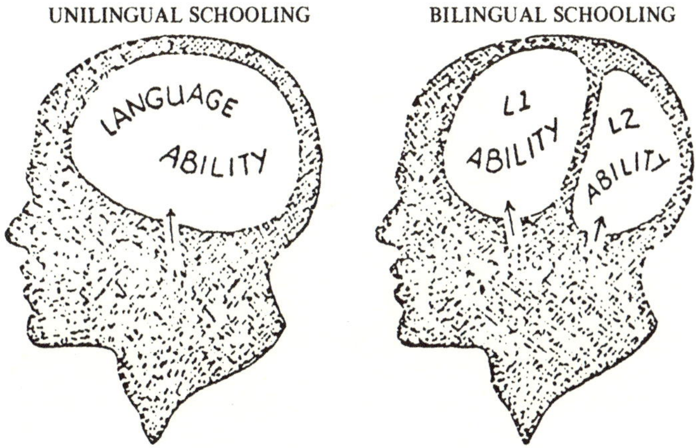

According to the Balance Effect Theory:
Double Talk – Double Think

Dagegen setzt Cummins das *Think Tank Model*, d.h. er postuliert wie wir einen übergeordneten, mit Sprache verbundenen, aber einzelsprachlich neutralen Wissensspeicher, ein allgemeines Denkvermögen, das über mehrere Sprachen gleichzeitig gespeist und entwickelt werden kann. „Thus, understanding, speaking, reading, and writing either language contributes to the development of the total Think Tank“ (Cummins 1981, 30).

Wenn also englischsprachige kanadische Kinder in der Schule nur auf französisch rechnen lernen, müssten sie damit auch allgemeine geistige Fähigkeiten und Fertigkeiten ausbilden und somit auch auf englisch rechnen können.

The Think Tank Model: Double Talk ≠ Double Think

Richtig an der *balance-effect-theory* ist, dass Unterricht in der einen Sprache nicht zugleich die andere Sprache fördert – es sei denn, besondere Vorkehrungen werden getroffen, z.B. Fachausdrücke zugleich auch in der anderen Sprache angegeben. Insofern entspricht ein Gewinn auf der einen einem potentiellen Verlust auf der anderen Seite. Richtig ist aber auch, dass sich in einer Zweitsprache erworbenes Wissen und in ihr geschultes Denken auch in der Erstsprache auswirken. Erkennen, Behalten, Denken sind als komplexe geistige Vorgänge sowohl sprachlicher als auch nicht-sprachlicher Natur. Eine neurologische Grundtatsache ist die ungeheure Vernetzung aller dieser Vorgänge, nicht aber die Existenz separater Sprach- und Denkkapseln.

Unser Weltwissen ist normalerweise nicht muttersprachenspezifisch, sondern durch die Muttersprache hindurchgegangen und im Hirn in Form hochabstrakter Deutungsschemata abgelegt (Entsprachlichung; *deverbalization hypothesis*). Man kann und muss das allgemeine Denkvermögen auch von der Zweitsprache her fordern und fördern.

4. Erfolgreiche Zweisprachigkeit und doppelte Halbsprachigkeit

Es gibt keine Statistiken darüber, wie viele Kinder aus sprachlichen Mischehen wirklich zweisprachig werden, wie viele Familien sich mit einer passiven Zweisprachigkeit der Kinder zufriedengaben, welcher Prozentsatz von Eltern die bilinguale Erziehung frühzeitig aufgaben, und wie viele einen solchen Versuch erst gar nicht gewagt haben. Bei den Berichten über simultane Zweisprachigkeit in der Familie handelt es sich in vielen Fällen um Kinder aus Akademikerfamilien.

Zwischen Eltern und Kind findet ein kontinuierliches Gespräch statt, in das schon früh Texte zum Vorlesen und Vorlesenlassen einbezogen werden. Damit ist natürlich manches andere verbunden: viel Freude, ja Entdeckerfreude an den Lebensäußerungen des Kindes und auch ein besseres Verständnis für die Bedürfnisse des Kindes, das sich fast zwangsläufig bei so viel genauem und geduldigem Zuhören, wie es eine linguistische Studie erfordert, ergibt. Auch kann so etwas wie die Wertschätzung der Eltern für Bücher abfärben. Und noch mehr: Bei dieser Art Lesenlernens liegt der Gedanke nahe, dass Lesen Menschen verbindet, die sich lieben. Darüber hinaus bedarf es keiner besonderen methodischen Tricks mehr, damit Kinder das Lesen quasi nebenbei lernen.

Auf der anderen Seite wissen wir von Kindern, die trotz obligaten Schulbesuchs und obwohl sie es nur mit ihrer Muttersprache zu tun haben, Analphabeten bleiben oder es doch nur zu einer sehr rudimentären Lesefähigkeit bringen. Auch als reine Muttersprachler entwickeln sie nur eine reduzierte, vielleicht sogar „halbierte“ Sprachkompetenz. In diesem Sinne ist es vertretbar, auch so etwas wie eine „doppelte Halbsprachigkeit“ zu diagnostizieren, besonders unter den Familien von Arbeitsimmigranten, die im Ausland einen Teil ihrer muttersprachlichen Ausdrucksfähigkeit verlieren, dabei aber nur geringe Kenntnisse in der Sprache des Gastlandes hinzuerwerben. Das Phänomen des *double semilingualism* ist in der Bilinguismus-Forschung kontrovers diskutiert worden (vgl. Baetens-Beardsmore 1982), besonders im Zusammenhang mit der Beschulung von Einwandererkindern. Soziokulturelle Faktoren spielen eine Rolle, – etwa das unterschiedliche Prestige, das die beteiligten Sprachen allgemein oder in den Familien selbst genießen, in Verbindung damit auch der unterschiedlich ausgeprägte Wille zur Identifikation mit einer Sprachgemeinschaft. Affektive Faktoren, die ja bei all unserem Tun eine Rolle spielen, könnten entscheidend sein. Angesichts mancher, die Familie stark belastender Migrantenschicksale wird es den Kindern oft an der Nestwärme fehlen, die wir alle zur Entfaltung in uns schlummernder Fähigkeiten brauchen. Minderwertigkeitsgefühle, Angst vor dem Versagen, Angst vor Ablehnung usw. können Lernleistungen überall beeinträchtigen, sei es in Sprachen oder in Mathematik. Konzentrieren wir uns dennoch im Folgenden auf die spezifische kognitive Situation der Zweisprachigkeit.

Man hat hier drei Niveaus von Zweisprachigkeit unterschieden, die mit der allgemeinen geistigen Entwicklung in Wechselwirkung stehen:

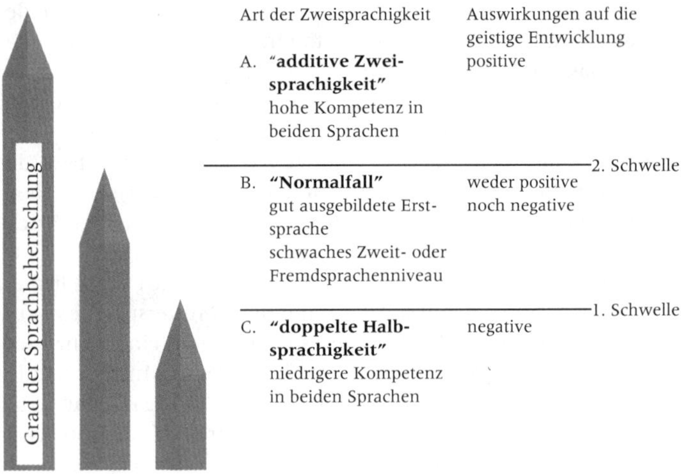

(nach SKUTTNAB-KANGAS u. TOUKOMAA 1977)

Zweisprachigkeit, die gelingt, hat demnach positive Rückwirkungen auf die geistige Potenz der Kinder. Damit sie gelingt, muss das Kind aber in mindestens einer Sprache ein Niveau erreicht haben, auf dem es sich den geistigen Anforderungen der Schule gewachsen zeigt und von ihnen profitieren kann. Liegen bei der Einschulung beide Sprachen unter diesem Niveau, kann Zweisprachigkeit eher behindern. Aus sprachlicher Immersion wird Submersion.

„Doppelte Halbsprachigkeit“ und die damit verbundenen ungenügenden Schulleistungen könnten also dadurch entstehen, dass die Kinder bei ihrer Einschulung die Stufe der wissenschaftlichen Begriffe im Sinne Wygotskis nicht erreicht haben. Kinder brauchen eine in diesem Sinne intakte Erstsprache. Ist das nicht der Fall, müsste die Schule zunächst die Muttersprache, d.h. die am weitesten entwickelte, soweit stützen und entwickeln, dass sie als Verstehens- und Denkgrundlage für schulischen Lernstoff fungieren und sich somit als Mittel der geistigen Weltbemächtigung bewähren kann. Auch die Eltern sollten möglichst an ihrer Muttersprache festhalten und mit ihren Kindern ein kontinuierliches Gespräch führen, statt ihnen einen sprachlichen Mischmasch anzubieten oder zu verstummen. Sie tun besser daran, mit ihren Kindern in der Muttersprache zu lesen, als mit ihnen in der Sprache des Gastlandes gebrochen zu kommunizieren. Leider sind viele, oft aus den ärmsten Schichten stammende Einwanderer selber kaum lese- und schreibkundig, so dass der Ausweg, durch Bücher lebendigen Kontakt mit ihrer Heimatsprache zu behalten, nicht besteht. „Die Fähigkeiten der Muttersprache setzen Fähigkeiten in der zweiten Sprache erst frei … In unvergleichlich höherem Maß, als dies bislang geschah, ist die Muttersprache der ausländischen Kinder mit in den Vermittlungsprozess einzubeziehen“ (Rehbein 1987,165f.).

5. Entsprachlichung: Zur Psycholinguistik des Übersetzens und Dolmetschens

Dolmetschen definieren wir als Fertigkeit, „etwas in einer Sprache mündlich Vorgetragenes zu verstehen, und es in einer anderen Sprache unmittelbar darauf mündlich verständlich zu machen“ (Willett 1974, 89). Damit ist Dolmetschen ausdrücklich nicht ein direktes Umsetzen von Äußerungen einer Sprache in eine andere, ist „kein Umkodieren von Sprachbedeutungen, sondern Verstehen und wieder Verständlichmachen eines Sinns“ (Seleskovitch 1974, 42).

Der Sinn ist das, was gleich bleibt, während die Sprachen wechseln. Trivial, gewiss. Aber wenn wir Original und Übersetzung nebeneinander legen, lassen wir uns gern täuschen, als ob hier eine unmittelbare Zuordnung von Elementen der einen und der anderen

Sprache vorläge. So betont Wirl (1955, 182): „Der Übersetzer sagt sich nicht: Ich werde diesen in der einen Sprache original abgefassten Text in eine andere Sprache übersetzen; er sagt sich vielmehr: Ich werde das, was an Inhalt in der einen Sprache ausgedrückt ist, in der anderen Sprache ausdrücken". Ein *simple transcodage* findet nur in Sonderfällen statt, wie etwa bei Zahlen (Seleskovitch 1975, 38). Der Übersetzer oder Dolmetscher muss zunächst verstehen. Dies ist aber, wie wir schon gesehen haben, kein bloßes Erfassen der Äußerungsinformation, sondern in ihm laufen schon Sprachliches und Nichtsprachliches zusammen. Verstehen ist ein „Entverbalisieren", denn zu erfassen ist der „jeder sprachlichen Verkleidung bare Sinn", der seinerseits zielsprachlich formuliert wird: **Entsprachlichung**. Dolmetschen ist kein unmittelbares Heranziehen von Äquivalenzen, sondern wird als zweistufiger Prozess gedeutet, „der vom Wort zum Gedanken und wieder vom Gedanken zum Wort führt" (Seleskovitch 1974, 47).

Übersetzen und Dolmetschen zerfallen in eine Verstehensphase und eine Rekonstruktionsphase. Deshalb muss eine Übersetzungstheorie in eine Verstehenstheorie eingebettet sein.

Gerade beim Simultandolmetschen läge es nahe, einen Automatismus zu vermuten, der Wörter und Sequenzen der einen Sprache mit der anderen Sprache koppelt. Dolmetschen heißt jedoch Hindurchblicken durch die Sprache auf das Gemeinte, „saisir le sens à travers la langue" (Seleskovitch 1975, 45), heißt Erkennen nicht der Wörter, sondern der Argumente und Neuformulieren der Argumente in einer anderen Sprache. Neben den beiden Sprachen ist stets ein Dritter im Bunde: der Sinn.

„Dans toute communication orale, la parole se fait pensée nonverbale et la pensée non-verbale se fait parole" (Seleskovitch 1975, 7). So ist es gerade aus der Sicht des praktizierenden Übersetzers und Dolmetschers befremdlich, wie man je auf den Gedanken kommen kann, dass Denken und Sprechen eins seien. Kann man den treffenden Ausdruck für einen Gedanken suchen, wenn der Gedanke nichts anderes sein soll als der sprachliche Ausdruck selbst? Das Ringen um den Ausdruck (Luther: „Die meinung hat er getroffen aber die wordt nicht") sowie die Vergeblichkeit des Verstehens bzw. die Notwendigkeit des doppelten Verstehens (Luther: „Wir hatten wohl die wort, aber wir verstunden nicht *sententiam*") sind aber alltägliche Erfahrungen des Übersetzers. Der Nachdruck mit dem Seleskovitch, die Direktorin des renommierten Pariser Dolmetscherinstituts ESIT und andere auf diesem Punkt bestehen, erklärt sich wohl daher, dass immer noch die Nachwirkungen des Behaviorismus zu bekämpfen sind. Für den Behavioristen gab es nur den Originaltext als Stimulus und den Text des Dolmetschers als Reaktion; Konzepte wie „Sinn" und „Verstehen" waren ausgeblendet.

Wir können jetzt die alte Frage nach der Möglichkeit bzw. Unmöglichkeit des Übersetzens schlechthin beantworten. Der Schlüssel zu diesem Problem liegt im individuellen, privaten Charakter des Verstehens. Jedes Verstehen ist Sinnentnahme und Sinngebung zugleich, also auch Konstruktion. In jedem Verstehen steckt nach Humboldt ein Rest unaufgeklärten Nichtverstehens. Wenn das Verstehen nie vollständig, sondern nur relativ ist, so ist auch die Übersetzbarkeit eines Textes immer nur relativ. Genau gesehen, ist Übersetzen immer Auslegung, ist jede Übersetzung Bearbeitung. Alle Skrupel des Übersetzers, alles Versagen und Verzagen vor dem fremden Text haben hier ihren Ursprung. Sie rühren an jenes Urphänomen, das man, um wiederum mit Goethe zu sprechen, „nur aussprechen darf, um es erklärt zu haben": dass wir Menschen Individuen sind mit einer unverwechselbaren Lebensgeschichte und einem eigenen Sinnhorizont.

So gesehen finden sich Elemente des Unübersetzbaren nicht nur in der Dichtung, die durch Klang, Rhythmus und Melodie der Sprache selbst wirken will, und auch nicht nur in Texten aus fremdartigen Kulturen und fernen Zeiten. Die Problematik ist vielmehr prinzipieller Natur: Wie weit ist überhaupt Verstehen des Fremdseelischen möglich?

„Schon jeder Leser ist ein Übersetzer. Er übersetzt, was er liest, in seine eigene Sprache" (Piontek 1980, 129). Lesen, so hatte es Neisser (1967, 136) formuliert, ist „externally guided thinking", ist ein Sich-Anverwandeln, ein Übertragen in die eigene Denkwelt. Eine *translatio*, ein Übertragen und Übersetzen ist der Kernvorgang des Verstehens und somit nicht nur des fremdsprachigen Verstehens. Fremdsprachiges Verstehen und Übersetzen ist nur ein Sonderfall jenes Überbrückens von lokalen, temporalen, sozialen, psychischen Distanzen und Hinüberführens in die eigene Welt. Kurz: „Inside or between languages, human communication equals translation ... Any model of communication is at the same time a model of translation" (Steiner 1976, 47). Anders herum gesagt: „Translation is, first and foremost, intralingual" (Steiner 1997, 93) Wer *traduttore-traditore* ruft, dem darf man also entgegenhalten, dass auch die anderen Weisen menschlicher Verständigung unvollkommen sind.

6. Private Welten – unvereinbare Seelen

Diese Erkenntnis hilft uns, folgendes, in der Einsprachigkeitsdebatte häufig vorgebrachte Argument zurückzuweisen: „No two languages will present the same analyses of the situations ... and as a result, the words of one language will practically never have exact equivalents in another language. Any attempt, therefore, to approach the meanings ... through a process of tying or relating the new word in English to a word in the native language will hinder and even may thwart the effective mastery of the new vocabulary" (Fries 1945; 1967, 44). Zwei Sprachen „tun" etwas – eine irreführende Abstraktion, in der der Beitrag des Subjekts verschwindet. Als Beispiel für mangelnde Äquivalenz zwischen den Sprachen wird etwa *Frühstück, breakfast, petit déjeuner* angeführt. Das sei doch nicht das gleiche. Es sei daher auf jeden Fall vorzuziehen, ein französisches *petit déjeuner* durch ein Bild zu semantisieren, und zwar als zünftiges Frühstück mit *bol* und *baguette*.

Wir lösen das Problem, indem wir die Frage nach der Möglichkeit zwischensprachlicher Synonymie als Verstehensproblem umdefinieren und anstelle linguistischer Resultate psychologische Prozesse untersuchen. Bedeutungen enthalten immer eine je eigene, individuelle, weil lebensgeschichtliche Komponente. Wenn also *petit déjeuner* nicht gleich *Frühstück* ist, so ist mit gleichem Recht auch nicht *mein Frühstück* gleich *dein Frühstück, Geburtstag* nicht gleich *Geburtstag* und *Fahrrad* nicht gleich *Fahrrad*. Das Frühstück von Schlüsselkindern ist anders als eines, bei dem die Mutter oder der Vater zu Hause bleibt und mit dem Schulkind zusammen frühstückt. Das Frühstück in der Woche sieht bei vielen anders aus als ein Sonntagsfrühstück, usw.

Verstehen ist kein bloßes Aufnehmen frei vom Bewusstsein existierender objektiver Gehalte, sondern ein Einholen des zu Verstehenden in die eigene Welt. Weil Meinen und Verstehen jeweils individuelle Akte sind, haben die meisten Wortbedeutungen „unscharfe Ränder", sind schwankend im Gebrauch, immer wieder neu beziehbar. Es ist deshalb keine Verfälschung, wenn der Schüler erkennt, *petit déjeuner* heißt soviel wie *Frühstück*, zumal auch ein bildlich gesteuertes Verstehen diese Assoziation nicht überspringen kann, wenn es zum Ziel kommen will. Er *muss* das neue Wort in sein bisheriges Weltverständnis einpassen. Es bedarf dann allerdings weiterer Hinweise, um das persönlich, klassenspezifisch, regional oder national gefärbte Konzept *Frühstück* um eine weitere Variante, sei es die eines typischen französischen *petit déjeuner*, zu erweitern.

Stets verbleibt ein letzter Rest persönlichen Verstehens und privater Konnotationen. Psycholinguistisch erkennen wir eine Dynamik des Verstehens, Meinens und Bedeutens, während das Wörterbuch eine Statik festgeschriebener Zuordnungen vorgaukelt, die im Redeakt so nicht besteht. Darüber hat keiner schöner und eindringlicher gehandelt als Humboldt. Sprache als *Energeia*, als eine „Arbeit des Geistes", als „etwas beständig und in jedem Augenblicke Vorübergehendes", nicht als ein „daliegender, in seinem Ganzen übersehbarer Stoff, sondern ein sich ewig erzeugender", das ist die psycholinguistische Betrachtungsweise *par excellence*. „Die gemeinsame Rede ist nie mit dem Übergeben eines Stoffes vergleichbar. In dem Verstehenden, wie im Sprechenden muß derselbe aus der eignen, inneren Kraft entwickelt werden ... Erst im Individuum erhält die Sprache ihre letzte Bestimmtheit. Keiner denkt bei dem Wort gerade und genau das, was der andere, und die noch so kleine Verschiedenheit zittert, wie ein Kreis im Wasser, durch die ganze Sprache fort. Alles Verstehen ist daher immer zugleich ein Nicht-Verstehen, alle Übereinstimmung in Gedanken und Gefühlen zugleich ein Auseinandergehen. In der Art, wie die Sprache sich in jedem Individuum modifiziert, offenbart sich, ihrer im Vorigen dargestellten Macht gegenüber, eine Gewalt des Menschen über sie" (Humboldt 1963, 430, 439).

So spricht auch Mauthner von der Unvereinbarkeit der Seelensituationen. Alles Reden im Gespräch und alle Sprachkunst des Schriftstellers sei darauf aus, „eine Gemeinsamkeit der Seelensituationen zwischen den Unterrednern, zwischen Autor und Leser herzustellen. Diese Gemeinsamkeit lässt sich immer nur für den augenblicklichen Zweck, für die verständliche Mitteilung des augenblicklich sich aufdrängenden Prädikats erreichen. Eine wirkliche Gemeinsamkeit des Weltbildes zwischen zwei Menschen ist niemals genau vorhanden. Niemals können zwei Menschen einander vollkommen verstehen" (Mauthner III, 239). Philosophen aller Zeiten haben über diese Grundfrage der menschlichen Existenz nachgedacht.

Auch uns interessiert primär die Dynamik des Verstehens. Gibt es in Unterrichtskontexten brauchbare Äquivalente, die das Verstehen so weit sichern, dass effektiver Spracherwerb möglich wird? Die Antwort aus der Geschichte des Fremdsprachenunterrichts sowie moderner Methodenexperimente auf diese Frage ist ein klares Ja.

7. Konstruktivismus: Anmerkungen zu einer Modevokabel

Inzwischen gibt es Bestrebungen, die den Anteil privater Bedeutungskonstruktion radikalisieren und verfälschen. So will Wolff (1994) den „Konstruktivismus" als „neues Paradigma in der Fremdsprachendidaktik" etablieren.(Sein einflussreicher Aufsatz sei hier stellvertretend für eine Reihe gleichgerichteter Arbeiten genannt). Ich habe hier „konstruktivistisch" argumentiert, denn „Sinngebung" meint nichts anderes als individuelle Sinnkonstruktion. Dass es bei allem Wahrnehmen, Erkennen und Lernen einen Eigenbeitrag des Individuums gibt, ist grundlegend, aber nicht neu und zu unspezifisch, um Fremdsprachenerwerb zu charakterisieren. Neu ist ein radikaler Standpunkt, von dem Wolff sich nicht distanziert: „Es gilt das Grundprinzip: Lernen = Wissenserwerb = Konstruktion." (S. 414) „Lernen kann von außen nur marginal beeinflusst werden." (S.416) Das ist so grundfalsch, dass es gerade schon wehtut. Woher lernt man denn sprechen, wenn nicht von denen, die Sprache schon haben, also „von außen", woher lernt man dirigieren, wenn nicht von guten Dirigenten, woher lernt man den Satz des Pythagoras, wenn man ihn nicht erst mal zur Kenntnis nimmt? Sinnentnahme *und* Sinngebung! Muss man daran erinnern, dass Wörter immer schon Bedeutungen haben, die im Wörterbuch stehen, zwischen den Menschen schon „ausgehandelt" und als solche zur Kenntnis zu nehmen sind? (Das „Aushandeln von Bedeutungen" ist auch so eine überstrapazierte Modevokabel). Der individuelle Verstehensakt erfolgt auf der Grundlage solcher Kenntnisnahme.

Und wie zentral ist „Wissenserwerb" für den Sprachunterricht? Typischerweise referiert Wolff Unterrichtsversuche aus dem Physikunterricht in den USA. Haben wir es beim Sprachenlernen nicht primär mit Fertigkeiten (Kap. V) zu tun? Haben wir es nicht auch mit Kommunikation (statt mit Wissen) zu tun? Aber nein, nach Wolff befinden wir uns in der „post-kommunikativen“ Phase. Seit wann, wieso, warum? War und ist „Kommunikation“ nicht der genuin fremdsprachendidaktische Leitbegriff, nämlich Ziel und Weg zugleich? Was trägt der Konstruktivismus an neuen Einsichten zu den Brennpunkten des Unterrichts bei, die in diesem Buch erörtert werden: Wieviel Grammatik und welche braucht der Schüler? Braucht er überhaupt grammatische Erklärungen? Brauchen wir eine grammatische Progression? Wie wird richtig geübt? Wie schaffe ich eine fremdsprachliche Unterrichtsatmosphäre? Kann die Muttersprache dabei helfen? Welche Faktoren bestimmen die kommunikative Qualität des Unterrichts?

Das sind Fragen, die unmittelbar praxisrelevant sind, d.h. an bestimmte Arbeitsformen geknüpft sind. Und es sind Fragen, mit denen Sprachlehrer seit eh und je gerungen haben. In diesem Kapitel wurde die konstruktivistische Komponente im Verstehensprozess hervorgehoben, um ein praktisches Problem aufzuklären: die vielen im Unterricht produzierten Missverständnisse, etwa bei der Bedeutungsvermittlung, Übungsanweisungen, grammatischen Erklärungen. Und um ein traditionelles Argument zu entkräften, nämlich dass Übersetzen das Original verfälsche. Daraus ergibt sich aber beileibe kein „neues Paradigma“. Der „Konstruktivismus“ soll „den bisher praktizierten Instruktivismus“ ablösen? Was heißt das konkret? Heißt das z.B., der Lehrer möge keine Dialoge mehr einstudieren? Obwohl doch die Instruktion immer schon die Konstruktion in sich enthält? Eben weil jede Sinnentnahme zugleich Sinngebung ist! In diesem Sinne ist jeder Unterricht konstruktivistisch. Wer wie Wolff u.a. bilingualen Sachfachunterricht als konstruktivistisch deklariert, müsste allen Unterricht so bezeichnen, aber dann bräche die ganze Argumentation in sich zusammen. Ich verweise auf die Kritik bei Kurtz (2001, 105ff.). „Der Konstruktivismus ist nur gut, um unter einem neuen Schlagwort ein paar halb vergessene Weisheiten wieder anzumahnen“ (R.M. Müller, per email.).

V. Die psycholinguistischen Grundlagen des Übens

1. Mutterspracherwerb: Spielendes Üben – übendes Spielen mit Strukturen

Traditionellerweise bestimmt sprachbezogenes Üben und nicht mitteilungsbezogenes Kommunizieren den Unterricht über weite Strecken. Gibt es ein solches Üben auch im natürlichen Spracherwerb? Die Antwort ist ja. Dore (1975), der das Sprachhandeln von Kindern im Einwortstadium untersuchte, unterschied neun Sprechakte, darunter den des Übens. Bei dieser Art des Sprechens bezog sich das Kind weder auf ein bestimmtes Ereignis, noch hatte sein Sprechen einen erkennbaren Adressaten, von dem es eine Reaktion erhoffte. In der Tat ist im Mutterspracherwerb nicht alles Kommunikation. Wir unterscheiden:

1. Kommunizieren im Vollsinn des Wortes, also partnerbezogen;
2. Spontanes Imitieren im Beisein eines Partners, aber in übender, sich vergewissernder, nicht in kommunikativer Absicht;
3. Monologisch: spiel- und arbeitsbegleitendes mit sich selber Reden;
4. Monologisch: sich selbst übend wiederholen;
5. Monologisch: Variieren und Durchspielen von Sprachmustern.

Es gibt also ein partnerloses Probieren und Spielen mit der Sprache, das man durchaus als Üben bezeichnen kann, als „self-imposed drill – a playful drill, admittedly" (Weir 1962,16). Dies ist natürlich kein zielbewusstes Trainieren. Das offensichtliche Fehlen einer kommunikativen Absicht sowie das repetitive und manipulative Element dieses Sprechens bezeugen jedoch dessen Übungscharakter. Für das Vorschulkind sind eben Spielen und Üben eins.

Sehen wir zu, wie ein Kind gehen lernt. Immer wieder fällt es hin, immer wieder rappelt es sich auf, probiert ein paar Schrittchen. Manchmal kreischt es vor Entzücken hell auf. Ohne Zweifel: Es ist ein lustbetontes, immer wieder erneutes Ausprobieren einer ganz neuen, herrlichen Art, sich fortzubewegen. Aber es ist auch ein Üben, ein allmähliches Ausbilden einer Fertigkeit durch vielfache Wiederholung und Abwandlung, das in ein Können einmündet. Das Kind erreicht dies im Spiel, ohne die Aufgabe als solche zu sehen.

Wie sieht dieses Spielen oder Üben bei der Sprache aus? Schon Jespersen (1925, 90) berichtet, wie sein fast dreijähriger Sohn Frans schwierige Lautverbindungen übt und sich voller Selbstbewusstsein über die Ergebnisse seiner Anstrengungen zeigt. Frans kommt zu seiner Mutter gelaufen: „Mutter, willst du nicht *klaver* (klavier) spielen?" und nach einer kleinen Weile, „Frans kann so gut *kla* sagen." Um dieselbe Zeit sprach er das Wort *manchetter* zuerst falsch aus und dann, (als ich ihn fragte, was er da sage, ohne ihn aufmerksam zu machen, daß etwas nicht stimme,) gab er es mit dem richtigen Laut wieder und ich hörte ihn nachher im Nebenzimmer für sich selbst das Wort leise wiederholen."

Hier sind drei typische Einschlafmonologe des zweieinhalbjährigen Antony (Weir 1962, 109ff.):

(1) What colour
What colour blanket
What colour mop
What colour glass

(2) I go up there
I go up there
I go
She go up there

(3) Don't touch Mommy Daddy's desk
I should
He say so (2x)
Daddy's desk and Mommy's desk
Don't go on the desk
Don't take Daddy's glasses
Don't take it off
Don't take the glasses off
Daddy's wearing glasses
Daddy always
Dadada
Leave it
Daddy's glasses (some whispering, banging, squealing)

Doggie, Mommy, cookie (2x) (unintelligible low volume with much banging, hitting of microphone, squealing)
Mike (15 x) (Hitting of microphone, squealing)
SLEEP

Bei unserer Tochter notierten wir mehr Aufwach- als Einschlafmonologe. Im Alter von 15 Monaten sitzt sie nach dem Mittagsschlaf munter in ihrem Bett und skandiert ihren gesamten Wortschatz: „Mama, Papa, Wauwau, fff (Bedeutung unklar), Tich (= Clementinchen), Huma, Hopa (Oma, Opa)."

Aber auch in anderen Situationen spielen Kinder auf diese Weise mit der Sprache, besonders dann, wenn sie sich allein glauben oder einfach abgeschaltet haben und sich intensiv mit sich selbst beschäftigen. Ramge (1976, 80) hat notiert, was sein Sohn beim Betrachten eines Warenhauskatalogs vor sich hin spricht:

Gugema, die Mamis
Ne Mami
Noch eine Mami
Meine Mami
Kleine Mami
Kleine, kleine, kleine, kleine …

Unsere Tochter überraschte mich, als ich sie auf einem Waldspaziergang auf den Schultern trug. Sie plapperte selbstverloren, sich im Rhythmus meiner Schritte wiegend:

Du bist eine böse Fee
Du bist eine böse Fee
Ich bin eine böse Fee
Mama ist eine böse Fee
Mama ist eine böse Fee

Stoff für Psychoanalytiker? Keineswegs. Hier gibt es nichts psychologisierend hineinzugeheimnissen. Dennoch hat das Plappern Methode. Es ist nicht bedeutungslos. Pilch vermutet hinter diesem Spielen mit Wörtern und Sätzen ein unbewusstes Streben nach Strukturerkenntnis; die Phantasie des Kindes sei „hier eine rein linguistische". So berichtet Pilch (1966, 54), wie sein Söhnchen auf der Wickelkommode liegt und klagt: „Bein tut weh". Dann fiel sein Blick auf die Zimmerwand, und er fügt hinzu: „Mauer tut weh, Mauer, zwei Mauern". Um ihn abzulenken, zeigte ich ihm meine Brille und sagte: „Das ist meine Brille." Daraufhin produzierte er neun verschiedene lautliche Versionen von „Brille" hintereinander.

Interessant auch folgende Beobachtung Ramges (1976, 75), dessen zweieinhalbjähriger Sohn beim Betrachten eines Bilderbuches mit dem Plural von Rad experimentiert:

Ham Räders
Ham Räders
Ham auch was, die Fluchzeuge
Ham Räder
Ham Rade
Ham Räde
Ham keine Räder
der Fluchzeuch nich

Das Umstellen, Austauschen und Abwandeln kann also auf mehreren sprachlichen Ebenen stattfinden. Beim Spielen mit dem Wort „Brille" erfährt das Kind, wie sich das anhört, vielleicht auch, was man dabei artikulatorisch fühlt. Wenn es „Bein" durch „Mauer" substituiert, probiert es eine Struktur durch. Das Spiel ist jedoch syntaktisch und semantisch zugleich: Was kann man sich dabei denken? Und weil das nichts ergibt, wird wahrscheinlich „Mauer tut weh" wieder verworfen. Man vergleiche auch folgendes Durchprobieren einer Struktur, das allerdings in eine kommunikative Situation eingebettet ist:

MUTTER: (zur knapp zweijährigen Gisa):
Gisa muss jetzt ‚haha' machen
(= schlafen)

GISA: Gisa haha
Papa haha
Mama haha
Oino haha
Mom haha.

Natürlich kann man die Sequenz auch als eine Mitteilung ansehen: Gisa schläft jetzt, und die anderen sollen jetzt auch schlafen. Bemerkenswert daran ist aber, dass Oino und Mom (Onkel und Tante) nicht dabei sind. Mir scheint deshalb, dass das Kind dabei zugleich eine Struktur, eine sprachliche Möglichkeit ausreizt. In dieser Deutung bestärkt mich auch Lindners Beobachtung: „Anderen Tages sagt er beim Aufstehen: „guguk papa, guguk olla, guguk mama", was heißen soll: „Ich sehe dich, Papa; ich sehe dich, Olga; ich sehe dich Mama." Die Mama war übrigens nicht mehr im Bett, was er nicht bemerkt zu haben schien" (Lindner 1898, 47). Ich meine, auch hier schöpft das Kind eine sprachliche Möglichkeit aus, ohne Rücksicht auf den Realitätsgehalt bzw. ohne eine echte kommunikative Absicht. Erinnern wir daran, dass sich die Mutter bemüht, dem Kind in **doppelter Hinsicht verständlich** zu sein. Das Kind soll das Gemeinte verstehen, dabei aber auch die formale Struktur des Gesagten erfassen. Das Kind setzt nun diese Arbeit in einem selbstbekräftigenden Spiel fort.

Ähnlich deutet John Holt (1970, 71f.) das Verhalten der zweieinhalbjährigen Lisa: „Much of her talk might be called experiments with grammar, that is exercises in putting together words in the way that people around her put them together. She makes word patterns, sentences that sound like the sentences she hears. What do they mean? Often they may not mean anything, and are not meant to mean anything ... One morning at breakfast she began to say, ‚Pass the sugar. Pass the pepper. Pass the toast. Pass the jam'. At first we passed them along. I noticed after a while that she did not use them ...She would ask for milk when she already had some, or for sugar when there was nothing to put it on". Kinder erkunden Sprache, wie sie ihre Umwelt überhaupt erkunden und ihre Fähigkeiten ausbauen. „Long before they begin to talk, children extend whatever skill they are developing to a wide variety of situations, practicing it and discovering its range of applicability. When they explore outside the conventional range, however, it does not discourage or frustrate them; they enjoy it, laugh, and go on exploring." Miller (1977, 89)

In den Fällen, in denen das Kind offensichtlich mit niemandem kommuniziert, manipuliert es Sprache in ähnlicher Weise wie es Bauklötzchen hin- und herwendet. Sprache ist wie ein Objekt, mit dem man herumoperieren kann, und dieses Basteln mit sprachlichen Versatzstücken macht Spaß. Es ist kein blindes, rein zufälliges Herumtasten. Es macht einen Unterschied, ob ein Klötzchen rund oder eckig ist, ob man es stellt oder legt. Passt es in die Lücke? Ja oder nein? Gisa versucht's. Und noch mal. Es klappt! Gisa klatscht in die Hände. Diese Erkenntnislust. So ist auch das Montieren mit dem Spielzeug Sprache ein sinnvolles Erforschen und Erfahren, das, wenn auch unbewusst, immer von der Frage begleitet ist: „Was kommt dabei heraus?" Vermutlich trägt die Eigendynamik des Strukturenspiels dazu bei, dass sich grammatische Kategorien aus ursprünglich eindeutigen, situativ verankerten, semantisch-pragmatischen Bezügen lösen und verselbständigen. Ein Kind sagt „Milch haben!“, erlernt daran eine typische Objekt-Verb-Beziehung und überträgt diese auf weniger klare Fälle wie *recht haben*.

2. Üben und Probieren im Zweitspracherwerb: das generative Prinzip

Auch im natürlichen Zweitspracherwerb ist immer wieder beobachtet worden, wie Kinder selbständig üben. Oft geht es darum, die richtige Artikulation einzuüben, indem man ein neues Wort mehrfach vor sich hin spricht. „She is now interested in correctness of pronunciation and practices often, sometimes asking: (Is) that right?“ berichtet Leopold (1949 b, 32) über die zweieinhalbjährige Hildegard. „I found a Nägel“ sagt sie ihrem Vater. Als er sie korrigiert „Ach so, einen Nagel“, wiederholt sie „Nagel“ mehrere Male für sich (Leopold 1949 b, 46). Später notiert er: „She practiced speaking German, without being told, by saying slowly and deliberately the sentence: Das – ist – Fisch-past-a“. (Leopold 1949 b, 54). Unmittelbar nach ihrer Rückkehr in die USA von einem sechsmonatigen Aufenthalt bei deutschen Verwandten will die nunmehr fünfeinhalbjährige Hildegard ihre Freundin aufsuchen: „Before she went over to call for her friend, she asked to have the English sentence which she was to use said for her, and practiced it in several repetitions“ (Leopold 1949 b, 124).

Typisch für die Lernarbeit ist folgendes Notat Taeschners (1983,41);

„Giulia (2,2): Mami, was ist das da?
M: Das ist eine Klammer.
G: Klammer Klammer (She repeats the word several times).“

Durch Wiederholung vergewissert sich das Kind der Aussprache und des Wortklangs, um seiner wirklich habhaft zu werden.

Außerdem wird das Auseinanderhalten und Gegenüberstellen der beiden Sprachen geübt:

„Im Alter von 2;7,18 notierte ich bei meinem Sohn mehrmals, wie er, ganz allein in Ruhe gelassen, eine schwedische Wendung für sich laut wiederholte und gleich darauf die Übersetzung auf lettisch hinzufügte, mit der Bemerkung, daß dies dasselbe bedeute: nej, ta-ka! pàdies, es jegibu! tas tas' pac! danke, ich möchte nicht! (schwed.) danke, ich möchte nicht! (lett.), das (ist) dasselbe!' ... Die Art, wie das kleine Kind

> diese schwedische und muttersprachliche Wendung desselben Inhalts dem Gedächtnis einzuprägen versuchte, erinnert stark an eine Übersetzungsprobe, die auch Schulkinder und Erwachsene beim Erlernen einer fremden Sprache machen würden" (Ruke-Dravina 1967, 58).

Bei älteren Kindern wird der Wunsch, nicht aufzufallen und sich den neuen Spielkameraden völlig anzupassen, als Übungsmotiv wirksam. Eine Achtjährige kommt mit Niederländisch als Muttersprache in eine deutsche Schule. An einen Vorfall konnte sie sich noch fünfzig Jahre später erinnern. Sie war aufgefallen, weil sie das Wort „elend" auf der zweiten Silbe betont hatte. Sie erkannte, dass ihr Fehler auf das niederländische „ellendig" zurückging, das auf der zweiten Silbe betont wird. Daraufhin übte sie, indem sie die beiden Sprachen kontrastierte: „Ik ben elléndig; ich fühle mich élend", usw.

Auch die Satzvariationen, die wir schon aus dem Muttersprachererwerb kennen, kehren im Zweitspracherwerb wieder. Eindrucksvolle Beispiele finden sich bei Fillmore (1980, 322) in ihrer Arbeit über chinesische Einwandererkinder in den USA:

> „While getting settled for the March 12, 1980 ESL lesson, Tony suddenly begins reciting to himself. He gets louder and louder as he does.
>
> What is that? That is a dok (dog)!
> What is that? That is a baseball.
> What is that? That is a telephone.
> What is that? That is a robin!
> (Etc., etc., for 33 turns, including the following:)
> What is that? That is a teenage queen!
> What is that? That is a you.
> What is that? That is a alphabet.
> What is that? That is a Eleanore.
> etc., etc..
>
> The children engaged in this kind of private pattern practice apparently for the fun of it. On the day of the observations, another child recited a litany of apologies to himself as he worked on his math paper: I'm solly, William; I'm solly, James; I'm solly, Tony ..."

Es ist sehr schwierig einzuschätzen, wie wichtig ein solches monologisierendes Üben für den natürlichen Spracherwerb ist, zumal es ja immer wieder Gelegenheit gibt, zu kommunizieren und somit durch Kommunikation selbst zu üben. Ramge (1976, 74) betont das „Trainieren im ‚autistischen' Sprechen". Das Kind sei entspannt, da es keine Rücksicht auf Gesprächspartner nehmen brauche, könne immer neue Anläufe versuchen, um sich der Übereinstimmung mit den Sprachnormen zu vergewissern, könne seine Muster revidieren, frei verändern oder wiederholen. Dadurch erweitere es die Verwendungsmöglichkeiten und bereite künftiges partnerbezogenes Sprechen vor. Wichtig scheint mir dabei der Hinweis, dass das Kind hier spielerisch Normen überschreitet, um so den Geltungsbereich einer Sprechweise voll auszuloten und auszukosten. Nach Leopold (1949b, 44) tritt das halblaute Vorsichhin-Üben schwieriger Wörter aufs Ganze gesehen nur „sporadisch" auf. Andere erwähnen diese Art kindlicher Sprachbetätigung überhaupt nicht; vermutlich haben sie das Phänomen schlicht übersehen. In Studien über den Zweitspracherwerb von Erwachsenen kommt das spielerische Permutieren von Satzschemata seltener vor. Hatch (1980, 181) vermutet, dass Erwachsene – aus begreiflicher Scheu – heimlich üben, indem sie Wörter innerlich wiederholen und Satzmuster subvokalisch durchprobieren. In diesen Satzvariationen wird das Geheimnis des Grammatikerwerbs offenbar: **Kinder spielen das Analogie-Spiel. Dies zielt auf das Erkennen der satzerzeugenden, strukturbildenden Elemente, der produktiven Regelungen und ihres Geltungsbereichs. Es geht darum, noch nie gehörte Sätze sagen oder auf Anhieb verstehen zu können: das generative Prinzip** (Butzkamm 2000; 2001). Dieses Prinzip versucht, Humboldts (1963, 477) berühmte Erkenntnis, dass wir in der Sprache „von endlichen Mitteln unendlichen Gebrauch" machen, unterrichtsmethodisch fruchtbar zu machen. Dass der erfolgreiche Lerner eben dies tut, wird in den kommunikativen Situationen durch die Funktion der Kommunikation selbst verdeckt.

Übrigens ist in diesem Fall der Erkenntnisweg des Autors nicht vom natürlichen Spracherwerb hin zum schulischen, sondern umgekehrt verlaufen. Angesichts der Effizienz der halbkommnikativen Strukturübungen (Kap. XII) stellte sich die Frage, ob man sich nicht auch im natürlichen Spracherwerb ähnlicher Mittel bediene, um Strukturen durchzuspielen und ihren Anwendungsradius zu erkunden. So kann auch der Unterricht Licht auf andere Erwerbskontexte werfen. Letztlich geht es um die **wechselseitige Erhellung** der verschiedenen Erwerbskonstellationen.

■ **Fazit:** Kommunikation ist nicht alles. Selbst unter idealen Bedingungen wird zusätzlich geübt. **Dabei ist das dem Erkennen der Bildungsgesetze dienende Ausreizen und Durchspielen von Satzmustern von überragender Bedeutung: das generative Prinzip.**

3. Eine zweite Sprache kostet Zeit und Anstrengung

Lernen ist wie Rudern gegen den Strom
Sobald man aufhört, treibt man zurück.
(Laotse)

Im Vergleich zum Unterricht ist das schiere Ausmaß der Kommunikation im natürlichen Spracherwerb überwältigend. Wagner (1974/75) hat die gesamte Sprachproduktion seiner 9½ Jahre alten Tochter an einem gewöhnlichen Tag (13½ Stunden: Aufstehen, Schule, Essen, Hausaufgaben, Spielen, bis zur Bettruhe) aufgezeichnet und analysiert. Das Korpus der Tagesaufnahme umfasste insgesamt 28.142 Wörter. Ein vierjähriges Kind soll in unseren Breiten schon ca. 10.000 Wörter am Tag sprechen.

Selbst wenn nun bei Bilingualen je nach Lebenssituation nur wenige Prozent der gesamten Sprachproduktion auf die Zweitsprache entfallen, bleibt die Diskrepanz im Hinblick auf die Sprechmöglichkeiten, die Lehrplan und Unterricht dem einzelnen anbieten, enorm. Es ist diese Diskrepanz, die für viele Lehrer jeden weiteren Vergleich zwischen Unterricht und natürlichem Spracherwerb uninteressant macht.

In der Tat: Die Masse macht's. Der natürliche Spracherwerb liefert uns unumstößliche Beweise, dass Fortschritt, Stillstand und Rückgang der Sprachbeherrschung von der Hör- und Sprechzeit abhängig sind. Über kurz oder lang ist diejenige Sprache, die man am häufigsten gebraucht, auch die, die man am besten beherrscht. Ereignisse wie Krankheiten, Reisen, neue Sprachpartner, die allesamt die Kontaktzeiten mit einer Sprache drastisch verändern, wirken sich unmittelbar auf die Sprachentwicklung aus. Am 28.4.1804 berichtet Wilhelm von Humboldt aus Italien über seine Tochter Adelheid: „Die Adelheid blüht mit jedem Tag wieder mehr auf. Sie geht alle Tage, meist mit dem Kandidaten, spazieren und ist über alle Maßen lustig. Das Italienische war durch die Krankheit zurückgekommen, weil sie da immer bei uns war, aber jetzt ist es wieder in vollem Flor, nun spricht sie ganz wie eine Römerin und Deutsch ganz schlesisch nach dem ‚Candaten' ...". Aber später, noch im Oktober desselben Jahres findet er das gar nicht mehr so gut: „Aber was mir leid tut, der deutsche Laut erstirbt ganz auf ihren Lippen. Wie man auch jetzt Deutsch reden mag, sie versteht alles, aber antwortet immer Italienisch ... Ein einziges ‚Ja' habe ich ihr neulich abgepreßt". Adelheid akzeptiert also weiterhin, dass der Vater wie eh und je mit ihr Deutsch spricht, antwortet aber nicht mehr auf Deutsch. Ein oder zwei deutsche Partner können es mit der Vielzahl italienischer Sprecher, besonders aber wohl mit ihren italienischen Spielkameraden, nicht mehr aufnehmen. Sie findet es forthin bequemer, nur noch Italienisch zu sprechen. Dieses Abrutschen in eine rezeptive Zweisprachigkeit ist immer wieder geschildert worden, besonders wenn die eine Sprache nur an einen Partner gebunden war. Leopold, über weite Strecken der einzige deutsche Gesprächspartner seiner Tochter, bekommt auf seine Versicherung „Ich hab dich lieb" Hildegards „I like you too" als Standardantwort. „This habit is so firmly established that it impedes her learning to speak German", befürchtet er (1949 b, 44). Als sie drei Jahre alt ist, muss er sie immer wieder auffordern, auch selbst deutsch zu sprechen (1949 b, 42):

– HILDEGARD: Put my bike out.
VATER: Sag's auf deutsch.
HILDEGARD: Put my bicycle – [lat] – out.
VATER: Dein Rad?
HILDEGARD: Ja, my [lat], [?at]
VATER: Das ist aber falsch.
HILDEGARD: Then I have to say [?at] anyway.

Später trifft er mit ihr besondere „Vereinbarungen", er muss sie immer wieder an ihre „Abmachung" erinnern und lockt sie mit der Aussicht auf Ferien in Deutschland. Taeschner (1983, 201) empfiehlt ihre Wie-Taktik:

G: (2,4): Mami aple. (*Mommy open.*)
M: Wie bitte?
G: Mami aple (*G. kann also noch nicht „apre" sagen*)
M: Wie bitte?
G: Mami aple.

M: Wie?
G: APLEEEEEEEE!!!!
M: (*covers her ears*) Wie bitte?
G: Aufmachen? (Open?)

Natürlich bringt man diese Geduld nicht immer auf. In bestimmten Situationen verbietet es sich auch, sich stur zu stellen. Besonders wenn es die Kinder so clever anstellen wie Susanne Döpkes Sohn in Australien (persönliche Mitteilung):

SOHN: Kann ich noch mehr desert haben?
MUTTER: Wie sagt Mami das?
SOHN (*strahlend*): Mami sagt ‚ja'.

Dennoch führt hier eine gewisse Beharrlichkeit zum Ziel. Auch die in Australien lebende Familie Saunders, in der allein der Vater mit seinen Kindern Deutsch spricht, muss gewisse Durststrecken bewältigen. Als der ältere Sohn Thomas dreieinhalb Jahre alt war, waren seine an den Vater gerichteten Äußerungen zu 58% rein Englisch, nur 25% waren rein Deutsch, und 17% waren eine Mischung aus Deutsch und Englisch. Eine ähnliche Verteilung registriert er bei seinem Sohn Frank. Auch hier versucht es der Vater mit Rückfragen:

FATHER: Was suchst du?
FRANK: A little pig.
FATHER: Was?
FRANK: Ein kleines Schwein.

Saunders (1982, 140) kommentiert: „It is the father's impression that if he had relented at these points in time and spoken English to them, they would have been quite happy to have abandoned German."

Der Vater setzt sich jedoch durch, und nach einigen Monaten scheint die Gefahr des Abgleitens in eine passive Zweisprachigkeit gebannt. Auch Döpke (1992, 191ff.) betont den Wert sogenannter „insisting strategies": „The results in the present study showed that the parents differed in their use of insisting strategies and that only those children who acquired an active command of German were met with high-constraint insisting strategies like unspecified clarification requests and requests for translation." So wird auch den Eltern einige Anstrengung abverlangt, wenn sie ihre Kinder so erziehen wollen, dass sie ihre schwächere Sprache nicht nur verstehen, sondern auch sprechen. Das beste Gegenmittel gegen ein Abgleiten in passive Zweisprachigkeit sind wohl Aufenthalte im Sprachland, etwa bei den Großeltern, die die Hauptsprache der Kinder nicht sprechen. Schon nach wenigen Wochen Kontaktzeit tritt dann ein Dominanzwechsel ein: Die bislang schwächer ausgebildete Sprache wird zur Hauptsprache. Nach der Rückkehr in die Heimat erfolgt dann wieder ein Umschwung: Die alte – und neue – Umgebungssprache wird wieder dominant. Etwas ernüchternd wirkt Döpkes (1992, 193) Bericht über australische Kinder: „Jacob's and Agnes' families went to Germany for extensive stays of around six months when the children were three and a half to four years of age. On their return, both children were active bilinguals. During the following years, their German gradually faded, until the beginning of school finally set them back to their former stage of answering their German-speaking mothers only in English."

In diesen Erfahrungen wird noch ein anderer Faktor neben der reinen Kontaktzeit sichtbar. „Ich will aber nicht *parlez-vous français!*" sagte ein Kind aus meinem Bekanntenkreis und stampfte mit dem Fuß auf. Ein Motivationsproblem gibt es also nicht nur im Fremdsprachenunterricht. Dies scheint jedoch nicht aufzutreten, sobald es auch Spielkameraden in der schwächeren Sprache gibt. Hier deutet sich an, was besonders durch Judith Rich Harris () bekannt geworden ist: Etwa vom Kindergartenalter an sind Kinder viel bereitwilliger, von Gleichaltrigen zu lernen als von Erwachsenen.

Gleichwohl bleibt auch hier der Faktor Zeit bzw. Inputmenge entscheidend. Eindeutige Ergebnisse brachte das Heidelberger Forschungsprojekt „Pidgin-Deutsch". Der syntaktische Entwicklungsstand der untersuchten italienischen und spanischen Gastarbeiter korrelierte am höchsten mit dem Ausmaß des Kontaktes mit Deutschen in der Freizeit, und zwar noch vor solchen Variablen wie Alter bei der Einwanderung (die Probanden waren allerdings ausschließlich Erwachsene), Kontakt am Arbeitsplatz und Aufenthaltsdauer. Die schiere Aufenthaltsdauer bewirkt also nichts, wenn nicht mit ihr entsprechend intensive und zahlreiche Hör-Sprech-Kontakte verbunden sind (Klein/Dittmar 1979).

Auch bei einem Vergleich unterschiedlicher kanadischer *immersion programs* und amerikanischer *bilingual education programs* erwies sich die der Zweitsprache tatsächlich zugewiesene Lern- und Sprechzeit als der ausschlaggebende Faktor (Stern 1983).

Erinnern wir noch einmal daran, dass die Berichte über erfolgreiche bilinguale Erziehung meist aus der Feder von Linguisten stammen, die zugleich als Eltern fungieren. Hier geht man auf die Fragen der Kinder ein, erklärt, wo es etwas zu erklären gibt, liest ihnen regelmäßig Geschichten vor, kurz: Man ist immer für sie da. Zu dem natürlichen Interesse an den Kindern kommt das berufliche und eine entsprechende linguistische Kompetenz. Es ist nicht verwunderlich, wenn unter weniger idealen Verhältnissen eine Familie schneller kapituliert und eine Sprache aufgibt. In vielen Fällen ist dies zweifellos der bequemere Weg – kein Wunder, dass man ihn wählt.

So stehen denn auch den Erfolgsberichten der Linguisten, die ihre Kinder zweisprachig aufwachsen lassen, die Misserfolge gegenüber, die aus den Statistiken über Rückgang und Absterben von Minderheitssprachen ablesbar sind. Hierzu eine Reihe von Beispielen:

- Als im Jahre 1940 – kurz vor der deutschen Invasion – die Hälfte der Bevölkerung der Kanalinsel Guernsey – allen voran die Kinder – nach Großbritannien evakuiert wurde, bedeutete dies das endgültige Aus für das bis dahin noch weitverbreitete Guernsey-Französisch. Als die Kinder fünf Jahre später zurückkamen, hatten sie ihren Heimatdialekt verlernt und sprachen stattdessen Englisch, und zwar mit unterschiedlicher regionaler Färbung.

- Aus Befragungen in Wales wissen wir, dass manche Kinder zweisprachiger Eltern nur noch einsprachig sind, obwohl anfangs der Wunsch durchaus vorhanden war, auch die Kinder zweisprachig zu erziehen. „It is clear that a language cannot be saved by good will alone" heißt es in der Studie *The Welsh Language Today* (Stephens 1979, 109).

- Als letztes Beispiel sei die abnehmende Zweisprachigkeit bei Geschwistern erwähnt. Häufig ist das erste Kind ausgeglichen bilingual, das zweite nur noch rezeptiv bilingual und das dritte muss schon die Elternsprache wie eine Fremdsprache in der Schule erlernen. Dies hat nichts mit Sprachbegabung zu tun: „In Familien mit einem einzigen Kind wird Deutsch öfter erhalten als in Familien mit mehreren Kindern, da dort die Kinder untereinander Englisch sprechen", berichtet Clyne (1981, 29).

Selbst die Muttersprache kann man aus Mangel an Gelegenheit, sie auszuüben, weitgehend verlernen (besonders häufig bei Analphabeten, die den Mangel an Kommunikationspartnern nicht durch Lesen ausgleichen können), und eine zweite Sprache wird nicht erworben, wenn man ihr nicht möglichst oft und in möglichst vielfältiger Weise ausgesetzt ist. „Es kann sein, dass die schwache Sprache zu schwach wird und darum verweigert wird. Wir nehmen an, dass es in der Sprachbeherrschung eine kritische Schwelle gibt. Wird sie unterschritten (durch mangelnde Übung, fehlende Motivation etc.), so ist die Benutzung dieser Sprache so anstrengend, die Sprachnot so groß, dass die Kinder diese Sprache verweigern. Das tritt besonders dann ein, wenn sie wissen, dass der Gesprächspartner auch die andere (starke) Sprache des Kindes versteht" (Kielhöfer u. Jonekeit 1983, 63). Savignon (1981, 245), die sich mit ihrer Familie ein Jahr lang in Paris aufhielt, formuliert es treffend: „Levels of competence wax and wane with changes in exposure and emphasis." Halten wir fest:

1. Der Erwerb weiterer Sprachen neben der Muttersprache kostet Zeit und Anstrengung.
2. Wo sich nicht hinreichend natürliche Anlässe zum Gebrauch einer zweiten Sprache ergeben, wird ihr Erwerb als zusätzliche Belastung empfunden. Eine zweite Sprache wird in der Regel nicht erworben, wenn man diese Belastung nicht will. Natürlicher Spracherwerb ist nicht nur Spiel, sondern auch Übung und Arbeit, für die Kinder motiviert sein müssen.
3. Da sich „Natur" beim Spracherwerb immer Zeit lässt, kann es bei wenigen Wochenstunden Unterricht keine „Naturmethode" geben. Das wäre der **naturmethodische Trugschluss** (*the natural fallacy*). Bei Zeitmangel bedarf es einer Kunst und Kultur des Unterrichts, die der Natur zuarbeitet; einer „natürlichen Künstlichkeit" (Plessner 1928, 309ff.)

4. Spracherwerb als Fertigkeitserwerb

Language is a skill: it is acquired by practice;
nobody can do practice for someone else.
(M. West)

4.1 Was ist eine Fertigkeit?

Der Mensch ist nicht nur durch das bestimmt, was er weiß, denkt und fühlt; wir sind auch das, was wir können. Im Laufe seines Lebens erwirbt jeder Mensch eine Vielzahl unterschiedlichster Fertigkeiten – vom Strümpfestopfen bis zum Meditieren. Darunter fällt auch das Sprechen.

Gewiss ist Sprechen mehr als eine Fertigkeit. Aber was immer es darüber hinaus noch ist – z.B. Aneignung einer Kultur –, es ist auch eine Fertigkeit – also vergleichbar mit dem Windsurfen, Nähen, Klavierspielen, Fußballspielen. Und gerade aus diesem Grund ist auch der eben diskutierte Zeitfaktor so bedeutsam „Daily contact with the teacher and with other students is as important as daily practice in football, and for the same reason: both have to do with getting and maintaining skills" (Bolinger 1975, 298).

Der Begriff der Fertigkeit ist mit dem der Tätigkeit verwandt. Beide umgreifen konkrete wie geistige Handlungen. In Hinblick auf die Lösung zentraler methodischer Probleme des Fremdsprachenunterrichts schien uns die theoretisch weniger aufwendige Psychologie der Fertigkeiten geeigneter als die weiter ausgreifende Tätigkeitstheorie. Hinzu kommt, dass die aus der sowjetischen Psychologie stammende Tätigkeitstheorie bereits vielfach rezipiert worden ist, während die Fertigkeitspsychologie bisher kaum beachtet worden ist (Levelt 1977, 53: „mostly ignored, sometimes mentioned, but hardly ever seriously studied").

Was sind Fertigkeiten – psychologisch gesehen? Fertigkeiten sind erlernte, durch Übung erworbene Willkürhandlungen. Sie sind also nicht funktionsbereit vorhanden wie etwa das Saugen, Schlucken, Atmen. Fertigkeiten äußern sich im Tun, im Ausführen und Ausüben. An ihrem Zustandekommen sind (a) Wahrnehmungen, deren (b) Verarbeitung und Verbindung mit (c) ausführender Motorik beteiligt.

Das Üben dient dem Erreichen der höchsten Könnensstufe, der vollen Verwirklichung der Zielgestalt, die viele Vorgestalten hat.

Sprechen, Lesen und Schreiben stellen in ihrer vollendeten Gestalt keine elementaren Funktionen, sondern vielgliedrige, miteinander verschmolzene Koordinationshandlungen dar. Sie beruhen mithin auf der Aktivierung mehrerer ineinandergreifender Funktionssysteme, über deren Kompliziertheit wir uns hinwegtäuschen, da wir sie aufgrund langjähriger Übung äußerst geläufig und ohne Reflexion vollziehen. Immerhin braucht das Kind ungefähr sechs Jahre, um den Phonembestand seiner Muttersprache zu erlernen. Und man bedenke, dass es während dieser Zeit im Wachzustand fast ständig von dieser Sprache umgeben und geleitet wird.

Ein Kind braucht auch zumeist die ganze Grundschulzeit, um es zu einer Abnahme der konzentrativen Anspannung auf die Schreibbewegungen selbst und damit zu einer gewissen Schreibgeläufigkeit zu bringen. Wir merken nichts mehr von der Schwierigkeit der Erlernung dieser Fertigkeiten, weil sie durch unablässige Übung und Ausübung weitestgehend mechanisiert wurden. Hinzu kommt, dass man im Endprodukt, in der beherrschten Fertigkeit und der gekonnten Ausführung, den komplizierten Aufbau nicht mehr erkennen kann. Mit anderen Worten: das Ganze ist mehr als die Summe seiner Teile. Das gekonnte Tun ist qualitativ anders, ist keine bloße Addition von Teilfertigkeiten. In der Art, wie wir die Seiten überfliegen und ihnen wesentliche Informationen entnehmen, in der Leichtigkeit, mit der wir einige Notizen auf Papier werfen, in der Mühelosigkeit, mit der Worte im Verlauf einer zwanglos-fröhlichen Unterhaltung aus uns heraussprudeln, verspüren wir nichts mehr von einzelnen Teilvorgängen, erkennen wir nicht mehr die vielen Stufen, die wir einst Schritt für Schritt aufsteigen mussten und die allein zum Können führen. Ein Gestaltwandel hat stattgefunden. Um die Vorgestalten des fertigen Sprechens, Lesens und Schreibens zu entdecken, muss man die Entwicklung beim Kinde aufrollen und einen Blick auf die unfertigen Teilleistungen *in statu nascendi*, oder auch auf besondere Störungen und Ausfälle werfen. „Das voll gelingende Sprechen ist ein Durchgestalten hochdifferenzierter Bewegungsfolgen; welche Schwierigkeiten in der Durchführung der dazu benötigten Koordinationshandlungen liegen, wird erst deutlich, wenn man pathologische Abbauerscheinungen dieser Fertigkeit heranzieht“ (Kainz 1965, III, 202).

Damit sind die wichtigsten Bestimmungsstücke einer psychologischen Theorie der Fertigkeiten benannt, die älter ist als die Verengungen und Verabsolutierungen des Behaviorismus, mit denen sie nicht verwechselt werden darf. Im Folgenden sollen einige Gesichtspunkte näher erläutert werden.

4.2 Lernen am Modell – Lernen mit dem Modell

Wer Kindern helfen will beim Erwerb des Lesens und Schreibens, beim Sprechen fremder Sprachen oder auch beim Spielen eines Instruments, der sollte zunächst diese Fertigkeiten selbst beherrschen. Denn die Schüler brauchen ein Modell, auf das sie sich richten. Sie müssen eine Vorstellung von dem Ziel haben, auf das sie hingehen. Dies ist sicher der wichtigste Faktor: dass in der Umwelt Modelle des fertigen Könnens vorhanden sind, die die Lerner – nicht sklavisch, sondern auf eine eigene Weise – nachahmen können. Sie bilden das Eingangsmaterial für die „intuitive Heuristik" (Chomsky 1970, 108) des Lerners.

Niemand würde sprechen, lesen und schreiben lernen, wenn es nicht Menschen in seiner unmittelbaren Umgebung gäbe, die genau das schon können und ausüben. Der japanische Geigenlehrer Suzuki betont, wie wichtig es sei, dass die Kinder die einfachen Stückchen, die sie gerade einüben, immer wieder in vollendeter Manier spielen hören. Er baut darauf, dass sie dabei unbewusst Informationen aufnehmen, die sie in das eigene Spiel umsetzen können. Zum Erwerb mancher Fertigkeiten – etwa beim Reiten – mag schon genügen, dass es ausreichend Gelegenheit gibt, es anderen abzugucken – einiges Talent und viel Motivation vorausgesetzt. Bei sehr komplexen Fertigkeiten kann dies allerdings nicht ausreichen.

Es hat zwar solche simplifizierenden Ansichten gegeben: Man brauche den Lerner nur in eine Umwelt hineingeben, in der die fremde Sprache gesprochen werde; irgendwie würde diese dann auf ihn abfärben. Man hat diese Auffassung trefflich als das *sunburn model of language learning* bezeichnet. So wie man sich nur der Sonne eine Zeitlang ungeschützt auszusetzen braucht, um garantiert einen Sonnenbrand zu bekommen, sei es nur eine Zeitfrage, bis man die fremde Sprache in sich aufgesogen habe. Natürlich stand bei dieser Auffassung wieder der Mutterspracherwerb Pate. Aber wir haben gesehen, dass das nicht so einfach ist. Vermutlich wird ein Kind nur von solchen Äußerungen erreicht, die es direkt einbeziehen. Es übernimmt eine Rolle in einem kommunikativen Handlungsspiel und schaut den Erwachsenen nicht einfach ab, wie diese untereinander reden. Das für sie bestimmte sprachliche Eingangsmaterial hat besondere Charakteristiken. Es ist hier nicht nur die „intuitive Heuristik" des Kindes selbst im Spiel, sondern auch die Intuition der Eltern und Betreuer, die, ohne sich dessen bewusst zu werden, ganz bestimmte Strategien im Umgang mit dem Kind anwenden, die diesem den Spracherwerb erleichtern bzw. überhaupt erst ermöglichen (vgl. die „genetische Doppelsicherung" der Sprache bei Butzkamm/Butzkamm 1999, 97)- Als dialogische Fertigkeit muss Sprechen nicht nur *am* Modell, sondern auch *mit* ihm erworben werden.

So ist hier mehr als Lernen durch Nachahmung im Spiel, mehr als das Aneignen von Verhaltensweisen durch Beobachtung anderer, das auch schon bei Tieren, die dauernd in Sozialverbänden leben, vorkommt. Nachahmen steigert sich beim Menschen zur Identifikation, zur Möglichkeit des Sich-Einfühlens in den Partner, in das sich auch kognitive Momente des Verstehens und der Einsicht hineinmischen. Die Fertigkeitstheorie, die gewöhnlich nur das „Lernen am Modell" betont, muss an diesem Punkt ergänzt werden, wenn man sie sinnvoll auf Spracherwerb beziehen will.

4.3 Grundfertigkeiten und Kunstfertigkeiten: Rolle der Bewusstmachung

Wir können viel durch Beobachten und Probieren lernen, ohne dass wir genau angeben können, was und wie wir lernen. Wenn jemand aber Rollschuhfahren oder Rad fahren lernt, so bekommt er schon mal Hilfestellung: „Das musst du so machen, sonst ...". „Das geht so, weil ...". Und dennoch lernt er kaum über den analysierenden, sezierenden und begreifenden Intellekt, sondern durch beobachtendes und nachahmendes Probieren, und plötzlich hat er es im Gefühl. Das Kind weiß noch nicht einmal, welche Organe es sind, die die Balance steuern und sein Gleichgewicht halten. Selbst der Radprofi braucht die physikalischen Regeln und ihre mathematischen Gleichungen nicht zu kennen. Er hat sie aber gewissermaßen in seinen Armen und Beinen.

Die Alltagserfahrung zeigt uns aber auch: Je weniger die zu erwerbenden Fertigkeiten mit naturgegebenen Lebensbedingungen des Menschen verwurzelt sind, desto mehr wird auch der Intellekt an ihrem Erlernen beteiligt. Die Unterscheidung von eher naturwüchsigen und eher künstlichen Fertigkeiten drängt sich auf. Sie hat damit zu tun, wie viel an den Leistungen genetisch vorprogrammiert ist und damit von vornherein unbewusst ablaufen kann bzw. wie viel an Üben und bewusst-rationalem Lernen hinzukommen kann.

Vielleicht hat folgende aufsteigende Reihe einige Plausibilität:

- Atmen, Schlucken, Saugen: funktionsbereit vorhanden, die Natur überlässt hier nichts dem Zufall einer so oder so gearteten Umwelt, definitionsgemäß keine Fertigkeit. Man spricht von Erbkoordinationen.
- Sehen: Das Sehen entfaltet sich erst in der Interaktion mit der Welt, es muss gewissermaßen gelernt werden. In einer auf künstliche Weise optisch verarmten Umwelt lernen Katzen nicht richtig sehen. Allerdings verläuft dieses Sehenlernen völlig unbewusst im Rahmen eines genetischen Reifungsplans. Normalerweise keine Fertigkeit – außer in dem winzigen Maße, in dem Sehen auch trainierbar ist.
- Gehen: Ein Üben ist erkennbar, Eltern geben Hilfestellung, verzichten aber auf jede Erklärung. „Wolfskinder“ können aufrecht gehen, bewegen sich aber flinker unter starker Zuhilfenahme der Hände. Überwiegend Lernen im Rahmen eines genetischen Reifungsplans.
- Sprechen: Ein zur Entfaltung drängendes ererbtes Potential ist auf vielfältige Weise mit einem reichen Umweltangebot verzahnt: Ohne eine sprechende und zum Dialog bereite Umwelt lernt kein Kind Sprechen. Ein Üben, d.h. ein Durchprobieren von Lauten, Wörtern und Sätzen ist erkennbar. Eine natürliche Fertigkeit und kulturelle Leistung zugleich.
- Lesen/Schreiben/Rechnen/Klavierspielen: intensives Üben von Teilfertigkeiten und massive Belehrung; Fertigkeiten *par excellence*. Alle normalen Menschen lernen sprechen, während ein Teil bei den einfacheren Fertigkeiten des Lesens und Schreibens (einfacher, weil das Kind ja schon Sprache hat) versagt: ein Hinweis auf die höhere genetische Lerndisposition für Sprache/Sprechen.
- Fremdsprachenunterricht: hoher Trainingsanteil bei Reaktivierung (abgeschwächter?) Erwerbsmechanismen des ursprünglichen Reifungsplans.

Die Rolle des Erklärens und Bewusstmachens sprachlicher (vor allem grammatischer) Eigenschaften ist im Fremdsprachenunterricht nach wie vor heftig umstritten. Immer wieder mal tritt ein Reformer auf, der jegliche grammatische Erklärung radikal aus dem Unterricht verbannen möchte. Aus fertigkeitspsychologischer Sicht spricht wenig für diesen radikalen Standpunkt. Es wird kaum eine Fertigkeit ausgebildet, bei der gänzlich auf Erklärungen verzichtet würde. Jeder Meister des Hoch- oder Weitsprungs hat heute seinen Trainer, der nicht nur Übungspläne aufstellt, sondern auch analysiert und erklärt. Wo es um besonders gute Leistungen, zumal bei weniger naturwüchsigen Fertigkeiten geht, dürfen wir nicht nur der eigenen Intuition, noch der intuitiven Pädagogik der Trainer und Lehrer ganz vertrauen. Letztere müssen darüber Bescheid geben können, worin genau die Fertigkeit besteht, wie sie sich zusammensetzt, wie sie zustande kommt. **Beim Erwerb komplexer Fertigkeiten ist Erklären immer mitbeteiligt, also praktisch universal**.

4.4 Ein Grundgesetz des Lernens: loqui loquendo discitur

Beim Spracherwerb unterscheiden wir das Üben vom Anwenden, sprich Kommunizieren. Beim Fertigkeitserwerb unterscheiden wir analog zwischen dem Üben von Teilhandlungen oder Unterfertigkeiten und dem Ausüben der Zielhandlung selbst. Bei komplizierten Fertigkeiten gilt es nämlich, die richtigen Teilstücke und Partialakte auszugliedern und vorzuüben, sie aber immer wieder zur Synthese zu führen. Diktate aufnehmen lernt man, indem man eben dies übt, was jedoch nicht ausschließt, dass Abschreiben eine geeignete Vorübung darstellt. In einer Radfahrschule müssen die (erwachsenen) Schüler zunächst auf einen Roller oder einen Schlitten mit Rädern steigen, um ein Gefühl zu kriegen, wie unter ihnen etwas rollt. Dann steigt man auf Klappräder um, bei denen zunächst die Pedale abgeschraubt sind und wobei die Schüler sich mit den Füßen vom Boden abstoßen müssen. Aber sie müssen schließlich auch den Normalfall üben: normale Räder mit entsprechend hoch eingestellten Sätteln usw. Das fundamentale Lerngesetz lautet: Die Zielhandlung selbst, die ganzheitliche Leistung muss immer wieder ausgeführt werden. Also: Schwimmen lernt man durch Schwimmen, und Kommunizieren durch Kommunizieren. Konrad Lorenz (1973, 101) spricht von der „Funktionsverbesserung eines Systems *durch* die Funktion *selbst*". **Eine Fremdsprache lernt man nur dann als Kommunikationsmedium benutzen, wenn sie ausdrücklich und genügend oft in dieser Funktion ausgeübt wird.** Dies ist die Begründung für das unterrichtsmethodische Prinzip der Kommunikation, der funktionalen Fremdsprachigkeit des Unterrichts und das ganzheitliche Lernen. Denn „die Form des Übens ist auch die Form der erlangten Übung", stellte schon Eggert (1911, 40) fest und sprach von der „Identität in der Form der Übungstätigkeit und des Übungserfolges". In diesem Sinne ist die Fremdsprache der Weg zu sich selbst. Man lernt sie, indem man sie gebraucht. Man lernt sie nicht, indem man eine andere gebraucht.

Aus fertigkeitspsychologischer Sicht ist uns dies selbstverständlich, weil alltägliche Erfahrung: Vorbereitende Übungen sind notwendig. Aber wer ein Klavierstück vortragen will, darf unter keinen Umständen bei ihnen stehen bleiben, also etwa linke und rechte Hand getrennt üben. Er muss sein Stück auch in der Form üben, in der er es vortragen will – auch wenn es anfangs stellenweise holprig zugeht. Er muss sozusagen mehrere Generalproben hinter sich bringen, wenn er gewiss sein will, dass alles klappt. Erst das wiederholte Ausführen der Zielhandlung bewirkt jene Feinabstimmung, durch die ein fließendes Ganzes entsteht. Wer Autofahren lernen will, kann bei stehendem Wagen erst einmal die Gänge durchprobieren. Er muss aber auch viele Male die Ernstsituation selbst übend bestehen. Damit ist klar, dass Art und Ausmaß des Übens im Fremdsprachenunterricht immer wieder im Hinblick darauf zu rechtfertigen sind, ob hier sinnvolle Teilfunktionen vorgeübt werden, die sich zur gelingenden Zielhandlung zusammenschließen.

4.5 Gestaltwandel (*restructuring*)

Charakteristisch für Fertigkeiten ist die Unterscheidung zwischen Aneignungsstufe und Könnensstufe, dem Lernprozess des Anfängers und der Leistung des Könners. Das Suchen nach den geeigneten Teilstücken und Teilprozessen, die ausgesondert geübt werden können, beruht eben auf dieser Einsicht, dass wir das Stadium der entwickelten Fertigkeit von den Erwerbsstadien scharf trennen müssen. Die Leistung des Könners ist nicht nur in einem trivialen Sinne besser und schneller als die des Anfängers, sondern es entsteht ein anderes Funktionsgefüge. Die Teilprozesse addieren sich nicht, sondern verschmelzen miteinander (**Verschmelzung;** *chunking;* Makrooperationen). Zunächst deutlich erkennbare Zwischenphasen schrumpfen ein, werden weggekürzt und verschwinden völlig (Kap. III).

■ Beispiel Lesenlernen: Wir beobachten, wie das laute Lesen des Anfängers bei zunehmender Geübtheit zurückgeht, ja abstirbt. Anfangs werden die erlesenen Wörter voll artikuliert. Dies geht dann in ein andeutendes Sprechlesen über. Darauf folgt ein zumeist unhörbares Sprechen mit deutlicher Inanspruchnahme der Sprechwerkzeuge. Man kann noch die Lippenbewegungen wahrnehmen. Schließlich verschwinden alle peripheren Artikulationen. Allerdings haben Experimente gezeigt, dass auch noch beim stillen Lesen die die Sprechmotorik steuernden Nervenbahnen miterregt werden. Nun war man zeitweilig der Meinung, Kinder sollten beim Lesenlernen das laute Mitlesen unterdrücken. Man argumentierte – wie bei der unaufgeklärten Einsprachigkeit – vom Ziel her, von der Endgestalt des Lesens, und übersah die notwendigen Vorgestalten des Lesenkönnens, die bei geduldigem Training wie von selbst herausfallen. Eine Lehrmethode allein aus der Art und Weise des fertigen Tuns abzuleiten, entpuppt sich als grober Irrtum.

■ Beispiel Mitleseverfahren (Butzkamm 1986): In didaktischen Experimenten wurde nachgewiesen, dass eine bestimmte Art der Simultandarbietung von Wort und Schrift im Fremdsprachenunterricht einer schriftfreien Anfangsphase überlegen ist. Es gelang den Schülern, bei der mündlichen Erarbeitung der Texte die Schriftbilder als Lernhilfe zu benutzen, sie aber im weiteren Verlauf der Einübung wie eine überflüssige Krücke wieder abzulegen. Also auch hier wieder das Phänomen des Fortfalls anfänglich stützender, vermittelnder Zwischenglieder.

■ Beispiel Grammatikunterricht (Kap. VI, 6): Jede grammatische Erklärung setzt schon voraus, dass es möglich ist, im Gespräch alle Regeln gleichsam wieder zu vergessen und sich ganz auf das Thema und den Partner zu konzentrieren. Nur dann hat sie ihren Zweck erfüllt, wenn sie wieder aus dem psychischen Geschehen herausfällt. Damit ist nichts darüber gesagt, ob eine bestimmte Erklärung jeweils effektiv ist. Wir verfügen aber über eine brauchbare Hypothese darüber, dass sie nicht hemmend wirken muss. Funktionen können sich kurzschließen und dabei Hilfskonstruktionen ausblenden. Ein Gestaltwandel findet statt, den Paul Schmidt, ehemaliger Chefdolmetscher im Auswärtigen Amt, in folgendes Bild fasst: Die Grammatik sei „das Holzgerüst, das die Mauerbögen der Sprache nur so lange zu stützen braucht, bis der verbindende (Syntax-) Mörtel zwischen den einzelnen Bausteinen so fest geworden ist, dass der Bogen ‚frei tragend' wird. Es hat sich nämlich gezeigt, dass viele, die Fremdsprachen mit Hilfe der Grammatik erlernt haben und allmählich eine große Flüssigkeit und Leichtigkeit im Gebrauch erreichen, die starren Regeln im Laufe der Zeit wieder vergessen und trotzdem keine Fehler mehr machen, weil sie auf dem Wege über die Grammatikbrücke dahin gelangt sind, dass sie in der Fremdsprache denken und sie wie ihre Muttersprache sprechen" (Schmidt 1954, 107).

- Beispiel Muttersprache (Kap. III, IX): Auch die Muttersprache kann im Lernprozess eine Vermittlerrolle spielen, um danach wieder aus dem psychischen Geschehen zu verschwinden, indem sich die andrängenden Gedanken und Vorstellungen unmittelbar mit der Fremdsprache kurzschließen. Sie hat ihre Schuldigkeit getan, kann gehn und tut das auch. Diesen Gestaltwandel haben frühere Didaktiker als Spannung zwischen „Anknüpfung und Ausübung", zwischen „identification" und „fusion" zu fassen versucht (Butzkamm 1973/1978, 59ff.)

Umgekehrt kann man auch **auf frühere Könnensstufen zurückfallen.** So halten wir plötzlich im Reden inne, werden unsicher, versuchen uns an eine Regel zu erinnern, die wir dann weitersprechend befolgen. Oder wir kommen beim stillen Lesen an eine schwierige Stelle und verfallen auf einmal in ein langsames, halblautes Lesen.

An der Unterschiedlichkeit der Beispiele erweist sich die Fruchtbarkeit der *skills psychology* für den Spracherwerb. Das Phänomen des Gestaltwandels bzw. das Verschmelzen durch Herauskürzen ist psychologisch sehr breit fundiert. Warum sollte es in Bezug auf grammatisches Wissen nicht gelten? Hätte Krashen seine *non-interface position,* wonach es zwischen explizitem Wissen und dem Können keine Verbindung gibt, überhaupt formuliert, wäre ihm das Phänomen des Wegkürzens aus der Assoziations- und Fertigkeitspsychologie bekannt gewesen? (vgl. Kap. VI). Es rächt sich, wenn man die Geschichte nicht kennt. Auch in der ausführlichen Diskussion von explizitem und implizitem Wissen bei Ellis (1994, 355ff.) wird das Wegkürzen ignoriert.

VI. Mit oder ohne Grammatik?

> The capacity to learn a language – and even a strong need to learn a language – is, it appears, part of the genetic make-up of man. By contrast, the actual learning of a particular language ...is not a gene-regulated process and therefore not a natural process, but a cultural process ... Thus language learning is a process in which genetically based dispositions, evolved by natural selection, somewhat overlap and interact with a conscious process of exploration and learning, based on cultural evolution.
>
> (Popper/Eccies 1977, 48)

1. Ein alter Streit

Solange Fremdsprachen gelehrt und gelernt werden, gibt es das Problem, wie weit Grammatik bewusst zu lehren und zu üben sei. Die Tatsache, dass man Sprachen lernen konnte, ohne sich mit einem komplizierten Regelwerk vertraut zu machen, hat kritische Geister immer wieder beunruhigt. Ob die Spracherlernung hauptsächlich *conversatione et usu* zu betreiben oder auf *doctrina et praeceptis* zu gründen sei, dieser Streit zieht sich durch die Jahrhunderte hindurch und ist bis heute nicht entschieden. Im allgemeinen gliedern die Lehrwerke noch vorwiegend nach grammatischen Gesichtspunkten, verzichten auch nicht auf spezielle Grammatikübungen nebst Erklärungen und Systematisierungen. Zugleich gibt es aber Stimmen, die den Lerneffekt solcher Arrangements für nebensächlich halten. Kein Wunder, dass der Streit so lange hin und her wogt. Denn dies fachdidaktische Problem ist aufs engste mit der Grundfrage verknüpft, wie der menschliche Verstand beschaffen sei, wie Handeln, Denken und Sprechen miteinander zusammenhängen.

Heute schickt sich die evolutionäre Erkenntnistheorie an, diese Frage in neuer Weise zu beantworten. Unser bewusster Verstand, ebenso wie unser unbewusster, natürlicher Sprachverstand sind

Produkte der Evolution. Auf diesem modernen theoretischen Hintergrund können wir das Problem besser einordnen, schärfer fassen, Überspitztes und Falsches zurückweisen.

2. Das Wunder des Sprechens

> „... das bewunderungswürdigste der Kunstwerke, die Grammatik der Sprache"
>
> (Schopenhauer)

Niemand sollte ein Haus bauen, ohne bis ins einzelne hinein zu wissen, was er dabei tut. Allein die moderne Baustoffkunde ist ein umfangreiches Gebiet: Zug- und Druckfestigkeit verschiedener Materialien, Körnung, Haft- und Saugfähigkeit von Untergründen usw. Vom Keller bis zum First ist unser Haus durchkalkuliert und durchkonstruiert. Baumeister und Handwerker können über alle Einzelheiten Auskunft geben: warum so und nicht anders. Das Haus ist nicht mehr als seine Konstrukteure an Kunst und Wissen hineingelegt haben.

Wer spricht, baut Sätze und errichtet Gebäude der Sprache, einfache oder weitläufige, schlichte wie prunkvolle. Doch diese Sprachgebilde gehen weit über das hinaus, was der einzelne Sprechende ergründen kann. Denn über die Struktur dessen, was wir da gebaut haben, können wir nur höchst unvollkommen Auskunft geben. Das Produkt ist viel klüger als der Produzent. Denn „dumm und unwissend", wie Herder (1967, 389) sagt, lernen wir unsere Muttersprache. Dies ist das Wunder der Sprache.

Streng genommen ist es das Wunder der Grammatik. Wir wissen wohl, was wir tun, wenn wir „Haus" statt „Hütte", „schön" statt „hässlich", „laufen" statt „kriechen" sagen. Wir wählen solche Wörter bewusst, wägen und prüfen sie mitunter sehr genau. Aber die Regeln, nach denen wir sie zusammenfügen, kennen wir nicht. Selbst die Spezialisten der Grammatik unter uns kennen sie nicht alle.

So sind es gerade die alltäglichsten Vorgänge, die voller Geheimnisse stecken. Leider verhindert diese Alltäglichkeit, dass wir darüber ins Staunen geraten: „Il est exceptionnel qu'on accorde aux œuvres de la nature la stupéfaction qu'elles méritent" (Jean Rostand). Wie kann man aber Regeln beachten, die man nicht kennt? Wo ist die Theorie, die das so Offenbare zu erklären vermöchte?

Antworten bis ins Detail gibt es z.B. für den Bereich des Sehens. Wir lernen sehen, ohne zu wissen, was dabei geschieht und was wir im einzelnen dabei tun. Lichtstrahlen fallen durch die Pupille auf die Netzhaut und entwerfen dort ein umgekehrtes, verkleinertes Bildchen der Außenwelt. Dieses wird in eine Folge rhythmischer elektrischer Signale verwandelt, die über Nervenfasern zur Hirnrinde wandern. Im Sehzentrum des Gehirns wird das Trommelfeuer elektrischer Stromstöße in Lichtempfindungen, d.h. in das Bild, das wir tatsächlich sehen, übersetzt.

Die Wirklichkeit ist noch viel komplizierter. Unser Blick schweift über eine Landschaft. Nichts wird uns darüber vermeldet, dass dieser Eindruck von Ruhe und räumlicher Geschlossenheit aus einem Geknatter zahlloser einzelner Sinnespunkte aufgebaut wird. Wir merken auch nicht, wie sich unser Auge akkommodiert, wenn unser Blick in die Ferne wieder zum Buch zurückkehrt – als ob ein kleiner Fotograf in unserem Auge die Linse jeweils scharf einstellte. Das Auge gestaltet unsere Seheindrücke aktiv mit. Das Netzhautbild ist zweidimensional, die Dinge sind nicht umgestülpt, und die Münze in der Hand, die sich elliptisch abbilden müsste, sieht rund aus, auch wenn wir schräg von oben darauf blicken. Es gelingt auch ohne weiteres, „die Größe eines Gegenstandes als eines seiner konstanten Merkmale wahrzunehmen, obwohl die Ausdehnung des Bildes, das auf unserer Netzhaut von ihm entworfen wird, mit dem Quadrat seiner Entfernung abnimmt. Wieder andere Mechanismen bringen das bewunderungswürdige Kunststück zuwege, uns den Ort, an dem sich ein Sehding befindet, als konstant wahrnehmen zu lassen, obwohl sein Bild auf unserer Netzhaut bei jeder kleinsten Bewegung unseres Kopfes und erst recht unserer Augen die wildesten Zickzacksprünge vollführt" (Lorenz 1973, 160). Was wir sehen, gestalten Auge und Hirn aktiv mit. Es ist kein Abklatsch von etwas, sondern eine Art Konstrukt.

Es gibt offensichtlich eine „unbewusst wirksame Intelligenz des Leibes", wie der Heidelberger Physiologe Hans Schäfer (1971) formuliert, die uns unsere alltäglichsten Handlungen überhaupt erst ermöglichen. Damit wir uns sinnvoll im Raum bewegen können, führt unser Gehirn pausenlos die kompliziertesten Rechenoperationen durch, an denen unsere Ratio nicht beteiligt ist. Wir bemerken nicht einmal, dass hier gerechnet wird und wüssten nichts davon, wenn nicht die moderne Wissenschaft dabei wäre, einige dieser Operationen nachzurechnen und dem Gehirn mühsam nachzulernen. Was wir normalerweise bewusst haben, sind nur die *Resultate* dieser Vorgänge.

Diese „unbewusst wirksame Intelligenz des Leibes“ ist ein Artwissen, kein Ich-Wissen. „Der Leib ist eine große Vernunft ... Ich sagst du und bist stolz auf dieses Wort. Aber das Größere ist, woran du nicht glauben willst – dein Leib und seine große Vernunft: die sagt nicht Ich, aber tut Ich“ (Nietzsche: *Also sprach Zarathustra*). Neben dem Ich-Bewusstsein, der Fähigkeit zur Einsicht und Selbstreflexion, kurz: dem, was wir menschliche Vernunft zu nennen uns angewöhnt haben, existiert eine andere Vernunft, existieren andere Wissens- und Orientiertheitsformen, die ohne unser bewusstes Zutun ins Spiel kommen.

Es konstruiert Sprache in uns. Nennen wir es unseren **Sprachsinn**, analog zum Sehsinn. Das ist die erste, unabweisbare Tatsache des Grammatikerwerbs.

3. Können und Kennen

„Sprechen hat aber doch mit dem Denken zu tun.“ – So der geläufige Einwand. Gerade da wir als Vernunftwesen nur mit Hilfe der Sprache bestehen können, die sich in alle geistigen Tätigkeiten hineinmischt, gilt es, dies Paradoxon richtig zu verstehen. In Jaspers unvergleichlicher Formulierung: „Während die Sprache unser Bewusstsein hell werden lässt, geschieht sie selber unbewusst“ (1964, 13).

Ein Beispiel dafür ist der Gebrauch von *sondern* und *aber*, den wir als deutsche Muttersprachler mühelos beherrschen. Deutsch lernende Engländer und Franzosen aber haben damit ihre Probleme, da in ihren Sprachen die Bedeutungen von *sondern* und *aber* in ein Wort zusammenfallen: *but* und *mais*. Pusch (1975) analysiert einen Teilbereich des Gebrauchs wie folgt: „Meine These ist, dass es sich bei dem negativen Satz, der einem *sondern*-Teilsatz vorangeht, um einen Widerspruch gegen eine positive (i.e. nicht negierte) Behauptung oder auch bloß gedachte Annahme handelt. Im *sondern*-Teilsatz wird dann die durch den Widerspruch lediglich als unzutreffend charakterisierte Behauptung oder Annahme noch zusätzlich korrigiert ... Im Gegensatz dazu ist ein negativer Satz, der einem *aber* vorangeht, nicht immer ein Widerspruch, und wenn er ein Widerspruch ist, so ist der *aber*-Satz keine Korrektur, sondern eine Einschränkung des Widerspruchs, mit der ausgedrückt wird, dass die Aussage, der soeben im verneinten Satz widersprochen wurde, so falsch nun auch wieder nicht war, sondern einen wahren Kern enthielt." Wohlgemerkt, dies ist nur ein Teilbereich der verzwickten Logik dieser adversativen Konjunktionen, die wir – etwa seit unserem 10. Lebensjahr – zwar nicht theoretisch, aber doch praktisch beherrschen. Irgendwie scheint es, dass jemand anders das Kommando übernimmt, ein Biomechaniker, ein Fotograf und eben auch ein kleiner Linguist, die unser Gehirn neben zahllosen anderen Spezialisten bevölkern.

Weitere Beispiele aus dem Spracherwerb eines zweieinhalbjährigen Kindes:

(1) MUTTER: Du bist schön warm, ja?
KIND: Ne.
MUTTER: (hat nicht zugehört) Ist nicht kalt, ne?
KIND: Doch!

(2) VATER: Wer wohnt denn in Aachen?
KIND: Papa, Gisa.
VATER: Mama nicht?
KIND: Doch!

Die Regel, die Gisa hier anwendet, lautet: „Drückt der Fragende durch seine Frageformulierung die Erwartung aus, es werde eine verneinende Antwort folgen, und will der Antwortende eine aus dem Kontrast zur Erwartung verstärkt wirkende bejahende Antwort geben, dann antwortet er mit doch" (Nissen 1974, 214). Solch intuitives Wissen fällt nicht vom Himmel. So wird eine Zeitlang *doch* auch da eingesetzt, wo ein schlichtes *ja* richtiger gewesen wäre:

(3) Gisa sitzt auf dem Topf und soll Pipi machen.
VATER: Kommt es, Gisa?
KIND: Doch!

Ein letztes Beispiel aus der Formenwelt des Verbs: Gisa, gerade drei Jahre alt, ruft kläglich: „Muss Pipi". Im Klo steht sie in einer Lache. Also Hosen runter, dann raufgetragen ins Bad. „Muss noch mehr Pipi". Ich setze sie aufs Klo. Dann, absitzend: „Hab alles rausgepipit." Auf das letzte Wort kommt es uns hier an. Fragen wir Gisa, die inzwischen zwölf Jahre alt ist. Heißt es „er hat uns aufgehalten" oder „aufhalten"? „Wir wurden „gefilmt" oder „filmt"? „Er hat kapiert" oder „gekapiert"? „Er hat uns gebesucht" oder „besucht"? – Sie wird keinen Fehler machen. Aber die Regeln, nach denen sie verfährt, um ihre Partizipien richtig zu bilden, weiß sie nicht – und der geneigte Leser wahrscheinlich auch nicht.

Hier können wir etwas, ohne uns wirklich auszukennen. Deshalb dürfen wir solche Leistung des Menschen durchaus mit dem Jagen der Eichhörnchen durch die Baumwipfel und dem Preschen des Wildes durch das Dickicht in Beziehung setzen. Denn wo dies gelingt, müssen Sekundenbruchteile zuvor gesehene Hindernisse richtig eingeschätzt und mit der Eigenbewegung verrechnet werden. Wer oder was rechnet da? Wer oder was extrahiert die Gesetzlichkeit des „doch" aus der sprachlichen Welt und die Gesetze von Wipfeln, Wurzeln und Bewegung aus der Welt des Raumes? Erst wenn wir Roboter für uns arbeiten lassen und geistige Tätigkeiten im Computer simulieren wollen, müssen wir solche Handlungen komplett durchbuchstabieren und merken, dass, was unser Verstand denkt und sagt, nur „ein Fliegenschiß" (H. Hesse) neben dem ist, was unter der Schwelle der Bewusstheit sich abspielt..

4. Der ratiomorphe Apparat

Verantwortlich für diese staunenswerten Leistungen im Reiche des Lebendigen ist der von Lorenz (1973) und Riedl (1981) im Anschluss an den Wahrnehmungspsychologen (und Schüler Karl Bühlers) Egon Brunsvik so benannte „ratiomorphe Apparat". Denn wenn solche Tätigkeiten mit unserer bewussten Vernunft nichts zu tun haben, so sind sie doch „den klassischen drei Schritten induktiver Naturforschung, nämlich dem Sammeln einer Induktionsbasis, ihrem systematischen Ordnen und der Abstraktion einer Gesetzlichkeit, wahrhaft verblüffend analog", somit ratio-morph (Lorenz 1953, 257).

Ich kann hier nur in den allergröbsten Strichen eine Theorie kennzeichnen, die für mich eine der faszinierendsten wissenschaftlichen Leistungen dieses Jahrhunderts darstellt: die Idee, dass das Leben selbst ein kenntnisgewinnender Prozess sei (Lorenz 1973, 33). In Riedls (1984, 41) Worten: „Nicht der Mensch begann zu erkennen, das Leben hat damit begonnen. Nur die bewusste Reflexion ist neu." Der Organismus, der überleben will, muss etwas über seine Umwelt in Erfahrung bringen, er muss richtige „Vorausurteile" treffen können, sonst ist er verloren. Die verschiedenen Formen der Angepasstheit von Organismus und Umwelt werden als ein „Informiertsein" der Organismen über ihre jeweilige Umwelt verstanden. Jedes sich bildende Organ stellt eine Reaktion dar auf einen „vermuteten" Zustand der Außenwelt und bewahrt nur solche „Hypothesen", die sich bewähren. Das Geschlecht der Fische „weiß" etwas Zutreffendes über die Fließeigenschaften des Wassers; Huftiere „wissen" etwas über die Beschaffenheit des Steppenbodens; die Augen und zugehörigen Sehzentren der Lebewesen „wissen" etwas Richtiges – aber nicht immer dasselbe – über die Gesetze der Optik. Leben ist nicht möglich ohne solchen Erwerb von „Wissen" über die Außenwelt. „Wissen" ist zu verstehen als eine Art innerer Nachbildung der Lebensbedingungen in den Genen, in Gehirn und Nerven. „Evolution – even in its biological aspects – is a knowledge process" (Campbell 1974, 413).

Man mag einwenden: Das alles ist bloß metaphorische Sprache: „erkennen", „urteilen", „vermuten", „Hypothesen bilden", „wissen" darf man korrekterweise nur auf den menschlichen Verstand beziehen, alles andere ist uneigentlicher Gebrauch. Doch es scheint, dass wir, selbst wenn wir wollten, die Verhältnisse im Bereich des Lebendigen sprachlich nicht anders fassen können. Wir haben keine andere Wahl, als die Sprache bewusster psychischer Funktionen zu benutzen. Lebendige Systeme „informieren sich" über ihre Umwelt, sie „unterscheiden", „erkennen", „wissen", „wählen aus". Unser Immunsystem z.B. „registriert" Krankheitserreger, führt „Identitätskontrollen" durch und vermag mehr als 1 Million fremder Substanzen im Körper zu „erkennen" und „wiederzuerkennen": Wir verfügen über ein immunologisches „Gedächtnis". Bestimmte Nukleinsäuren, die zu den Grundbausteinen des Lebens gehören, werden als „Botenstoffe" bezeichnet, Moleküle „verstehen Befehle" usw. Ein Baum „kennt" seine arttypische Gestalt, wie G. Hess formuliert (1968, 41), und zeigt dies u.a. darin, wie er erworbene Defekte durch zusätzliches Wachstum allmählich wieder auszugleichen versteht. Wir verwenden also die Sprache der Vernunft für Operationen, an denen die zu sich selbst gekommene Vernunft keinen Anteil hat.

Dies ist alles andere als zufällig. Die Sprache hält nicht Denkkategorien bereit, die „zufällig" auch auf bewusstseinsfreies Verhalten passen. Denn der Geist entwickelt sich aus dem Leben, nicht umgekehrt. So schließt sich hier ein Kreis: Unser Vokabular für geistige Vorgänge ist selbst metaphorisch aus Bezeichnungen für elementare Lebensvorgänge, besonders der Raumorientierung, hervorgegangen. Wir be-greifen, verstehen, schließen, folgern, teilen mit, stellen fest, ent-wickeln Ein-sichten, be-gründen, er-heben und bringen Einwände vor oder lassen sie fallen, unter-richten, in-formieren, bringen also jemanden „in Form“ usw. Kein Wunder, dass die Sprache des bewussten Denkens, solchermaßen aus dem Räumlichen hervorgegangen, wieder zurückgebogen werden kann, um materielle und ratiomorphe Vorgänge zu bezeichnen. Der Einwand des „bloß“ Metaphorischen muss vollends fallen, wenn, wie wir noch sehen werden, der Vorgang des Ver-Gleichens beidem, ratiomorpher Leistung wie rationaler Erkenntnis, zugrunde liegt.

Unsere bewusste Einsicht, unser absichtsvolles Problemlösen und logisches Denken wurzeln im ratiomorphen, also vernunftähnlichen Apparat, der selbst wiederum nach Prinzipien verfährt, die über bedingte Reaktionen bis zu einfachsten, unbedingten Reflexen und starren Erbkoordinationen zurückreichen. In der Anatomie besitzen wir dazu ein einleuchtendes Analogen. Ältere Systeme werden nicht etwa abgeschafft, sondern sind in den jüngeren, weiterentwickelten miteingebaut. Denn das kann die Evolution nicht: wieder ganz von vorn anfangen. „Fortschritt ist bei lebenden Strukturen nur unter einer Auflage denkbar, angesichts derer jeder menschliche Konstrukteur resignierend aufgeben würde: nur in der Form, dass das jeweils Vorhandene Schritt für Schritt in einer Weise umgebaut und erweitert wird, die die Funktion des Organismus insgesamt in keinem Augenblick behindert oder gar für noch so kurze Zeit unterbricht“ (v. Ditfurth 1976, 257). Die Evolution ist wie eine von den Insassen selbst vorgenommene Verbesserung und Reparatur am fahrenden Wagen. So ist der Mensch zwar das Großhirnwesen – besonders im Hinblick auf dessen jüngsten Teil, das Stirnhirn – doch laufen alle Verbindungen von Großhirn zur Außenwelt durch die älteren Gebiete, das Zwischenhirn und den Hirnstamm. Solcher vielfach nachweisbaren Kontinuität anatomischer und physiologischer Strukturen entspricht eine ebenso überzeugende Kontinuität des Verhaltens von den einfachsten Reflexen bis hin zur rationalen Problemlösung. Ohne das Neue zu leugnen, was beim Menschen hinzukommt und nur ihm zukommt: Vernunft und Sprache, so fährt der Mensch doch fort, das zu sein, was seine Ahnen schon waren. Er hört nicht auf, ein Instinktwesen zu sein, das sich in vielfältiger, ihm selbst unbewusster Weise über seine Umwelt informiert. Umgekehrt ist bei den Biologen heute unumstritten, dass Abstraktionsvermögen, averbale Kommunikation, einsichtiges Verhalten, planmäßiges Überlegen „schon vor dem Auftreten des Menschen in zwar noch wenig entwickeltem Zustand, aber doch bereits identifizierbar vorhanden" sind (Erben 1984, 229). Die Evolution von Körper und Geist ist ein Ausbau und Umbau, in dem immer wieder Neues entsteht, ohne dass jeweils neu angefangen werden müsste.

Diese Einsicht in die Arbeitsweise der Evolution ist grundlegend auch für die Diskussion über Spracherwerb und Sprachunterricht:

– Natürliche Erwerbsprinzipien (Teil des ratiomorphen Apparats) sind als im Lernenden angelegte Eigengesetzlichkeiten in gewissen Grenzen unabhängig von der Umwelt, entfalten sich aber nur im Wechselspiel mit ihr. Schließlich kann Sprache nur in einer sprechenden Umwelt erworben werden.

– Natürliche Erwerbsprinzipien sind nicht in dem Augenblick außer Kraft gesetzt, in dem man sich ins Klassenzimmer begibt. Im einzelnen ist zu prüfen, wie sie mit den besonderen Faktoren der Lernsituation Schule interagieren. Es ist unbiologisch, anzunehmen, der Mensch habe eigens für die gesellschaftliche Institution Schule besondere Erwerbsprinzipien entwickelt. Vielmehr reichen die informationsverarbeitenden Mechanismen des Lebendigen bis in unser bewusstes Lernen hinein. Der Mensch entwirft im Sinne einer „natürlichen Künstlichkeit" passende *Lehr-* und *Lerntechniken*, die auf natürlichen Lernfähigkeiten aufruhen. So ist auch grammatische Bewusstmachung dem natürlichen Spracherwerb nicht fremd, sie erhält aber unter schulischen Bedingungen einen anderen Stellenwert und eine besondere Ausprägung. Zweitspracherwerb inner- und außerhalb der Schule ist Umbau und Erweiterung, kein Neubau (vgl. besonders Petit 1987; 1999).

5. Prinzipien unbewussten Kenntnisgewinns

Wie gewinnt der ratiomorphe Apparat Erkenntnisse über die Umwelt des Organismus – beim Menschen eben auch Erkenntnisse über die sprachliche Umwelt? Zu unserem ratiomorphen Programm gehören zwei grundlegende Hypothesen über die Welt, die hier im engen Anschluss an Riedl (1981; 1984) skizziert seien:

1. **Wir erwarten die Wiederkehr des Gleichen.** Wir halten es für wahrscheinlich, dass sich ähnliche Ereignisse unter ähnlichen Bedingungen wiederholen, sich daher wieder erwarten und vorhersehen lassen. Noch einfacher: Wir erwarten etwas, statt vielmehr nichts. Wir operieren mit Vorausurteilen. Wir erwarten Regelmäßigkeiten und Konstanzen und werden nicht enttäuscht. Wir rechnen mit der Wiederbeobachtbarkeit von Ereignissen und Zuständen. Wir setzen auf Ordnung in der Welt. Und haben gar keine Wahl dabei, denn vom Chaos lässt sich nichts lernen. Aus einmaligen Ereignissen entsteht keine Voraussicht über Neues. „Denn Voraussicht beruht auf bestätigter Erwartung und diese auf der Wiederholung von Vergleichbarem" (Riedl 1981, 95). In dieser Hypothese spiegelt sich also die Redundanz der Zustände und Ereignisse dieser Welt. Dinge und Ereignisse wiederholen sich in großer Zahl. Wie oft wiederholt sich der Buchstabe e allein auf dieser Seite! Wie oft hat das Kleinkind seinen Namen gehört, bevor es ihn sprach! Instinktiv stellen Eltern im Umgang mit ihrem Kleinkind eine besonders intensive sprachliche Redundanz her und fördern so den kindlichen Spracherwerb. In den Routinesituationen der Pflege, des Fütterns usw. wird das Kleinkind immer wieder auf dieselbe Weise angesprochen. Fingerspiele z.B. bedeuten nicht nur Körper-, sondern auch Sprachkontakt, sie laufen immer wieder in der gleichen Form ab und werden vom – schier unersättlichen – Kleinkind immer wieder in der gleichen Manier gefordert.

Hat sich einmal die Prognose (etwa: Fertigmachen des Fläschchens und Füttern) bestätigt, wird schließlich die Wiedererwartung solcher Ereignisse bis zur Gewissheit gesteigert. Wir verfahren nach dem Erfolgsprinzip: Die Bestätigung einer Erwartung macht für uns die nochmalige Bestätigung einer weiteren Erwartung noch wahrscheinlicher. Ganze Ereignisfolgen werden so wiedererwartet, ihr Ablauf ist bekannt, sie sind in diesem Sinne vom Kind „verstanden". Das vorgängige Situationsverständnis schließlich erzeugt das Verstehen dessen, was sprachlich geäußert wird (*decoding*). Erst das Verstehen der Äußerungen wiederum ermöglicht es dem Kind, den darin verborgenen sprachlichen Code aufzubrechen (*codebreaking*). Wir haben *decoding* und *codebreaking* (vgl. Cook 1993, 61) unter dem Begriff des Doppelverstehens zusammengefasst.

2. Im engen Zusammenhang damit steht die Vergleichshypothese. **Wir erwarten, dass wir Ungleiches im Vergleichbaren übersehen dürfen (Abstraktion), und „dass sich ähnliche Sachen, obwohl sie offenbar nicht dasselbe sind, auch in manchen noch nicht wahrgenommenen Eigenschaften als vergleichbar erweisen würden"** (Riedl 1981, 93); in anderen Worten: Das Erwartete darf dem Wahrgenommenen hinzugefügt werden.

Im Prinzip der Abstraktion spiegelt sich eine Grundeigenschaft unserer Welt, in der sich Ereignisse zwar oft, aber immer nur ähnlich und nie völlig identisch wiederholen. Es ist mithin lebenswichtig, Ähnlichkeiten zu entdecken und Ähnliches gleich zu behandeln, auch wenn durchaus Unähnliches mitgegeben ist.

Wer kennt sie nicht, die vielen kindlichen Analogien, und hat sie nicht belächelt, als ob wir nicht als Wissenschaftler genau so verfahren müssten, wenn wir überhaupt zu Ergebnissen gelangen wollen! Da wird der Mond und der Apfel als Ball angesprochen, die Schallplattenhülle als Schachtel, der Flaschenöffner als Bierschlüssel. Ganz gewiss sieht das Kind, wie verschieden etwa Streichholzschachtel und Plattenhülle sind. Wie bewundernswert ist die abstrahierende Leistung, die in diesem Vorgang des „Gleichmachens" von Hülle und Schachtel steckt! Immer versuchen wir das Neue, noch nicht Benannte, an die alte Erfahrung anzupassen.

– Gisa knibbelt Pistazien auf: „Da, ich kann das *Fleisch* nicht rauskriegen".

Das Fruchtfleisch eines Pfirsichs oder das weiße Fleisch eines Pilzes sind akzeptierte metaphorische Redeweisen. Gisa verfährt spontan nach demselben Prinzip, das Ungleiche im Ähnlichen wegzulassen, geht aber noch einen Schritt weiter. Sie sieht ab von dem Merkmal weich/hart: Übrig bleibt Fleisch als das umhüllte, essbare Innere.

– Vater spielt Klavier. Gisa, noch keine drei Jahre, tanzt dazu. Schließlich probiert er eine neue Melodie aus, spielt nur mit der rechten Hand, ohne Harmonien. „Nein, *dunkel*", kommt sofort der Protest.

Natürlich ist nicht auszuschließen, dass sie irgendwann einmal von dunklen Tönen hat reden hören und dies behalten hat. Unbestreitbar ist, dass wir solche Analogieschlüsse völlig spontan und unbewusst vollziehen. Wieso sind tiefe Töne dunkel? Was haben Klänge mit dem Licht zu tun? Und wieso sind Töne tief? Die Metapher ist nicht nur sprachlicher Schmuck, sondern ein entscheidendes Konstruktionselement von Sprache.

Diese – und weitere – Hypothesen unseres ratiomorphen Apparats, die die Gesetzlichkeiten der Außenwelt im Lebendigen nachbilden, sind uns angeboren. Sie sind lange vor dem Menschen und darum auch nicht auf Sprache hin entwickelt worden. Aber sie reichen durch die Schichten des Lebendigen hindurch und wirken auch beim Spracherwerb mit. Denn sie ermöglichen überhaupt erst Erfahrung. Sie stellen gewissermaßen eine „Betriebsanleitung" für unsere informationsaufnehmenden Organe dar, so etwa auch für das Ohr. Wenn sie nicht wären, könnten wir keine Phoneme oder Phonemfolgen aus dem Lautstrom abstrahieren und wiedererkennen. Das eben ist unsere „kategoriale Schallwahrnehmung", die uns erlaubt, eine Fülle bedeutungsloser akustischer Eigenschaften zu überhören und die für Sprache relevanten Reizmuster herauszuhören (Eimas 1985). Sie wirken also schon unterhalb der Ebene des Sinnhaften, reichen aber bis in unser bewusstes Erleben hinein. Bevor man also Erwerbs- und Lernsituationen auseinanderdividiert, sollte man den gemeinsamen Untergrund allen Lernens kennen. Die Bestimmung spezifischer, situativer Ausprägungen des Lernens ist ein Folgeschritt.

6. Das Ineinandergreifen unbewussten und einsichtigen Lernens

Der Spracherwerb als Ganzes ist nicht bloß ratiomorphe Leistung. Denn diese ist nach Lorenz „unbelehrbar", d.h. nicht willentlich belehrbar. Wir können noch so oft sagen, dass der Stock gerade ist: Sobald wir ihn schräg ins Wasser halten, sehen wir ihn gebrochen. Unsere Wahrnehmungsfunktion ist „dumm" (Brunsvik 1934, 119), sie fällt immer wieder auf dieselben Tricks herein. Vergleichbares können wir beim Spracherwerb nicht entdecken. Zwar wissen wir, dass Kinder gegen bestimmte Korrekturen wenigstens eine Zeitlang gleichsam immun sind. Sie lassen sich nicht beirren, verfolgen hartnäckig ihren eigenen sprachlichen Weg und kommen auch so zum Ziel. Hierin steckt zweifellos eine ratiomorphe Komponente. Es gibt andererseits klare Fälle früher, erfolgreicher Korrektur. Unser Sprachverhalten ist im Prinzip für rationale Korrektur offen. So besteht zwischen völlig „unbelehrbaren" ratiomorphen Leistungen und bewusster menschlicher Verstandesarbeit ein weites Übergangsfeld vorbewusster, d.h. potentiell bewusster Informationsverarbeitung.

Überhaupt wäre es erheblich irreführend, zu behaupten, Spracherwerb verlaufe vornehmlich unbewusst und sei im wesentlichen vorrational. Welchen Sinn hätte es denn, den Wortschatzerwerb durchweg unbewusst zu nennen? Das Kind fragt oft bewusst nach den Namen der Dinge und der Bedeutung von Wörtern. Die Frage, wie diese „uns selbst nicht bewussten linguo-kognitiven Fähigkeiten“ (Wode 1981b, 28) beschaffen seien, bezieht sich auf den Erwerb der Grammatik (inklusive Phonologie als den „Rohstoff für Lexik und Morphosyntax“ Petit 1999, 344) und hier auch mehr auf die Elementargrammatik als auf die feineren Nuancen, wo Grammatisches in Stilfragen übergeht. Wortschatzerwerb hingegen vollzieht sich nach den allgemeinen Gesetzen assoziativen Lernens bzw. des Gedächtnisses. Gerade die lexikalische Lernarbeit wird aber im Unterricht zunehmend wichtiger, vor allem, wenn man das weite Übergangsfeld der Wortverbände, Phraseologie und Redefloskeln einbezieht (*lexico-grammar*). Niemand wird bestreiten wollen, dass der Wortschatz „lehrbar“ ist. **Lernpsychologisch ist Grammatik- und Wortschatzarbeit scharf zu trennen** – trotz der *lexico-grammar*. Für mich hat Pinker (1999) diesen grundlegenden Unterschied bisher am überzeugendsten herausgearbeitet. Man darf deshalb den Grammatikerwerb nicht mit dem Spracherwerb schlechthin gleichsetzen – was allerdings häufig geschieht und nur Verwirrung stiftet.

■ Stufen des Bewussten und Unbewussten

Menschliches Bewusstsein hat zahlreiche Abstufungen, die gleichsam eine Treppe bilden – „von der tiefen, durch Narkosemittel herbeigeführten Bewusstlosigkeit zu einem medikamentösen Dämmerzustand, zur Verrichtung komplexer Routinetätigkeiten wie dem geistesabwesenden Schnüren von Schnürsenkeln hinauf zur vollen Bewusstheit und zur Selbst-Bewusstheit – und so fort, denn die Treppe des Bewusstseins hat nach oben kein Ende“ (Koestler 1978, 268). „Das verschärfte Bewusstsein nennen wir Aufmerksamkeit ... ‚Richtig‘ bewusst wird nur, worauf die Aufmerksamkeit fällt; und dies wird auch bevorzugt dem Gedächtnis eingeschrieben ... Das *aufmerksame* Bewusstsein ist eine oberste Aufsichtsinstanz, die nur noch die wichtigsten Informationen erreichen" (D.E. Zimmer 1985).

Bewusstsein kommt somit in unterschiedlichen Formen und Graden. Es gibt vielerlei Formen subjektiven Erlebens (Schmerz, angestrengtes Überlegen ...), und es gibt dabei verschiedene Scharfeinstellungen. Volle Aufmerksamkeit ist die Stelle ganz am Ende der Informationsverarbeitung, zu der nur ein Bruchteil besonders relevanter Daten gelangt. Wo Krashen (1981; 1982) eine rigide Trennung postuliert, ist vielerlei Konnex. So behaupten wir auch keineswegs, Wortschatzerwerb sei im Gegensatz zum Grammatikerwerb *stets* eine Sache bewusster Aneignung. Aber ich kann mir in jedem Moment klarmachen, warum ich dieses (Inhalts-) Wort gebrauche und nicht jenes. Auch kann man wohl die Aufnahme jedes Wortes, dessen Bedeutung wir erfragen oder nachschlagen, nicht anders als „bewusst" nennen. Andererseits muss man unseren gesamten Gedächtnisinhalt, abgesehen von den momentan präsenten Einzelheiten, als unbewusst bezeichnen. Wir merken uns bewusst eine Einzelheit, etwa eine Geschichtszahl, speichern sie ab, denken nicht mehr daran, d.h. sie schwindet aus dem Bewusstsein, bis wir sie wieder bei Bedarf heranziehen. Dieses glatte Zusammenspiel von Bewusstsein und Unbewusstem ist sicherlich anders im Fall von Regelwissen und Regelanwendung beim Sprechen. Dass sich aber explizites Regelwissen nur als eine Art grammatischer Zensor verwerten und nicht enger mit unbewusster Spracherzeugung verbinden lässt, scheint uns eher ein theoretischer Schnellschuss.

Bewusstsein ist nur die Spitze des Eisbergs, eine Insel im Meer unbewusst verlaufender Informationsverarbeitung. „Conscious experience is, par excellence, a domain for representing a few end products of all that went before" (Dixon 1981, 262). Die vorauslaufende unbewusste Informationsverarbeitung umfasst u.a. „lexical access, interactions with unconscious long-term memory, the priming and spreading activation of associated material ... the detection of emotional significance, the disambiguation of conscious percepts, the activation of all meanings of polysemous words and finally, the delivery into the limited capacity channel of conscious experience of subjective material which may range from something as slight as a feeling-of-knowing, or a tip-of-the-tongue experience, to something as apparently solid as an unambiguous percept on which action may be taken" (Dixon 1981, 259). Den Linguisten kann das nicht überraschen: Der gesamte frühkindliche Grammatikerwerb ist ja eine Leistung vorbewusster Informationsverarbeitung, setzt also entsprechende kognitve Systeme voraus. Schließlich ist, wie Koestler (1975) so eloquent dargestellt hat, auch der schöpferische Akt in Kunst und Wissenschaft weitgehend eine Leistung des Unbewussten. Ja das Bewusstsein selbst „ist ein unbewusster Akt". Dieser Satz, schreibt C.F. v. Weizsäcker (1985, 359f.) „stieg damals, selbst ein unbewusster Bewusstseinsakt, in fertiger Formulierung und von großer Emotion begleitet aus einer unbekannten Tiefe auf. Ich war hilflos gegen ihn." Ein Satz, der sich einmal gegen die „szientistische Selbstinterpretation" der Wissenschaft richte, die sich einbilde, zu wissen, was sie weiß; und zugleich gegen die „von Descartes ausgehende neuzeitliche Bewusstseinsphilosophie, die meint, das Bewusstsein kenne sich selbst". Die cartesianische Gleichsetzung von Geist mit Bewusstsein wirkt denn auch bis heute fort – eine Tradition, die auch den modernen Fremdsprachenunterricht in seiner Überbetonung bewusster Grammatikarbeit noch mitprägt.

Wir müssen umdenken. Die Entdeckung des Ratiomorphen in der Biologie, der Blick auf den natürlichen Spracherwerb und neuere Erkenntnisse der kognitiven Psychologie legen uns nahe, mehr als bisher auf die Karte der unbewussten Vernunft zu setzen. Andererseits dürfen wir annehmen, dass sich **bewusst-rationale und unbewusst-ratiomorphe Leistungen vielfach verbünden können**. Deshalb darf man unsere Vernunft nicht wie Krashen auf die Rolle eines Monitors beschränken, der die Spracherzeugung hin und wieder aus der Ferne zensiert. Von den vielen Arbeiten, die sich mit Krashens zündenden Ideen kritisch auseinandersetzen, seien besonders Ellis (1988); Cook (1993) und Diehl (2000) empfohlen.

■ Exkurs: Biofeedback und mentales Training

Das Zusammenspiel bewusster und unbewusster Prozesse ist äußerst vielschichtig: Einen hochinteressanten Fall liefern Techniken des Biofeedback. Normalerweise sind vegetativ-physiologische Vorgänge willentlich schwer oder auch gar nicht zu kontrollieren. Ich kann meinen Blutdruck nicht wie meine Hand heben oder senken. Dennoch können wir – auf relativ einfache Weise – vorübergehend lernen, so etwas wie Blutdruck, Herzschlagrate, Handtemperatur usw. bewusst zu regulieren. Es müssen uns nur Ist- und Soll-Werte ständig rückgemeldet werden, d.h. die eigenen, uns nicht bewussten körperlichen Vorgänge werden uns über eine Apparatur bewusst gemacht. Es erwies sich z.B. bei Versuchen zur willentlichen Beeinflussung des eigenen EEGs als günstig, den Versuchspersonen den physiologischen Prozess als unterschiedlich lauten oder hohen Ton anzuzeigen und sie zu instruieren, den Ton entweder möglichst hoch oder tief zu halten (Birbaumer 1975,164). Auf ähnliche Weise ist es sogar lernbar, die eine Hälfte des Gehirns zu erregen und die andere zu hemmen. Dabei werden die Versuchspersonen über den Erfolg ständig auf einem Bildschirm informiert. Sie wissen genau, was sie sollen. Sie sehen auch, in welchem – immer etwas schwankenden – Zustand sie sich augenblicklich befinden und ob er sich etwa – zufällig – in Richtung des Sollwerts verschiebt. Sie versuchen dann, diesen Zustand beizubehalten und ihn möglichst noch zu verbessern. Worauf es uns hier ankommt: Sie vermögen nicht zu sagen, wie sie es tun, und doch bringen viele es fertig, das gesetzte Ziel zu erreichen. Mit Techniken des Biofeedback wurde auch schon beim fremdsprachlichen Lauterwerb, vor allem im Bereich der Intonation, erfolgreich experimentiert (Cranen u.a. 1984). Moderne Sprachlernsoftware hat diese Techniken übernommen.

Ein anderes Beispiel für das Zusammenwirken von rationalen und nichtrationalen Leistungen stammt aus der Sportwissenschaft, die die Methode des mentalen Trainings entwickelte. Biró (1976) stellte sich in ihren Untersuchungen die Frage, ob durch „Bewusstmachung der Bewegungsdurchführung" das Lernen verkürzt und die Fehlerzahl verringert wird. Ergebnis: „Im Verlauf der Experimente haben wir ... über die methodische Rolle der Bewusstheit für die Effektivität des Bewegungsunterrichts überzeugende Nachweise erhalten".

■ Vorbewusste Intuition – nachbewusster Fertigkeitserwerb

Grundsätzlich können wir zwei Richtungen des Zusammenspiels unbewusster und bewusster Vorgänge unterscheiden. Fruchtbare Assoziationen, schöpferische Ideen, geniale Einfälle tauchen aus dem Unbewussten auf. Gelangen unsere Intuitionen zu klarer Bewusstheit, können wir sie akzeptieren, weiterdenken oder sie verwerfen. „Artists and scientists unite in reporting that their ideas (images, expressions, etc.) simply appear, more or less clearly, later to be elaborated consciously" (Neisser 1967, 2). Als ein Aufsteigen aus dem Unbewussten, ein Gewahrwerden dessen, was man da eigentlich tut, kann man den Mutterspracherwerb verstehen. Das

Kind wird sich allmählich klar darüber, dass es spricht; noch später, dass es „Sprache“ hat; bei simultanem Bilinguismus, dass es einmal wie Papa, ein andermal wie Mama spricht; später, dass es zwei Sprachen spricht, die auch einen Namen haben. Grundsätzlich ist uns die Reflexion auf das, was wir sprechen und wie wir dabei unsere Sätze bauen, möglich.

Der umgekehrte Weg, das Absinken bewusster Einsichten ins Unbewusste, ist der Weg, den wir beim Einüben komplexer Kunstfertigkeiten beschreiten. Dabei lernen wir zunächst zu verstehen und zu durchschauen. Wir üben bewusst und gezielt. Der Klavierlehrer sagt, wie wir die Finger aufsetzen müssen. Beim Tippen lernen wir, welche Finger für welche Tasten bestimmt sind. Wir wissen, was wir tun. Mit wachsendem Können jedoch schwindet dieser psychische Einsatz, es bildet sich ein selbständiger Mechanismus und Automatismus heraus, so dass in der Ausübung der gekonnten Fertigkeit die Wissenselemente keine Rolle mehr spielen. In dem Maße, in dem das Können fortschreitet, werden sie „nach unten“ delegiert bzw. herausgekürzt. So findet der für den Fertigkeitserwerb typische Gestaltwandel statt (Kap. V). Am glatten, gekonnten Bewegungsablauf ist das Bewusstsein nicht mehr beteiligt: Es wird frei für andere Aufgaben. Das gerade ist ja der Sinn der Automatisierung: *Entlastung* des Bewusstseins.

Praktisch wird selten auf Erklären verzichtet. Wo gelernt und trainiert wird, wird auch erklärt. Sei's beim Tippen oder Töpfern: Die Theorie ist von Anfang an dabei. Die wesentlichen Handgriffe werden üblicherweise nicht nur vorgemacht und ausprobiert, sondern auch benannt und erklärt. Später kann man das Gelernte gewissermaßen vergessen, aber wenn etwas schief geht, kann sich dieses Wissen wieder zu Wort melden, kann einem sagen, was man falsch gemacht hat, gegen welche Regel man verstoßen hat. „Aha, wieder der falsche Fingersatz“ durchzuckt es den Pianisten, der sich verhaspelt hat. Diese Meldung aber kostet Zeit, und so ist das Eingreifen der Ratio zumeist auch mit einer Unterbrechung der Handlung erkauft.

Nach Krashen ist bewusst erworbenes grammatisches Wissen nur auf diese Weise, als „Monitor“, als Aufseher oder Korrekturinstanz, wirksam. Es kann aber zuvor schon am Aufbau der Fertigkeit beteiligt sein, um schließlich mit den entstehenden größeren Funktionskreisen unterhalb der Bewusstseinsebene zu **verschmelzen**. Dass es im Endprodukt der gekonnten Ausführung nicht mehr auffindbar ist, schließt also ein Mitwirken am Aufbau der Fertigkeit nicht aus.

Entsprechend unserer Scheidung von vorbewussten und nachbewussten Leistungen verläuft nach Wygotski (1971, 257) der Mutterspracherwerb „von unten nach oben", da sich das Kind die Sprache zunächst „unabsichtlich" aneigne und erst später zu bewussten Einsichten vordringe. Der Fremdsprachenunterricht hingegen verlaufe von „oben nach unten". Unserer Meinung nach verlaufen hier die Lernprozesse in beiden Richtungen.

■ Das Kind als Grammatiker

Das Kind erkennt anders als der Erwachsene. So ist das Sprechen über Sprache zuerst ein Problem der Verfrühung bzw. des Bereitseins. Die Vermittlung von Regelwissen hat nur dann Sinn, wenn die Schüler dieses Wissen geistig nachvollziehen können. Zu beachten sind dabei die Schwierigkeiten allen einsichtigen Lernens: Die Regeln sind unterschiedlich abstrakt und komplex, dazu sind Wissensstruktur und Denkniveau bei jedem Schüler unterschiedlich ausgeprägt. Der Lehrer muss nicht nur die Komplexität einer Regel, sondern zugleich die Erkenntnismöglichkeiten einzelner Schüler im Hinblick auf die Regel einschätzen können.

Zu diesem Problem der *Passung* kommt das Problem unterschiedlicher geistiger Tätigkeiten. Eine sprachliche Struktur verstehen ist etwas anderes, als sie kommunizierend zu gebrauchen. Deshalb muss der Unterricht zugleich mit der Regel vielfältige, lebendige Anwendungserfahrung bieten. Wie wir aus der Psychologie der Fertigkeiten wissen, platzt der Knoten erst bei der Ausübung des Tuns selbst.

Im Kommunikationsakt selbst sind wir uns unserer Grammatik nicht mehr bewusst, dies wohl aufgrund der Herbartschen „Enge des Bewusstseins" („consciousness is intrinsically single", Neisser 1967, 8; „the surprisingly limited capacity of subjective awareness", Dixon 1981, 4). Wir können uns ja nicht einmal zwei Gedankengängen zugleich *bewusst* zuwenden; so können wir auch nicht ohne Einbußen zur Sache sprechen und zugleich bewusst Grammatikregeln anwenden. Damit grammatisches Wissen verhaltensrelevant wird, *muss* es also wieder „nach unten" delegiert werden.

Man muss alle verfügbaren Lehr- und Lernmöglichkeiten ausschöpfen. Der Lernende, dessen geistige Organisation strukturelle Einsichten eingliedern kann, muss sie sich auch zunutze machen. Aber man wird mit expliziten Regeln besonders sparsam und vorsichtig sein. Hier sind wir **grammatische Minimalisten**: So wenig wie möglich! Und nur dann, wenn es sich um leicht fassliche Kategorien handelt, wie Einzahl, Mehrzahl, Ort vor Zeit, Zeitpunkt vs. Zeitspanne. Nur dann ist auch der Vergleich mit dem Tippen oder Töpfern stimmig: Wenn wir quasi Rezepte anbieten können, die unmittelbar umgesetzt werden können. Die Kunst besteht darin, dem Schüler genau *die* kognitive Hilfe – und nicht mehr – zu bieten, die er benötigt, um einen Schritt nach vorn zu tun.

Erst im Jugendalter erreichen wir das von Piaget so benannte Stadium der formalen Operationen, in dem wir unser Denken und Sprechen selbst zum Objekt der Analyse machen. Solche Fähigkeiten werden über allmähliche Verschiebungen erreicht, in denen sich das Kind einen neuen Modus des kognitiven Umgangs mit der Welt erarbeitet, etwa so:

- Kinder verstehen Passivsätze;
- Kinder gebrauchen Passivsätze;
- Kinder können die Bedeutungsgleichheit von Aktiv- und Passivsätzen beurteilen;
- Kinder können Aktiv- und Passivsätze ineinander überführen;
- Jugendliche können explizite Regeln über die Bildung von Passivsätzen verstehen.

Dazu kommen weitere Differenzierungen nach (ir)reversiblen Passivsätzen, agenslosen Passivsätzen usw. Einer Studie mit dem schönen Titel „The emergence of the child as grammarian" (Gleitman u.a. 1972) entnehmen wir folgende Gesprächsausschnitte, in denen die siebenjährige Claire Sätze auf ihre Grammatikalität hin beurteilt:

INTERVIEWER:	How about this one: Boy is at the door.
CLAIRE:	If his name is Boy. You should – the kid is named John, see? John is at the door or A boy is at the door or The boy is at the door or He's knocking at the door.
INTERVIEWER:	How about this one: I am eating dinner.
CLAIRE:	Yeah, that's okay.
INTERVIEWER:	How about this one: I am knowing your sister.
CLAIRE:	No: I know your sister.
INTERVIEWER:	Why not I am knowing your sister – you can say I am eating your dinner.
CLAIRE:	It's different! (shouting) You say different sentences in different ways! Otherwise it wouldn't make sense!

Im zweiten Ausschnitt weiß Claire, dass der Satz falsch ist, kann dies aber nicht begründen. Hier sind wir wieder bei dem Grundphänomen, von dem wir ausgegangen sind: Claire *kann* etwas – nämlich ob ein Satz grammatisch richtig oder falsch ist – ohne es zu kennen, d.h. ohne wirklich zu wissen, warum. Sie weiß einfach, dass es so nicht heißen kann; das ist schon alles. Sie fühlt sich durch das Nachfragen sogar in die Enge getrieben und wird leicht aggressiv, obwohl ihr das Spiel großen Spaß macht. Ein Ergebnis der Studie: „The ability to reflect upon language dramatically increases with age". Hinzu kommt, dass mit zunehmendem Alter der Lernende in der Lage ist, seine eigene Entwicklung selbst zu bestimmen und sich eigene Ziele zu setzen. So gibt es immer wieder Schüler, die von sich aus eine grammatische Erklärung verlangen, die man ihnen nicht vorenthalten sollte. Aus Befragungen wissen wir, dass viele Schüler auch dann, wenn sie mit ihrem Grammatikunterricht nicht zufrieden waren, das Gefühl haben, Grammatik könne ihnen helfen (Little/Singleton 1988). Ebenfalls wissen wir, dass der erfolgreiche Sprachlerner („good language learner") einer ist, der nicht nur gerne in der Fremdsprache kommuniziert, sondern auch Interesse an der Sprachform bekundet und auf sie achtet (Reiss 1985).

■ **Fazit:** Unsere Aufgabe ist, das keimende analytische Verständnis der Schüler zu erspüren und es fortentwickelnd in den Dienst der Kommunikation zu nehmen. Eine radikale Absage an die „Grammatik" ist nicht gerechtfertigt.

7. Grundsatzpositionen: LAD, UG und LASS

Spracherwerbstheorien werden gegenwärtig gern als nativistisch, interaktionistisch oder kognitiv gekennzeichnet. Als typische Vertreter werden jeweils Chomsky, Bruner und Piaget genannt. Es handelt sich aber eher um Schlagwörter, die den Ansatzpunkt bestimmter Untersuchungen angeben, nicht um ausgearbeitete, einander widersprechende Theorien. Sie erfassen alle dieselbe Wahrheit, nur an einem anderen Zipfel. So kann man die Universalienforschung als nativistisch ansehen, weil sie die allen Sprachen gemeinsamen Eigenschaften auszugrenzen sucht. Dahinter vermutet man ein angeborenes Programm: Universalität einer Eigenschaft gilt als notwendige, aber nicht hinreichende Bedingung dafür. Sprache kommt im Rahmen eines genetischen Reifungsplans zum Vorschein.

„Every ‚theory of learning' that is even worth considering incorporates an innateness hypothesis" (Chomsky 1975,13). Wir sagen: „Deutsche lernen deutsch, Chinesenkinder chinesisch; ist doch klar, dass hier die Umwelt der Hauptfaktor ist." Falsch gedacht. Gerade weil der Spracherwerb so umweltoffen ist, setzt er eine starke genetische Komponente voraus. Festverdrahtete Instinkte, die nur auf ganz bestimmte Reize selektiv ansprechen, beruhen dagegen auf relativ einfachen Mechanismen. Die für den Spracherwerb so charakteristische Offenheit – Deutsche lernen deutsch, Chinesenkinder chinesisch – setzt ein dem Menschen innewohnendes Entwicklungsprogramm voraus, das umso komplizierter sein muss, je empfänglicher es für Umwelteinflüsse ist und je größer und vielfältiger der Datenreichtum ist, den es verarbeiten kann. Wenn alle Menschen nur ein und dieselbe Sprache lernen könnten, statt offen für alle Sprachen der Welt zu sein, genügte eine einfachere genetische Ausstattung als die, über die wir tatsächlich verfügen. Je komplexer die genetische Ausstattung, desto größer die Fähigkeit, aus Erfahrung zu lernen. Denn „die Komplexheit des Angeborenen hindert uns nicht an unserer Freiheit, sie gibt sie uns." (Lorenz/Kreuzer 1984, 42).

Der Beitrag der Umwelt ist nicht wichtiger, bloß offensichtlicher. Denn dass der Mensch für keine Einzelsprache, sondern für Sprache schlechthin programmiert ist, liegt ja auf der Hand. Wir lernen Sprache nur im Umgang mit denen, die selbst schon Sprache haben. Jedoch gilt: Die Umwelt an sich bewirkt nichts; tätig im Reiche des Geistes sind immer nur die Empfangsstationen und Verarbeitungsmechanismen des Lebens. Die Plastizität des menschlichen Gehirns und die Formbarkeit seines Geistes, mithin die Umweltoffenheit und damit letztlich die Freiheit des Menschen, auf bestimmte Reize so oder so zu reagieren, sind selbst genetische Errungenschaften. Wir postulieren also eine uns erblich mitgegebene Sprachverarbeitungsinstanz als Teil unseres ratiomorphen Apparats. Man hat diesen Lotsen im Gehirn, die uns durch die Sprache leiten, unterschiedliche Namen gegeben, so die Chomskyschen Bezeichnungen LAD (language acquisition device) und UG (universal grammar), Slobins „language-making capacity" und das „language bioprogramme" des Kreolsprachenforschers Bickerton (1984), mit denen natürlich unterschiedliche Auffassungen über Beschaffenheit und Funktionsweisen verbunden sind. Ich spreche gerne von einem **Sprachsinn** oder von unserer **Sprachintuition**, obwohl man letztere umgangssprachlich etwas weiter fasst. Pinker (1994) riskiert die Vokabel „Sprachinstinkt".

Die Umweltoffenheit steht bei dem interaktionistischen, aber auch bei dem kognitiven Ansatz im Vordergrund. Letzterer postuliert und untersucht – im Gegensatz zu Reiz-Reaktionstheorien, die Spracherwerb restlos aus dem Zugesprochenen erklären wollen – innere Operationssysteme zwischen Stimulation und Handlung. Als kognitiv gelten somit *alle* Prozesse, die zwischen sensorischem Input und motorischem Output vermitteln; „kognitiv" ist also nicht, wie in der Didaktik vielfach üblich, auf Lernprozesse beschränkt, bei denen die Einsicht des Lernenden beteiligt ist. Der kognitive Ansatz betont, dass sich das Kind schon vor der Sprache ein Handlungswissen erwirbt und erfolgreich einsetzt, um sich der Sprache zu bemächtigen. Die allgemeine kognitive Entwicklung treibt die Sprachentwicklung voran, die daraufhin wieder den Schrittmacher für weitere kognitive Entwicklung spielen kann.

Das Stichwort „interaktionistisch" weist darauf hin, dass niemand Sprache aus sich selbst heraus erwirbt. Der Mensch bedarf des Mitmenschen, und zwar des helfenden, im gewissen Sinne immer unterweisenden Menschen. Bruner (1983a) hat überzeugend dargestellt, wie unabdingbar für den kindlichen Spracherwerb die Tatsache ist, dass die Mutter noch vor dem Sprachbeginn stabile Interaktionsmuster herstellt und das Kind dabei in feste Rollen hineindrängt. Er stellt somit Chomskys LAD bzw. seiner UG, also jener kognitiven Grundausstattung, die das Kind überhaupt zum Spracherwerb befähigt, sein LASS (Language Acquisition Support System) zur Seite. Die Mutter agiert allerdings nicht primär als Sprachlehrerin, sondern sucht Verständigung und stellt sie her. Sprache wird im Tun erfahren, ja ist selbst ein Tun. So konnte auch Miller (1976) zeigen, dass die „Logik der frühkindlichen Sprachentwicklung" eine Handlungslogik ist. Bis in die Dreiwortphase hinein konstruiert das Kind seine Sätze überwiegend nach semantischen Prinzipien, d.h. sein Handlungs- und Situationsverständnis spiegelt sich direkt in seinen Äußerungen wider, ohne dass eine besondere syntaktische Komponente anzusetzen wäre. Dieses Handeln aber ist zwischenmenschliches Handeln, das von den erwachsenen Bezugspersonen entscheidend mitbestimmt wird. In den Mehrwortäußerungen der Dreijährigen und älteren Kinder werden dann kognitiv-semantische Relationen zunehmend syntaktisch markiert.

„If there is a Language Acquisition Device, the input to it is not a shower of spoken language but a highly interactive affair shaped by some sort of an adult Language Acquisition Support System" (Bruner 1983a, 39). Der Spracherwerb wird von Mutter und Kind zugleich in Gang gesetzt. Die Mutter stellt dabei aktiv die Verständigung her, macht aber die Sprache selbst selten zum Lernobjekt. Der Lernende wird vielmehr in eine Lebenswelt hineingezogen. Andere sind da, die diesen Prozess aktiv fördern, die Hilfsbedürftigkeit erkennen und Teilhabe ermöglichen. „The genetic program for language is only half the story" (Bruner 1983b, 173). Gewiss – aber auch Bruners Ansatz ist nicht eigentlich anti-nativistisch. Denn der von ihm betonte Beitrag der Mutter beruht – teilweise – selbst wiederum auf intuitiven, nicht auf erlernten Fähigkeiten. Das ist die „genetische Doppelsicherung" der Sprache (Butzkamm/Butzkamm 1999, 97).

8. Komplexitätsreduktion von zwei Seiten

„Every normal human child constructs for himself the grammar of his native language", beginnt Slobin (1973, 175) einen berühmten Aufsatz, in dem er sieben „operating principles" auflistet, die Kinder bei der Aufnahme und Verarbeitung von Sprache anwenden. Sie werden bei Slobin als Rezepturen formuliert, z.B. „pay attention to the end of words" oder „avoid exceptions". Es sind im wesentlichen Verfahren, die die Komplexität der Lernaufgabe in vielerlei Hinsicht reduzieren.

So kann die Riesenaufgabe des Spracherwerbs nur gemeistert werden, indem man sie in die Zeit hinein streckt und die Schwierigkeiten entzerrt. Die Aufgabe wird systematisch zerlegt und vielfältig vereinfacht, nur auf die eine Weise nicht: **Sprache wird zwar schrittweise erworben, und doch wird von Anfang an mit ihr kommuniziert.** Es ist wie ein Werkzeug, das man gebraucht, während man es noch schmiedet.

Bekanntlich beginnen Kinder mit Einwortsätzen, um nach und nach längere Sätze zu bilden. Im Zweiwortstadium halten sich viele Kinder streng an die Wortstellung der Erwachsenensprache, lassen aber unbetonte Satzelemente wie Flexionen, Hilfsverben und Pronomen systematisch aus – eine Art Telegrammstil. Beibehalten werden stark betonte Inhaltswörter, die den größten Informationswert haben: Ein System wird aufgebaut und zugleich schon gebraucht.

Das Hauptprinzip, das im weiteren Verlauf dabei angewendet wird, funktioniert wie folgt: Das Kind sucht Analogien. die es zunächst durchgängig anwendet, also auch dort, wo sie sonst nicht gelten. So beginnt es, sich im Dickicht deutscher Pluralformen zurechtzufinden, indem es etwa nur den Plural auf -n beachtet und systematisch anzuwenden versucht, und zwar auch auf Fälle, die nicht zutreffen: „Anoraken", „Omnibussen". Alle anderen Bildungsweisen interessieren zu diesem Zeitpunkt nicht, also Reduktion. Die Konzentration auf –n ist also mit einer zeitweiligen massiven Ausdehnung/Überdehnung des Anwendungsbereichs verbunden. Kinder bilden Analogien und schießen dabei regelmäßig über's Ziel hinaus.

In dem Maße, wie sich das Kind nun nacheinander weitere Pluralmorpheme aneignet – etwa die -s Endung mit typischen Fehlern wie „Apfels", „Kastens", „Onkels" – wird der Anwendungsbereich früher erkannter Formelemente allmählich auf das zutreffende Maß zurückgeschnitten. Petit (1985; 1987) fasst Reduktion und Übergeneralisierung zur „stratégie extenso-réductive" zusammen. Man könnte folgenden Dreischritt unterscheiden:

1) Imitation
2a) Induktion einer Regel/Analogiebildung und damit verbundene
2b) Verallgemeinerung/Überdehnung/Erprobung
3) Differenzierung/Reduktion

Weitere Beispiele:

PHONOLOGIE: Vorübergehend werden Zischlaute zum /s/ vereinfacht. Anders gesagt: Wird /s/ gemeistert, wird es auf andere Zischlaute ausgedehnt: ssäne (Zähne), swei (zwei), ssön (schön) usw.

MORPHOLOGIE: Die meisten Participia Perfecti lauten eine Zeitlang gleich: „weggelauft", „ausgezieht", „hingeschmeißt"und werden nur mit „haben" konstruiert: „Sie hat gerannt". Bei französischen Kindern tauchen Formen wie „ouvri" statt „ouvert", „prendu" statt „pris" auf..

SYNTAX: „Nicht" erscheint eine Zeitlang vor dem Verb (s.u.); wenn englische Kurzantworten erscheinen, lauten sie zuerst meist alle gleich, etwa „yes, I do" oder „yes, I am".

WORTSCHATZ: „Wauwau" gilt eine Zeitlang für alle Vierbeiner; „pipip" für alles, was fliegt; „papa" für alle Männer; oder: Wenn ein Zeitadverb auftaucht, etwa „morgen", gilt es zunächst für Vergangenheit und Zukunft zugleich.

Wieder werden wir an die „Hypothese vom Vergleichbaren" erinnert. Die einfachsten Lebensformen müssen ja auch „mit einfachsten Mitteln einer Flut von Ereignissen genügen" (Riedl 1987, 52). „Die Zecke ... verfügt nun über ein erbliches Programm, das sie dazu anhält, sich beim Geruch von Buttersäure aus dem Geäst fallen zu lassen und bei der Berührung eines Gegenstandes von 37° C einzubohren. Diese „Definition" des Säugetiers im „Weltbild" der Zecke ist weder an Einfachheit noch an Treffsicherheit zu überbieten" (Riedl 1981, 43).

Die Zecke hat demnach ihren Begriff vom Säugetier auf zwei Merkmale reduziert, und nicht anders bändigt auch das Kleinkind die Datenflut, das alle Vierbeiner mit dem Universalwort Wauwau bezeichnet. In fortschreitender Differenzierung erobert es sich dann die Welt. Später gelingt es, den Prozess umzukehren, um in aufsteigenden Abstraktionen Gedankengebäude zu errichten. Aber auch am Anfang stehen ganz weite Begriffe, in denen es großzügig über viel Ungleichheiten hinwegsieht – also Vereinfachung. **Das Kind – ein Künstler im Weghören**. Die Zerlegung komplexer Strukturbereiche und deren schrittweise Aneignung, ist eine **Stückelung der Lernaufgabe** und damit Vereinfachung. Die Tatsache, dass gewisse Strukturbereiche nur jeweils über bestimmte, nicht vertauschbare Zwischenstationen angepeilt werden, die aus dem sprachlichen Input nicht ablesbar sind, ist der beste Beleg für autonome Erwerbsprinzipien.

Eine Zwischenstation auf dem Weg zum Erwerb des deutschen Negationssystems ist z.B. durch Umstellungen der folgenden Art gekennzeichnet, die der dreijährige Nico vornimmt: „I au ni weiß", „I au ni kann", „au ni geht." Ähnlich produziert der dreijährige Hanno, der Deutsch und Französisch simultan erwirbt (wozu schließlich noch das Ungarische hinzukommt), Sätze wie „das nicht stimmt", „das wieder nicht geht", „da nicht tut weh", bevor er *nicht* bei Vollverben zielgerecht nachstellen lernt, wie in „geht nicht auf", „braucht nicht Stuhl". In einer späteren Stufe verschwinden mithin die falschen, präverbalen *nicht*: Der Negationsträger steht nach dem tempustragenden verbalen Element, andere Wortstellungen werden systematisch ausgeschlossen (Kadar-Hoffmann 1983, 103ff). Erst wenn diese Stufe des postverbalen *nicht* erreicht ist, sind die Lerner dazu in der Lage, eine dritte Stufe zu erklimmen, bei der Negationsträger und Verb durch andere Konstituenten unterbrochen werden dürfen, wie in „ich geb dir das nicht" (Clahsen 1982).

Kein Kind speichert einfach Sätze, um sie dann wieder auszuspucken. Der Lerner bildet eigene Zwischengrammatiken aus. Sie sind gewissermaßen die Eselsbrücken der Natur. Spracherwerb ist zugleich Rekonstruktion und Konstruktion.

Ein schönes Beispiel für eine Zwischenstufe auf dem Weg zum Erwerb der deutschen Wortstellung findet sich bei Böttcher u.a. (1983, 151). Die zweijährige Natalie lernt von ihrer Mutter ein Liedchen und setzt dabei gegen das Vorbild die für sie zur Zeit gültige Regel: Verb ans Satzende! durch:

MUTTER:	NATALIE:
Aua schreit der Bauer	Aua aua Baua schreit
die Äpfel sind sauer,	Äpfel sauer sind
die Birnen sind süß,	Birnen süß
morgen gibt's Gemüs	morgen Gemüs gibt.

Bei Corder (1973, 271) heißt eine solche Zwischenstufe „stage of systematic errors". Z.Zt. ist man dabei, Erwerbsreihenfolgen und Entwicklungsprofile für bestimmte Bereiche (Negation, Interrogation, Kasussystem usw.) in Längsschnittstudien aufzuspüren. Noch ist ungewiss, in welchen Bereichen man eine für alle Lerner einer Sprache gültige relative Chronologie aufstellen kann und ob diese Abfolge so rigide ist, wie man zunächst annahm.

Diese Phänomene seien hier unter der Bezeichnung **„sprachimmanente Entfaltungslogik"** zusammengefasst. Dabei gibt es noch viele Probleme. So ist eine lückenlose Aufzeichnung aller Äußerungen über Monate, ja Jahre hinweg unmöglich. Entwicklungsstadien überlappen sich beträchtlich, sind daher im empirischen Material nur als allmähliche Verschiebungen nachweisbar, um die herum es noch viel individuelle Varianz gibt. Man wird in Zukunft genauer nachfragen müssen, woher diese Varianz kommt und in welcher Weise sie von der Art des Inputs abhängt. Eine wesentliche Frage für uns ist hier der Unterschied zwischen Mutterspracherwerb und natürlichem Zweitspracherwerb im Vorschulalter, im Grundschulalter und später. In welchen Bereichen zeigen sich noch identische Entwicklungsverläufe, gibt es Stadien, die aufgrund muttersprachlicher Vorleistungen übersprungen werden? Wo sind umgekehrt störende Interferenzen durch die Muttersprache zu erwarten? Hier konkurriert also eine der Zweitsprache immanente Entfaltungslogik mit muttersprachlichen Einflüssen.

Vergessen wir aber darüber nicht den interaktionistischen Ansatz: Spracherwerb als Sprachvermittlung. Erinnern wir an die sprachliche Hebammenkunst der Eltern. Nicht, was der Lernende allein vermag, sondern wozu er mit Hilfe anderer fähig ist, bestimmt seinen Fortschritt. So treffen sich die komplexitätsreduzierenden Leistungen der kleinen Lernvirtuosen mit den vereinfachenden und verdeutlichenden Bemühungen der Umwelt. Erst die Konvergenz beider Faktorengruppen, der von innen und von außen kommenden, erklärt den Spracherwerb (Stern/Stern 1928,127ff.). Verständlicherweise ist uns Pädagogen dieser interaktionistische Standpunkt sympathischer. Jeder Spracherwerb, nicht nur der Unterricht, ist schon Sprachvermittlung.

9. Grammatik – ererbt, erworben, erlernt

Alles Leben ist Lernen, wurzelt sich hinein in die Spalten und Nischen der Welt, nimmt erkennend die Strukturen der Welt in sich auf. Gibt es darüber hinaus auf Sprache spezialisierte Lernprogramme (Modularitätsthese)? Wenn ja, gelten sie nur für den Erstspracherwerb bzw. den simultanen Bilinguismus oder wirken sie weiter?

Eine vielschichtige und facettenreiche, mit viel Spekulation durchmischte Diskussion rankt sich um diese Fragen. Nicht selten werden dieselben, aus Beobachtungen oder Tests gewonnen Sprachdaten mehrfach uminterpretiert. Wir können diese Diskussion hier nicht nachzeichnen. Wahrscheinlich tun wir uns so schwer mit dem Thema Sprache und Kognition, Erbe und Umwelt, weil wir gern alles aus einem einheitlichen Prinzip erklären möchten. Dabei ist Sprache in sich schon ein sehr heterogenes Phänomen, und um so mehr gilt dies für die menschliche Kognition schlechthin, die ja die Sprache umschließt. Wir verfügen über mehr als die sprichwörtlichen fünf Sinne, und auch die entpuppen sich als zusammengesetzte Systeme, in denen jeweils unterschiedliche Zellgruppen in unterschiedlicher Funktion beteiligt sind. Wo immer man die Hirnforscher befragt, die Antworten werden immer komplexer. Je mehr man weiß, desto mehr weiß man auch, dass man noch zu wenig weiß. Die Wissenschaft bietet nur Teilantworten, die immer dann falsch werden, wenn wir sie für das Ganze halten.

Wie gesagt, ein hochabstraktes, hochkomplexes genetisches Programm ist deshalb erforderlich, weil es für alle Sprachen der Welt offen sein muss. Dies in Analogie zu einem Beispiel von Konrad Lorenz (Lorenz/Kreuzer 1984, 41): „Das Ektoderm, die Außenhaut eines Molchembryos kann eine Menge Dinge machen. Es kann einfach Außenhaut machen, es kann ein Nervensystem machen, es kann die Linse zum Auge machen. Welches davon es macht, das erfährt es von außen, nämlich von der Umgebung ... Wesentlich ist, dass Lernen diesem Vorgang, den die Embryologie Induktion nennt, insofern nahe verwandt ist, als ein Programm mehrere Möglichkeiten gibt, von denen eine verwirklicht wird. Und je mehr Möglichkeiten bestehen, das heißt, je mehr Freiheiten dieses Programm bietet, desto größer, desto extensiver muss seine genetische Programmierung sein." Das Ektoderm darf sich keine Fehler leisten. Der Ausgang wäre tödlich. Spracherwerb hingegen ist variabler und flexibler, die Optionen sind vielfältiger, Fehler können verkraftet werden. Spracherwerbsmechanismen sind – in der Mehrzahl – wohl auch nicht so sicher (und entsprechend rigide), dass die Umwelt quasi nur als Auslöser fungiert, der ein fertiges Programm abschnurren lässt: Lernen ist immer beteiligt. Sonst aber scheint die Analogie stimmig.

Beispielsweise muss das genetische Programm zugleich für Verb-Objekt Sprachen wie für Objekt-Verb Sprachen offen sein. Nun kann man das Deutsche – so variabel seine Wortstellung im einzelnen ist – gleichsam als eine verdeckte O-V Sprache ansehen. Das flektierte Verb geht zwar im Aussagesatz dem Objekt voran:

Ich liebe dich

Die O-V Grundstruktur wird aber in dieser Gegenüberstellung deutlich:

love somebody – aimer quelqu'un – jemanden lieben

Der erstaunliche Befund ist nun, dass sich die bisher untersuchten deutschen Kleinkinder bald eindeutig auf eine O-V Struktur festlegten. Kinder und Erwachsene hingegen, die Deutsch als Zweitsprache lernen, scheinen dies sichere Gefühl für die O-V Struktur des Deutschen nicht so früh zu entwickeln. Sie bringen die Wortstellung längere Zeit auf eine Weise durcheinander, wie es die deutschen Kinder nie taten. Es scheint, dass sie – unabhängig von ihrer Ausgangssprache – vom einfachen Aussagesatz ausgehen, dem Deutschen zunächst eine V-O Struktur zugrundelegen und dann mühsam umlernen müssen.

■ Fassen wir die Theoriediskussion wie folgt zusammen:

□ Der Mutterspracherwerb zeigt eine ausgeprägte Systematik, die durch eine universelle kognitive Ausstattung zu erklären ist. „There is a universal sequence of development, at least in general outline, for British children learning English as their first language" (Wells 1985, 224). Wahrscheinlich enthält der ererbte, kognitive Apparat auch Mechanismen, die *speziell* auf den Erwerb von Grammatik bezogen sind. Anders gesagt: Unser Sprachlernvermögen ist keine allgemeine, sondern eine separate kognitive Fähigkeit. Wode (1981a) spricht deshalb von „Linguo-Kognition". Die Syntax stellt gleichsam eine Welt für sich dar, auch wenn Sprache sich zunächst aus einem allgemein-kognitiven Handlungswissen ableitet. Demnach muss das Kind von einem anfänglich semantisch-pragmatisch bestimmten zu einem syntaktischen Regelsystem gelangen.

□ Kein späterer Spracherwerb ist wie der allererste. Schließlich ist der Mensch, der schon Sprache hat, ein ganz anderer als der ohne Sprache. Die Ausgangslage ist in lebensgeschichtlicher, in kognitiver wie linguo-kognitiver Hinsicht eine andere. Beispiel: Ein Satz wie *der Ball wird weit vors Tor geflankt* ist semantisch irreversibel, weil nur der Spieler den Ball flankt und nicht umgekehrt auch der Ball den Spieler. Solche Passivkonstruktionen sind wohl semantisch fasslicher und werden früher erworben. Aber gilt dies noch für den Fremdsprachenunterricht, da doch die Schüler inzwischen auch umkehrbare Passiva in der Muttersprache beherrschen? So muss jeder spätere Spracherwerb sowohl mit positiven als auch mit negativen Transfereffekten der Erstsprache rechnen. Letztere sind auf allen Ebenen belegt, besonders aber auf phonologischer wie lexikalischer, während sich in der Morphosyntax eine sprachimmanente Entfaltungslogik gegen fehlerhafte Übertragungen aus der Erstsprache klarer durchsetzt.

□ Damit ist auch schon gesagt, dass natürliche Erwerbsprinzipien über den Erstspracherwerb hinaus weiterwirken, besonders dann, wenn sie Manifestationen einer allgemeinen kognitiven Struktur des Menschen sind – wie die „stratégie extenso-réductive". Allerdings treten sie in Konkurrenz bzw. Interaktion mit Transfereffekten der Erstsprache sowie mit Lehreffekten des Unterrichts.

Das Argument gegen die Grammatikarbeit lautet nun, dass diese Systematik des Erwerbs durchschlage, egal wie man unterrichte. Man täte also gut daran, den Grammatikerwerb den Lernenden selbst zu überlassen, und möge sich darauf beschränken, die Schüler ausreichend mit Sprache zu versorgen.

Diese Folgerung ist unannehmbar, wenn es auch keinen Zweifel gibt, dass die natürliche Erwerbssystematik einige Bedeutung für den Fremdsprachenunterricht hat. Wenn sich – bei verschiedenen Ausgangssprachen – für den Erwerb bestimmter zielsprachlicher Strukturen die gleichen Reihenfolgen zeigen, so signalisieren diese eine sprachimmanente Entfaltungslogik, die input-abhängig, aber nicht beliebig manipulierbar ist. Nach Clahsen u.a. (1983) ergibt sich eine feste Reihenfolge beim Erwerb der deutschen Wortstellung dadurch, dass einzelne Stellungsregeln andere zur Vorbedingung haben und damit auch einen höheren Verarbeitungsaufwand erfordern. Sie entwerfen eine Implikationsskala der einzelnen Stellungsregeln. Welche „Vorbegriffe" müssen da sein, damit Neues mit Bekanntem verknüpft werden kann, d.h. überhaupt lernbar und dann auch lehrbar ist (*teachability hypothesis*, Pienemann 1982). Dies ist nun aber eine typische Piagetsche Fragestellung und auch dem Didaktiker nicht unvertraut (Problem der Passung). Erwerbssequenzen könnten also nicht nur Anhaltspunkte für das liefern, was allgemein als einfach oder schwierig zu gelten hat, sie könnten auch zeigen, wie bestimmte Regelungen miteinander verhakt sind bzw. welche kognitiven Kosten mit dem Erwerb verbunden sind.

10. Die Lehren der Geschichte: Die erfolgreiche Mischstrategie

Wer nicht von dreitausend Jahren
Sich weiß Rechenschaft zu geben,
Bleib im Dunkel unerfahren,
Mag von Tag zu Tage leben.

(Goethe)

Was folgt für den Fremdsprachenunterricht? Man wird aus dem reichen Arsenal der Lehrmethoden denjenigen zum Durchbruch verhelfen, bei denen sich die Schüler von Anfang an kommunikativ entfalten. Ein kommunikativer Ansatz kann sich natürlichen Erwerbsprinzipien am besten anschmiegen. Denn diese werden erst wirksam, wenn wir Sprache schon sinnvoll gebrauchen. Ein grundverkehrter Ansatz wäre der, zuerst die Bausteine der Sprache zusammenzutragen, um sie anschließend zu verwenden. Damit haben die „Textmethodiker" früherer Jahrhunderte, die die Grammatik hintanstellten, aber nicht verwarfen, recht bekommen.

Das fundamentale Problem besteht darin, ein **Kommunikationssystem etappenweise aufzubauen, während man es schon gebraucht.** Dazu genügen die eigenen Kräfte nicht, wie gut wir auch für den Erwerb von Sprache genetisch ausgestattet sind. Hinzu kommen die Anpassungsleistungen der Umwelt, die uns mit Sprache versorgt, die wir verstehen. Eltern und Lehrer wissen die Lernaufgabe auf die verschiedenste Weise zu stückeln und zugleich Kommunikation zu ermöglichen. Also nicht: „learn now, use later"; sondern „use as you learn, learn as you use".

Ein Mittel des Unterrichts ist dabei die Grammatikarbeit. Allerdings besteht besonders bei der Grammatik die Gefahr, dass das Mittel sich verselbständigt und zum Ersatz für Kommunikation wird, statt diese zu ermöglichen. Das größte Ärgernis entsteht, wenn das Mittel nicht bloß unwirksam ist, sondern das Gegenteil dessen bewirkt, was es erreichen sollte: wenn es durch unverstandene Regeln die Komplexität der Aufgabe erhöht, statt sie zu verringern, und die Schüler obendrein noch frustriert.

Grammatikarbeit ist jedoch ein Sammelbegriff für geistige Leistungen recht unterschiedlichen Kalibers. Es sind ja nicht nur die klassischen Regeln der Schulgrammatik, ihre unterschiedliche Terminologie, Reichweite usw. – der mit Recht umstrittenste Teil der

Grammatikarbeit –, es ist eine Faustregel wie „Ort vor Zeit" („he sang at the concert last night"), es ist der knappe, korrigierende Einwurf „plural, please", den der Schüler sofort umsetzen kann, es ist auch die Konjugationstabelle, die den Schüler auffordert, zusätzlich zu der Form, die er schon gebraucht, auch die anderen grammatischen Personen durchzubuchstabieren. Die geschlossene Gruppe der „Personen" bietet einen klaren mnemotechnischen Vorteil, so wie man zu einem Farbadjektiv gleich die wichtigsten anderen hinzulernen kann. Grammatikarbeit ist in unserem Ansatz vor allem die Technik, die Strukturen der Fremdsprache an der Muttersprache durchsichtig zu machen und durchzuspielen (Kap. XI, XII).

Der Unterricht muss die ihm gemäßen Mittel finden, die Komplexität verringern, und ein System aufbauen, ohne dies mit einem Verlust an gehaltvoller Kommunikation zu erkaufen. Das eben ist die Crux. Unterricht ist ein schwieriger Balanceakt zwischen den Erfordernissen der Kommunikation und der Komplexitätsreduktion.

Eine generelle Absage an die „Grammatik" wäre demnach absurd. Neben den zwei gravierenden Beschränkungen von Zeit und Raum, denen der Unterricht im Vergleich zum natürlichen Erwerb unterworfen ist, steht er unter einem dritten entscheidenden Handikap: Es ist jeweils nur ein Sprecher da, mit dem die Schüler so kommunizieren können, dass sie ihre Sprache fortentwickeln können. Unter diesen Bedingungen genügt das schlichte Gebot, im Unterricht zu kommunizieren, nicht: **Wer dies fordert, fällt dem naturmethodischen oder kommunikativen Trugschluss anheim** (*the natural/communicative fallacy*). Selbst die vielgelobten kanadischen *immersion programs* zeigen, so erfolgreich sie vergleichsweise sind, charakteristische Defizite (Hammerly 1987), die eben auf diesen Denkfehler zurückzuführen sind, als sei – unter schulischen Bedingungen (!) – Kommunikation schon alles. Wie wir gesehen haben, ist dies selbst im natürlichen Spracherwerb nicht ganz richtig. Auch die Tatsache, dass viele Ausländer trotz jahrelangen Aufenthalts im Gastland die Landessprache nur gebrochen sprechen, lässt darauf schließen, dass „Kommunikation" allein nicht genügt, wenn der Vermittlungsaspekt dabei zu kurz kommt. Die „künstlichen" Mittel des Unterrichts sind daher nicht einfach zu verwerfen. Der Sprache sezierende Verstand darf und muss mitwirken. Dies ist die **Konsequenz eines vertieften Verständnisses des natürlichen Spracherwerbs als eines Vermittlungsprozesses und**

zugleich die gesammelte Beweiskraft einer über zweitausendjährigen Geschichte des Fremdsprachenunterrichts.

Geschichtliche Erfahrung wird heute im Kontext moderner, statistisch verfahrender Wissenschaften unterschätzt. Der Mensch wird sich aber nie begreifen, wenn er sich nicht auch als geschichtliches Wesen begreift. So kann der Fremdsprachenunterricht aufgrund seiner reichhaltigen, dokumentierten Geschichte, der die Psycholinguistik nichts Vergleichbares entgegenzusetzen hat, dazu beitragen, allgemeine Probleme des Spracherwerbs zu klären und dabei auch andere Erwerbskontexte besser zu verstehen.

1. Dass Lerner zuallererst mit „Sprachdaten" zu versorgen seien, ist eine missverständliche, an Chomsky erinnernde Formulierung. Die erste und wichtigste Aufgabe des Sprachlehrers besteht darin, den Schüler mit Texten zu versorgen, die er versteht, bzw. ihn in verständlicher Weise anzusprechen. Verstehen ist ein kognitiver Akt, der über Sprache hinausweist. Sprachlernfähigkeiten wirken stets mit allgemein-kognitiven Fähigkeiten und affektiven Faktoren zusammen.

2. Die Geschichte des Fremdsprachenunterrichts ist dominiert von dem Ringen um die rechte Verbindung und Gewichtung von Grammatik und Kommunikation, an den Lehrbüchern ablesbar an der Gewichtung bzw. Anordnung von Grammatikteil und Textteil. Der Gegensatz erscheint im Schrifttum älterer Sprachmeister in mannigfachen Gegenüberstellungen:

usus	doctrina
exercitatio	praecepta
exempla	regulae
consuetudo	grammatica
Routine	Vernunftschlüsse usw.

Sieht man sich aber nicht nur die programmatischen Vorreden, sondern die Sprachlehrbücher selbst etwas genauer an, erkennt man, dass stets eine Mischstrategie praktiziert wird. Einen interessanten Standpunktwechsel vollzieht Serreius (1603). Zunächst zieht er die Spracherlernung *conversatione et usu* einer vor, die auf *doctrina et praeceptis* gegründet ist. Aber in der zweiten Auflage seines Werks gesteht er: *animum mutavi, et ad praecepta confugi.* Schließlich will er beide Wege zusammenführen: *multum in his conjugendis laboravi.*

Wer die Ernsthaftigkeit des jahrhundertelangen Ringens um die erfolgreiche Lehrmethode anerkennt, wird auch das Votum der Geschichte ernstnehmen und die Aussichtslosigkeit extremer Standpunkte erkennen, ob sie nun psycholinguistisch oder anders begründet werden. Extremisten der einen oder anderen Richtung hatten ihre Chance, ohne sich je durchzusetzen. Das gilt für die neuerliche Attacke, die Bleyhl (1999) gegen die Grammatik im Französischunterricht reitet, ebenso wie für Freudensteins (2000) Forderung nach einem „grammatikfreien Fremdsprachenunterricht“: wieder der **naturmethodische Denkfehler.** Am erfolgreichsten wird immer eine Mischmethode sein, die zu definieren schwierig ist, weil die Tücke im Detail liegt, einmal in der zeitlichen Verteilung unterrichtlicher Arbeitsformen, und natürlich auch in den unterschiedlichen Weisen, Grammatik zu betreiben. Dabei ist zu bedenken, dass sich der Schwerpunkt des Sprachunterrichts nach anfänglicher Betonung der Phonologie und der Elementargrammatik auf das Einprägen und Verwenden einer *lexico-grammar* hin verlagert, bei der die Anschlüsse im Satz gleich mitgelernt werden.

3. Von den vielen Versuchen, diese und verwandte Streitfragen durch Methodenexperimente mit Schulklassen zu lösen, seien hier nur die kanadischen Studien erwähnt: „The analytic focus and the experiential focus may be complementary, and they may provide essential support for one another in the L2 classroom“, so die erste Folgerung aus diesem umfangreichen und aufwändigen Projekt (Harley u.a. 1990, 77). Allerdings ist die Forschungslage nicht eindeutig. Es gibt mittlerweile eine ganze Reihe unterschiedlich angelegter Studien mit unterschiedlichen Ergebnissen, die Ellis (1994, 611ff.) referiert. Keinesfalls jedoch rechtfertigen sie die Forderung nach einem „grammatikfreien“ Unterricht. Hingegen fasst Ellis seine Übersicht wie folgt zusammen: „On balance, the available evidence indicates that an explicit presentation of rules supported by examples is the most effective way of presenting difficult new material.“ (S. 643). „The case for formal instruction is strengthening and the case for the zero option is weakening.“ (S.659).

4. Eine Zauberformel für den Fremdsprachenunterricht wird es nicht geben. Denn gäbe es eine Wundermethode, wäre ihr die praktische Vernunft schon längst durch Versuch und Irrtum auf die Schliche gekommen. Sie hätte sich im Wettbewerb der Ideen durchgesetzt, auch ohne dass man genau gewusst hätte, warum sie so

effektiv ist. Ich komme zum gleichen Schluss wie Palmer vor 80 Jahren: „It would be unwise or impossible to proceed by the sole aid of nature or by the reconstitution of natural conditions. Language-study is such a complex thing, with so many aspects ... that we must enlist *all* our capacities when striving to obtain the mastery we desire; we must not neglect our spontaneous powers, nor should we despise our intellectual powers. Both are of service to us ...“ (1922/1964, 22).

11. Sprachimmanente Entfaltungslogik: Didaktische Konsequenzen?

Moderne Forschung über „Entwicklungsfahrpläne“ (developmental schedules) natürlicher Sprachen ist für das Erkennen und die Behandlung kindlicher Sprachstörungen besonders wichtig, ja könnte unsere lehrbuchmäßige Progression „radikal in Frage“ stellen (Diehl 2000, 3). Therapeuten bemühen sich um eine „entwicklungsproximale Konzeption der frühen Sprachintervention“ bei sprachbehinderten Kindern (Dannenbauer 1989, 292). Es folgen einige – sonst zum Teil II gehörige – didaktische Überlegungen zum Thema „sprachimmanente Entfaltungslogik“. Welche konkreten Verbesserungen dürfen wir von einem natürlichen Strukturlernplan (*natural syllabus*) erwarten?

1. Zunächst sind bessere Grammatiken zu erwarten. Die genetische Betrachtungsweise hat gezeigt, wie oberflächlich unser Wissen über manche sprachliche Regelungen ist. Das Wieso und Warum dieser Regelungen, und wie sie sich auseinander herleiten, wird deutlicher.

2. Die Entdeckung, dass bestimmte Strukturelemente in ihrer Abfolge einander bedingen, gibt Hinweise für eine strukturale Progression des Lehrstoffs. Sie sind mit den jeweiligen Bedingungen des Unterrichts zu verrechnen. Vor allem gilt es zu bedenken, dass wir immer eine ganze Klasse zu unterrichten haben, in der jeder einzelne genau besehen seinen eigenen Entwicklungsstand hat. Es wäre eine Illusion zu glauben, der Lehrer könne sich in der Lehrstoffprogression allen gleich gut anpassen.

3. Die Lehrstoffprogression sollte vom Doppelverstehen als Grundbedingung des Spracherwerbs abhängig gemacht werden. Alle Texte sind möglich, die sowohl funktional wie struktural verstanden werden können. Dabei ist zu unterscheiden zwischen der grammatischen Progression der Lehrtexte und der Progression in der Besprechung und Übung grammatischer Regelungen. Die bisher streng beachtete grammatische Progression der Lehrtexte kann nicht nur zugunsten authentischer Texte gelockert, sondern – wenn mit Augenmaß betrieben – sogar aufgehoben werden. Wie nachhaltig diese aus dem Doppelverstehen abgeleitete Neuerung den Unterricht verbessern kann, muss man abwarten. Wir beziehen uns im Folgenden auf das Nacheinander der Besprechung und Übung grammatischer Phänomene.

4. Der Lehrer wird entwicklungsspezifische Fehler als solche erkennen und als Lernstationen werten, statt sie als „abartige" Fehler rigoros zu ahnden.

5. Keinesfalls dürfen wir aber Entwicklungsfehler generell tolerieren. Wahrscheinlich ist wieder mal alles komplizierter und wir müssen zwischen Strukturen, bei denen wir der Natur ihren Lauf lassen, und anderen, deren Erwerb wir beschleunigen können, unterscheiden. Sollen wir zusehen, wenn unsere Schüler eine Zeitlang alle Perfekta mit *haben* bilden, weil sie dieses Stadium wie von selbst überwinden? Nun, ob ihnen dies in der Tat gelänge, statt an einem solchen Entwicklungspunkt festzufrieren, daran gibt es berechtigte Zweifel. Hier müssen wir den Erwerbskontext „Unterricht" mit seinen besonderen Handikaps ins Auge fassen. Kann der Unterricht **die kritische Masse von Sprachkontakten** liefern, damit sich natürliche Zwischengrammatiken sukzessive entfalten und überwunden werden können? Natürliche Zweisprachigkeit gelingt ja dann am besten, wenn ein Lerner Anschluss bei vielen Muttersprachlern sucht und damit entsprechend vielfältige Sprachkontakte hat. Wie aber kann man weiterkommen, wenn allein der Lehrer ein korrektes Sprachvorbild liefert und alle Mitschüler – in oft nicht erkennbarer Weise – falsch sprechen? Bloßes Drauflosparlieren ist allenfalls im Einzelunterricht, nicht aber im Klassenverband erfolgreich.

6. Der Unterricht muss die ihm gemäßen, „künstlichen" Mittel finden, um die komplexe Aufgabe der Spracherlernung richtig zu

dosieren und Zwischenstadien zu überspringen, ohne die natürliche Entfaltungslogik – sollte eine solche zweifelsfrei etabliert werden – zu verletzen.

7. Das Hauptmittel des Unterrichts ist aber eine „Grammatik im Sprachvollzug", die fremde Formen und Funktionen in der Muttersprache nachbildet, sie auf diese Weise durchschaubar macht und zugleich schwierige Metasprache vermeidet. Die Muttersprache bahnt den Weg zu den Strukturen der Fremdsprache (Kap. XII, XIII).

Es folgen Beispiele zu der in Punkt 2) angesprochenen strukturalen Progression. Es handelt sich gewissermaßen um erste Fingerübungen auf einem neuen Instrument, d.h. um Einzelvorschläge, deren empirische Überprüfung an der „pädagogischen Front" noch aussteht.

■ 3. Person Singular -s

„Die sagen immer noch ‚he work in an office'. Dabei hab ich ihnen das so oft gepredigt", regt sich ein Lehrer auf. Doch könnte er gerade in diesem Punkt viel gelassener sein. Der Fehler beeinträchtigt die Verständigung normalerweise nicht. Außerdem wird das s-Morphem der 3. Pers. Sing. auch im natürlichen Spracherwerb relativ spät erworben. Der Lehrer sollte also zunächst so lebendig und kommunikativ wie möglich weiterunterrichten, dabei auch „sanft" korrigierend Schüleräußerungen aufgreifen und ihnen die richtige Form zurückspielen. Denn die Fehler verschwinden nach allem, was wir wissen, nicht von selbst (Hammerly 1987). Deshalb sollten auch intensive 5-Minuten-Drills („halbkommunikative Strukturübungen", Kap. XII) hinzutreten. Schriftliche Übungen (workbooks) halte ich für vergleichsweise unwirksam. Der Schüler muss dahin kommen, dass *he work* in seinen Ohren falsch klingt: Strukturwissen muss sich in ein Strukturgefühl verwandeln. Das geht wohl nur über das Ohr. Auf meiner *website* habe ich eine solche Übung vorgestellt.

■ Kontrahierte Formen

Die Spracherwerbsforschung hat den Anstoß dazu gegeben, das Problem der kontrahierten Formen im Englischen erneut zu überdenken (Wode 1981b; Butzkamm/Schmid-Schönbein 1984). Es gibt

Entwicklungsphasen, in denen Kinder die Vollformen den kontrahierten Formen vorziehen (also lieber *I will* statt *I'll* sagen). Der Lerner bevorzugt eine Zeitlang die auffälligere, deutlichere Vollform gleichsam als eine selbstgebaute Eselsbrücke, auf die er später von selbst wieder verzichtet. Genie, das „Käfigkind", das erst mit zwölf Jahren aus ihrem Hinterzimmer befreit und unter Menschen kam, dann zur Sprache, aber nicht mehr zur Grammatik kam, konnte keine kontrahierten Formen! Sie sagte „Boy is dropping penny" statt „The boy's dropping a penny." (Butzkamm/Butzkamm 1999, 289ff.).

In Kenntnis dieser Sachlage kann man nicht mehr nach einem rigiden didaktischen Grundsatz „nur authentisches Englisch!" verfahren, d.h. von Anfang an und durchweg authentische, mündlichem Gebrauch entsprechende Kurzformen verlangen. Wulf (1985, 269) schlägt folgende methodische Lösung vor:

1. Alle Kursmaterialien im Anfangsunterricht schreiben ausschließlich die Langformen, *'s* ist vorerst nur für den Genitiv zuständig.

2. Der Lehrer verwendet beim Vorlesen wie beim freien Sprechen nach Art der *native speaker* vorwiegend Kurz- und Schwachformen (d.h. also mit Ausnahme bestimmter syntaktischer Stellungen und Hervorhebungen), toleriert aber die Langform bei den Schülern, verwendet sie sogar dann selbst, sobald er einen Anlass sieht, ihnen etwas verdeutlichend vorzusprechen.

3. Die am Ende der Anfangsphase zu erwartenden Tendenzen der Schüler, ihrerseits die Kurz- und Schwachformen zu sprechen, wie sie sie vom Lehrer und vom Tonband gehört haben, werden gefördert, aber nicht forciert.

■ Präteritum vor Perfekt

Aus spracherwerblicher Sicht wird uns auch nahegelegt, das *past tense* vor dem *present perfect* einzuführen. Englischsprachige Kinder beherrschen jedenfalls die einfachen Vergangenheitsformen vor den zusammengesetzten. Das liegt nicht an formalen Schwierigkeiten. Die Kinder verfügen schon über die Bildungselemente *have* und das *past participle*, bevor sie im Alter zwischen vier und fünf Jahren das Perfekt verwenden lernen. Es muss an der schwierigen Funktion dieses Tempus liegen, das ein Geschehen nicht nur in die Vergangenheit legt, sondern es zugleich auf die Gegenwart bezieht. Die größere begriffliche Komplexität des *present perfect* ist also auch ohne Rekurs auf den natürlichen Spracherwerb einsehbar. Interessant, dass die von Cromer (1968 zit. bei Szagun 1980) beobachteten drei Kinder, kurz bevor sie das Perfekt selbst verwendeten, schon Sätze mit perfektiver Bedeutung produzierten, indem sie den vertrauten *past-tense*-Formen entsprechende Zeitadverbien beifügten. Es kamen also zunächst „falsche" Sätze vor wie *I didn't make the bed yet.* Hier scheint also die kognitive Entwicklung, d.h. die Sensibilität für bestimmte zeitliche Bezüge der *korrekten* sprachlichen Verwendung vorauszugehen.

Gewiss können solche Überlegungen allein keine didaktische Progression bestimmen. Aber für die frühe Einführung des *past tense* spricht auch ein didaktisches Argument: Kinder sollen so bald wie möglich erzählen können, was sie erlebt haben. Der Fall ist noch längst nicht ausdiskutiert: Dennoch wäre es falsch, eine didaktische Tradition fortzuführen, ohne solche Ergebnisse, soweit sie vorliegen, mitzubedenken.

■ Intonationsfragen

Untersuchungen über deutsch-englische sowie englisch-deutsche Zweisprachigkeit zeigen übereinstimmend, dass die Kinder mit Intonationsfragen beginnen (Hahn 1982). Für den Muttersprachererwerb stellt Slobin (1973,199) folgende Gesetzmäßigkeit auf, für die er universelle Gültigkeit beansprucht: „Structures requiring permutation of elements will first appear in non-permuted form", und belegt dies u.a. damit, dass Fragen zunächst nur intonatorisch markiert werden. Dazu Beispiele aus Leopold, die ich hier ohne die phonetischen Reduktionen der Kindersprache wiedergebe: *Papa all through eat? You spiel ball me?* (Hier ist Deutsch und Englisch noch ungeschieden) *Where Mary Alice is? Where that belongs?* Auch scheinen sich Kreolsprachen auf die intonatorische Markierung von Fragen zu beschränken (Bickerton 1984). Die Konsequenz für den Fremdsprachenunterricht ist klar: Wir brauchen uns anfangs nicht mehr auf invertierte Kopula- und Auxiliarstrukturen wie *Where is John? Can he swim?* zu beschränken, die im Deutschen strukturgleich sind, sondern können sofort auch Entscheidungsfragen mit Vollverben einführen, die wir lediglich intonatorisch markieren: *You smoke? You want a chocolate?* Wir erzielen dadurch größere kommunikative

Beweglichkeit gleich zu Beginn, da bisher Fragestrukturen, soweit sie *do* erforderten, anfänglich ausgeschlossen waren.

Teresa und William Labov (1976) haben die Entwicklung des Interrogationssystems ihrer Tochter detailliert untersucht. Eine Stichprobe von 3368 Fragen aus eineinhalb Jahren wurde analysiert. Dabei ermittelten sie eine über sechs Monate andauernde Zeitspanne, in der Jessie die Inversion nach allen Fragewörtern außer nach *why* durchführte. Auch dies also eine typische Zwischenstation, eine Etappe auf dem langen Weg zur Beherrschung der Fragesyntax. Während dieser Zeit begannen die Eltern mit der vierjährigen Jessie ein Fragespiel. Ein Elternteil stellte eine Frage, gewöhnlich mit *why*. Dann war Jessie an der Reihe, eine Gegenfrage mit *why* zu stellen. Jessie imitierte ihre Eltern nicht, produzierte aber während des Fragespiels in 22 von 26 Fällen Inversion nach *why*. Im gleichen Zeitraum aber brachte sie es außerhalb des Spiels auf nur 13 Inversionen von 292 Fällen.

Dieses Verhalten erinnert an die vielen enggestrickten Übungen, in denen die Schüler die geforderten Formen brav verwenden, ohne sie aber zugleich auch im freien Gespräch zu gebrauchen. Das Fragespiel ist sprachbezogene Kommunikation, wenn auch nicht Unterricht, denn die spielerische Komponente überwiegt. Die Nähe des sprachlichen Vorbildes und die teilweise (halbbewusste?) Ausrichtung auf die Sprachform bewirken wohl hier die Inversion. Im freien Gebrauch aber ist sie innerlich noch nicht bereit dazu.

Dies sind nur wenige Beispiele für viele kleine Verbesserungen in Details der Lehrstoffprogression, die heute schon aufgrund moderner psychologischer Untersuchungen möglich sind. Darüber hinaus werfen die Hinweise auf einen natürlichen Strukturlernplan interessante Einzelfragen auf und vertiefen unser Verständnis des Spracherwerbs überhaupt.

12. Wider die Herrschaft der Lehre über das Lernen: Natürliche Fehler vs. künstliche Fehler

Didaktisch bedeutsam ist die Unterscheidung zwischen natürlichen, d.h. entwicklungsspezifischen und künstlichen, d.h. unterrichtsspezifischen Fehlern. Letztere treten „charakteristischerweise und ausschließlich im Fremdsprachenunterricht auf; entwicklungsspezifische Fehler lassen sich sowohl im natürlichen L2-Erwerb als auch im Fremdsprachenunterricht beobachten" (Bahns 1985, 15). Es gibt also Fehler, die gar nicht (oder kaum?) außerhalb des Unterrichts vorkommen, die also typischerweise auf Unterricht beschränkt sind. Dies muss bedenklich stimmen, liegt doch der Schluss nahe, dass diese Fehler durch besondere Lehrformen erzeugt werden und damit vermeidbar wären. Entwicklungsbedingte Fehler hingegen sind immer auch Zeichen für einen Lernfortschritt, also fruchtbare Fehler, und man könnte ihnen gelassener begegnen. Sie treten nach meinen Beobachtungen eher dort auf, wo viel frei kommuniziert wird. Auch das wäre ein Hinweis darauf, dass sich unsere unbewussten Erwerbsstrategien am besten in natürlichen Kommunikationssituationen entfalten.

Als eine Lehrwerkübung, die dagegen typische auf den Unterricht beschränkte Fehler generiert, stellt Bahns (1985, 10) die folgende vor:

Der Lehrer hat Stühle zusammengestellt, die einen Bus darstellen; einige Schüler spielen die Fahrgäste. Der Lehrer stellt dann die Fragen, die Klasse soll wie folgt antworten:

LEHRER	Who is in the bus?
SCHÜLER:	X is in the bus.
LEHRER:	Can you see him/her?
SCHÜLER:	Yes, I can see him/her.

Auf die letzte Frage ist nach Bahns rund die Hälfte der Antworten in der hier angezeigten Weise fehlerhaft:

Yes, I can you see her.
Yes, I can you see.
Yes, I can you see him.

Dazu eine typische Episode aus dem Unterricht:

LEHRER:	Can you see him?
SCHÜLER:	Yes, can you see him.
LEHRER:	Ja, das frag ich dich! Can you see him?
SCHÜLER:	Yes, can you see him.

Die Schüler haben wohl – dank des anschaulichen Arrangements – durchaus verstanden, was gemeint ist – allein die Struktur „can you see" ist nicht transparent – weil hier rein mündlich und einsprachig gearbeitet wird. Wieder stoßen wir auf das Phänomen, dass situatives und strukturales Verstehen auseinanderfallen kann. Generell werden unterrichtsspezifische Fehler auf den ständigen Produktionszwang, dem die Schüler im Unterricht ausgesetzt sind, zurückgeführt (vgl. auch Hahn 1982). Während man in natürlichen Erwerbssituationen der eigenen Entwicklungslogik gehorcht und sich nur dann äußert, wenn man es will, und nur so, wie man es kann, wird der Schüler im Unterricht häufig in Sprechmuster gedrängt, für die seine Kompetenz nicht ausreicht. Es gibt ein falsches, grammatikbezogenes Üben, das nicht nur nichts einbringt, sondern Schüler frustrieren kann.

■ Grammatische Verwirrspiele: Weg mit diesem Übungsplunder!

Doch mit dem Hinweis auf einen „Produktionszwang" wird man sich nicht völlig zufrieden geben. Schließlich ist alles, was der Lehrer bei der knapp bemessenen Unterrichtszeit tut, im Vergleich zum natürlichen Spracherwerb irgendwie „verfrüht". Ein Produktionszwang, wie wir ihn aus dem natürlichen Erwerb überhaupt nicht kennen, herrscht auch beim Auswendiglernen von Dialogen. Dennoch haben wir auf Videobändern dokumentierte herrliche Lernerfolge, wenn Schüler mit Gusto ein Stück vorspielen, das vorher mit einiger Mühe einstudiert wurde. Hierbei brauchen weder unterrichts- noch entwicklungsspezifische Fehler in einer Weise aufzutreten, dass sie den Lernerfolg insgesamt gefährdeten.

Wir müssen die Analyse dieser grammatischen Verwirrspiele also noch weiter treiben. Sehen wir uns dazu noch zwei weitere Beispiele an. Es geht um das Einüben von Fragen. Oft werden solche Übungen wie folgt eingeleitet: *John, ask Tom if/when/where* usw. Dazu folgender Unterrichtsausschnitt (Zehnder 1981, 268):

LEHRER:	Now Fritz says to Gisela: Ask him, ask Peter if you may take his bike. And what does Gisela ask Peter? Oskar.
SCHÜLER:	Peter, may I take your bike?
LEHRER:	And what does Peter answer? Oskar.
SCHÜLER:	Yes, you may or you may not.
LEHRER:	OK, now first, the first sentence. Dirk Otto.
SCHÜLER:	If you may use ah …
LEHRER:	Ask, ask him. Ah let's take three people. One, two, three. Ja, Pfeffer number three. First, second, third. Na er soll ihn fragen, ja? You tell him to ask him, ask him.
SCHÜLER:	If you may …
SCHÜLER:	Ask him. You must ask him, ask him.

SCHÜLER: Ask him if you may use a pen.
LEHRER: Her pen. Ask him if you may use …
SCHÜLER: His pen.
LEHRER: And now how do you ask him?
SCHÜLER: Jim
LEHRER: No, not Jim.
SCHÜLER: …do you, do you want …
LEHRER: Na.
SCHÜLER: Do you may …
LEHRER: Warum do you may? May I …?
SCHÜLER: May I do …
LEHRER: May I …
SCHÜLER: Use your pen?
LEHRER: May I …
SCHÜLER: May I use your pen?
LEHRER: May I use your pen? Or yes, may I use your pen?
SCHÜLER: Yes, you may.
LEHRER: Yes, you may. Yes. You tell him to ask if he may use his pen. And he says: May I use your pen? Yes you may.

Geschafft! Wir atmen auf. Ist da nur jemand besonders begriffsstutzig, oder ist da noch etwas anderes? Schauen wir uns folgende Übung an:

The butcher of Swaffham comes to see John and asks him a lot of questions. He wants to know when John heard the voice.
… what the voice said, usw.
Ask the butcher's questions and answer them.

Dazu wieder ein Unterrichtsausschnitt:

SCHÜLER: I want to know …
LEHRER: Nein, direkte Frage, ohne „I want to know“. Also du beginnst gleich mit dem Fragewort.
SCHÜLER: When, when y … when you heard the voice?
LEHRER: Ist das 'ne Frage?
SCHÜLER: When you …
LEHRER: When
SCHÜLER: … did you heard the voice?
LEHRER: Jetzt haben wir zweimal das *past tense* drin. When …
SCHÜLER: did you (hear) …
LEHRER: Aber die Aussprache!
SCHÜLER: hear …
LEHRER: Jetzt sag's noch mal richtig.
SCHÜLER: when did you hear the voice?

Den folgenden Ausschnitt aus einer 5. Klasse entnehmen wir Hahn (1982, 219):

LEHRER:	The train arrived at 8 o'clock. Begin with *what*.
SCHÜLER:	What arrived the train?
LEHRER:	The train arrived at 8 o'clock. Now form a question and begin with *what*.
SCHÜLER:	What did …
LEHRER:	Ganz einfach
SCHÜLER:	What did the train arrive?
LEHRER:	Versuch's mal auf deutsch: The train arrived at 8 o'clock.
SCHÜLER:	Der Zug kam an um acht.
LEHRER:	Und jetzt sollst du eine Frage bilden, die mit was beginnt.
SCHÜLER:	Was kam um acht Uhr an? What … arrived … at 8 o'clock.
LEHRER:	Na siehst du!

Vielleicht können solche Übungen auch glatt und fehlerfrei absolviert werden. Dennoch zeigen uns die hier auftretenden Fehler, dass an ihnen etwas problematisch ist. Es sind nämlich dialogisch verkleidete Umformungsaufgaben, d.h. grammatische Problemlösungsaufgaben. Da sind etwa Satzteile zu erfragen, indirekte Fragen in direkte umzuwandeln usw. So was kommt nur im Unterricht vor; kein Wunder, dass auch die dazugehörigen Fehler nur im Unterricht vorkommen. Wir sollten solchen Übungen deshalb mit großem Misstrauen begegnen. Sie scheinen mir bei Lehrern und Lehrbuchautoren allzu beliebt zu sein – vielleicht weil sie einsprachig sind? Verräterisch, dass die Schülerin den Satz in dem Augenblick schafft, als sie sich ihn deutsch zurechtlegen darf. Noch ein abschreckendes Beispiel aus dem Klassenarbeitsheft einer Gymnasialschülerin (Klasse 10):

> Mettez les phrases suivantes à la voix passive si c'est possible: Pierre aura changé les affaires quand les autres auront fini leur présentation.

Das ergäbe:

> Les affaires auront été changées par Pierre quand la présentation aura été finie par les autres.

Natürliche Äußerungen kommen auf diese Weise nicht zustande. Wir formulieren nicht zuerst einen Satz aktivisch, um ihn dann blitzschnell ins Passiv zu transformieren. Wir behaupten nicht erst etwas innerlich, um dann daraus eine Frage zu formulieren. Wir brauchen auch nicht den Umweg über einen dass-Satz, um zu einem Infinitivsatz zu kommen (oder umgekehrt). Ein Gedanke steigt auf, eine Ausdrucksabsicht ist da und tritt wie von selbst über die Lippen. Dass wir dabei Transformationen der angezeigten Art vornehmen, ist in psycholinguistischen Experimenten überprüft und widerlegt worden (Hörmann 1976).

Vorzuziehen sind demnach solche **Übungen, die den Weg vom gedanklichen Substrat bzw. semantischen Konzept zum Satz bzw. zur Äußerung gehen**, wie in der natürlichen Sprachverwendung. Genau solche Übungen demonstrieren wir in Kap. XI.

13. Wann und wie soll man Fehler korrigieren?

ELIZA (*fiercely*): I wouldn't marry you if you asked me; and you're nearer my age than what he is.
HIGGINS (*correcting her gently*): Than he is.
ELIZA (*losing her temper and walking away from him*): I'll talk as I like.

Wie geht man mit Fehlern um? Ein schier unerschöpfliches Thema. Man müsste unterscheiden:

- □ Arten von Fehlern: Aussprachefehler, stilistische Verstöße …
- □ Ursachen von Fehlern: L1 Interferenz, entwicklungsbedingt …
- □ Effekte von Fehlern: z.B. bleibt die Äußerung verständlich?
- □ Lernervariablen: Wer macht den Fehler? Schüchterne, schwache Schüler …
- □ Korrekturformen: offen oder verdeckt, wiederholen lassen oder nicht …
- □ Affektiver Gehalt der Korrektur: diskret, bloßstellend, zurechtweisend …
- □ Unterrichtssituation, Diskursebene: sprachbezogen, mitteilungsbezogen …

Ich gehe auf die drei letzten Punkte ein. Konkrete Handlungsanweisungen ergeben sich, wenn man die Unterscheidung zwischen sprachbezogener und mitteilungsbezogener Kommunikation beachtet. (Kap. VII). All die Vorschläge, entweder überhaupt nicht, oder verzögert oder in entschärfter, verschleierter Form zu korrigieren, verlieren ihren guten Sinn, wenn es um sprachbezogenes Üben geht. Statistiken über Lehrerkorrekturen, die diese Unterscheidung nicht treffen, sind unbrauchbar. Ist etwa das passende Pronomen in einem Satz einzusetzen, sind Ausdrücke in den Plural zu setzen oder Vokabeln abzufragen, dann ist eine unmittelbare, klare Korrektur nicht nur angezeigt, sie wird auch vom Schüler erwartet. Wer A sagt, muss auch B sagen, d.h. wer sich zu formbezogenem Üben entschließt, hat sich auch für genaue, förmliche Korrektur entschieden.

Ganz anders müssen wir uns dort verhalten, wo inhaltsbezogen kommuniziert wird. Was im Gespräch sonst einer Beleidigung gleichkommt – etwa jemanden, der wie Eliza engagiert zur Sache spricht, mit einer grammatischen Korrektur zu unterbrechen – kann auch in der Schule nicht gut sein. Wir sollten dort, wo es um die Sache geht, bei der Sache bleiben und nur dann sprachlich aushelfen bzw. korrigieren, wenn die Äußerung missverständlich wird. Meist sind ja korrigierende Aushilfen – statt grammatischer Besserwisserei, die kommunikativ nichts einbringt – hochwillkommen. Erstes Ziel bleibt es, die Kommunikation in Gang zu halten, das Erzählen, Argumentieren, Diskutieren usw. nicht abbrechen zu lassen und Mut zu machen zu fremdsprachlicher Verständigung, statt Ängste vor Fehlern zu schüren. Der korrigierende Eingriff kann so kurz sein, dass der Schüler nicht wirklich gestört wird und seine Aussage fortsetzen kann. (Das hängt wiederum auch vom Schüler ab!) Hier muss der Lehrer eine entsprechende Sensibilität entwickeln und, was ebenso wichtig ist, seine Fremdsprache meisterhaft beherrschen; alles andere folgt von selbst. So kann u.U. ein sofortkorrigierender Einwurf, den der Schüler fortfahrend aufnehmen kann, ebenso angebracht sein wie das Abwarten und spätere korrigierende Aufgreifen einer Äußerung, wie wir es aus der Kindersprachforschung kennen:

GISA: Gisabeth Mama sind?
VATER: Ja wo sind denn Elisabeth und Mama? Die sind grad um die Ecke gebogen.
(Die Mutter geht zur Parkuhr)
GISA: Nein, ich!
MUTTER: Du möchtest das Geld reinschmeißen?
GISA: Ja.
JENNY: Ich hab die Blumen gegießt.
MUTTER: Gut, du hast die Blumen gegossen. Und was kommt jetzt dran?

Diese Korrekturen haben nichts Zurechtweisendes. Die kindliche Äußerung wird stattdessen bestätigt, indem sie expandiert und weitergeführt wird. Lehrer könnten von sich selbst als Eltern lernen, um sich als verständnisvolle Kommunikationspartner ihrer Schüler zu entwickeln. Sie müssen lernen, Unbeholfenes unauffällig zu glätten, Verworrenes geduldig zu entwirren, Unfertiges klärend weiterzuführen. Eine Aufgabe, der man nie ganz genügen kann, heißt es doch, sich in die Absichten und Denkstile von dreißig Kindern zugleich einzufühlen.

Ein Sonderfall ist das Nachsprechen und das damit verbundene Einschleifen artikulatorischer Muster. Das ist sprachbezogenes Üben, und sofortige Korrektur ist die Regel. „The time to correct is during the drill phase" (Chastain 1971, 316). Es ist aber etwas ganz anderes, eine bestimmte Artikulation einzuüben, die man nicht *kann*, als die Aussprache eines Wortes zu korrigieren, das man noch nicht *kennt*. Letzteres ist problemlos, im ersten Fall jedoch gelingt die korrekte Lautproduktion oft erst nach mehreren Versuchen, manchmal gar nicht. Ein Insistieren des Lehrers kann verheerend wirken. Spätestens wenn die anderen über ihren sich die Zunge verrenkenden Mitschüler zu lachen anfangen, weiß der Lehrer, er hätte schon vorher abbrechen sollen. Er muss den Schülern Zeit lassen. Erst müssen sie neu hören lernen, bevor sie korrekt artikulieren sollen. Hierfür braucht der eine mehr Zeit als der andere. (Die in Frage kommenden methodischen Mittel werden in Kapitel VIII erörtert). Beherzigen wir als Lehrer, was Wells (1985, 415) aufgrund umfangreicher empirischer Studien über Eltern als Kommunikationspartner ihrer Kinder schreibt: „Those whose children were most successful were not concerned to give systematic linguistic instruction but rather to ensure that conversations with their children were mutually rewarding."

Resümee: Natürliche Künstlichkeit

> Was du ererbt von deinen Vätern,
> Erwirb es, um es zu besitzen.
> (Goethe)

Eine Wiesenlandschaft mit Kopfweiden, ein grasendes Pferd – das ist nicht Natur, sondern von der Rationalität des Menschen mitgeprägte, natürliche Künstlichkeit.

„Natürliche Künstlichkeit“ heißt eine Schlüsselformel in der philosophischen Anthropologie Helmuth Plessners (1928, 309ff). Der Mensch muss sich zu dem, „was er schon ist, erst machen“. Wir können die Natur nicht belassen, sondern müssen sie bearbeiten. Auch unsere eigene Natur, unsere eingeborenen Fähigkeiten vom Gehen bis zum Sprechen, müssen wir uns künstlich, in langen Lernvorgängen, aneignen. Sprechen lernen wir nicht über Nacht, sondern im Jahre andauernden kunstvollen Wechselspiel zwischen dem Kind und seinen Pflegepersonen. Wie Kinder sprechen lernen, ist immer schon gesellschaftliche Formung, Teil unserer Kultur.

Der Unterricht darf das natürliche Verhältnis zwischen Kommunikation und „künstlichen“ Arbeitsformen verschieben, aber nicht auf den Kopf stellen. Die Schule ist nicht der Widerpart der Natur, sondern Fortsetzung der „natürlichen Künstlichkeit“ des Menschen. Es gibt kein romantisches Zurück zur Natur. Diese These verfehlt den Menschen, da sie den bloßen Gegensatz behauptet und Natur gegen Kultur ausspielt: **der naturmethodische Trugschluss** (*natural fallacy*). Wir müssen den Menschen als Naturwesen – mit seinen ratiomorphen Fähigkeiten – und als vernunftbegabtes Kulturwesen in *einer* Perspektive sehen. Soweit wir sehen, gibt es auch keine Alternative zur Institution Schule, um der nachwachsenden Generation ihre eigene komplexe kulturelle Identität zu vermitteln.

Dazu zwölf Thesen

1. Spracherwerb wäre nicht möglich ohne reiche genetische Mitgift. Wir postulieren einen **Sprachsinn**, der Input nach eigenen Gesetzen verrechnet. (Neuerdings hat Pinker (1994) den provokativen Buchtitel „Der Sprachinstinkt“ gewählt.) Wie diese innere Anleitung zum Spracherwerb aussieht und was ihre genetischen Grundlagen sind, wird noch manche Forschergenerationen beschäftigen. Sie wirkt sich u.a. darin aus, dass einige Strukturbereiche in charakteristischen Etappen erworben werden (**sprachimmanente Entfaltungslogik**).

2. Zugleich ist die Mitwirkung erfahrener Sprecher, ihre aktive Gestaltung von Lebens- und Verständigungssituationen, unerlässlich. Spracherwerb ist auf Mitmenschlichkeit angewiesen. Oder: **Jeder Spracherwerb ist Sprachvermittlung**.

3. Der Erstspracherwerb ist gekennzeichnet durch die Gleichgestimmtheit zwischen Mutter und Kind, die offensichtliche Freude und der Stolz, mit denen Eltern die Entwicklungsschritte ihrer Kinder registrieren, und auf der Seite des Kindes durch das Vertrauen in die Allmacht der Eltern, die alles Unbehagen in Behagen wandeln können. Zweifelt je ein gesundes Kind daran, dass es seine Muttersprache erlernen wird? Wie verhindern wir bei Schulkindern und Erwachsenen Selbstzweifel und lernhemmende Versagensängste? Es gibt keine „kalte Informationsverarbeitung“. **Was wir auch tun, Gefühle sind immer mit im Spiel.** Es ist die erste Aufgabe des Lehrers, in seiner Klasse eine Atmosphäre zu schaffen, in der man frei, fröhlich und vertrauensvoll miteinander kommuniziert.

4. Sprachenerwerb kostet Zeit und Übung. Es bedarf einer kritischen Menge von Hör-Sprechkontakten, damit natürliche Erwerbsprinzipien zum Zuge kommen.

5. Wenngleich auch mögliche Interferenzquelle, ist doch die **Muttersprache Wegbereiter jeder späteren Sprache**. Der Fremdsprachenunterricht darf sich nicht von ihr abschneiden, sondern muss an sie und die von ihr durchtränkte Erfahrungswelt des Schülers anknüpfen.

6. Wir lernen Sprache, weil wir schon kommunizieren. Das Verstehen der Situation ermöglicht das Verstehen der Sprache. Erst

verstandene Sprache können wir innerlich verarbeiten, um eine sich schrittweise entwickelnde innere Grammatik aufzubauen. Die These vom „comprehensible input“ als Hauptfaktor des Spracherwerbs wäre aber nur dann richtig, wenn situativ und zugleich struktural verstandene Sprache gemeint ist. Dazu sollte *output* nicht fehlen, da uns in der Regel bis ins strukturelle Detail verständliche Spracheingaben eher im **Dialog** zuteil werden, in dem wir sprachlich aktiv mitwirken. Erst dies **doppelte Verstehen** *(decoding + codebreaking)* führt zur Bildung produktiver Regeln, die uns befähigen, „von endlichen Mitteln unendlichen Gebrauch“ zu machen (Humboldt 1963, 477).

7. Sprechen ist von Anfang an Sprachhandeln bzw. „Fortsetzung des Handelns mit anderen Mitteln“ (Hörmann 1970, 288). Eine Sprache kann einwurzeln, wenn sie als **Mittel zur Weltbemächtigung** erlebt wird. Kinder wachsen mit der Sprache und durch sie in das Leben hinein. Man erlernt keine Sprache, um sie anschließend sinnvoll zu verwenden, sondern das Hauptmittel des Spracherwerbs ist die Sprachverwendung selbst. Kommunizieren und Kommunizieren-Lernen fallen zusammen. Hier ist die Fremdsprache der Weg zu sich selbst. Daraus ergibt sich das **Prinzip der Kommunikation und die funktionale Fremdsprachigkeit, nicht aber die Einsprachigkeit des Unterrichts**.

8. In geglückten Verständigungssituationen werden unbewusste Erwerbsprinzipien wirksam, die die komplexe Aufgabe des Spracherwerbs auf vielfältige Weise aufspalten und einen schrittweisen Aufbau der Sprache ermöglichen. Die Schule kann solche Lebenssituationen nicht im gleichen Ausmaß und in gleicher Intensität bieten. Sie muss die ihr gemäßen „künstlichen“ Mittel finden, die Schwierigkeiten entzerren und ein Strukturgefühl entwickeln, ohne die natürliche Entfaltungslogik zu verletzen.

9. Im natürlichen Zweitspracherwerb agiert die jeweilige Hauptsprache – die **gebietsweise präsentere Sprache** – als Vermittlungsinstanz für die schwächer ausgebildete. Die Hauptsprache wird nicht ignoriert, sondern fördert die Entwicklung der anderen Sprache. In dieser Hinsicht ist jeder spätere Spracherwerb anders als der erste. Die unterschiedlichen Oberflächenstrukturen beider Sprachen brauchen dabei einander nicht zu stören, da wie beim Dolmetschen eine interne **Entsprachlichung** stattfindet.

10. Im Mutterspracherwerb ist nicht alles Kommunikation. Wir beobachten daneben monologisches, formbezogenes Üben/ Spielen mit Lauten, Wörtern und Strukturen. Im Zweitspracherwerb kann sich formbezogenes Spielen zu gezieltem Üben und Durchprobieren von Strukturen ausweiten. Die Produktivität sprachlicher Regelungen wird ausgelotet. Wir brauchen Strukturübungen, die diese Fähigkeit zur Analogiebildung nutzen und ein spielerisches **Ausreizen des kommunikativen Potentials von Strukturen (das generative Prinzip)** ermöglichen. Diese Strukturarbeit ist von zentraler Bedeutung und könnte das Übungsgeschehen entscheidend verbessern. Sie muss aber zur Sprachanwendung hinführen, statt sie zu verdrängen.

11. Das Sich-Bewusst-Werden über Sprache ist Teil des Spracherwerbs. Einsichten in den Sprachbau können den Spracherwerb vorantreiben und sind u.a. ein Problem der Feinabstimmung und des Wiederwegübens und **Wegkürzens**. Beim Grammatikerwerb leistet jedoch unsere unbewusste Natur unendlich viel mehr, als es bewusste Einsichten vermögen. Sprachanalyse ist generell schwierig. Es gibt einen kontraproduktiven Grammatik- und Übungsbetrieb, der Schüler verwirrt und abschreckt.

12. Bei aller Gleichförmigkeit der Sprachentwicklung gibt es ein erhebliches Ausmaß noch zu klärender **individueller Verschiedenheiten** (vgl. Riemer 1997). Vorsicht vor der Theorie, die die lebendige Vielfalt erfolgreichen Sprachenlernens zudeckt! U.a. muss die Didaktik mit einem sehr unterschiedlichen Lerntempo rechnen und entsprechende methodische Vorkehrungen treffen, um dem einzelnen gerecht zu werden. Zugleich werden die Grenzen der Planbarkeit des Unterrichts deutlich.

Unterricht ist Kunst und Kultur. Er kann gelingen, wenn wir dabei unsere natürlichen Anlagen und Hilfsmittel erkennend fortentwickeln.

UNTERRICHT: Wie man Sprachen lehrt

Da ich nun Philolog zu werden gedachte, bekümmerte ich mich weniger um das Partikelwesen und die Sprachnuancen: das kommt nach und nach unmerklich von selbst; sondern es beschäftigten mich die Sachen und die Sprache nur, insofern sie zur Sache gehörte und recht schön war.

Johann Gottfried Seume, *Mein Leben* (1813)

Didaktisches Credo

Die Didaktik hat nach Pestalozzi die Aufgabe, „der Natur Handbietung zu geben". Will man ihr richtig zur Hand gehen, muss man fragen, was „Natur" von sich aus zu leisten vermag. Auf den natürlichen Sprachlernfähigkeiten müssen wir aufbauen, ihnen müssen wir zuarbeiten, statt sie zu unterdrücken. Wie könnte es denn zugehen, dass Sprachlernfähigkeiten, die sich in hunderttausend Jahren ausgeprägt haben, in der Schule nicht mehr wirksam wären? Wenn zuweilen der Eindruck entstanden ist, natürliche Erwerbsprinzipien und Unterricht hätten wenig miteinander zu tun, ist dies allein Schuld eines Unterrichts, der erstarrten Lehrtraditionen folgt, statt den Bedürfnissen der Lernenden entgegenzukommen. Wo aber Letzteres geschieht und viel kommuniziert wird, wird auch das Wirken natürlicher Erwerbsprinzipien vielfältig sichtbar. Insofern bildet die Psycholinguistik den Kernbereich jeder Theorie des Lehrens von Sprachen. Mit ihr tritt die Fremdsprachendidaktik als Wissenschaft in eine neue Phase ein.

Keineswegs werden damit gesellschaftliche Faktoren geleugnet. Zu offenkundig ist das unterschiedliche Schicksal einzelner Sprachen in mehrsprachigen Regionen, auch wenn das offizielle Schulwesen die Sprachen gleich behandelt. Sozialprestige und Gebrauchswert der Sprachen, damit verbundene Minderwertigkeitsgefühle, Verknüpfung der Sprachen mit kultureller Autonomie oder nicht und andere Faktoren beeinflussen Verlust oder Bewahrung. Zu offenkundig ist auch die geringe Kontaktzeit, die der Unterricht gewöhnlich zu bieten hat. Dennoch ist damit der Kern der menschlichen Lernfähigkeit im allgemeinen noch der Sprachlernfähigkeit im besonderen berührt. Es geht darum, diese Sprachlernfähigkeiten unter unterschiedlichen Bedingungen optimal ins Spiel zu bringen. Vergleichsweise werden die Fallgesetze Galileis nicht dadurch falsch, dass sie mit dem Idealfall der Reibungslosigkeit rechnen, obwohl es in Wirklichkeit nur den durch Reibung veränderten Fall gibt.

Die Spracherwerbsforschung *entdeckt* Faktoren, Strategien, Reihenfolgen; die Didaktik muss Lehrtechniken unter den Bedingungen der Schule *erfinden* und durchgestalten. In keiner Entdeckung der Linguisten ist die didaktische Erfindung schon enthalten. Faktoren des Spracherwerbs haben für den Didaktiker heuristischen Wert, sind Hilfen bei der Suche nach geeigneten Techniken, sind aber selbst noch keine Unterrichtstechniken. Letztere müssen im Hinblick auf den Unterricht entworfen und im Unterricht selbst durchgeprobt, analysiert, getestet und in ihren Effekten miteinander verglichen werden. Zu beachten ist die besondere, Schule und Unterricht kennzeichnende **Faktorenkomplexion** (Butzkamm 1973, 173). Deshalb genügt der Rückgriff auf die Psycholinguistik nicht; Unterricht als eine Weise des Umgangs von Menschen mit Menschen, ja als ein Stück Leben, ist nicht auf eine Disziplin beschränkbar, wie jede beliebige Momentaufnahme belegt:

> „I could not remember ‚portare', which is ‚to carry'. I was made to go down on all fours, and he piled books on my back and ordered me to take them from one side of the classroom to the other. The Latin sentence for this was ‚portat asinus libros', which was ‚the ass carried the books'. Mr. Sutcliffe had a substantial pointer, and would use this to encourage the ass if it showed any signs of rebellion. Thus he illustrated graphically the meanings of Latin words, and it was naturally difficult thereafter to forget them."
>
> (Paton 1986, 33)

Das Erstaunliche an dieser Episode aus der Schulzeit des südafrikanischen Romanciers ist, dass hier nicht von Entwürdigung, Demütigung und dergleichen die Rede ist. Dabei schildert sich Alan Paton als überaus verängstigtes, kontaktscheues Kind. Angst und Kontaktscheu durchlebte er aber nicht im Unterricht, sondern in der Pause auf dem Schulhof, beim Umgang mit den anderen Kindern. Über den Eseltreiber Sutcliffe urteilt Paton, der selber lange Jahre Lehrer war: „He was a tyrant, and we didn't like him, but he had no peer as a teacher of small boys."

Die Gesamtstimmung des Unterrichts war offenbar so, dass solch drastische Vokabeldressur die Würde elfjähriger Knaben, vielleicht auch nur dieses einen Knaben, nicht berührte. Wie aber hätten wir ohne Patons Kommentar über diesen Lehrer geurteilt? So machen wir außer auf gesellschaftliche zugleich auf personale Faktoren aufmerksam, begnügen uns aber mit dem Hinweis, dass die „Verunreinigungen der Erkenntniß durch die ein für alle Mal gegebene Beschaffenheit des Subjekts, die Individualität" (Schopenhauer

1851, 67) primär nicht Gegenstand psycholinguistischer Betrachtungsweise sind.

Wer Praxisvorschläge macht, ist vor Missbrauch nicht geschützt. Denn er kann die Vielfalt dessen, was mitzubedenken ist, immer nur verkürzt darstellen. Spracherwerb und Sprachunterricht beruhen auf einem beziehungsreichen Zusammenspiel von Sprachintuition, Gefühl, Verstand und Situation. Außer den Faktoren, die eine Arbeitsform gezielt ins Spiel bringt, werden weitere beiläufig wirksam. Eine gelöste, heitere oder ernste Grundstimmung kann eine Schulklasse auch durch Arbeitsformen hindurchtragen, die lernpsychologisch von zweifelhaftem Wert sind oder zum falschen Zeitpunkt kommen. Jede Schulklasse ist einmalig, jeder Lehrer und auch schon jeder Schüler hat seine unverwechselbare Lebensgeschichte, die ihn prägt. Manche Schüler verstehen so gut mit jedem Winde zu segeln, dass auch ein Lehrer, der alles mögliche falsch macht, noch seine Erfolge hat. Ein anderer Lehrer macht durch Gewissenhaftigkeit, Freundlichkeit und nicht endenwollende Geduld wett, was ihm an psychologisch durchdachter Lernplanung abgeht usw. Im Unterricht wirkt dies alles zusammen. So gut kennt aber die Wissenschaft den Menschen nicht, dass sie dies mannigfache Beziehungsgeflecht wechselseitiger Einflüsse bis auf den Rest entwirren könnte. Die Analyse einer dreiminütigen Unterrichtsaufzeichnung könnte einen ganzen Band füllen. So gibt es keine schlüssigen Beweise (*proof*) für die Überlegenheit bestimmter Arbeitsformen; stattdessen häufen wir Indizienmaterial an (*evidence*).

Die folgenden Praxisvorschläge sind somit in zweierlei Hinsicht beschränkt:

1. Sie konzentrieren sich auf Psycholinguistik und Sprachlernpsychologie als Kernbereich aller Unterrichtsmethodik. Praxis muss zunächst in diesem Bereich stimmig sein, bevor man nach Geschlecht, Sprachen (Typ, Sozialprestige usw.), Schulform, Gesellschaftsform usw. differenziert. Doch soll der Leser einschätzen können, in welchen Konstellationen die vorgestellten Arbeitsformen zu erwartbaren Erfolgen führen. Dazu dienen kurze Unterrichtszitate und gelegentlich ausführliche Dokumentationen. Praxis ist der Grund, in den wir unsere Pfähle einrammen.

2. Sie konzentrieren sich auf solche Bereiche, die strittig sind und einer Klärung bedürfen. Ergebnis: **Die behördlichen Unter-**

richtsrichtlinien, unsere „offizielle“ Methodik, sind in wichtigen Punkten zu revidieren.

Vielleicht ist es nicht müßig zu erwähnen, dass der eigene Unterricht, aus dem im Folgenden öfter zitiert wird, auf drei Grundüberzeugungen aufruht:

1. Unterricht ist selbst ein Stück Leben, das es zu bestehen gilt, nicht nur Vorbereitung auf Späteres: Verschränkung von Gegenwartserfüllung und Zukunftsbezogenheit. Deshalb geht es, was immer man im einzelnen mit seinen Schülern tut, auch um das Gelingen des Lebens schlechthin. Die fundamentalen Sinnfragen, woher der Mensch komme und wohin er gehe, müssen durchscheinen. Wir müssen Lebensentwürfe anbieten.

2. Wer Lebensentwürfe anbieten will, muss heute mehr denn je gegen Zeitströmungen ankämpfen. In den sechziger Jahren galt es zu betonen, dass Konsensfähigkeit letztlich wichtiger ist als Konfliktfähigkeit. Heute käme es darauf an, sich gegen eine Stimmung zu stemmen, die uns nahelegt, dass es mit dem Menschen zu Ende geht. Verhindern wir, soweit es in unseren Kräften steht, dass schon Zwanzigjährige verzagt in die Zukunft blikken.

3. Jeder Mensch ist unmittelbar zu Gott. Er will in seiner Einmaligkeit erfasst sein. Wer Macht über andere hat, muss sich dies besonders vergegenwärtigen und die Vielfalt menschlicher Begabungen und Strebungen berücksichtigen.

4. Unterricht ist wie ein vielstimmiges Orchesterstück, dessen Partitur wir auch bei mannigfachen Erkenntnisfortschritten nie vollständig werden lesen können. Denn wer etwas *ganz* wüsste, wüsste schon alles.

Wer solches bedenkt, mag mit wohlverstandenen, richtig eingesetzten Arbeitstechniken ein Stück weit kommen.

VII. Kommunikation als Weg und Ziel

> Language is not an end in itself, just as little as railway tracks; it is a way of connection between souls, a means of communication.
>
> (Jespersen 1904)

I. Kommunikation im Unterricht: Terminologisches

Kommunizieren lernt man durch Kommunizieren. Das Problem dabei ist, ein komplexes System schrittweise aufzubauen.

Kommunikation ist demnach das gesetzte Ziel und zugleich der Weg dahin. Üben, Gruppieren, Erklären usw. treten hinzu, aber nur in dienender, stützender, Komplexität reduzierender Funktion. Die Muttersprache oder Hauptsprache ist dabei eine entscheidende Hilfe.

Doch zunächst gilt es die Gegenüberstellung von Üben und Kommunizieren (vgl. Kap. V) zu korrigieren. Erklären und Üben sind doch auch eine Form des Kommunizierens. Wo immer Menschen beisammen sind, findet Kommunikation statt. „Man kann nicht nicht kommunizieren" lautet eine berühmte Formel (Watzlawick u.a. 1969, 53). Auch wenn wir uns abwenden und nicht miteinander sprechen, teilen wir uns etwas mit, nämlich genau dieses: dass wir nicht miteinander sprechen wollen. Und eben das ist Kommunikation.

So ist selbst ein reiner Nachsprechdrill, den wir nicht als „kommunikativ" empfinden und auch nicht so bezeichnen, ein Stück Kommunikation. Als Lösung aus diesem terminologischen Dilemma bietet die Didaktik eine Reihe von Begriffspaaren an. So wird unterschieden zwischen *manipulation* und *communication* (Prator 1972), was terminologisch ebenso ungenügend ist wie die Scheidung von „echter" Kommunikation und „Scheinkommunikation". Hilfreicher sind die Einteilungen in *real speech* und *drill speech* (Jarvis 1968), *skill-getting* und *skill-using activities* (Rivers 1972), *reflective* und *productive performance* (Stevick 1976), *focus on form* und *focus on message*

(Dulay/Burt 1978), und *rehearsal language* und *performance language* (Hawkins 1981). Meine Einteilung ist die in „sprachbezogene" und „mitteilungsbezogene" Kommunikation oder „sprachbezogene" vs. „personen- und sachbezogene" Kommunikation bzw. *medium-orientation* und *message-orientation*. (Butzkamm/Dodson 1980; Butzkamm 1997). Wenn wir auch weiterhin verkürzend „sprachbezogenes Üben" gegen „Kommunizieren" setzen, sind wir uns jedenfalls bewusst, dass auch das Üben eine bestimmte Art von Kommunikation darstellt. Die zahlreichen Termini machen deutlich, wie wichtig hier eine Unterscheidung ist. Zugleich lässt die terminologische Vielfalt auf definitorische Schwierigkeiten schließen. Zur Klärung blenden wir noch einmal zurück.

2. Kommunikation außerhalb des Unterrichts

Stolz erfüllt die Mutter des zweijährigen Nico. Sie hat gehört, wie Nico jetzt auch den Namen seines Onkels spricht. Als der sie besucht, will sie ihm seine neuerliche Großtat vorführen: „Sag doch mal ‚Wolfgang'". Beschwörend redet sie auf Nico ein. Aber der bleibt stumm, bleibt den Beweis schuldig. Doch Stunden später überrascht er alle, zeigt auf das mitgebrachte Spielzeug und sagt: „Woffa!" „Ja, das ist von Onkel Wolfgang", strahlt die Mutter.

Viele Kinder verhalten sich ähnlich wie Nico. Sie liefern nicht gern sprachliche Fertigkeitsnachweise, verweigern sich mithin einer bestimmten Art von Kommunikation oder weichen aus.

Die Kommunikationstypen, die es zu unterscheiden gilt, lassen sich auch an Beispielen aus dem natürlichen Zweitspracherwerb erkennen. Der Kieler Anglist Wode war mit seiner Familie für ein halbes Jahr in die USA gereist, um den Zweitspracherwerb seiner Kinder im Sprachland zu studieren. Deren Fortschritt im Englischen wurde einmal durch Aufzeichnung natürlicher Gesprächs- und Spielsituationen (*natural data*), zum anderen durch arrangierte Testsituationen (*elicited data*) festgehalten. Einer solchen Testsituation entstammt der folgende Ausschnitt:

VATER: Und wie würdest du sagen, wenn es Freds Haus ist?
SOHN: This is Fred's house.
VATER: Ja.
SOHN: This is Fred's house, I know that but eh but it is not eh was heißt mieten?

VATER: We have rented it.
SOHN: We have eh we rented it, but eh but it is not ours- z [auəsəz].
VATER: That's correct (Wode 1981a, 268).

Als Linguist interessiert sich Wode primär für den Erwerb bestimmter Strukturen, so wie hier für die Genitivflexion. Im Gesprächsausschnitt produziert Sohn Lars einmal das korrekte *Fred's*, zum anderen das falsche *ourses*. Mit Recht weist Wode jedoch darauf hin, dass nur das korrekte *Fred's* aus dem Übersetzungstest stammt, während die spontane Bildung *ourses* als natürliches Sprachdatum einzustufen ist. Wir sehen nämlich, wie Lars aus der Testsituation ausbricht, weil er etwas zur Sache sagen will. Das Wort, das er benötigt, besorgt er sich schnell und problemlos durch Rückgriff auf die Muttersprache. Er will mit seiner Aussage vorankommen, will etwas klarstellen. Und der Vater geht darauf ein, verlässt ebenfalls die sprachbezogene Position und bestätigt die Sachaussage: *That's correct.*

Einen ähnlichen Wechsel der Kommunikationsebenen hat Wode öfter notiert. Die Kinder wissen natürlich, dass der Vater sie regelmäßig prüft, weil es zu seinem Beruf gehört. Sie wissen wohl auch, dass die Testsätze des Vaters eben Testsätze sind und sonst nichts bedeuten. Glücklicherweise verweigern sie die Kommunikation nicht. Aber sie reagieren immer wieder auf den *Inhalt* der Testsätze. Als Lars den Satz „Johnny hat zwei Fische gefangen" übersetzen sollte, protestierte er sofort, dass Johnny an dem Morgen doch gar nichts gefangen habe. Und die noch jüngere Inga gab sich nicht damit zufrieden, dass der Vater in seinen Sätzen imaginäre Namen einführte. Sie wollte erst wissen, wer denn nun die Louise oder die Katy aus den Testsätzen waren.

Traute Taeschner (1983, 220), die zumeist die einzige deutschsprachige Kommunikationspartnerin ihrer beiden Kinder war, engagierte zu der Zeit, als die Töchter in die Schule kamen, eine deutsche Kindergärtnerin. Die sollte die Kinder an drei Nachmittagen in der Woche besuchen und mit ihnen auf lockere Weise etwas Deutsch üben. Aber das klappte nicht. Als die Kindergärtnerin zum dritten Mal erscheint, verbarrikadieren die beiden Mädchen ihre Zimmertür. Der Friede wird erst wieder hergestellt, als das Übungsprogramm radikal umgestellt wird: Jetzt wird gespielt, gebastelt, genäht usw. Das geschah natürlich alles auf Deutsch, so dass das Deutsche im Endeffekt noch intensiver *mitgeübt* wurde als es zuvor *geübt* werden sollte. „The girls never barricaded the door again. In fact, they ran to open it, because they loved the afternoons they spent playing with their teacher."

Entscheidend ist die psychologische Umorientierung der Lehrerin. Sie kam zunächst als Deutschlehrerin ins Haus. Genau das war sie in den Augen der Kinder, wenn auch von vornherein geplant war, den Unterricht möglichst spielerisch zu gestalten. Danach kam sie als Spielpartnerin. Ihr Programm war hinfort nicht mehr Deutsch, sondern Spielen und Basteln. Bloßer Etikettenschwindel? Nein, denn die Lehrerin hatte in der Tat ihre Aufgaben neu definiert, sie hatte ihr Bewusstsein verändert.

3. Kommunikation durch Bewusstseinswandel

Auf diese Bewusstseinsveränderung kommt es an. Denn der Sprachlehrer betritt ja die Klasse, um Sprache zu lehren. Sein Lehrstoff sind Wörter, Sätze, Texte. Eine Zeitlang hatte man gedacht, das entscheidende sei dabei die situative Einbettung. Eine Sprache werde dann richtig vermittelt, wenn sie situativ verankert sei, aus Situationen entwickelt werde.

Aber das genügt nicht. Sprachdarbietung bleibt Sprachdarbietung, ob situativ oder nicht. Wo mitteilungsbezogen kommuniziert wird, spricht man aus einem anderen Bewusstsein. Der Lehrer versteht seine Äußerung nicht bloß als „Sprechanlass" für den Schüler. Nimmt er etwa die thematischen Impulse, die er gibt, wirklich ernst, oder sind sie letztlich doch nur ein Vorwand, Sprache zu üben? Hier ahnt man, wie schwierig eine solche Bewusstseinsveränderung ist. Der Lehrer muss gewissermaßen vergessen, dass sein Fach Englisch oder Französisch heißt. „The whole attention is given to the meaning of the message, with no thought of any ulterior language-learning ‚pay-off'" heißt es bei Hawkins (1987, 93). So sind Eltern oder Spielpartner oft die besseren Sprachlehrer, eben weil sie nicht bewusst als Sprachlehrer agieren und die Sprache nicht selbst intendieren oder thematisieren. Wir nannten dies inzidentelles Lernen, einen versteckten Sprachlernprozess, der als solcher von den Beteiligten selten angesprochen wird. Die Sprache wird nebenher gelernt, dient dabei allen möglichen Absichten und Zwecken, mit einer Ausnahme: Wir reden gewöhnlich nicht, um uns in Sprache einzuüben.

Das Kriterium für die Unterscheidung zwischen mitteilungsbezogener und sprachbezogener Kommunikation ist demnach die zugrundeliegende Sprechabsicht. Nun ist es ja durchaus möglich, mit einer Äußerung gleich mehrere Absichten zu verbinden. Unterrichtliche Kommunikationsakte wären mithin auf einer gleitenden Skala einzustufen, die sich zwischen den Werten „rein sprachbezogen“ (Beispiel: Nachsprechübung) und „rein mitteilungsbezogen“ (Beispiel: „Es zieht. Mach mal das Fenster zu“) erstreckt.

4. Das Einverständnis ungleicher Partner und die Nestwärme

Wo nicht nur geübt und nicht nur Wissen vermittelt wird, sondern unterschiedlichste Sprechabsichten ins Spiel kommen, werden auch unsere Gefühle in unterschiedlichster Weise angesprochen. Erinnern wir uns erneut an das Werden der Sprache beim Kind. Sprache entsteht aus dem Einverständnis ungleicher Partner, aus dem Sich-wechselseitig-Entsprechen. Im Verstandenwerden durch die Mutter kommt das Kind zu sich selbst. Weil die Mutter Einvernehmen herstellt, beginnt das Kind das Zugesprochene zu verstehen (Butzkamm & Butzkamm 1999, 34ff.).

Verstehen wir also Kommunikation nicht einseitig als die Kunst des Interessenausgleichs, des Verhandelns und des sich Auseinandersetzens, sondern ebenso als die Kunst des Sich-Einfühlens und Einstellens auf den Partner. Versuchen wir wie die Mutter eine Gleichgestimmtheit zu erreichen, schaffen wir ein wenig von der Nestwärme, dieser *chaleur du nid,* auf die Jean Petit bei der Einrichtung bilingualer Kindergärten im Elsass immer wieder hingewiesen hat. Auch noch der Elfjährige, der noch nichts von der fremden Sprache weiß, ist ungeschützt und verletzlich gegenüber seinem Lehrer, hat wohl auch noch das Bedürfnis nach personaler Bindung, ähnlich wie beim Kleinkind, das ganz auf seine Eltern angewiesen ist. Gerade im Anfangsunterricht, wenn einem die fremden Laute so schwer über die Lippen kommen, gilt es ein Klima der Geborgenheit zu schaffen. Ehemalige Schüler berichten:

> „I remember a girl who couldn't pronounce the word ‚radiator‘ and only when she finally burst into tears after several desperate attempts, did our teacher move on to the next pupil. It was awful.“ (Bernd M.)

„The teacher forced us to speak the new words and sounds in front of the class. When we were wrong he corrected us with an intimidating and reproachful glance and we had to repeat the correct version ... We were not allowed to laugh at our own mistakes. Our teacher did not realise that laughing was sometimes important to hide one's own insecurity." (Kerstin D.)

So etwas zerstört die Lernfreude und die Lust am fremden Sprachklang. In einem Unterricht, dessen Inhalt und Zweck nicht primär die Wissensvermittlung, sondern die Kommunikation ist, muss man einander wohl wollen und vertrauen. Misstrauen kann leicht in Angst umschlagen, die uns dumm macht. Ein kommunikativer Unterricht braucht etwas von jener *family warmth* der ersten Jahre.

Wir müssen einander zugetan sein und einander Mut machen, uns gemeinsam freuen und gelegentlich auch gemeinsam trauern, wenn einmal etwas mißlingt – ein Aspekt von Kommunikation, den uns der Blick auf den natürlichen Spracherwerb so nahelegt.

5. Unterricht: Keine Proben ohne Premiere (und umgekehrt)!

Darüber sind sich nun die meisten Beobachter einig: Mitteilungsbezogene Kommunikation findet nicht – oder doch allzu selten – statt.

„Unsere Schüler haben schon lange erkannt, daß sie mit Strukturübungen nicht sprechen lernen, daß sie allenfalls eine gute gymnastische Vorbereitung sind auf den eigentlichen Unterricht, nur: Dieser Unterricht findet nicht mehr statt" (Schneider 1971, 60).

„Most activity is preparing learners for language use, not actually engaging them in it" (Wilkins 1978, 38).

„Dort wo das ‚wirkliche Leben' verbalisiert wird, wo also Kommunikation im alltäglichen Sinne stattfindet, spricht der Lehrer deutsch" (Solmecke 1981, 9).

Ähnliche Kommunikationsdefizite werden in den empirischen Studien von Zehnder (1981), Mitchell u.a. (1981), Lörscher (1986) nachgewiesen. Wenn beim Sprechen über Texte mitteilungsbezogen kommuniziert wird, kann „das Sprechverhalten der Schüler, rein quantitativ betrachtet, um ca. 50% gesteigert werden," urteilt Brusch (1986, 129).

Eine Expertenkommission des Europarats zieht die Bilanz aus Schulbesuchen in Niedersachsen und Nordrhein-Westfalen: „The communicative approach plays a fundamental role in the theoretical definition of teaching methodology in the field of foreign languages. In practice, however, the implemented processes and the teaching strategies often follow traditional models" (Bergentoft 1986, 20).

Das Hauptdefizit gegenwärtiger Unterrichtspraxis liegt demnach im Bereich der mitteilungsbezogenen Kommunikation. Allzu oft gerät uns Sprache zum bloßen Übungsstoff – lauter Proben ohne Premiere. Oder in der Fußballsprache: Da gibt es Lehrer, die dribbeln immer bloß bis zur Strafraumgrenze, aber vergessen das Toreschießen. Das radikale Gegenprogramm: Der Lehrer habe lediglich die Aufgabe, Kommunikation zu organisieren, ist aber zu simpel. Die reichhaltige Geschichte des Unterrichts, sowie unsere Analyse des natürlichen Spracherwerbs, führen übereinstimmend zu einer in folgenden Thesen fixierten Pendelstrategie:

1. Fremdsprachenunterricht ist umso effektiver, je mehr personen- und sachbezogene Kommunikation er im Verhältnis zum sprachbezogenen Üben enthält. Denn Kommunizieren lernt man zuallererst durch Kommunizieren.
2. An zweiter Stelle steht das – im natürlichen Spracherwerb vorgebildete – Üben. Dabei ist die Auswahl und Anordnung des Übungsstoffes ein besonderes, „künstliches" Mittel des Unterrichts, Komplexität zu reduzieren. Die Übungen sollten zugleich ein Strukturgefühl (Grammatikalität) entwickeln und Gebrauchssicherheit (Fertigkeit) vermitteln. Entscheidend ist dabei, wie Übungen an die kognitiven und grammatischen Vorleistungen der Muttersprache anknüpfen und zu gleich in der Nähe der Kommunikation bleiben, in die sie immer wieder hinübergleiten.

   Fremdsprachenunterricht ist ständig in Gefahr, die im Üben erreichte, notwendige Komplexitätsreduktion mit einem Verlust an Kommunikation zu erkaufen: Übungsleerlauf, der Kommunikation ersetzt, statt zu ihr hinzuführen.
3. „Four legs good, two legs bad", skandieren die Schafe in Orwells *Farm der Tiere*. „Mitteilungsbezogenheit gut, Sprachbezogenheit schlecht" wäre die falsche Gleichung. Wir müssen aber von einem – zunächst notwendigen – Übergewicht der Sprachbezogenheit wegkommen, allmählich zu einem Gleichgewicht und schließlich schon in der Mittelstufe zu einem Übergewicht der Mitteilungsbezogenheit gelangen. Die Aufgabe des Lehrers ist es, **zwischen beiden Polen geschickt hin- und herzupendeln**. Besonders am Anfang wird er jede Gelegenheit zur Mitteilungsbezogenheit nutzen. Auf der Ober-

stufe kann er aber selbst eine lebhafte Diskussion kurz unterbrechen, um eine sprachliche Schwierigkeit wegzuüben, so dass die Schüler danach sprachlich korrekter, geschickter und eleganter weiterdiskutieren können.

4. Sprachbezogenes Einprägen von Wörtern und Wendungen, d.h. von gebrauchsfertigen Redeteilen ist bei einem auf wenige Wochenstunden begrenzten Unterricht ein unersetzliches Mittel zum Spracherwerb. Konsolidierende häusliche Memorierarbeit sichert das kommunikative Potential des Unterrichts. Die Beschränkung auf den reduzierten, vorprogrammierten Wortschatz der Elementarbücher verhindert, dass Sprache als Mittel zur Weltbemächtigung erlebt wird.
5. Die Geschlossenheit grammatischer Teilsysteme mit einander ausschließenden Alternativen (z.B.: l., 2. oder 3. Person, nicht mehr und nicht weniger) bildet einen lerntechnischen Vorteil, den Unterricht ausnützen muss. Also gelegentliches Systematisieren und Gruppieren in Schautafeln und Übersichten.
6. Erklären und damit die Vermittlung expliziten Sprachwissens treten hinzu, wenn Sprachwissen unmittelbar in Sprachhandeln umgesetzt werden kann.
7. Auch für Fortgeschrittene ist das Ideal eine primär auf die Welt und die Menschen gerichtete Kommunikation, in die sich gleichwohl sprachbezogene Elemente hineinmischen.

Erinnert sei an die den Unterricht im Vergleich zur natürlichen Erwerbssituation charakterisierenden **Handikaps**:

1. Zeitfaktor:	begrenzte Hör- und Sprechzeit
2. Weltfaktor:	im Klassenraum vorgestellte Welt vs. reale Welt des Sprachlandes
3. Sprecherfaktor:	Viele müssen sich ein Sprachvorbild teilen. Ist eine Gleichgestimmtheit, wie sie sich zeitweilig zwischen Mutter und Kind herstellt, unter dreißig Menschen je erreichbar?
4. Motivationsfaktor:	Die Fremdsprache ist zur Verständigung nicht notwendig.
5. Machtfaktor	Im Alltag bestehen die unterschiedlichsten Machtverhältnisse. Unterricht ist gekennzeichnet durch ein institutionell vorgegebenes Machtgefälle zwischen Lehrer und Schüler.

Üben, Einprägen, Systematisieren und Erklären, d.h. die Künstlichkeit des Unterrichts, wird daher nicht verworfen, sie muss aber stets darauf abzielen, sich selbst überflüssig zu machen. Als Faustregel gilt: Soviel Üben wie nötig, soviel Kommunizieren wie möglich.

Was folgt, ist deshalb schwerpunktmäßig keine Methodik der Kommunikation. Sie hat ja genügend Befürworter. Wir konzentrieren uns stattdessen auf kontroverse Hilfsmittel wie Muttersprache und Grammatik und zeigen, wie man Kommunikation ermöglicht, wie man – in jeder Unterrichtsstunde – zu ihr hinführt, statt sie zu verspielen. Jeder Lehrer würde ja liebend gerne mit seinen Schülern lebendig kommunizieren – etwa den nächsten Klassenausflug in der Fremdsprache besprechen oder ernsthaft über die vielen kleinen und großen Probleme reden, die ihn und seine Schüler bewegen. Dann macht er die Erfahrung: Es geht nicht; und so wird weiter Sprache dargeboten und eingeübt, bis plötzlich vor lauter Üben gar nichts mehr gelingt und Absolventen der 10. Hauptschulklasse (mit Fachoberschulreife!) nicht das geringste Gespräch in der Fremdsprache bestreiten können (vgl. Walter 1978).

Mitteilungsbezogene Kommunikation bedeutet auch: Lesen, nicht um der Sprache willen, sondern um des Lesevergnügens willen; weil man wissen will, wie's weitergeht, weil man aus Texten Trost und Freude schöpfen kann. Hier empfehlen wir u.a. eine neue, zweisprachige Text- und Arbeitsform (Kap. X).

In Kap. XI und XII geht es um Grammatik als Weg zur Kommunikation, und nicht als Alternative zu ihr. Wieder werden entscheidende Veränderungen durch die Mithilfe der Muttersprache erzielt. Das **generative Prinzip** kommt zur Geltung. Eine neue Art hocheffektiver *pattern drills* führt zur Kommunikation hin, statt von ihr weg.

„Umdenken" heißt es auch in unseren Überlegungen zur Wortschatzarbeit. Denn wenn wie bisher die Ausdrucksbedürfnisse der Schüler an die Kette eines vorprogrammierten, ängstlich dosierten Wortschatzes gelegt werden, müssen sie verkümmern (Kap. XIII).

Das letzte Kapitel rundet das Thema „Muttersprache" ab. Das zu Unrecht vernachlässigte Herübersetzen wird als eine Form des nachhaltigen, besitzergreifenden Lesens und damit als eine besonders intensive Weise der Textaneignung beschrieben. Es ist zugleich Sache des Muttersprachen- wie des Fremdsprachenunterrichts, ist aber dem Gespräch über den Text nachzuordnen.

6. Der Idealfall: Bilingualer Sach- und Projektunterricht

Manche unter uns haben als Idealfall das textdeutende Gespräch in Erinnerung. Wir denken an gelungene Stunden in der Oberstufe, in der die Klasse zu einer Interpretationsgemeinschaft zusammenwuchs. Fragen brachen auf, Antworten wurden gesucht, man offenbarte einen Teil seiner geheimsten Träume, niemand belehrte den anderen. Oder: Man rang miteinander, und unversöhnlich prallten die Meinungen aufeinander. Personen und Ideen traten hervor, und obwohl wir englisch sprachen, vergaßen wir, dass wir dabei waren, Englisch zu lernen. Das ist der reine Fall mitteilungsbezogener Kommunikation. Dieses Textgespräch ist in den Monographien von Nissen (1974) und Brusch (1986) hervorragend abgehandelt.

Ein anderer Gegenpol zur Sprachbezogenheit ist das Sachlernen in der Fremdsprache, wie er etwa in bilingualen Zweigen deutscher Gymnasien und Realschulen erteilt wird. Neben dem Zeitgewinn für die Zweit- oder Fremdsprache ist denn auch die veränderte kommunikative Qualität dieses Unterrichts nach Stern (1983, 240) das eigentliche Erfolgsgeheimnis bilingualer Schulen: „The emphasis in this syllabus is on topics, on information – not on language as such. One of the most readily available ways of doing this is to offer a subject other than the language itself in French or to draw on the other subjects of the school curriculum; in this way the language is used as a means of communication for something else. This has been of course the ‚secret' of the immersion story".

Ein Lehrer, der in einem bilingualen Zweig Kunstunterricht erteilt, kommt gar nicht auf die Idee, dass die Inhalte und Ziele des Faches Kunst nur ein Vorwand wären, die fremde Sprache einzuüben. Auf dem Stundenplan steht Kunst, und das ist für Lehrer und Schüler entscheidend. Aber wie ist es möglich, ohne Abstriche den Ansprüchen des Sachfaches Genüge zu tun, wenn dies in einer ganz unvollkommen beherrschten Fremdsprache unterrichtet wird? Bei geringen Sprachkenntnissen kommen nur solche Fächer (oder nur solche Anteile von Fächern) in Frage, die eine starke praktische, anschauliche Komponente enthalten. Im Tun wird Sprache wie in einem unbewussten Osmosevorgang aufgesogen, sie durchdringt das Tun, steuert es, begleitet es, schließt es ab, ohne dass sich die Handelnden ihrer so recht bewusst werden.

Dazu zwei Beispiele aus Unterrichtsbesuchen:

- In einem Kindergarten in Birmingham. Ich durfte dabeisitzen, wie ein kleines schwarzes Mädchen Einzelunterricht erhielt. Eine Kindergruppe sollte ein Theaterstück aufführen. Dazu mussten Kostüme genäht werden. Diese Arbeit übernahm eine Mutter, die regelmäßig im Kindergarten mithalf. Das Kind, dessen Kostüm gerade genäht wurde, kam dann aus der Gruppe herbei und setzte sich neben die Näherin an die Maschine. Mit Eifer verfolgte es, wie sein Kostüm entstand, ja es durfte selbst mit Hand anlegen, den Stoff befühlen, festhalten, glattziehen, mit dem Finger über die Naht fahren usw. Die Mutter kommentierte alles Tun mit einem nie abreißenden Strom von Worten: „I'm now going to put a hem on your costume. You see I'm turning the bottom up by a few inches ... there you go ... let's try to keep it straight ... will you hold this together while I put the stitches in ... and now with the other hand you turn the handle ... slowly to begin with ... Can you do that? ... Right, that's it ... We'll have to keep the stitches straight ... Do you know how we do this ... There you go ... Go on, slowly, not too fast, that's it, that's right ... You see we're doing this to keep the edge strong, to strenghten it ... Now we'll try it against you to see if the hem is at the right length ... Oh, no it's a bit too long. We'll have to move it up and put the pins at the right place ... can you give some?" Auch wenn das Kind nur mit Gesten, Nicken, einsilbigen *yes* oder *no* reagierte: Man sah, dass es das Gesprochene in der Situation verstand und in sich aufnahm. *Art and handicraft activities* aller Art sind besonders für den Anfänger das richtige. Die Szene erinnert an den Mutterspracherwerb, etwa wenn zuhause Weihnachtsplätzchen gebacken werden.
- Eine Ausländerklasse in einer deutschen Grundschule zwischen Aachen und Köln. Die sog. „nationale Klasse" (meist Türkenkinder) lernte am Thema „Magnetismus" Weil-Sätze handhaben. Der Lehrer hatte eine Plastikwanne voll Wasser aufgebaut. Die Schüler versenkten verschiedene Gegenstände und versuchten dann, sie mit Hilfe eines an einem Bindfaden befestigten Magneten herauszuangeln. Sie erlebten Erfolg und Misserfolg dieser Versuche und lernten sie zu kommentieren: „Ich kann den Schlüssel herausholen, weil er aus Eisen ist. Ich kann den Radiergummi nicht herausholen, weil er aus Gummi ist" usw. Obwohl sich die Schüler an das Satzschema hielten und damit auf Nummer Sicher gingen, gebrauchten sie die Zweitsprache schon recht unbefangen (ausführlicher Bericht bei Butzkamm 1982).

Beim Zweitsprachenunterricht für Einwanderer kann man einen Teil des Unterrichts außerhalb des Klassenraums verlegen: Kursteilnehmer werden in eine Art Praktikum vermittelt, wo sie der Kursleiter regelmäßig besucht, und zwischendurch wieder zum Unterricht zusammenfasst. Oder: Die VHS bietet nicht nur Sprachkurse an, sondern Nähkurse als verkappte Sprachkurse. Oder: Studenten, die ein Deutsch-Zertifikat ablegen müssen, bevor sie ihr Studium aufnehmen dürfen, besuchen in Kleingruppen die Universitätsbibliothek, leihen Bücher aus, erkundigen sich nach Zeitschriften im Lesesaal usw. „Thus an Arabic-speaking female immigrant might be placed in a day care centre and a Greek draftsman might be taken in by an architect's office. ... Students go out in pairs to buy shoes, cash checks, and perform the activities which will give them feedback about their ability to communicate in the real world" (d'Anglejan 1978, 230f). Dies ist nicht mehr im Unterricht simulierte Kommunikation, sondern der von Sprachlehrern geplante und begleitete Ernstfall mitteilungsbezogener Kommunikation selbst. Es gilt also, sich die Erfahrungen bilingualer Länder und Schulen zu eigen zu machen – oder der Geschichte, denn schon John Locke empfahl in seiner Abhandlung über die Erziehung (1694, §178), den Sprach- und Fachunterricht zu verbinden: „For if these be taught him in French or Latin, when he begins once to understand either of these tongues, he will get a knowledge in these sciences, and the language to boot." Die Sprache obendrein, die Sprache als Draufgabe – das ist Sachlernen in der Fremdsprache. Besser als Locke kann man es nicht sagen.

Der Fremdsprachenunterricht braucht aber nicht die Einrichtung bilingualer Zweige abzuwarten. Er kann im eigenen Unterricht Projekte entwickeln, die die Idee der reinen Sachbezogenheit verwirklichen. Wo eine Schulküche vorhanden ist, kann man beispielsweise ausländische Rezepte nachkochen. Die Zutaten müssen eingekauft und abgerechnet, die Speise zubereitet und serviert werden, und all das geschieht in der Fremdsprache, ohne dass sie die Hauptsache wäre: Schmeckt's oder schmeckt's nicht, das ist hier die Frage! (siehe Klyns Bericht über „Hamburger English" auf meiner *website*) Verwandte Projekte wären etwa, Teile eines Erste-Hilfe-Kurses fremdsprachlich durchzuführen oder Verkehrsregeln – unter besonderer Berücksichtigung der im Ausland geltenden Bestimmungen – als Hilfe für die Führerscheinprüfung zu studieren.

7. Dokumentation

> „Das Erlebte weiß jeder zu schätzen, am meisten der Denkende und Nachsinnende im Alter; er fühlt mit Zuversicht und Behaglichkeit, daß ihm das niemand rauben kann"
>
> (Goethe, Maximen und Reflexionen, 513).

Eine 5. Klasse der Afcent School in Brunssum (Holland) mit Kindern amerikanischer, britischer und kanadischer Natoangehöriger wird seit eineinhalb Jahren bilingual unterrichtet, d.h. 75% des Unterrichts wird auf französisch erteilt. Thema der Stunde sind die Unterschiede des Lebens auf dem Lande und in der Stadt und Probleme der Stadtplanung.

Alle Ausschnitte sind unkorrigiert. Die ersten drei belegen das typische Nachfragen nach Äquivalenten, das die Kommunikation vorantreibt, anstatt sie zu stören (vgl. Kap. II,3). Die Schüler sollen sich Berufe ausdenken und sagen, ob sie eher in der Stadt oder auf dem Lande leben würden:

SCHÜLER: Je suis un danseur et je vive entre la ville et la campagne.
LEHRER: Qu'est-ce que tu fais comme danse?
SCHÜLER: Hm. Je ...
LEHRER: C'est la danse moderne?
SCHÜLER: Hm. Je fais la danse moderne et je ... *travel*
LEHRER: Je voyage
SCHÜLER: ... je voyage beaucoup avec une compagnie.
LEHRER: Ah. Bon d'accord.
SCHÜLER: Si une enfant a une maladie notre enfant va l'avoir et ... comment dit-on *spread*?
LEHRER: C'est la contagion.
SCHÜLER: D'abord on a un riviere qui – comment on dit *crosses*? –
LEHRER: qui traverse
SCHÜLER: qui traverse la ville.

Wo frei kommuniziert wird, gibt es kein Wiederkäuen eingelernter Vokabeln. Man riskiert etwas, wie hier die Analogiebildung *billionaire*:

SCHÜLER: Je suis un billionaire et j'habite ...
LEHRER: Billionaire?
SCHÜLER: Billionaire et j'habite dans la ville car je peux aller voir mes actions.
LEHRER: Oui. Mais puisque tu es billionaire tu pourrais tres bien avoir un chateau à la campagne et avoir une maison en ville.

Der Lehrer hat schon längst die Zeit überschritten, und ein Schüler wird ungeduldig. Typisch für „normalen" Fremdsprachenunterricht ist, dass die Schüler (und häufig genug auch die Lehrer) hierbei in die Muttersprache zurückfallen. Das ist hier nicht der Fall:

SCHÜLER: Monsieur! Combien de temps est-ce que nous avons fait?
LEHRER: Il est onze heures moins dix, je finis et après vous faites la ville. O.k.?

Der Lehrer demonstriert an der Tafel, wie in Kanada Städte geplant und Grundstücke verteilt wurden. Typisch, dass er den Einwurf des Schülers nicht grammatisch korrigiert, sondern sachlich bestätigt:

LEHRER: Vous allez en Amérique. Vous arrivez supposons au Canada et vous dites, O.k. où est-ce que je m'installe? ... Dorothy va habiter ici. Ca va etre le terrain qu'elle va recevoir de facon à avoir de l'eau et puis une route. O.k. Michèle sera numero deux. Michèle va habiter ici. C'est à dire que les Anglais qui arrivaient au Canada n'avaient pas le choix d'où ils habitaient.
SCHÜLER: Les gens qui habitent sur l'autre côté n'ont pas de l'eau.
LEHRER: Voilà c'est pour ça que l'on tire au sort. Parce que les gens qui habitent là doivent faire un chemin pour arriver à l'eau. Donc on tire au sort. Et donc qu'est-ce qu'on arrive? On arrive à ce que chacun ait un carré de terrain, n'est-ce pas égal, et c'est pour ca qu' au Canada les villes sont comme ça. Comme à Toronto vous avez Queen Street et vous avez College Street, and so on. Et des villes et des rues du nord en bas.

Gruppenarbeit. Die Schüler entwerfen eine Stadt. Diese gemeinsame *praktische* Aufgabe erleichtert die Verständigung. Der Erfolg des bilingualen Unterrichts zeigt sich besonders darin, dass sie nicht in die Muttersprache verfallen, wenn der Lehrer gerade bei einer anderen Gruppe weilt. Im Gegenteil, sie äußern sich auch in größeren Zusammenhängen, sind ungezwungen und scherzen miteinander:

SCHÜLER Il va être un train qui va ici et va sur une rue (malen lachend).
SCHÜLER: Si tu fais un train qui va ici, donc tu peux prendre le train et tu n'utilises pas l'auto! C'est quelque chose bien!
SCHÜLER: Où est l'école?
SCHÜLER: On n'a pas besoin d'une école! (Gelächter)
SCHÜLER: C'est une école! (malt)

SCHÜLER: On n'a pas besoin d'une école!
SCHÜLER: Ce sont les industries. J'espère qu'on le souvient qu'on doit la présenter.
SCHÜLER: Où est l'aéroport?
SCHÜLER: Là!
SCHÜLER: Et beaucoup de auto-industrie là!
SCHÜLER: C'est des champs!
SCHÜLER: Oui, les champs!
SCHÜLER: Si on met le gare ici, on est besoin pas de les autos!
SCHÜLER: O.k. Le train va venir ici et il va arriver là et tous les gens qui vont à la bureau montent sur le train et il va à l'école et il … alors il va comme ça …
SCHÜLER: Il n'y a pas beaucoup d'écoles!
SCHÜLER: Je vais faire plus de maisons.
SCHÜLER: Une autre école! (Interferenz. Soll wohl heißen: Encore une école)
SCHÜLER: Qu'est-ce qu'on va faire avec les …
SCHÜLER: Oh, je sais! Tous les gens vivent ici et tous les magasins sont ici!
LEHRER: À ce moment là tu auras des problèmes de circulation! Essayez de prouver qu'il n'y a pas de problèmes de circulation!
SCHÜLER: On a besoin d'une tunnel!
LEHRER: Où je trouve votre centrale hydroélectrique et votre station d'épuration des eaux?
SCHÜLER: La voilà!
LEHRER: Et s'il y a du vent, s'il n'y a pas de vent ça veut dire, que la pollution va rester sur la ville! Et s'il y a du vent il va aller là où les gens habitent! Est-ce' que le vent vient comme ça, ou d'où est-ce que le vent vient?
SCHÜLER: Le vent reste là! (lacht)
SCHÜLER: Le vent est là!
SCHÜLER: Pardon Joyce! Je veux faire encore beaucoup plus de champs. (malt)
SCHÜLER: Ça c'est le métro! (Gelächter)
SCHÜLER: Oui, et les petites choses qui viennent comme ça et … ça, là pour cultiver tout ca. O.k.. Prend le violet! Où est le violet?

Die Gruppen haben ihre Stadtpläne fertig und stellen sie im Plenum zur Diskussion. Mitschüler bringen Einwände vor, die Planverfasser versuchen sie abzuwehren:

SCHÜLER: Les usines sont près de la plage. Les personnes qui viennent à la plage pour s'amuser … l'eau près de la plage doit etre polluée!
SCHÜLER: Mais pas ce côté là on n'a pas dessiné!

SCHÜLER: Monsieur!
LEHRER: Louise!
SCHÜLER: Les gens qui habitent au parc, ils ont un ... long *way*
LEHRER: long chemin
SCHÜLER: un long chemin pour aller au bureau! Et si on prend le voiture, comment est-ce qu'ils passent la rivière?
SCHÜLER: Les – comment on dit *bridge*?
LEHRER: Les ponts!
SCHÜLER: Les ponts sont là, là et là!
SCHÜLER: Mais ils sont tres loin!
SCHÜLER: On doit prendre le bateau comme ça (Gelächter).

Die Ausschnitte belegen, wie spontan, zwanglos und frei die Schüler die Fremdsprache handhaben. Sie sprechen allerdings französisch mit einem unverkennbar englischen Akzent und machen eine Menge kleiner Fehler, besonders im Bereich des grammatischen Geschlechts, die aber die Verständigung nicht beeinträchtigen. Sie können den Kenner nicht abschrecken. Aber der Unterricht muss darauf reagieren. Konstanter *peer input* dieser Art kann zu unausrottbaren Fehlern führen, wie kritische Beobachter der Immersion in Wales und Kanada gezeigt haben „Certain types of errors made initially by children in immersion programs are not transitional or transitory, but are in fact terminal." „Most errors do not disappear through communicative interaction" (Hammerly 1989; 1991, 10). Genau deshalb empfehlen wir das gezielte Hin- und Herpendeln zwischen Sach- und Sprachbezogenheit. Hier wären kurze, gezielte mündliche Übungen einzustreuen, mitunter sogar knappe Erklärungen notwendig: Wo verwechseln wir häufig *le* und *la*? Gibt es einen besonderen Grund? So sei nochmals betont: Kommunikation allein genügt nicht, und den Fremdsprachenunterricht schlicht durch den Sachunterricht in der Fremdsprache zu ersetzen, wäre eine Scheinlösung: der naturmethodische oder kommunikative Trugschluss. Aber wir wissen auch: Selbst nach fünf Jahren Fremdsprachenunterricht können viele deutsche Schüler nicht so frei sprechen wie diese nach eineinhalb Jahren. Das sollte zu denken geben.

VIII. Rezeption vor Produktion oder: Der sanfte Einstieg

I. Vorsprung des Verstehens

Nach Clara und William Stern (1928, 165) dauert der „Vorsprung des Sprachverständnisses gegenüber dem Selbersprechen" durchschnittlich zwei bis drei Monate. Schon Aristoteles hat auf dieses der Sprachproduktion vorauseilende Verstehen hingewiesen (Leopold 1949a, 163).

Vergessen wir aber nicht, dass das Kind schon auf vielfache Art mit seinen Eltern kommuniziert. Allein, es benützt noch nicht den artikulierten Laut mit klarer Bedeutungsabsicht. Fängt das Kind an, selber zu sprechen, bleibt der Vorsprung insofern erhalten, als das Verstehen „feiner differenziert" als das Sprechen (Stern/Stern 1928, 165). Sprache muss in uns wachsen und reifen, bevor wir sie austragen.

Im natürlichen Zweitspracherwerb sind die Verhältnisse weniger klar. Manche Kinder, die plötzlich in eine rein fremdsprachige Umwelt versetzt werden, bleiben erst einmal stumm. Ervin-Tripp (1978) hat englischsprachige Kinder im Alter zwischen 4 und 9 Jahren im französischsprachigen Genf beobachtet. Einige Kinder sagten monatelang nichts. Ihre eigenen Kinder fingen 6–8 Wochen nach Aufnahme in der Schule zu sprechen an. Ihre ersten Äußerungen waren Grußformeln wie ‚au revoir', ‚salut', ‚bonjour, Madame', appellative, partner- und handlungsbezogene Floskeln wie ‚regarde', ‚tiens', ‚allez-y' und der Selbstbehauptung dienende Verlautbarungen wie ‚moi bébé', ‚moi sanglier'. Aufschlussreich ist weiterhin das Beispiel eines sechzehnjährigen Mädchens, das aufgrund der Versetzung des Vaters nach Brüssel in eine Schule mit Französisch als Verkehrssprache eintritt. „Aber mit Verständigung und Freundschaften war es lange Zeit nichts", erinnert sie sich. „Ich saß ein ganzes Jahr da, stumm wie ein Fisch und verstand weder Lehrer noch Mitschüler. Ich hatte solches Heimweh nach Deutschland, daß ich am liebsten weggelaufen wäre." Nach einem Jahr riet die Schulleitung, das Mädchen von der Schule zu nehmen, da sich ihre

Sprachkenntnisse nicht gebessert hätten. Das war vor den Sommerferien. „Aber nach den Sommerferien machte ich endlich meinen Mund auf und sprach französisch. Ich mußte das ganze vergangene Schuljahr hindurch Französisch geradezu aufgesogen und gespeichert haben" (Pape 1972, 101). Eine extrem lange Phase ist wohl zunächst einmal eine **Phase des Nichtverstehens bzw. des Verstehenlernens, zudem eines affektiv getönten Sprach- und Kulturschocks**, der wohl auch dann noch nachwirkt, als sie zu verstehen beginnt. Bis der – emotionale und kognitive – Knoten schließlich platzte und sie bereit war zu sprechen. In anderen Fällen natürlicher Zweisprachigkeit kann von einer stummen Phase nicht die Rede sein. Politische Flüchtlinge können – und interessierte Touristen wollen – es sich nicht leisten, zunächst für ein paar Wochen zu verstummen. Sie behelfen sich anfangs mit fertigen Floskeln und Phrasen oder lassen sich von zweisprachigen Partnern aushelfen (Kap. II). Es gibt ja muttersprachliche Vorleistungen (Kap. I)! So kann man aus diesen Beobachtungen kaum ableiten, dass auch dem Fremdsprachenschüler zu Anfang eine stumme Phase (*silent period*) zu gönnen sei. Er kann sofort verstehen; ihm droht nicht, in ein Meer des Nichtverstehens zu versinken.

Dennoch geht das Hören dem Sprechen logischerweise voraus; der Ausdruck folgt dem Eindruck. Offensichtlich muss das Kind zunächst sein Ohr auf die Lautungen einstellen, bevor es sie produzieren kann. Es gilt, hochdifferenzierte Hörbilder auszuformen, dann erst können sich die passenden motorischen Muster ausprägen. Auch dieses Phänomen ist schon bei Stern (1928, 165) belegt: Im Alter von 9 Monaten unterscheidet ein serbisches Kind *tata* (Vater) und *kaka* (Ausscheidung), verfügt jedoch für beide Wörter nur über die gemeinsame Lautung *tata*.

Die zweieinhalbjährige Jenny ist gerade von einem Nachmittagsschläfchen aufgewacht. Als der Onkel hereinkommt, deutet sie in Richtung Fenster.

JENNY: Ho ah – ho!
ONKEL: Ho – ah – ho? Das versteh ich aber nicht.
JENNY: (verdeckt die Augen mit ihrem Stofftier, als ob sie sich schämt)
ONKEL: (zur Tante, die hereinkommt) Ho – ah – ho, was ist das?
JENNY: (deutet wieder in Richtung Fenster und wiederholt) Ho – ah – ho!

TANTE: Rolladen hoch, heißt das doch. Was ist der Wolfgang auch dumm. (die Rolladen sind hochgezogen, Jenny weist also auf etwas hin, fordert nicht auf)
JENNY: Ja!
ONKEL: Ho – ah – ho!
JENNY: Nein, ho – u ah – ho (sie artikuliert also etwas anders als vorher)
ONKEL: Rolladen hoch.
JENNY: Ja.

Die Tatsache, dass Jenny die eigene unvollkommene Lautung von anderen nicht akzeptiert, beweist eindeutig, dass sie über ein korrekteres Hörbild verfügt, als es ihre Lautproduktion vermuten lässt. Nur so kann sie der Illusion erliegen, sie habe richtig artikuliert. Man kann solche Zwischenfälle bewusst provozieren:

JENNY: (weist auf ein Regal mit einem Spielkasten) Das ist mein Piel!
ONKEL: (obwohl er verstanden hat) Ja, dein Piel.
JENNY: Nein, Piel!
ONKEL: Natürlich, dein Piel.
JENNY: (ärgerlich) Nein, Piel.

Jenny merkt, dass sie hier auf den Arm genommen wird. – Diese Beispiele belegen eindeutig das Gefälle zwischen Hör- und Sprechvermögen. Das Kleinkind hört schon durchaus richtig, sein „verboakustischer Analysator" akzeptiert das falsche Klangbild (‚Piel') von anderen nicht. Sein Artikulationsvermögen reicht jedoch nicht aus, um nun selbst die korrekte Lautung (‚Spiel') zu produzieren. Aber erst das Ohr kann unsere Zunge lösen.

Ein Beispiel bei Berko/Brown (1960, 531), in dem ein Kind nur das korrekte *fish* hören wollte, obwohl es selbst nur *fis* sagen konnte, hat dazu geführt, allgemein vom „Fis-Phänomen" zu sprechen – eine Unsitte, die auch von Europäern nachgemacht wird, die nur noch die amerikanische Literatur kennen und die eigene Forschungstradition verleugnen.

Der Vorsprung des Verstehens hat auch mit der Grammatik zu tun. Das Kind versteht bestimmte Fragekonstruktionen, Relativsätze oder Passivsätze schon eine Zeitlang, bevor Fragepronomen, Relativpronomen oder entsprechende Passivkonstruktionen in den eigenen Äußerungen vorkommen. Aber auch der Wortschatz ist betroffen. Vorschüler können z.B. Gesichtszeichnungen nach den sich darin spiegelnden Gefühlen weitaus besser gruppieren, als sie diese Gefühle zu benennen vermöchten: Sprachlich begnügten sie sich mit dem Adjektivpaar *böse – lieb* (Grimm 1977, II, 50).

Das Kind nimmt sich also Zeit, entzerrt die Schwierigkeiten des Spracherwerbs, statt alles auf einmal zu versuchen. Es nimmt schon verstehend am Kommunikationsprozess teil, kann sich aber nicht so nuanciert artikulieren, wie es verstehen kann. Dieses Gefälle zwischen Rezeption und Produktion, das, nebenbei bemerkt, auch bei der Sprachdressur von Schimpansen vorkommt, bleibt beim Erwachsenen bestehen, wenn es sich auch qualitativ ändert. Ein Überhang des Verstehens gegenüber dem Sprechen ist die tägliche – und darum oft nicht recht gewürdigte – Erfahrung unseres eigenen Umgangs mit der Sprache. Wir verstehen all die -zig Idiolekte, z.T. auch die Soziolekte und Dialekte um uns herum, dazu -zig Schreibstile von Grimmelshausen bis Thomas Mann, und sprechen selbst nur ein recht erbärmlich-ärmliches Deutsch gegenüber diesem Reichtum an Sprache, den wir verstehen. „Dieser riesige Umkreis des Verstehens rund um das eigene Verwenden ist bisher von der Linguistik kaum beachtet worden. In keinem der uns bis heute angebotenen theoretischen Modelle der menschlichen Sprache gibt es einen Platz für diese schlechthin entscheidende Unterscheidung zwischen unserer tätigen und unserer verstehenden Mehrsprachigkeit“ (Wandruszka 1979a, 21).

2. Unterrichtsanalyse: Überforderung durch frühe Imitation?

Seit es Unterricht gibt, befolgt man das Prinzip der Isolierung und Dosierung der Schwierigkeiten. Im Fremdsprachenunterricht wird dieser Grundsatz jedoch selten im Sinne einer vorauslaufenden Verstehensphase gedeutet, sondern man lässt die Schüler meist schon in der ersten Stunde kleine Sätzchen nachsprechen.

Das geht nicht immer ohne Schwierigkeiten ab. Es dauerte eine ganze Weile, bis meine Sextaner den Satz *Look under the old box in the kitchen* korrekt reproduzieren konnten. Die Schüler brachen mitten im Satz ab, ließen Wörter aus und brachten es einfach nicht fertig, die Folge *the old box* fehlerfrei nachzusprechen. Ist der Satz zu lang? Übersteigt er die Hörmerkspanne oder „Erfassungsspanne“ (Zollinger 1995, 42) des Anfängers? In der Muttersprache hätten wir keine Schwierigkeiten, einen solchen Satz nachzusprechen und frei zu produzieren: Schau doch mal unter der alten Kiste in der Küche nach! Wir könnten eine entsprechende Szene sogar auf Anhieb spielen, d.h. wir könnten uns, während wir den Satz sprechen, ganz auf den Partner und die Situation konzentrieren, und die passenden Gesten kämen wie angeflogen. Das gelingt im Fremdsprachenunterricht erst nach intensivem Üben.

Wir dürfen uns also als *fertige* Muttersprachler und Fremdsprachler nicht den Blick auf die Schwierigkeiten des Anfängers verstellen lassen (Kap. V,4). Der Anfänger muss auf ganz besondere Weise hinhören. Warum? Weil wir normalerweise gar nicht mehr Laut für Laut säuberlich nacheinander registrieren, sondern uns auf unser lexikalisches und grammatisches Wissen und unser Gefühl für die Wahrscheinlichkeitsstrukturen der Muttersprache stützen und damit das eigentliche Hören antizipierend ergänzen. Was soll d... heiß...? Der Leser ergänzt mühelos zu: Was soll das heißen? Er weiß u.a. intuitiv, dass nach: Was soll ...? irgendwann noch ein Infinitiv auf -n folgt, jedenfalls immer dann, wenn noch ein Verb folgt. Unsere visuelle Wahrnehmung beim Lesen sowie unsere verboakustische Wahrnehmung beim Hören sind morphologisch, syntaktisch, lexikalisch überformt, letztlich also sinnvermittelt. Unser Wissen von der Sprache nimmt dem Ohr einen Teil der Arbeit ab *(top-down process)*. Solche auf höherer Ebene geleistete kognitive Ergänzungsarbeit, die die Lauterkennung ungemein entlastet und damit Hörverstehen in normalem Tempo überhaupt erst ermöglicht, entfällt beim Anfänger. So tun sich viele Schüler schwer damit, wenn sie einen Dialog mit neuen Wörtern und Wendungen einüben. Sie werden bis an die Grenze ihrer Leistungsfähigkeit gefordert. Solche Beobachtungen legen uns nahe, nach Wegen zu suchen, die dem Schüler mehr Zeit für die Ausbildung präziser Lauterkennungsmuster und das verstehende Aufnehmen von Wörtern und Sätzen lassen *(bottom-up process;* Kap. IV*)*.

Wie steht es nun um den Vorsprung der „Verstehensgrammatik" vor der „Produktionsgrammatik"? Auf dieses Problem führen uns folgende Unterrichtsausschnitte, in denen Ausländerkinder – in der Hauptsache junge Türken – einen Dialog einüben. Diesen hat der Lehrer zweimal hintereinander vom Kassettenrekorder abgespielt. Danach dürfen sich die Schüler spontan äußern. Der Lehrer stellt dazu einfache Verständnisfragen und erklärt. Er spielt schließlich den Dialog ein drittes Mal ab und stellt einige weitere Verständnisfragen. An diese Vorstellung des Stückes und seine ansatzweise

Semantisierung schließt sich eine Phase des imitativen Einübens an, aus der die Ausschnitte stammen:

(KASSETTE):	Fühlen Sie sich müde und kaputt?
SEVIM:	Fühlen Sie sie/ ähm
S: (flüstert)	Sie denn müde ist kaputt?
LEHRER:	Moment. Noch mal.
(KASSETTE):	Fühlen Sie sich müde und kaputt?
SEVIM:	(zögert)
LEHRER:	Kann man schlecht verstehn, ne? Ja, gut, ich sag's noch mal (betont): Fühlen Sie sich müde?
SEVIM:	Fühlen Sie sich
LEHRER:	müde
SEVIM:	müde
LEHRER:	und
SEVIM:	und
LEHRER:	kaputt
SEVIM:	kaputt
LEHRER:	müde und kaputt, ne? (demonstriert Müdigkeit) Fühlen Sie sich müde und kaputt?
SEVIM:	Fühlen Sie sie
SCHÜLER:	sich
NURETTIN:	müde
GÜLLÜ:	ist
SEVIM:	müde ist, ist kaputt
LEHRER:	Nee! müde *und*
SEVIM:	müde und
SEVIM u. L:	kaputt.

Der Lehrer bricht hier zunächst ab, ohne die Reproduktion des ganzen Satzes zu verlangen, und geht weiter im Text. Wieder könnte man sagen: Der Satz ist schlicht zu lang. Das ist reine Gedächtnissache. Die Reproduktion gelingt ja, wenn nur Satzteile bzw. Einzelwörter vorgesprochen werden. Man muss im Anfangsunterricht besonders auf die Äußerungslänge achtgeben.

In der Tat ist die Äußerungslänge ein kritischer Faktor bei der Imitation. In Heuers Corpus (9 Englischstunden, 7. Schuljahr, ca. 1.500 Schülersätze) waren alle Äußerungen ab 15 Silben fehlerhaft (Heuer 1976).

Lehrbuchautoren müssen dieses empirische Ergebnis berücksichtigen. Doch ist die Äußerungslänge nur ein Faktor. Im folgenden Ausschnitt aus derselben Stunde bereitet der Satz „Tut der Hals auch weh?“ ebenso große Schwierigkeiten, obwohl bei Heuer gerade der

Fünfsilber den Satzlängentyp darstellt, der die wenigsten Fehler aufweist (Heuer 1976, 3l):

(KASSETTE):	Tut der Hals auch weh?
NURETTIN:	Tut der Hals
SEVIM:	Tut weh Haus/ nee!
Ss:	Hals! Hals!
SEVIM:	Hals
LEHRER:	Noch mal. Moment, noch einmal.
(KASSETTE):	Tut der Hals auch weh?
SCHÜLER:	Tut weh Hals auch?
SCHÜLER:	Tut die Hals auch weh?
LEHRER:	Ja, lass sie / lass sie mal sprechen!
SCHÜLER:	(flüstert) Tut weh Hals auch?

Noch ein Ausschnitt aus derselben Unterrichtsphase mit ähnlichen Schwierigkeiten:

(KASSETTE):	Muss ich zu Hause bleiben?
METIN:	Muss ich zu Hause bleiben?
(KASSETTE):	Ja, Sie dürfen eine Woche nicht in die Schule gehen.
SEVIM:	Ja, ähm
METIN:	Sie ist eine Woche
LEHRER:	Nee, nee: Sie *dürfen*
SEVIM:	Sie dürfen, ähm, einen Woche zu Hause bleiben.
LEHRER:	Nein, nein.
SCHÜLER:	Nicht Schule gehen. Nicht in die Schule.
LEHRER:	Nicht in die Schule gehen.
SEVIM:	Nicht in die Schule gehen.

Aus dem Gesamtprotokoll geht hervor, dass die Schüler die Gesamtsituation erfasst haben und auch die Einzeläußerungen in etwa verstehen. Aber es scheint, dass sie die grammatische Struktur einzelner Äußerungen entweder nicht voll durchschauen oder noch nicht nachvollziehen können. Obwohl sie genau wissen, dass der Lehrer von ihnen ein Nachsprechen verlangt, weichen sie aus, reagieren aber sinngemäß. Sie geben die Äußerung wieder, wie sie im Einklang mit ihrer inneren Grammatik lauten könnte. Am deutlichsten drückt dies die Veränderung von

Tut der Hals auch weh?
zu
Tut weh Hals auch?

aus. Die Grammatik des Schülers kennt noch nicht die Spreizstellung bei trennbaren Verben. Man vergleiche folgenden Nachsprechversuch aus einer anderen Ausländerklasse:

LEHRER: Weil ich keine Zeit habe.
SCHÜLER: Weil ich habe keine Zeit.

Obwohl auch dieser Satz unmittelbar vorgesprochen wird, verändert der Schüler den Satz, indem er eine vereinfachte Wortstellungsregel anwendet. Sein grammatischer Sinn akzeptiert noch nicht die Endstellung des Verbs in Gliedsätzen. Ich erinnere an die in Kap. VI diskutierten Erwerbsreihenfolgen.

Die Betrachtung der Fehler, die Lerner beim Nachsprechen machen, legt nahe, dass forciertes Nachsprechen unter Umständen das Lernen eher behindern als befördern kann. Der Schüler, der seinem Entwicklungsstand gemäß die Struktur des Satzes nicht durchschaut und den Satz trotzdem reproduziert, weil es der Lehrer so von ihm verlangt, muss mitunter alle Energie auf das Erfassen der Klangbilder und das Umsetzen in sprechmotorische Impulse verwenden, so dass keine freien Verarbeitungskapazitäten für die höheren Ebenen der Syntax und Semantik mehr da sind. Einfacher ausgedrückt: Er plappert nach, zum sinnbewussten Sprechen langt's nicht mehr. **Der fundamentale Vorgang des Aufeinanderbeziehens von sprachlicher Form und welthaltiger Bedeutung, der die innere Grammatik erzeugt, findet nicht statt** (vgl. „Verarbeitungstiefe", Kap. IX; weitere einschlägige Forschungen bei Bleyhl 1998, S. 63).

So kommt es z.B. vor, dass die Schüler während der intensiven Nachsprechphase die zuvor gegebene Bedeutung der Äußerung, die sie einüben, glatt vergessen, auch dann, wenn sinnverdeutlichende Mimik und Gestik und textzugehörige Bilder das Behalten stützen. Der Schüler wird durch die Nachsprechaufgabe zuweilen so in Anspruch genommen, dass er die Bedeutung nicht festhalten kann. Mithin wird das Gesprochene auch nicht höheren Verarbeitungs- und Verstehensprozessen zugeführt. In der bilingualen Methode wird deshalb die Bedeutungsangabe zwischendurch noch einmal wiederholt. Dodson (1967, 77) spricht von einem „mother-tongue meaning booster", durch den das Verstehen wieder aufgefrischt wird.

Ähnliches beobachten wir an uns selbst, wenn man uns auffordert, einen Text laut vorzutragen statt still mitzulesen. Wir können auch schwierigere Texte auf Anhieb sinngestaltend vorlesen, sind jedoch überrascht, dass wir am Ende kaum noch wissen, was wir gerade so gut vorgetragen haben. Die Gestaltungsaufgabe hat so viel Aufmerksamkeit auf sich gezogen, dass wir das soeben noch Verstandene nicht speichern konnten.

3. Praktische Lösungen

Vor aller Kenntnis einzelner Unterweisungstechniken ist wichtig, dass der Lehrer die Lernprobleme seiner Schüler durchschaut. Erst dann ist er in der Lage, Einzeltechniken mit dem richtigen Augenmaß anzuwenden.

Natürlich herrscht auch im Unterricht ein Gefälle zwischen Verstehen und Sprechen, allerdings kein nennenswerter zeitlicher Vorsprung des Verstehens. Der Überhang des Verstehens kommt schon in der Tatsache zum Ausdruck, dass der Lehrer meist mehr spricht als alle seine Schüler zusammen. Wir sehen jetzt, dass dies im Anfangsunterricht durchaus positiv zu werten ist. Der Lehrer sollte alles Geschehen mehr als sonst üblich sprachlich begleiten – natürlich ohne seine Schüler in einem Sprachschwall zu ertränken. Ein Beispiel:

Lehrer: Oh, where's my chalk? Chalk, you know, something to write with. I need chalk. I love chalk. Have you got it? Can you get me some chalk? Oh yes, over there. Get me some. Thanks, yes, good boy, usw.

Im Übrigen scheint es mir eher unnatürlich, wollte man die Schüler daran hindern, nun selbst das Wort *chalk* zu probieren. Vielmehr sollte den Schülern durchaus das Angebot gemacht werden, sich zu äußern und auch kleine Dialoge einzuüben. Im Sinne einer „natürlichen Künstlichkeit" werden dabei folgende Tricks angewandt, die dem Schüler das Nachsprechen erleichtern und die simultane Ausbildung von Hörbildern, artikulatorischen und grammatischen Mustern gestatten:

- Die Sätze sind kurz.
- Nur Verstandenes darf nachgesprochen werden.
- Bei Strukturverschiedenheit kann die Spiegelung des Satzes in der Muttersprache (Kap. XI, XII) die Struktur klären und damit das Nachsprechen erleichtern.

- Das Schriftbild kann das Nachsprechen stützen, wenn es in der Art des *Mitlesverfahrens* benutzt wird (Butzkamm 1985c).
- Dem lauten Nachsprechen geht ein stiller Selbstversuch, ein inneres Echo, voraus. Der Lehrer spricht also laut vor, spricht dann zugleich mit den Schülern denselben Satz noch einmal unhörbar nach und lässt jetzt erst laut nachsprechen. D.h. wenn er sieht, dass die Schüler mit ihrem stillen Selbstversuch zu Ende sind, zeigt er auf einen Schüler, der nun nachspricht. Er ruft also den Schüler nicht namentlich auf, sonst würde ein fremdes Klangbild störend dazwischentreten. Der „rezeptive Puffer", von dem Bleyhl/Timm (1998, 270) sprechen, kann also in diesem Fall äußerst klein sein und doch eben sehr wirksam. Man mache die Probe auf's Exempel!

Durch solche künstlichen Lösungen kann man erreichen, dass die Schüler das Nachgesprochene nicht nur auf der Ebene der sprachlichen Substanz, sondern auch auf weiteren Ebenen verarbeiten.

Man kann die Schüler auch vom Sprechen entlasten, indem man im Anfangsunterricht viele Bewegungsspiele durchführt. Dieser Ansatz erinnert an Gouin (1880) und an Palmers *English Through Actions* (zuerst 1925), wurde aber erst durch Asher (1977) ausgebaut und in verschiedenen Klassen empirisch überprüft. Statt verbal zu reagieren, führen die Schüler auf Kommando entsprechende Bewegungen aus. So leben die alten Gouinschen Serien wieder auf, in modernisierter Form, versteht sich:

CAR RIDE

1. You're going to take a ride in your car.
2. Take out your car key.
3. Unlock the car door.
4. Open it.
5. Get in.
6. Start the engine.
7. Release the hand brake.
8. Put the car in the first gear.
9. Drive away.
10. Change to second gear.
11. Speed up.
12. Shift into third.
13. Uh-oh! Too fast! Here comes a policeman.
14. Pull over to the side of the street and stop.
15. Roll down the window.
16. Say, "I'm sorry, officer."
17. Start to cry.
18. That did it! He's not going to give you a ticket -- this time.

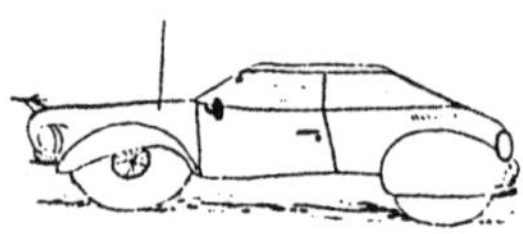

(Romijn/Seely 1979, 54)

Vielfältige Variationen sind denkbar. Man kann Bewegungen ausführen ohne einen Handlungsstrang, mit Gegenständen hantieren oder auf dem Papier und an der Tafel nach den Anweisungen des Lehrers lustige Zeichnungen entstehen lassen. Auch sprachlich ist man nicht auf die Befehlsform beschränkt. Didaktisch besonders überzeugend ist das allmähliche, individuelle Hineingleiten in das Sprechen. Sobald sie es sich zutrauen, können Schüler die Lehrerrolle übernehmen und Anweisungen geben: jeder nach seinem eigenen Lerntempo.

So lustig nun die von Asher in Unterrichtsfilmen dokumentierten Kommandierspiele sind, so lustig und locker kann es aber auch von Anfang an beim Ausgestalten kleiner Sprechszenen hergehen – was die Mühe des Einübens wieder vergessen lässt. Ashers Ansatz ist zu einseitig, auch wenn er ihn in vergleichenden Methodenexperimenten untermauern konnte. Ich kann mich des Eindrucks nicht erwehren, dass hier – ähnlich wie bei Gouin – eine Idee überzogen wird und sich beinahe zu einem methodischen Spleen auswächst. Wie wichtig ist doch für den Spracherwerb das Zwiegespräch, in dem die Lernenden abtasten können, wie weit das, was sie formulieren, ankommt und weiterführt! **Eine sprechfreie Anfangsphase im strengen Sinne ist nicht zu rechtfertigen**. Stattdessen empfehlen wir eine sorgfältige Dosierung strapaziöser Sprech- und Nachsprechphasen und mehr Zeit fürs Zuhören.

Eine andere Lösung des Problems ist zuletzt als „Tan-Gau-Methode" bekannt geworden. Penfield (1967, 213) beschreibt sie wie folgt: „Dr. Robert *Gau*thier, director of French Education in the Province of Ontario, has introduced an interesting new method of teaching French to English children in English schools. The method was first described to him by Dr. *Tan* Gwan Leong, Curriculum Officer of Burma. In Gauthier's experiment the French teacher enters the English class for a period on certain days. He talks in French and the children answer in English, if they choose. This was carried out in fifth and seventh grades, beginning with the September opening of the term. At Christmas time half of the children were answering in French. When I visited the experiment, I thought the accent of the children was good, especially in the younger class."

Auch hieran besticht wieder, dass die Schüler nicht alle zugleich mit dem Sprechen der Fremdsprache beginnen, sondern diesen Zeitpunkt individuell bestimmen. Dennoch wird von Anfang an kommuniziert. „Il est à noter que la méthode Tan-Gau, qui suit de près la méthode maternelle, ne force pas l'enfant à parler avant qu'il en soit prêt, mais lui permet d'en arriver au stade de l'expression orale à sa propre allure et selon son tempérament et ses aptitudes" (Duplantie 1963, XXI). Die Idee, die Schüler zunächst in der Muttersprache antworten zu lassen, ist jedoch schon Jahrhunderte, wenn nicht gar Jahrtausende alt. Sie ist Situationen natürlicher, rezeptiver Zweisprachigkeit abgelauscht.

Die Idee ist inzwischen von Terrell (1982) in amerikanischen College-Sprachkursen wieder aufgegriffen worden und wird auch in den zweisprachigen Kindergärten des Elsass verwendet. Es dauert dort oft ein ganzes Jahr, bis die Kinder spontan in der Zweitsprache antworten. Dennoch gibt es keine sprechfreie Anfangsphase im strengen Sinne: Denn von Anfang an skandieren, rezitieren und singen die Kinder auch in der Zweitsprache, antworten gelegentlich auch schon mit einem Einzelwort.

In der Praxis wird der Lehrer eine Kombination all dieser Verfahren anwenden, die den Schüler zugleich fördert und fordert, ihm einen sanften Einstieg in die Fremdsprache gestattet, statt Sprache anzudressieren, Freiraum für unbewusste Lernmechanismen schafft und Mut zum Weiterlernen macht.

Und er wird die Scheu vor dem wohlüberlegten Gebrauch der Muttersprache ablegen, die den Fremdsprachenunterricht über ein Jahrhundert lang behindert hat. Darüber mehr im nächsten Kapitel.

IX. Wie funktioniert die muttersprachliche Bedeutungsvermittlung?

> Wie soll doch der Schüler Latein lernen, wenn ihm immer in der Frau-Mutter-Sprache dazwischen geredet wird? Daher war *in schola nil nisi latine* eine gute alte Regel.
>
> Arthur Schopenhauer (1851)

> Eine fremde Sprache muß man von der Muttersprache aus lehren, in engster Verbindung und ständiger Auseinandersetzung mit der Muttersprache; es muß ein unablässiges Gespräch zwischen den beiden Sprachen sein, das beide klärt und festigt, erweitert und vertieft.
>
> Mario Wandruszka (1979)

1. Zur Geschichte

Mit der audiovisuellen Methode, so hieß es Ende der sechziger Jahre, sei es endlich möglich geworden, mit der Einsprachigkeit des Unterrichts Ernst zu machen. Mit den neuen, genau zum Text passenden Bildsequenzen könne man absolut einsprachig unterrichten. Auch der gelegentliche Rückgriff auf die Muttersprache sei nicht mehr nötig, und die bis dahin üblichen zweisprachigen Vokabelverzeichnisse überflüssig.

Aber der Versuch, sich am Lehrbuchmarkt durchzusetzen, scheiterte. List der Vernunft oder List der Trägheit? Wohl beides. Aus dem Konflikt entstanden – als vernünftiger Kompromiss gefeiert – die heute weit verbreiteten dreispaltigen Vokabelverzeichnisse. Als ein solcher Kompromiss wurde auch die Konzeption der *Aufgeklärten Einsprachigkeit* (Butzkamm 1973) verstanden – als ein Zurück zu einem weniger dogmatischen Standpunkt, der den Fährnissen und Tücken der Praxis Rechnung trug. Man brauchte kein schlechtes Gewissen zu haben, wenn man an bestimmten Stellen die Muttersprache bewusst zu Hilfe nahm. Die dogmatische, absolute Einsprachigkeit war einfach nicht praktikabel. Sie blieb Episode.

Aber bloße „Praktikabilität" ist im Grunde eine theoretisch unaufgeklärte Kategorie, die das nicht durchschaubare Problem nur zudeckt. Es sei zwar eminent praktikabel, hier und da die Muttersprache, besonders bei der Bedeutungsvermittlung und bei grammatischen Erklärungen einzusetzen, so der Tenor, aber „eigentlich" solle der Unterricht doch einsprachig bleiben. Damit blieb – mit Ausnahme der Vokabelverzeichnisse – alles beim Alten. Selten wird ja so heiß gegessen, wie gekocht wird. Der erfolgreiche Lehrer hatte schon immer praktische Vernunft walten lassen und den Grundsatz der Einsprachigkeit undogmatisch-unverkrampft angewendet.

Warum aber ist die Muttersprache so „praktikabel"? Warum greifen an bestimmten Stellen die Argumente für die Einsprachigkeit nicht mehr? Die didaktische Kontroverse hatte einen Punkt erreicht, an dem oft nur noch Bekenntnisse, abgelegt wurden. Man war dafür oder dagegen, schloss sich dem einen oder dem anderen an, ohne neue Erkenntnisse beizutragen.

Um dem Wirrwarr der Meinungen, Bekenntnisse und fixen Urteile zu entkommen, muss man dem Problem an die Wurzel gehen, d.h., die kognitiven Prozesse analysieren, soweit wir sie heute verstehen. Genau dies wurde hier versucht. In einer psycholinguistischen Analyse der Verstehensprobleme, wie sie zugleich im Muttersprachererwerb, im natürlichen Bilinguismus und im Unterricht auftreten, sollte eine neue, sichere Grundlage für methodische Entscheidungen geschaffen werden.

2. Entdogmatisierung der Methode

Im Hinblick auf die Bedeutungsvermittlung sind grundsätzlich drei Wege offen:

1. die zumeist aus der Not geborene, absolute Einsprachigkeit. Der Lehrer versteht die Muttersprache seiner Schüler nicht, oder er hat sprachlich bunt gemischte Klassen.

2. der als Kompromiss gefeierte einsprachige Weg, der die Muttersprache zu vermeiden versucht, sie aber im Notfall zulässt. Nur dort wo es schwierig wird, darf man die Muttersprache einsetzen. Zugleich erfolgt muttersprachliche Absicherung der Wörter im Vokabelverzeichnis. Dieser Standpunkt gilt seit etwa hundert Jahren als die praktische Vernunft und ist noch heute die gängige Praxis (Richtlinien, Lehrwerke).

3. die muttersprachliche Semantisierung, die Vernunft einer zweitausendjährigen Geschichte. Die Muttersprache gilt als der sichere, genauere und schnellere Weg zum Ziel. Sie wird jedoch mit zunehmenden Können zunehmend von der Fremdsprache verdrängt, ohne völlig überflüssig zu werden. Praktisch, nicht aber theoretisch, kann dann dieser Weg mit Nr. 2 zusammenfallen.

Entscheidend im Sinne der gesamten bisherigen Argumentation dieses Buches wird sein, welche Techniken mit den geringsten Reibungsverlusten

1. dem Schüler das Doppelverstehen als Grundbedingung des Spracherwerbs ermöglichen;
2. das Analogiespiel ankurbeln;
3. den Schüler zur rein fremdsprachigen, mitteilungsbezogenen Kommunikation befähigen und motivieren.

Ich werde im Folgenden Indizien dafür sammeln, dass dies für die muttersprachliche Semantisierung zutrifft, und zwar in der Spielart, wie sie C.J. Dodson (1967) in seiner bilingualen Methode beschrieben hat. Zuvor aber noch eine Kritik des als die praktische Vernunft geltenden zweiten Weges.

3. Vertauschung von Zweck und Mittel: Der inhaltslose Anfangsunterricht

Solange überhaupt die Fremdsprache im Unterricht gebraucht wird, kann ein Lerneffekt nicht ausbleiben. Damit ist Einsprachigkeit bzw. die Fremdsprachigkeit des Unterrichts generell wünschenswert. In diesem Sinne wurde dann das Problem der Bedeutungsvermittlung auf die Frage zugespitzt, ob nicht – bei entsprechender Toleranz, bei geschickter Textauswahl und bei klugem Einsatz unterschiedlicher Erklärungstechniken – eine weitgehend einsprachige Bedeutungsvermittlung ohne Reibungsverluste möglich sei.

Damit wurde unversehens das Mittel zum Ziel umfunktioniert. Denn das Ziel kann ja nicht die Einsprachigkeit des Unterrichts, sondern nur die Kommunikationsfähigkeit der Schüler sein.

Wir erkennen plötzlich, dass wir die Einsprachigkeit des Unterrichts teuer erkauft haben. Wo sie zum Ziel gemacht wurde, sind diesem Grundsatz die Texte und Textinhalte untergeordnet worden. Texte werden so gestaltet, dass sie einsprachig erklärbar werden. So kommt es in der Einführungsphase eines Lehrwerkkapitels zu den aneinandergereihten Minisituationen und Kleintexten, die inhaltlich völlig belanglos sind, niemandem etwas sagen, dafür aber schön einsprachig dargeboten werden können. Wären es nicht Sprachlerntexte, würde sie niemand eines Blickes würdigen. Sprachunterricht in der Anfangsphase gleicht der Erziehung adeliger Fräulein, wie sie einst Marie von Ebner-Eschenbach bissig charakterisierte: vermittelt werde weiter nichts als „die Fertigkeit, dieselben Albernheiten in verschiedenen Sprachen zu sagen". „The content of discourse is often characterized by a high degree of artificiality and triviality, at least on an elementary and intermediate level", heißt es in einer empirischen Studie (Lörscher 1986, 20). So haben auch schon Sprachmeister und Gelehrte früherer Jahrhunderte über die Inhaltsproblematik diskutiert: „Denn warum sollte er nicht eine anmutige Fabel aus den Dichtern, einen hübschen Spruch, ein denkwürdiges Geschichtchen oder eine lehrreiche Erzählung ebenso mühelos lernen, als er ein läppisches und meistenteils auch unanständiges Lied oder die lächerlichen Märchen alter simpler Weiber und deren einfältiges Geschwätz auffaßt und sich einprägt?" (Erasmus von Rotterdam, Ausgabe Gaie 1963, 150). Dass Aronstein (1926, 121) gerade den „Modernen", d.h. den Anhängern der Reform vorhält, es ginge doch nicht bloß darum, „Nichtigkeiten in mehreren Sprachen ausdrücken zu können", ist aufschlussreich.

Fragen wir deshalb umgekehrt, wie Texte auszusehen haben, so dass Schüler an ihnen und mit ihnen kommunizieren wollen. Lassen wir also die Einsprachigkeit ganz aus dem Auge, da sie ja nur Mittel ist, das mit der zweisprachigen Semantisierung zu konkurrieren hat. Dann fallen einem plötzlich Texte ein, die um ihrer selbst willen bestehen können: Dialoge, die Spaß machen, wenn man sie spielt; aufregende, spannungsreiche, dramatische Texte, die man behält, weil in ihnen eine Wahrheit aufleuchtet, die einem wichtig ist.

Solche Texte sind nicht immer leicht zu finden, da sie den Anfänger nicht sprachlich überfordern dürfen. Sie dürfen auch nicht zu lang sein, da sie Zeit lassen müssen für das Üben und die eigene Textproduktion der Schüler. **Aber von zwei Fesseln haben wir uns bei der Textauswahl befreit: der einsprachigen Erklärbarkeit und der strengen grammatischen Progression.**

Fragen wir also zuerst, ob die Schüler mit unseren Texten kommunikativ umgehen wollen; und danach, welche methodischen

Mittel – z.B. ein- oder zweisprachige Bedeutungsvermittlung – für die Aneignung dieser Texte am wirksamsten sind.

Unsere Thesen lauten demnach:

1. Kommunizieren lernen wir am ehesten anhand von Situationen, Texten, Inhalten und Ideen, die uns über das bloß sprachliche Ziel hinaus interessieren.
2. Mit solchen Situationen oder Texten ist eine muttersprachliche oder gemischte Semantisierung zumal auf der Elementarstufe eindeutig effektiver – wie in einer Reihe von empirischen Studien nachgewiesen (Dodson 1967; Sastri 1970; Walatara 1973; Meijer 1974; Ishi et al. 1979; Butzkamm 1980, 143ff.; Caldwell 1990; Kasjan 1994; Kasjan 1995).
3. Außerdem ist Semantisierung auch Grammatikarbeit (Kap. XII). Denn es gilt ja, einen Satz jeweils auf doppelte Weise zu verstehen – funktional, wie's gemeint ist, und formal, wie's gesagt ist, als syntaktische Struktur. Wer ihn solchermaßen verstanden hat, hat alles, was er braucht, um – unbewusst – Hypothesen über diese Struktur auszubilden bzw. ein „Strukturgefühl" zu entwickeln. Die Mithilfe der Muttersprache muss also auch unter dem Gesichtspunkt der Grammatik gesehen werden.

Kommunikation darf sich nicht in der Bewältigung von Alltagssituationen erschöpfen, geht doch der Erziehungs- und Bildungsauftrag der Schule weit darüber hinaus. Inhaltliche Substanz gewinnt Kommunikation in der Schule am ehesten im Anschluss an gehaltvolle Texte. Die Lehrbuchtexte, die ich kritisiere, kann sich jeder selbst besorgen. Sie sehen so aus, als ob es die Autoren geradezu darauf angelegt hätten, sie von allem Lesenswerten zu befreien. Ich stelle drei Beispiele dagegen, die sich im ersten Englischjahr bewährt haben:

I'm nobody! Who are you?
Are you nobody, too?
Then there's a pair of us – don't tell!
They'd banish us, you know.

How dreary to be somebody!
How public, like a frog
To tell your name the livelong June
To an admiring bog!

(Emily Dickinson)

Father and I in the Woods

‚Son',
My father used to say,
‚Don't run.'

‚Walk,'
My father used to say,
‚Don't talk.'

‚Words,'
My father used to say,
‚Scare birds.'

So be:
It's sky and brook and bird
And tree.

(David McCord)

Language – Barriers

NESSIE: i yo amo mucho España!
HAZEL: Is that Spanish?
NESSIE: Yes, it is!

HAZEL: What does it mean?
NESSIE: It means:
I love Spain very much

NESSIE: Can you do this?
HAZEL: What's it called in Spanish?
NESSIE: It's a flamenco!

HAZEL: Look out!
The teacher is coming!
TEACHER: Can I join you?

(Stefan Eschbach)

Bei Dialogen, die man nachspielen kann, darf man allerdings Abstriche machen. So stellte Bruno Linnartz (1989, 127) der als Pensionär mit dem Türkischen beginnt, mit Erstaunen fest: „Ich hatte nicht vermutet, in welchem Maße die oft banalen Alltagsdialoge in mir Farbe bekamen, und dies bloß, weil sie in neuen türkischen Kleidern über den Laufsteg kamen. Wie oft hatte ich in den Chor derer eingestimmt, die annahmen, daß ihre Schüler der Alltagsdialoge im *Cours de Base* ebenso überdrüssig sein mußten wie sie selbst.“ Es gibt eben so etwas wie einen Sprachverfremdungsbonus, von dem auch viele Songtexte profitieren. „Yesterday/ all my troubles seemed so far away …“ Man höre sich das auf Deutsch an, und der ganze Zauber ist dahin: „Gestern noch/ schienen meine Sorgen so weit fort.“

4. Der Eiertanz um die Einsprachigkeit

Gute Texte im ersten Unterrichtsjahr bedeuten nicht nur die Abkehr von einer strengen Einsprachigkeit, sondern auch den Verzicht auf eine rigide grammatische Progression. Nehmen wir als Beispiel *they'd banish us* oder *my father used to say*. Gewiss lässt sich das *past tense* auch einsprachig einführen. Aber was nimmt man dafür in Kauf? Antwort: einen sorgfältig geplanten Induktionsweg, auf dem der Schüler Schritt für Schritt zu Formenwelt und Funktionen des *past tense* hingeführt wird. Erst muss man die Wochentage einführen; ist das geschehen, geht es weiter etwa mit Sätzen wie: *Today is Friday; yesterday was Thursday*, und schon ist die erste Form vorgestellt. Dann so fort, indem Minisituation an Minisituation gereiht wird, wobei jede für sich so belanglos und uninteressant ist wie die andere, bis schließlich auch ein gehaltvollerer zusammenhängender Text erscheint. So entstehen „Vorlektionen“, die neue Wörter und Strukturen häppchenweise vorstellen, nur damit der Unterricht ganz in der Fremdsprache verbleiben kann. Hier wird ein wahrer Eiertanz um eine lexikalisch und grammatische Progression aufgeführt, der gänzlich überflüssig ist.

Um methodische Prinzipien richtig einschätzen zu können, müssen solche Zusammenhänge und Wechselwirkungen erfasst werden. Haben wir etwa ganz vergessen, dass es äußerst erfolgreiche Methodiker gegeben hat, die mit Ganzschriften wie Dickens' *Christmas Carol* angefangen haben und sich damit keinen Deut um lexikalischgrammatische Progression geschert haben? Wie kann man ihr heute einen solch hohen Stellenwert einräumen – auf Kosten gehaltvoller Texte? Dieser Zusammenhang wurde schon früh gesehen: „It is only by freeing ourselves from this principle which requires rules first and exceptions later that we shall be able to get good texts for the teaching of beginners." (Jespersen 1904, 37)

Wenn es richtig ist, dass am Ende die Lernergebnisse zählen, die wir bei unseren Schülern erzielen, so ist es längst nicht ausgemacht, dass wir auch gute Ergebnisse in ihrem Zustandekommen richtig interpretieren. Es gibt auch den Erfolg „trotzdem". „Wenn das Kind aus einer Klasse etwas geworden ist", schreibt Tucholsky (1975, IV, 54) in einem bitterbösen Rückblick auf seine Schulzeit, „so ist es das trotz der Schule, nicht wegen der Schule geworden". So sind wohl manche nicht wegen, sondern trotz einer pauschalen Einsprachigkeit gute Fremdsprachler geworden. Schließlich bietet die unökonomische, pauschale Einsprachigkeit mehr Richtiges als Falsches, da sie ja auch die notwendige Einsprachigkeit der Sprachanwendung umgreift. Aber allein schon der guten authentischen Texte wegen sollten wir uns vom Prinzip der Einsprachigkeit verabschieden. Stattdessen gilt die **funktionale Fremdsprachigkeit** des Unterrichts. D.h. der Unterricht wird in der Fremdsprache geführt; nicht nur die Lehrbucharbeit, sondern gerade auch alles „Drum und Dran" und all die täglich anfallenden Zwischenfälle werden fremdsprachlich geregelt. Genau dies ist aber gerade mit bilingualen Lehrtechniken am ehesten zu schaffen, ein scheinbares Paradox, das es zu begreifen gilt (vgl. Butzkamm 1996, 6ff.).

Zwei Beispiele sollen zeigen, wie eine fremdsprachige Unterrichtsatmosphäre gerade erst durch die Mithilfe der Muttersprache geschaffen wird und nicht eben dadurch, daß man sie ängstlich vermeidet. „There's a printing error – ein Druckfehler – a printing error in line five. It's the last but one word – das vorletzte Wort – the last but one word." Also ein Art Sandwich-Verfahren. Ebenso darf ein Schüler auf Deutsch sagen, was er noch nicht fremdsprachlich kann, und der Lehrer spielt es ihm in der Fremdsprache zu: „Ich wollte dasselbe sagen." „Okay, you were going to say the same." Say: „I was going to say the same." Die neuen Ausdrücke werden angeschrieben und aufgeschrieben in ein besonderes Merkheft, vielleicht am Ende der Stunde. Danach gehören die Ausdrücke zum gemeinsamen Repertoire und werden vom Lehrer konsequent fremdsprachlich eingefordert.

5. Böse Folgen der unaufgeklärten Einsprachigkeit?

Der Schock von TIMSS, der internationalen Mathematik-Studie, war noch nicht ganz verdaut, da kam die Pisa-Studie und die Überprüfung der Lesekompetenz. Wiederum gab es katastrophale Ergebnisse für die deutschen Schüler, vor allem für die Schüler aus sozial benachteiligten Schichten. Wird es anders sein, wenn es demnächst um die Fremdsprachenkenntnisse geht?

Meine über Jahre gemachten Stippvisiten in den Hauptschulen stimmen mich pessimistisch. Was kommt eigentlich nach fünf bis sechs Jahren Englischunterricht heraus, habe ich mich oft gefragt. Und auch: Warum wollte das bisher eigentlich kein Kultusminister genau wissen?

Gerade lernschwache Schüler sind angewiesen auf eine durchdachte Pädagogik. Fehler in der Unterrichtsführung haben verheerende Auswirkungen, zumal oft die häuslichen Anregungen fehlen, um die Mängel des Unterrichts auszugleichen, so auch die nachgewiesenen Mängel der einsprachigen Semantisierung: „Since students were required at all times to make a direct association between foreign phrase and situation, it was the highly gifted intelligent student with well developed powers for induction who profited most from the method, which could be very discouraging and bewildering for the less talented." (Rivers 1968, 21). Dass die Einsprachigkeit ohnehin schon benachteiligte Schüler weiter benachteiligt, liegt auf der Hand. Reagiert hat man mit einer weiteren lexikalisch-inhaltlichen Ausdünnung der Texte für die Hauptschule. Aber gerade diese Kinder brauchen intellektuelle Anreize, die ihnen zuhause oft nicht zuteil werden, und die ihnen über anspruchsvolle Texte vermittelt werden könnten. Hier wird also an genau der falschen Stelle reduziert. Statt ihnen die psychologisch richtigen Mittel an die Hand zu geben und die Sprachaufnahme so transparent wie möglich zu gestalten, werden die Erwartungen einfach weiter heruntergeschraubt.

So sind meines Erachtens die (erwartbaren) Minderleistungen durch zwei methodische Fehler mitbedingt:

1. Lernschwache Schüler verstehen oft nur unvollkommen, was sie hören und lesen, ja auch was sie selbst sagen. Die unten dargestellte Art der muttersprachlichen Bedeutungsvermittlung kann dies entscheidend verbessern.

2. Lernschwache Schüler brauchen lernpsychologisch sorgfältig gestufte Übungen, um ihre Fähigkeiten zur sprachlichen Analogiebildung zu entfalten. Hier kann die in Kapitel XI dargestellte Übungsfolge Abhilfe schaffen.

Dodson (1967, 30f.) fand in drei Jahre andauernden Schulversuchen einen Zusammenhang zwischen Intelligenz und der Fähigkeit, fremdsprachliche Satzmuster durchzuspielen. Bei der Arbeit an unserem Buch über den Mutterspracherwerb (Butzkamm & Butzkamm 1999) stieß ich auf ein ähnliches Phänomen, das mich sofort an Dodsons Beobachtungen erinnerte: Autistischen Kindern (d.h. solchen, die überhaupt zur Sprache kommen, manche bleiben ihr Leben lang stumm) fiel es äußerst schwer, eine einstudierte Äußerung wie „Ich möchte gern einen Apfel" in „Ich möchte gern eine Banane" abzuändern. Solche „einfachen" Substitutionen mussten intensiv geübt werden, bis den Kindern schließlich spontan selbständige Satzvariationen gelangen. Diese Fähigkeit zur Analogiebildung – die uns zum generativen Prinzip geführt hat – muss wohl genetisch verankert sein. Denn es ist heute unumstritten, dass Autismus auf einen genetischen Defekt zurückzuführen ist. Dodson beobachtete, dass die Kinder mit einem niedrigeren IQ einfach mehr Hörkontakte und Nachsprechversuche brauchten, bis sie ebenfalls zu diesen kleinen Gedankensprüngen bereit waren und einen Satz spontan abänderten.

Meiner Ansicht nach werden methodische Verbesserungen in diesen beiden erwerbspsychologisch zentralen Bereichen – durch geeignete Hilfen zum Doppelverstehen und zum Generieren von Sätzen – zu spürbaren Leistungssteigerungen führen, am deutlichsten sichtbar bei den Schülern, die mehr als andere auf guten Unterricht angewiesen sind.

6. Verfahrensweisen bei muttersprachlicher Semantisierung

„The dialogue was in constant use in the language classroom right through the history of language teaching." (Kelly 1969, 120) Zumeist war eine Übersetzung beigegeben. An diese Tradition anknüpfend, zeigen wir, wie muttersprachliche Bedeutungsvermittlung im Detail aussehen kann und begründet wird.

Nehmen wir folgenden Dialog von Charles Schulz, den wir aus Copyright-Gründen ohne Bilder abdrucken:

LINUS: School President? Me?
LUCY: Why not?
I'll be your campaign manager.
LINUS: But I could never be School President.
Think of the work.
Think of the responsibility.
LUCY: Think of the power.
LINUS: I'LL DO IT!!!

Diesen Dialog habe ich mehrfach in fünften Schuljahren erprobt, u.a. mit einer mir gänzlich unbekannten Gymnasialklasse in Nürnberg, verbunden mit einem Vortrag, zu dem mich Gertrud Walter eingeladen hatte (Wortprotokoll des Unterrichts auszugsweise auf meiner *website*). Für diese Klasse enthielt fast jede Zeile unbekannte Wörter und Strukturen:

President, me (= ich), *'ll-future, campaign manager, could, think of, responsibility, power.*

Das Stundenziel bestand darin, diesen Dialog vollständig anzueignen. Das heißt nichts anderes, als dass die Schüler ihn in der Art und Weise, wie er vom Autor gedacht ist, reproduzieren: in einer Spielszene, ohne Schriftstütze, im natürlichen Tonfall, mit natürlicher Gestik. Dieses Ziel ist ein Zwischenschritt zum Ziel der aktiven Kompetenz des Schülers, bezogen auf die im Text enthaltenen Redemittel. Es müssen also noch weitere Schritte folgen, wenn die Schüler am Ende über die Wörter und Strukturen und auch die mit ihnen verbundenen Sprechakte (hier etwa: ein Ansinnen entrüstet zurückweisen, Einwände erheben, beschwichtigen, zustimmen) aktiv verfügen sollen (Kap. XI).

Das Auswendigspielen wird am schnellsten sowie am sichersten und nachhaltigsten erreicht (vgl. die bei Butzkamm 1980 referierten Methodenexperimente), wenn der Dialog wie folgt eingeübt und dabei muttersprachlich erklärt wird:

- Der Lehrer spricht vor, übersetzt: „Schulsprecher? Ich?“ oder „Ich und Schulsprecher?“, zeigt dabei auf sich, macht Empörung stimmlich deutlich, spricht wieder vor und lässt danach den Satz von den Schülern wiederholen, einzeln, in Gruppen und im Klassenchor. Die Übersetzung wird also dazwischengeschaltet (die „Sandwich-Technik“). Der Schüler spricht unmittelbar auf die fremdsprachliche

Vorgabe hin nach. Dadurch werden Interferenzen vermieden. Der Text wird hierbei im Sinne des Mitlesverfahrens benutzt (Butzkamm 1985c).

Gehen wir den Text in dieser Weise kurz durch, um Einzelaspekte dieser Unterweisungstechnik zu verdeutlichen.

LEHRER: Picture Nr. 2, Lucy. „Why not?" What's that in German?
SCHÜLER: Warum nicht.
LEHRER: Yes. Or perhaps ...? We can put in another German word.
SCHÜLER: Warum denn nicht?
LEHRER: Good. Why not? (gibt Zeichen zum Wiederholen)
SCHÜLER: Why not?
LEHRER: I'll be your campaign manager. Ich bin dein Wahlkampfmanager. Ich manage deinen Wahlkampf. I'll be your campaign manager.
SCHÜLER: I'll be your campaign manager.

Nach mehreren Sprechversuchen schaltet der Lehrer weitere Erklärungen ein und geht dann weiter im Text (die Nachsprechversuche der Schüler lassen wir hier weg):

LEHRER: Look at these words: *I'll be*. That means word for word: Ich werde sein. Wir lernen also eine neue Zeitform kennen. Das *'ll* bedeutet werden, also Zukunft. Ich bin das noch nicht. Ich werde es sein. Im Deutschen nehmen wir es hier manchmal nicht so genau. Wir sagen: „Ich bin dein Wahlkampfleiter", meinen aber: „Ich werde es sein", also Zukunft. – Okay. Let's do it again. Ich organisier dir deinen Wahlkampf. I'll be your campaign manager ... But I could never be School President: Aber ich könnte nie Schulsprecher sein. You know the word can. Here we've got the new word *could*, which means *könnte* in this sentence ... Think of the work: Denk mal an die Arbeit! ... think of the responsibility: Denk mal an die Verantwortung! ... And Lucy answers: Think of the power (Lehrer ballt die Faust). Denk doch mal an die Macht. You know the type of girl Lucy is, don't you? So she says: Think of the power ... Now have a good look at picture three. See how Linus' eyes sparkle and glitter with excitement. See how he shows his teeth. Who can do that? Who can imitate him? ... Last Picture. Linus says: I'll do it (geballte Faust, Arm hoch). Ich mach's. I'll do it. By the way, what's that in German, word for word: I'll do it?
SCHÜLER: Ich werde tun es. Ich werde es tun.
LEHRER: Great! You've learnt well.

- Pragmadidaktische Aspekte

- Mitteilungsäquivalente

  Wir geben Mitteilungsäquivalente, die den kommunikativen Wert (semantisch-pragmatischen Gehalt) einer Äußerung so genau wie möglich wiedergeben. Wir folgen also nicht dem Wortlaut, sondern dem Sinn, beachten dabei Kontext und Situation, so dass die Übersetzung möglichst die gleiche Wirkung wie das Original erzielt. Unsere Übersetzungen enthalten demnach auch die typischen deutschen Abtönpartikel und Illokutionsindikatoren ohne referentielle Bedeutung („doch", „mal" etc.). Sie zeigen, wie's gemeint ist; vgl. Montaignes berühmte skeptische Formel *Que sais-je: Was weiß ich denn schon?* Oder für das insistierende „Pourquoi? pourquoi?" aus einem Lehrbuchdialog wurde „Warum bloß" vorgeschlagen. Es ist diejenige Methode des Übersetzens, die laut Schleiermacher (1813, 58) „ihrem Leser gar keine Mühe und Anstrengung zumuthend, ihm den fremden Verfasser in seine unmittelbare Gegenwart hinzaubern, und das Werk so zeigen will, wie es sein würde, wenn der Verfasser selbst es ursprünglich in des Lesers Sprache geschrieben hätte".

- Sprechstil

  Aus dem gleichen Grunde können auch umgangssprachliche Nachlässigkeiten oder dialektale Formen eingesetzt werden. Dazu authentische Beispiele aus dem Unterricht (Rheinland):

  Never mind – Is doch egal
  Whaddya mean exactly? – Was meinste denn genau?
  Same ole story – Immer dä jleeche Kram.

- Stimme

  Die Übersetzung erfolgt mündlich, d.h. der Lehrer setzt auch die gerade geforderten stimmlichen Mittel ein: Er kann flüstern, brüllen, einlullen, gedehnt sprechen, Ironie durchklingen lassen usw. und mit der ganzen Strahlkraft seiner Stimme den Sinn verlebendigen. Allein durch die Stimme lassen sich feinste Koloraturen des Sinns zum Ausdruck bringen, jeder Affekt lässt sich vertonen.

- Mimik und Gestik

  Ebenso unterstreichen Mimik und Gestik, wie eine Äußerung gemeint ist: Kopfschütteln, mit den Schultern zucken, Handbewegungen, abweisende oder freundliche Blicke ... Das Wort ist der Gebärde, die Gebärde dem Wort anzupassen, wie es Hamlet von den Schauspielern fordert.

□ Anschaulichkeit
Bei einsprachiger Bedeutungsvermittlung sollen Bilder zum Text, Strichzeichnungen an der Tafel, Realia usw. helfen, Bedeutungen ohne Rückgriff auf die Muttersprache zu klären. Aber auch bei muttersprachlicher Semantisierung verzichten wir nicht auf Anschaulichkeit. Nur steht sie nicht mehr im Dienst der Sinnerhellung, sondern der Verlebendigung des Sinns und der Speicherung. Je mehr Sinne bei der Textaufnahme beteiligt sind, desto besser behalten wir ihn. Außerdem: Der Dialog soll so eingeübt werden, dass die Schüler ihn nachher frei spielen können. Das Spielen wird aber durch das ein oder andere Requisit ungemein erleichtert. Handelt es sich z.B. um ein Telefongespräch, bringen wir ein Spieltelefon mit, und so fort.

■ **Fazit: Das große Plus muttersprachlicher Mitteilungsäquivalente ist die pragmatisch-affektive Komponente der Bedeutung.** Bei der traditionellen Einsprachigkeit werden Einzelwörter erklärt, und die pragmatische Komponente geht völlig verloren! (Ja, ja, liebe Leser, man muss es schon ausprobieren und erleben, wie begeistert jetzt die Schüler mitmachen, eben weil sie eine Äußerung voll und ganz verstanden haben und damit Zutrauen zur Fremdsprache gewinnen!) Hier geht es sich um nichts weniger als um eine methodische Revolution. Das ist allein schon daran ersichtlich, dass in den Methodiken die Bedeutungsvermittlung traditionellerweise unter „Wortschatzvermittlung“ abgehandelt wird. Als ob die Wörter nicht erst im Zusammenhang des Satzes und Textes ihre volle Bedeutung entfalten würden!

■ Weitere Aspekte

□ Mehrfachübersetzung
Wir geben, wenn nötig, mehrere Übersetzungen, also nicht nur „Schulsprecher? Ich?“, sondern auch das gleichwertige „Ich und Schulsprecher?“ Die Schüler erfassen schnell, dass es zwischen

den Sprachen selten eindeutige Eins-zu-eins-Entsprechungen gibt. Wo wäre denn das deutsche „und“ im englischen Original?

- Selbsttätigkeit, Mithilfe der Schüler
  Wir beachten das Prinzip der Selbsttätigkeit. Wir fragen die Schüler, ob sie ggf. noch andere, vielleicht bessere Übersetzungen parat haben. Hierbei erfahren die Schüler, dass es selten die eine, hundertprozentig treffende Übersetzung gibt, sondern mehrere, oft gleich gute Annäherungen an das Original. Mitunter finden die Schüler klar bessere Übersetzungen, als sie dem Lehrer eingefallen sind – vgl. Luthers *Sendbrief vom Dolmetschen*: „Man muß die Mütter im Hause, die Kinder auf der Gassen, den gemeinen Mann auf dem Markt drum fragen, und denselbigen auf das Maul schauen, wie sie reden, und darnach dolmetschen.“

- Wörtliche Übersetzung: Spiegelung der fremden Struktur.
  Manchmal geben wir eine wörtliche Übersetzung hinzu. Sie gilt als zusätzliche Erklärungshilfe, die den fremden Ausdruck durchschaubar machen soll. Im obigen Fall geht es darum, den Unterschied zwischen dem Deutschen und Englischen deutlich zu machen und zudem den Erwerb des 'll-Futurs vorzubereiten. Mit Hilfe des unidiomatischen formalen Äquivalents *Ich werde es tun* für *I'll do it* gelingt es dem Schüler auf Anhieb, die neue Konstruktionsweise zu durchschauen. Zur Aneignung des Dialogs würde zwar das Mitteilungsäquivalent *Ich mach's* vollauf genügen, nicht aber zum Erwerb der neuen Struktur. Wieder stoßen wir auf das uns schon bekannte doppelte Verstehen, das situative wie strukturale, als die Grundbedingung jeden Spracherwerbs. Auch das Kleinkind braucht gewissermaßen Vokabelgleichungen, sagten wir in Kap. I.

  Im Übrigen braucht man nicht jeweils den vollen Wortlaut *Ich werde tun es* nachzubilden, da der Schüler in diesem Fall die englische S-V-0-Stellung schon kennt und weiß, wo das deutsche *es* oder *'s* im englischen Satz steht.

  Der gezielte Einsatz wörtlicher Übersetzung leuchtet dem unverbildeten Laien sofort ein, ist aber merkwürdigerweise im Unterricht weithin verpönt. Kleinschroth (1992) hat die Idee in seinem Kapitel „Sprachgefühl durch Muttersprache“ wieder aufgegriffen. In der Tat ist die Spiegelung eine Art, die fremde Struktur in der Muttersprache nachzuempfinden und damit ein Gespür für sie zu entwickeln. Damit prägt man sich nicht die Beschreibung des „Strukturtricks“ ein, sondern gleich den „Trick“

selbst, wie Kleinschroth es formuliert. Noch zwei Beispiele aus anderen, von mir in der Schule erprobten Dialogen:

Der Satz *don't be jealous* wurde zunächst kontextangemessen mit *Sei doch nicht so eifersüchtig* wiedergegeben. Zu diesem Zeitpunkt kannten die Schüler *don't* nur aus der formelhaft gebrauchten Wendung *I don't know*; *be* und *jealous* waren ebenso neu. Die wörtliche Übersetzung *Tu nicht sein eifersüchtig* machte den Schülern die Struktur durchsichtig.

In einem für die erste Englischwoche vorgesehenen Dialog schleckt Bobby ein Eis. Wendy schleicht sich von hinten heran, ruft laut: „Is it good?", worauf Bobby vor Schreck sein Eis fallen lässt. *Is it good?* heißt hier *schmeckt's?* oder *lecker,was?*, doch darf die wörtliche Übersetzung auch nicht fehlen.

So macht die wörtliche Nachbildung die fremde Ausdrucksweise durchschaubar, hilft so dem Schüler, ein Strukturgefühl zu entwikkeln und verhindert zugleich vorschnelle, falsche Gleichsetzungen. Zwar werden auf diese Weise wieder Vokabelgleichungen eingeführt: *be-sein, good-gut,* die Schüler erkennen aber im Rahmen dieser Arbeitstechnik, dass es sich um Kern- oder Grundbedeutungen handelt, die im Einzelfall unbrauchbar sein können. So verstanden sind Vokabelgleichungen eminent nützlich.

Die Schüler müssen also in erster Linie wissen, was gemeint ist. Das ist das wichtigste. Ein Schüler, dem *I could never be School President* übersetzt wird *Ich könnte nie Schulsprecher sein*, hat auch alles, was er braucht, um dieses Stück Sprache grammatisch zu verarbeiten: Es ist überflüssig, noch von Konjunktiv usw. zu reden. Erkennen wir den Sinn, wird uns zumeist von selbst klar, wie sich der fremdsprachliche Ausdruck zusammensetzt. Wenn nicht, spiegeln wir die fremde Struktur in der Muttersprache. Beide Formen der Bedeutungsvermittlung ergeben zusammen eine Grammatik im Sprachvollzug, d.h. Arbeit an der Grammatik ohne ein Reden über die Grammatik (Kap. XI, XII).

7. Das Prinzip der Anknüpfung

Anknüpfen statt Trennen! Gute Sprachenschüler, so stellte eine kanadische Studie fest, versuchen von sich aus, das Neue möglichst vielfältig mit Vorhandenem zu verbinden. „Good language learners refer back to their native language judiciously (translate into L 1) and make effective cross-lingual comparisons at different stages of learning" (Naiman u.a. 1978, 14). Einer der Befragten empfahl: „Instead of approaching it – the new language – like a blank wall … try to find everything you can that is related to what you already know, especially in lexical terms." (Naiman et al. 1978, 12)

Das Neue ist also um des Behaltens willen in ein vielfältiges Beziehungsgeflecht einzuknüpfen, die neue Information an möglichst vielen Haken zugleich aufzuhängen. Diese Grundregel des Wortschatzerwerbs bleibt jedoch unter dem Diktat der Einsprachigkeit auf die fremde Sprache selbst beschränkt. Ungleich stärker kommt dieses gedächtnispsychologische Prinzip zur Geltung, wenn wir die Muttersprache und muttersprachlich geprägtes Weltwissen der Schüler systematisch miteinbeziehen. Zugleich verstehen wir Fremdsprachenlehrer uns nicht mehr als Fachidioten, sondern lassen uns die sprachliche Bildung der Schüler überhaupt angelegen sein. Wir versuchen nicht nur, das Neue mit bekannter Begleitinformation zu verbinden, sondern vom fremdsprachlichen Wort aus auch den eigensprachlichen Wortschatz zu erweitern.

Beispiel:
In der fünften Klasse eines Düsseldorfer Gymnasiums kommt der Dialogsatz vor *you've got a C in history*:

LEHRER: *History* hängt mit dem deutschen Wort *historisch* zusammen. Was bedeutet das, historisch? (keine Meldung) Also: Düsseldorf hat eine historische Altstadt. Was heißt das?
SCHÜLER: Eine bedeutende Altstadt.
LEHRER: So ungefähr. Genauer: eine geschichtlich bedeutende Altstadt. *History* heißt also *Geschichte*. Das kennt ihr ja auch als Schulfach.

History wird also mit dem noch ebenfalls unbekannten *historisch*, zugleich aber auch mit der bekannten Altstadt verknüpft. Idealerweise müssten sich in Zukunft beide Wörter gegenseitig verstärken. Wenn der Schüler auf das Wort *historisch* trifft, ist ihm auch – mehr oder weniger bewusst – *history* gegenwärtig, und umgekehrt. Wenn später das Wort *historical* oder das deutsche *Historie* auftreten, werden sie sofort verstanden.

Weitere Beispiele zum obigen *Peanuts-Text*:

- *President*: Who's our President? And who's the President of the U.S.? As you know, in German schools we've got no presidents, we've got a *Sprecher*. In American schools the students have a *president*. – Schülern, die schon Latein haben, wird das lateinische Wort als Vorsitzender erklärt.
- *campaign*: Hinweis auf das Fremdwort *Kampagne*, dann *(Wahl)feldzug*; damit semantische Brücke zum Ursprungswort *campus* als *(offenes) Feld, Schlachtfeld*, schließlich *camp, camping*. – Nicht ganz gesichert ist die Verwandtschaft mit *Kampf*. Da es aber lautlich/semantisch so gut passt, ist ein Hinweis angebracht. Dieser Zusammenhang könnte wieder aktiviert werden, wenn später *champion* dazukommt.
- *power*: Hier sollte erfragt werden, ob den Schülern das Wort schon in deutschen Kontexten begegnet ist. Es geht darum, mehr oder weniger bekannte Formeln wie, *flower power, power play die Stereoanlage hat Power* usw. aufzugreifen.

Im Dienste des Behaltens gelegentlich spaßige Eselsbrücken zu bauen, muss auch erlaubt sein. E. Waugh berichtet in seiner Autobiographie, wie er, ansonsten ein guter Schüler, beim Pauken der lateinischen Deponentia schier verzweifeln wollte. Er konnte sie sich einfach nicht merken. „My mother found me near to tears. She knew no Latin, but she devised memories for me, the more absurd the more easily retained. ‚Molior, to contrive', she said. ‚Remember the mole contrives to make a hole.' I have never forgotten it" (Waugh, 1983, 86). Dazu ein Beispiel aus dem Unterricht: *„Dodge* means *ausweichen, zur Seite springen*. Remember Sheriff Wyatt Earp of Dodge City? You know why this Western town was called Dodge City? People tried desperately to dodge all those bullets flying around there. That's my personal explanation, of course, you may believe it or not."

Solche Geschichten, Etymologien, wort- und kulturhistorische Ausflüge sollten natürlich nicht immer bei der allerersten Bedeutungserklärung erfolgen. Arbeitspsychologisch günstiger ist es, die auf die Semantisierung folgenden anstrengenden Nachsprechübungen durch solche Hinweise öfter zu unterbrechen. Die Zusatzinformation ist dann doppelt willkommen: Sie ist an sich interessant und bietet den Schülern eine Erholungspause bei der Artikulationsarbeit.

Freilich, was uns interessiert, braucht den Schüler noch nicht zu interessieren. Wie überall gilt es auch hier, das Augenmaß zu wahren. Wer die Schüler in sein Museum geheimnisvoller Etymologien und überraschender Wortverwandtschaften einlädt, darf sie nicht überfüttern. Persönlich habe ich aber nie gespürt, dass ich die Schüler mit der Aufdeckung der Beziehungen der fremden Sprache zur Eigensprache gelangweilt hätte. Umgekehrt gab es Schüler, die sich ganz besonders für das Kuriositätenkabinett des Lehrers interessierten. Bertrand Russell ist kein Sonderfall: „I have enjoyed peaches and apricots more since I have known that they were first cultivated in China in the early days of the Han dynasty; that chinese hostages held by the great king Kanista introduced them into India, whence they spread to Persia, reaching the Roman empire in the first Century of our era; and that the word ‚apricot' is derived from the same Latin source as the word ‚precocious', because the apricot ripens early; and that the A at the beginning was added by mistake, owing to a false etymology. All this makes the fruit taste much sweeter" (Russell 1976, 35f).

Selbstverständlich sind solche Zusammenhänge kein Lernstoff. Jeder mag davon behalten, was er will.

Jedes Lernen ist ein Hinzulernen. Statt die Fremdsprache als eine *chambre separée* zu etablieren, sollte man sie auf vielerlei Weise an Vorhandenes anknüpfen und in das Gesamtnetzwerk von Erfahrungen einbinden.

8. Verarbeitungstiefe

Die in kontrollierten Experimenten nachgewiesene Überlegenheit dieser Darbietungsweise von Dialogen lässt sich z.T. mit dem psycholinguistischen Konzept der Verarbeitungstiefe in der Version Engelkamps (1985) erklären. Sie besagt, daß sprachliches Material um so besser behalten wird, je mehr Verarbeitungsebenen es durchläuft. In ähnlicher Weise haben Wahrnehmungspsychologen und Neurologen eine lange Kette von Verarbeitungsschritten beim Sehen nachgewiesen.

Die semantische Ebene liegt „tiefer" als die sensorischen Repräsentationen von Wörtern oder Texten (Lautung und Schrift) und ein Wort ist um so fester verankert, wenn es auch bedeutungsmäßig erfaßt ist. Gewiß, eine didaktische Trivialität, da im Unterricht normalerweise alle Wörter auch verstanden werden sollen. Wie Brot zum Essen und nicht bloß zum Anschauen da ist, sollen Wörter etwas bedeuten (bzw. syntaktische Funktionen erfüllen, die wieder-

um zur Bedeutung beitragen). Schon weniger trivial ist, daß die semantische Verarbeitung um so behaltenswirksamer ist, je verzweigter sie ist. Machen wir uns einmal klar, welche Verarbeitungsebenen bei der Einstudierung des Dialogs beteiligt sein können:
- das Wort (bzw. die Äußerung) als Lautbild: Hören
- das vorgesprochene Wort als sichtbare Konstellation der Sprechorgane (hauptsächlich Lippen) also als Mundbild: Sehen
- das artikulierte Wort: Sprechmotorik, Muskelempfindungen, das Muskelbild
- das Schriftbild: Sehen
- das geschriebene Wort (falls der Text abgeschrieben wird): Schreibmotorik, ebenfalls ein Muskelbild
- das verstandene Wort (Erklärung/Übersetzung): semantische Repräsentation
- semantische Assoziationen: elaborierte semantische Repräsentation

Weitere Verarbeitungsebenen stehen im engen Zusammenhang mit dem semantischen Aspekt:
- das zugeordnete Bild: Sehen
- Gestikulieren, Agieren: Grobmotorik
- affektive Komponenten in Stimmführung und Mimik: Feinmotorik

Wahrlich eine imponierende Fülle von Faktoren, die zu unterschiedlichsten Reizkonfigurationen kombinierbar sind. Effektive Unterweisungstechniken entspringen jedoch nicht einem psycholinguistischen Studium in fertiger, ausgereifter Form, sondern sind zugleich das Ergebnis didaktischer Erprobung, Intuition und Phantasie. Sie entstehen im Tun und werden auch am besten im Tun verstanden. Also probieren!

9. Dokumentation

Wie sieht diese Lehrtechnik in der „Schmuddeligkeit der Praxis" aus? Auf dem 10. Fremdsprachendidaktikerkongress in Aachen (Oktober 1983) wurde die muttersprachliche Semantisierung im Rahmen der bilingualen Methode einem größeren Kreis von Fachleuten im Unterricht mit einer Klasse 7 (Hauptschule) vorgestellt. Diese, von Stefan Eschbach gehaltene Stunde über den Dialog „Napoleon junior“ wurde zugleich per Video aufgenommen und später transkribiert. Im Kongressbericht (Donnerstag/Knapp-Potthoff 1985) wurden Passagen aus der Semantisierungsphase reproduziert und im einzelnen analysiert. Anthony Peck hat sie in seinem Buch *Language teachers at work* (1988, 45ff.) beschrieben. Diese ausführliche Dokumentation ist ebenso wie die in Nürnberg gehaltene Stunde über den Dialog „School president“ auf meiner *website* einsehbar. Eine weitere Stundentranskription über den Dialog „The disappointed teacher“ ist abgedruckt bei Black/Butzkamm (1977, 22ff.) und auch auf meiner *website* verfügbar.

Aufschlussreich ist auch, wie die Schüler selber Unterricht nach der bilingualen Methode erleben. Nach Demonstrationsstunden baten wir die Schüler, sich zum Unterricht mit einigen Zeilen frei zu äußern. Dabei fiel uns besonders auf, wie häufig die Schüler die Fremdsprachigkeit des Unterrichts positiv hervorhoben – und das trotz bilingualer Semantisierung und bilingualen Anschlussübungen!

Hier drei typische Stellungnahmen von Hauptschülern:

- Ich fand den Unterricht besser, weil die beiden nur Englisch gesprochen haben. Wir haben etwas gelernt, und der Unterricht hat auch Spaß gemacht.
- Auf jeden Fall fand ich es toll, dass die beiden nur Englisch gesprochen haben, und das auch noch so schnell.
- Es macht mehr Spaß, so mitzuüberlegen. Wenn die Lehrer nur Englisch reden, versucht man es zu verstehen, man kann sich das auch denken, was die Lehrer sagen. Da lernt man mehr und versucht es zu verstehen. Es macht mehr Spaß, wenn die Lehrer so lebendig reden und Spaß machen.

Offensichtlich haben die Schüler die funktionale Fremdsprachigkeit des Unterrichts so stark empfunden, dass sie darüber die gezielte Zuhilfenahme der Muttersprache bei der Erarbeitung und Auswertung des Dialogs vergessen konnten. Bisher fand kein einziger Schüler die Verwendungsweisen der Muttersprache, die doch für sie neu sein mussten, erwähnenswert. Wie absurd erscheinen dagegen die (Vor-)Verurteilungen der bilingualen Methode durch einen Teil des fachdidaktischen Establishments der siebziger Jahre, der eine Rückkehr zur Grammatik-Übersetzungsmethode befürchtete!

10. Ein- und zweisprachige Anschlussübungen zum Einstudieren eines Dialogs

Meist genügt ein erster Imitationsschritt, in dem der Dialog zugleich semantisiert wird, nicht. Die Schüler müssen den Text mehrfach durchgehen, bevor sie ihn vorspielen können. Beschränken wir uns hier auf solche Anschlussübungen, an denen die Muttersprache beteiligt ist. Eine ist das Rückübersetzen. Der Lehrer gibt das muttersprachliche Mitteilungsäquivalent vor, und der Schüler nennt den dazugehörigen Dialogsatz.

LEHRER: Ich organisier dir deinen Wahlkampf.
SCHÜLER: I'll be your campaign manager.

Nunmehr folgen also muttersprachliche Vorgabe und fremdsprachliche Reaktion unmittelbar aufeinander.

Das Konzept der „Entsprachlichung" (*deverbalization hypothesis*) erklärt, dass das Rückübersetzen ohne Interferenzen funktionieren kann und ähnlich wie das Abrufen der Sätze über die dazugehörigen Bilder abläuft:

□ Bildabruf
1. Der Lehrer zeigt auf das Bild bzw. ruft die Bildnummer auf.
2. Schüler erkennt das Bild wieder, versteht das Bild.
3. Schüler erinnert sich an den zugehörigen Satz.

□ Rückübersetzen
1. Lehrer: „Ich organisier' dir deinen Wahlkampf."
2. Schüler versteht den Satz, erfasst seinen Sinn: Entsprachlichung.
3. Schüler erinnert sich an den entsprechenden Originalsatz: „I'll be your campaign manager!"

Der Schüler versucht also nicht, den Wortlaut umzusetzen: „I'll organize …", sondern erinnert sich an den entsprechenden, gerade noch geübten Dialogsatz.

Dadurch werden auch an dieser Stelle Interferenzen weitgehend vermieden. Merkt der Lehrer, dass der Schüler den Satz vergessen hat und nunmehr zu konstruieren beginnt, hilft er schnell ein. Oder er sorgt dafür, dass die Schüler den Text noch einsehen dürfen:

LEHRER: Ich organisier dir deinen Wahlkampf.
SCHÜLER: (erinnert sich: das ist der Satz mit *campaign manager*! schaut auf den Text und reproduziert jetzt erst) I'll be your campaign manager.

Nun ist aber auch noch die Reihenfolge eine Erinnerungsstütze. So kann der Lehrer zunächst die Reihenfolge des Textes beibehalten und so den Schülern das Erinnern erleichtern. Erst in einem weiteren Durchgang kann er die Sätze durcheinander mit oder ohne Textvorlage abfragen. Ob und wie der Lehrer Erinnerungshilfen einbaut bzw. reduziert, hängt insgesamt davon ab, wie intensiv der vorangehende Imitationsschritt war: Das Ausmaß der Vorübung bestimmt eben den Schwierigkeitsgrad der folgenden Übung. Störende Interferenzen sind nie ganz auszuschließen, denn was immer der Lehrer anstellt: Dreißig Schüler denken nicht im Gleichmarsch. Bei Beachtung all dieser Hinweise können jedoch die durch den muttersprachlichen Stimulus provozierten Interferenzen nie so gewichtig werden, dass sie den Übungserfolg gefährden.

Schließlich wird der Lehrer noch individuell differenzieren. Er weiß, daß das mehrsilbige *responsibility* einigen artikulatorisch weniger begabten Schülern schwerfällt.

LEHRER:	Denk doch mal an die Verantwortung
S_1:	Think of the responsibility.
S_2:	Think of the responsibility.

Der schwächere S_2 braucht nur zu wiederholen. Dennoch haben beide Schüler sich zunächst auf die Lehrervorgabe und damit auf den Sinn konzentriert. Denn das ist der Zweck des Rückübersetzens: die stabile Verknüpfung von Lautung und Bedeutung.

Ein solches Rückübersetzen – das im Grunde kein Übersetzen ist – sollte deshalb nicht fehlen. Fakultativ kann man den Text auch über charakteristische Signalwörter abrufen – als muttersprachliches oder fremdsprachliches Signalwort.

LEHRER:	Wahlkampf
SCHÜLER:	I'll be your campaign manager.

Oder:

LEHRER:	Power
SCHÜLER:	Think of the power.

Der Lehrer nennt also ein Einzelwort und der Schüler den dazugehörigen ganzen Satz.

Noch ein Hinweis: Die Tipps, die wir hier geben, sind nicht nur aus praktischer Erfahrung gewonnen, sondern auch als lern- und gedächtnispsychologische Phänomene unter Stichwörtern wie „verbale Sättigung", „Aufgabenorientierung", „intermittierende Verstärkung" usw. erforscht. Wir verzichten aber auf solch gelehrten Unterbau, weil sie dem, der diese Arbeitsschritte erprobt, unmittelbar einleuchten.

Nach Kelly geht die Tradition des Rückübersetzens vor allem auf Roger Aschams einflußreiche Schrift *The Scholemaster* (1570) zurück. Duez (1639) benutzte die Technik auch für die Einübung von Dialogen: „daß man sie erstlich *einmahl gantz durch* mit zugedeckter Teutscher Außlegung fertig lerne verteutschen; und darnach zum andernmahl umbgekehrt/ auß dem Teutschen in das Frantzösisch auch rechtschaffen verdolmetschen; und also dieselbe meistentheils außwendig im Kopff wohl fassen und behalten möge" (zit. bei Streuber 1914, 65). Heute machen die außerhalb der Schule weit verbreiteten Sprachbücher nach der Assimil-Methode regelmäßig von der Rückübersetzung Gebrauch. Aufs Ganze gesehen, ist das Rückübersetzen jedoch „... eine heute weithin vergessene Übungsform" (Weller 1981 a, 248), zu Unrecht, meinen wir.

11. Semantisierung und Grammatik

Entscheidend ist das Ziel: Der Schüler soll über die im Text enthaltenen Wörter, Strukturen und Redemittel aktiv verfügen. Dazu bedarf es natürlich noch weiterer, auf eine erste Imitation und Semantisierung aufbauender Schritte. Festigende, schließlich sich vom Text ablösende, freie und kommunikative Arbeitsformen müssen hinzukommen.

Zu dieser Arbeitsweise passen am besten kurze Texte, die aber auf knappem Raum viel Neues enthalten dürfen. Die Texte sind weder an eine lexikalische noch an eine rigide grammatische Progression gebunden. Diese Chance gilt es zu nützen: Es dürfen authentische Texte sein, und überhaupt sollten nur solche Texte in Frage kommen, die Schüler besonders ansprechen, weil sie zum Nachspielen reizen, zum Weiterdenken anregen, zum Gedankenaustausch veranlassen.

Lange Zeit wurde das Semantisierungsproblem auf die Frage zugespitzt, ob nicht bei einiger Toleranz, geschickter Anordnung und klugem Einsatz verschiedener Erklärungstechniken einsprachige Bedeutungsvermittlung ohne größere Reibungsverluste möglich sei. Dass die Semantisierung entscheidend mit der Grammatik zu tun haben könnte, wurde übersehen. Die bilinguale Semantisierung im oben geschilderten Unterrichtskontext hat folgende Kennzeichen:

1. Der Schüler versteht sofort, es bleiben keine Unklarheiten. Eben weil die Mitteilungsäquivalente auch die pragmatisch-affektiven Bedeutungskomponenten hervorkehren. Diese bleiben bei den üblichen Vokabelerklärungen – ob einsprachig oder zweisprachig! – unberücksichtigt. Der Schüler kann die Inhaltsstruktur auf die Ausdrucksstruktur beziehen und – unbewusst – Hypothesen über die Grammatik der Fremdsprache ausbilden.

2. Aus einer Schülerbefragung über die Gründe für die Abwahl von Fremdsprachen: „Die deutschen Probanden, die sich von Englisch trennen möchten, vermißten hochsignifikant Erklärungen auf deutsch" (Hermann-Brennecke/Candelier 1992, 427). Schüler sind frustriert, weil so oft über ihre Köpfe hinweg geredet wird. Dagegen hilft der disziplinierte, geregelte, wohl dosierte Einsatz der Muttersprache, den die Lehrer im Rahmen der traditionellen Einsprachigkeit nicht lernen.

3. Zeitraubende Umwege werden vermieden. Der Weg zur mitteilungsbezogenen Kommunikation wird kürzer. Insofern ist die sog. direkte Methode höchst indirekt.

4. Die unaufgeklärte Einsprachigkeit hat ungewollte Nebenwirkungen auf die Textinhalte. Bei muttersprachlicher Semantisierung können inhaltlich anspruchsvolle Texte verwendet werden.

5. Das Verfahren wurde in mehreren experimentellen Vergleichen erprobt und ausführlich dokumentiert (vgl. Butzkamm 1980; Caldwell 1990; Kasjan 1994; 1995).

6. Natürlich bleibt es bei dem Ziel, sich in rein fremdsprachigen Situationen zu bewähren und mit Verständnisschwierigkeiten ohne Zuhilfenahme der Muttersprache fertig zu werden. Dieses Ziel wird aber mit der hier vorgeführten muttersprachlichen Semantisierung eher und sicherer erreicht als im Rahmen der traditionellen Einsprachigkeit.

12. Die Schüler übernehmen die Texteinführung

Die bilinguale Erarbeitung eines Dialogs macht die traditionelle Texteinführung nicht überflüssig. Diese Arbeitsform mit überwiegend einsprachiger Vokabelvermittlung hat sich besonders dort bewährt, wo es sich um längere, meist erzählende Texte handelt, die nur relativ wenige unbekannte Wörter und Strukturen enthalten. Die neuen Wörter sind oft schon aus dem Zusammenhang erschließbar. Die Textlänge verbietet ein intensives Erarbeiten und Einprägen wie beim Kurzdialog, und die Schüler sind eher rezeptiv tätig. Einen lebendigen, sehr einfühlsamen Bericht über eine Englischstunde, in deren Mittelpunkt eine solche Textdarbietung steht, hat Heuer (1986) vorgelegt. Er zeigt, wie variabel diese methodische Grundform gestaltet werden kann.

Eine hochinteressante Weiterentwicklung verdanken wir Martin (1983; 1984; 1986), der den Gedanken der Schülerselbsttätigkeit unter dem Stichwort „Lernen durch Lehren", kurz LdL, radikal verwirklicht. Es gelingt ihm – auch in Filmdokumenten und im Internet (www.ldl.de) – überzeugend darzustellen, dass eine Klasse einen Teil des Unterrichts – besonders auch die Texteinführung – weitgehend selbst durchführen kann. Zwar bleibt die Planung des Unterrichts, das Bereitstellen von Materialien usw. weiterhin beim Lehrer, auch die Planung der Einzelstunden; die Klasse führt aber jeweils das Stundenprogramm, das der Lehrer ihr auf einem Kärtchen überreicht hat, selbständig durch. Letzterer wird während der Stunde zum Berater, zum Spezialisten für besondere Probleme, zum Helfer von einzelnen, der ganz selten vor der Klasse auftaucht. Denn dort führen jetzt die Schüler selbst Regie, einzeln oder als Kleingruppe, beauftragen wieder andere mit Teilaufgaben, belehren, befragen, korrigieren sie.

Spätestens seit Wests (1955/56) Aufsatz über *pupil talking-time* ist das Problem bekannt. Wer hat die Sprechpraxis am nötigsten? Natürlich die Schüler. Und wer hat den Löwenanteil des Sprechens? Der Lehrer natürlich. Martin gelingt es, dieses Verhältnis umzukehren. (Vgl. auch die positive Einschätzung des LdL-Ansatzes und den Stundenbericht bei Zydatiß (2002, 358ff.)). Denn die Schüler übernehmen nicht nur die Organisation – Bücher aufschlagen, Mitschüler aufrufen usw. –, sondern nehmen auch Lehrfunktionen wahr: geben Diktate, erklären neue Wörter, führen grammatischen Lehrstoff ein. Damit erhöht sich nicht nur der Sprechanteil der

Schüler, er verändert sich zugleich qualitativ. Denn ihr Sprechanteil erhöht sich gerade im Bereich der mitteilungsbezogenen Kommunikation, weniger im Bereich des Übens. Darauf aber kommt es an, dass die Schüler die fremde Sprache möglichst viel als Mittel erfahren, mit der man die Welt in Bewegung versetzt. Was man sagt, hat vielerlei Richtung, Sinn und Ziel und ist nicht bloß ein Vorwand, die Sprache zu üben.

Diese Unterrichtsregie von der Begrüßung bis zur Verabschiedung, das Erledigen der vielen kleinen Klassengeschäfte, die nebenher anfallen, **dieses *classroom management* ist die unmittelbare Domäne echter Kommunikation in der Fremdsprache.**

Hier meint der Lehrer, was er sagt. Er beschäftigt sich nicht mit Sprache als Lernstoff. Eine schizophrene Praxis will es jedoch, dass viele Lehrer um einsprachige Bedeutungsvermittlung und einsprachiges Vokabellernen bemüht sind, aber alles Organisatorische in der Muttersprache verhandeln. Es ist schon grotesk, wenn ein Lehrer eine ganze Stunde lang anhand des Buches übt, wie man Vorschläge macht (*could you ..., couldn't we ..., I suggest we ...*), nur um zum Schluss die Hausaufgabe auf Deutsch zu stellen.

Dabei könnten die Schüler schon bald Teile des Übungsbereichs in die eigene Regie übernehmen. Damit die Schüler die im Lehrwerk ausgearbeiteten Übungen selbst durchführen, brauche man ihnen anfangs nur ein paar einfache Formeln zuspielen wie *commence, continue, stop! il y a une faute* usw. Im zweiten Jahr Französisch können seine Schüler aber auch schon neue Texte darbieten, d.h. sie wenden die methodische Grundform der Texteinführung an.

Eine Dreiergruppe hat z.B. ihren Auftrag, die Klasse in einen neuen Textabschnitt einzuführen, im Unterricht selbst vorbereitet, so dass der Lehrer bei allen Fragen sofort aushelfen konnte. In der nächsten Stunde stehen die drei vor der Klasse. Eine Frankreichkarte ist aufgehängt, eine Folie vorbereitet. Sie haben gerade angefangen. Da fragt der Lehrer von einem Schülerplatz aus dazwischen: „Qu'est-ce que vous faites là?" Einer der drei antwortet (formuliert frei): „D'abord on explique les nouveaux mots, et après les autres essaient d'expliquer les nouveaux mots, et après on dit le texte et après nous avons quelques questions sur le texte." Dieses Programm wird dann auch eingehalten. Bei den Erklärungen werden die Mitschüler einbezogen, wie im folgenden Ausschnitt:

SCHÜLER$_1$: (liest das unbekannte Wort vor) Le chef-lieu.
SCHÜLER$_2$: Grenoble est le chef-lieu du département de l'Isère. – Marcus, cherche Grenoble sur la grande carte, s'il te plaît.
MARCUS: (begibt sich zur Karte, zeigt auf Grenoble) Là.

Später werden wie angekündigt die gerade gegebenen Erklärungen von den Mitschülern wieder abgefragt unter Verwendung von Formeln wie *explique ça en français* oder *qui dit ça en allemand?* Der dritte im Bunde hat dann die Aufgabe, den Text vorzulesen.

Im anschließenden Studiogespräch wird deutlich, wie sie sich bewusst auf Verstehensschwierigkeiten und Lernprobleme der Mitschüler einstellen. Zur Frage nach der Vermittlung unbekannter Wörter äußert sich z.B. eine Schülerin:

„Man muss sich einfach vorstellen, wie man das selber am besten kapieren würde. Man muss sich einfach in die Schüler reinversetzen, die das lernen sollen." Die als Lehrer fungierende Gruppe arbeitet also nicht nur textbezogen, sondern hat ihre Mitschüler als Lernende im Blick, ruft bewusst den einen oder anderen von ihnen auf, versucht, keine Wortmeldung zu übergehen usw. Für all diese Aufgaben, zu all diesen Zwecken ist die fremde Sprache das Kommunikationsmittel.

Doch ebenso selbstverständlich wie beiläufig wird die Muttersprache benutzt, etwa um sich zu vergewissern, ob die Mitschüler verstanden haben. In der Hauptsache jedoch dient die Muttersprache dem Ziel, die fremdsprachige Kommunikation in Fluss zu halten. Immer wieder wird schnell beim Lehrer nachgefragt:

SCHÜLER: Comment dit-on *der Satz vorher*?
LEHRER: La phrase d'avant.

Für solche schnellen Einhilfen ist der Lehrer (und die Muttersprache) unentbehrlich. Im Gesamt des Unterrichts fällt die Muttersprache kaum auf, denn sie steht ganz im Dienst der fremdsprachigen Unterrichtsverhandlung. Dabei ist sie aber nicht *ultima ratio*, sondern *prima ratio*.

X. Mischtexte – Wiederbelebung einer ehrwürdigen Lehrtradition

I. Polyglotte Dichtung und polyglotter Alltag

Vom Minnesänger Oswald von Wolkenstein stammt ein Liebeslied, das aus sieben Sprachen montiert ist.

Do frayg amors
Adiuva me
Malout mein pferd
...

Diesem Renommierstück hat er eine „exposicio", d.h. eine Übersetzung, beigegeben und einen Refrain, in dem er die verwendeten Sprachen aufzählt, damit man seine Leistung auch gebührend bewundern kann:

Tewtzsch welcisch mach
frantzoisch wach
ungrischen lach
brot windisch bach
flemming so krach
latein die sybend sprach

In Dieter Kühns (1977) Nachdichtung:

Aus deutsch mach italienisch,
erweck es auf französisch,
laß es magyarisch lachen,
und treib es auf slowenisch,
laß es denn flämisch krachen;
Latein: die sieben Sprachen!

Einfacher als diese polyglotte Bravourleistung ist ein deutsch-lateinisches Mischgedicht aus dem 15. Jahrhundert, das eines unserer schönsten Weihnachtslieder geblieben ist: *In dulci jubilo*. Die letzte Strophe lautet:

Ubi sunt gaudia?
Niendert mehr denn da,

Da die Engel singen
Nova cantica
Und die Schellen klingen
In regis curia.
Eia wärn wir da!

Wie wir früher schon unter Hinweis auf Luther gezeigt haben, sind regelrechte Sprachmischungen nicht auf solche Extravaganzen beschränkt, sondern können unter Umständen auch Kennzeichen der Alltagskommunikation sein.

Ein Beispiel aus dem zwanzigsten Jahrhundert ist das mit vielen Amerikanismen durchsetzte Deutsch einiger Einwanderergemeinden in den USA, die sich überall dort, wo es sich um Religionsgemeinschaften handelt, neben religiösen Sitten und Gebräuchen auch ihre Sprache erhalten haben. Hier spricht eine 72-jährige aus einer Amanakolonie im Amerikanischen Mittelwesten (Auburger u.a. 1979,111):

> „Und am Silvester Abend habe mir als Blei gegosse. Weißt du was ich mein? Blei, das habe mir im – wo die Küch noch war, wo die *kettles* und die *pots repaired* wäre, war doch mit Blei, wo die *pots repaired* war, hammir ein Stück Blei geholt, und hammir (eine Pfanne, J.R.D.) genomme, und habe ein Stückche Blei drauf getan, und habe das in den Ofen gehobe, und dann ist das Blei geschmolze, *see,* von der Hitze schmelze, und dann hammirs in kaltes Wasser geschmisse, habs runter laufen lasse, und was für ein shape das gegebe hat, *was supposed to be the initial of the guy you're going to marry.*"

Die neueste Blüte am Baum europäischer Sprachmischereien ist das Europanto des Diego Marani, seines Zeichens Übersetzer beim europäischen Ministerrat in Brüssel. Die Struktur bildet der klare englische Satzbau. Welche Wörter und welche grammatischen Regeln darüber hinaus benutzt werden, hängt von den Gesprächspartnern ab. Die improvisieren einfach, indem sie die Sprachkenntnisse der Partner berücksichtigen. Jeder kann etwas Englisch, dazu gibt es einen hohen Prozentsatz meist aufs Latein zurückgehender Wörter, die auf jeden Fall in den romanischen Sprachen vorkommen, ebenso im Englischen, und wenn man Glück hat, auch im Deutschen. Den Rest muss der Kontext besorgen, unser bekannter *top-down process*. „Der mistake keep linguas alive!" Unter der Internetadresse www.neuropeans.com stoße ich auf folgenden Text:

„Der europese comunitas. Eine Europe, eine virtuale comunitas esse eine maxime facile concept. Aber necessite que zum primero someuno habe der idea. Eine Europe, pan-europese comunicationes, themas, projectos und servicios op eine unique plateforme esse todag eine vision nicht plus. Neuropeans.com integrate alles diese peculiaritates in eine precursor web-situs based op metropolis.de, der maxime grosse deutschespeakingante comunitas des mundo mit plus dann 1.000.000 (eine millione) van registered utilizatores und modernissime tecnologia. Neuropeans.com offer neue possibilitates por der neue europese generatione. Neue amigos finde, discusse politica, search jobstelles, acquire productos und servicios partodo in Europe. Neuropeans.com esse eine virtuale space donde europese visiones become realitas, mit livende, reale personas. Forgette nicht que Neuropeanos make dinges better."

2. Von Interlinearversionen zu modernen Mischtexten

Mischtexte sind nun auch didaktisch interessant. Wir erinnern an Interlinearversionen, die wohl die ältesten Sprachlehrtexte überhaupt darstellen. Ihr Nachteil bestand darin, die Wort-für-Wort-Übersetzung streng durchzuhalten. Damit war ein Lernfortschritt der Schüler nicht einkalkuliert, außerdem waren sie bei starrer Anpassung an die fremde Wortfolge teilweise schwer verständlich. Diese Nachteile gilt es zu vermeiden. Wir schlagen eine neue Arbeitsform vor, nämlich nach einem ersten Lesen eines Textes denselben in Form mehrerer Mischtexte der folgenden Art anzubieten, die der Schüler (mündlich oder schriftlich) wieder in den Originaltext überführt:

Originaltext:
„Many of us kids on the reservation lived hundreds of miles away from the nearest school – too far to get there and back in a day. So we had to go to the Rosebud Boarding School. The school was run by the Bureau of Indian Affairs and the teachers were all white. I remember how I felt my first day there. I felt all alone in a strange world. At first it seemed like an adventure. But the adventure quickly became a nightmare. The teachers did everything they could to turn us into whites. We were not allowed to speak in our own language, to sing Indian songs, or to practise our religion." Aus: English G, 4 A (Cornelsen), S. 47.

Mischtext:
Many of us kids on the reservation lived (Hunderte von Meilen von der nächsten Schule entfernt) – too far to get there and back in a day. So

> we had to go to the Rosebud Boarding School. The school (wurde geführt von) the Bureau of Indian Affairs and the teachers were all white. (Ich erinnere mich wie) I felt my first day there. I felt (ganz allein in einer fremden Welt). At first it seemed (wie ein Abenteuer). But the adventure (schnell) became a nightmare. The teachers did everything they could (um uns zu Weißen zu machen). (Wir durften nicht sprechen) in our own language, to sing Indian songs, or to (ausüben) our religion.

Der Witz hierbei ist, das Original noch so weit zu erhalten, dass ein gewisser Lesefluss gewährleistet ist. Bei einer kompletten Rückübersetzung wäre der Text als Lesetext zerstört. Nachteilig ist, dass gelegentlich Interferenzen auftreten können. Wenn der Schüler aber sofort zum Original zurückverwiesen wird, bleiben die Interferenzen nicht haften, sondern werden weggeübt.

Diese Aufgabenform zwingt den Schüler, bei einem Lesetext auch auf Sprachformen zu achten, also mitteilungsbezogen sowie sprachbezogen zu agieren. Gerade der Fortgeschrittene erfährt ja, dass er auch durch vieles Lesen an aktivem Sprachkönnen kaum hinzugewinnt, wenn er schnell liest und ganz bei der Sache, nicht bei der Sprache ist. Kennzeichen rationellen Lesens ist ja, sich gezielt auf die jeweils relevanten Informationen zu konzentrieren und alles andere zu ignorieren. Auch das gilt es zu üben. Daneben stehen aber Arbeitsformen, die den Lesetext mehr oder weniger gründlich auch für die aktive Sprachbeherrschung auswerten. Zu diesen zählt unser Beispiel. Ein weiteres Beispiel im Rahmen eines Stundenentwurfs über einen Text von Arnold Wesker enthält Butzkamm (1994), das auf meiner *website* verfügbar ist.

Ebenso von Interesse sind Mischtexte, die selbst als primäre Lesetexte und nicht als Anschlussübung gedacht sind. Das Autorenpaar Emer O'Sullivan und Dietmar Rösler hat eine Reihe „deutsch-englischer Geschichten" vorgelegt, die in der Jugendbuchreihe rororo rotfuchs erschienen sind, u.a.: *I like you – und du?; It could be worse – oder?; Mensch, be careful!* Die Texte sind nicht speziell als Schullektüre gedacht – es gibt weder Vokabellisten noch Lehrerhandreichungen – und sie haben wohl auch ohne Hilfe der Schule ihre Leser gefunden. Das ist gerade der springende Punkt. Diese „spannenden Krimis in englisch-deutschem Sprachmischmasch" (Klappentext) sind so fesselnd geschrieben, dass sich Jugendliche mit drei bis vier Jahren Englischunterricht auch durch die englischen Teile hindurchlesen. Die muttersprachlichen Textteile sorgen dafür, dass man immer weiß, worum es geht, und auch den Faden nicht verliert, wenn man mitunter ganze Zeilen des englischen Textes nicht versteht. Sie treiben die Geschichte voran. Der Leser, einmal von der Situation gepackt, will wissen, wie's weitergeht und gibt nicht auf, auch wenn er über unbekannte Wörter stolpert. Manchmal geht es gar nicht anders, als die Sprachen zu mischen. Denn in den Geschichten begegnen sich jeweils ein deutscher und ein englischsprachiger Teenager, zwischen denen sich eine verstehende Zweisprachigkeit entfaltet: Jeder bleibt mehr oder weniger bei seiner Muttersprache, und die in der Schule erworbenen Fremdsprachenkenntnisse reichen aus, dass man sich verständigt. Hier eine Leseprobe aus dem zweiten Kapitel von *Mensch, be careful!* (1986,12), in dem Fiona aus Irland und Edzard aus Emden zum ersten Mal aufeinander treffen:

> Since she had left the house that morning she had noticed that he was never far away, and now it was pretty obvious that he was shadowing her. She marched straight up to him.
> „Was willst du?" she demanded.
> Edzard wurde rot. „Wie meinst du das, was will ich? Ich habe doch gar nichts gesagt."
> Fiona was angry. „Gar nichts gesagt, aber ... aber ..." Shit! This bloody language. To hell with it, she'd just have to try it in English. „You've been following me all day long. I mean it's bad enough you having crashed into me on the bicycle yesterday and then having raced off without saying a word, but if you want to apologize, you don't really have to follow me around all day to do so."
> „Sorry", entschuldigte sich Edzard. Er zögerte einen Moment. „I didn't want to make you sick", fuhr er fort. Fiona had to smile. „Make me sick? What do you mean?"
> „Verstehst du mich, wenn ich Deutsch rede?" fragte er zurück.
> „Yeah, more or less."
> „Ich wollte sagen, daß ich dich nicht kränken wollte."
> „You didn't want to annoy me. O.K., but then why were you following me?"

Es gibt immer mal wieder ein lustiges sprachliches Missverständnis, das bald aufgeklärt wird, und nie erblickt der Leser dabei den erhobenen sprachpädagogischen Zeigefinger. Unsere bilingualen *teenager* erleben gemeinsam ein Abenteuer, schmieden Pläne, suchen eine Lösung. Dabei wirken die Redundanz natürlicher Gespräche, das Wiederaufnehmen oder Verwerfen von Ideen des einen durch den anderen sowie die bewusste Anwendung der *stream of consciousness technique* oft in der Weise, dass der Leser deutsch-englische Äquivalenzen erkennt, ohne dass übersetzt worden wäre:

> Do you think I want to get involved in this? Anyway, it's not really any of our business, is it?" She walked on. Edzard sah sie von der Seite an. Vielleicht hatte sie recht. Eigentlich ging es sie ja wirklich nichts an (S. 20).
> „Fiona! So ein Zufall. Ich wollte gerade ein Eis essen." Edzard tat überrascht. „Yes, it's quite a coincidence all right", replied Fiona, who had just finished her second milkshake wondering if he would come along (S. 26).

Anders als bei zweisprachigen Textausgaben mit der Übersetzung auf der gegenüberliegenden Seite ist man also gezwungen, sich auch durch den fremdsprachigen Teil hindurchzukämpfen. Außerdem handelt es sich stets um einen Originaltext – dafür bürgt das Autorenpaar.

Solche Mischtexte stellen eine echte Bereicherung des Lektüreangebots dar und sind von Schülern enthusiastisch aufgenommen worden. Natürlich bleibt die Qualität der Story selbst die Hauptsache, und es wäre schön, wenn noch andere Autoren diese Idee aufgriffen. Mischtexte eignen sich besonders als häusliche Begleitlektüre. Sie könnten auf der Mittelstufe dazu beitragen, die Lust am Lesen fremdsprachlicher Texte zu wecken bzw. zu erhalten. Was aber das Mischen der Sprachen anbetrifft, so gilt es nach Weinrich (1983, 213) „eine alte Unbefangenheit neu zu entdecken".

XI. Zwischen Üben und Kommunizieren: Grammatik im Sprachvollzug (1)

„Ich erlebte diese Szene bei der Beobachtung eines Unterrichts mit koreanischen Krankenschwestern:

LEHRER (Beispiel):	Wie findest du das neue Auto? – Es ist auch nicht besser als das alte.
LEHRER (Stimulus):	Wie findest du das neue Bett?
TEILNEHMERIN:	Es ist auch nicht besser als das alte. (die Übung läuft einige Minuten weiter – dann:)
LEHRER (Stimulus):	Wie findest du die neue Kollegin?
TEILNEHMERIN:	(denkt nach)
LEHRER:	Was ist denn los? Antworten Sie!"

(Göbel 1986,128)

I. Das klassische Problem der Lernübertragung und das generative Prinzip

Pattern drills bzw. Strukturübungen entstammten – so heißt es vielfach – der Ehe von psychologischem Behaviorismus und linguistischem Strukturalismus. Diese zerbrach, und der Pattern Drill verlor, so meinte man, seine theoretische Basis. Zugleich scheiterte der Pattern Drill in der Praxis an dem Transfer-Problem. *To transfer or not to transfer – that is the question.* Dass die elementaren Strukturen intensiv zu üben seien, mochte plausibel sein. Aber der Sprung vom ausgiebig geübten pattern zur spontanen Verwendung im Gespräch gelang nicht. Dies ist das klassische Problem jeder Methode: Wie ist der Übergang vom Darbieten, Erklären und Üben in das freie Gespräch zu bewerkstelligen? Wie gelingt es, Übungserfolge in kommunikative Erfolge umzumünzen? Hier versagten die herkömmlichen Strukturübungen. Das Durchspielen von Strukturen im natürlichen Spracherwerb (Kap. V) aber gebietet es uns, Strukturübungen nicht einfach ersatzlos zu streichen. Im Gegenteil: Wie wir gesehen haben, rühren wir hier an den Kern des Spracherwerbs. Jede Methode, die erfolgreich sein will, muss den Motor der analogen Satzbildungen anwerfen.

Auch die Geschichte legt uns nahe, Strukturübungen nicht zu verwerfen. Denn in Wirklichkeit sind sie keine amerikanische Erfindung, sondern eine Erfindung der Renaissance, ja reichen in der Form des Satzdeklinierens und -konjugierens bis in die Antike zurück (Kelly 1969). Allen diesen Arbeitsformen ist das **generative Prinzip** gemeinsam – ein Punkt, den H. Palmer klar herausgearbeitet hatte. Lernt der Schüler nicht nur einen Satz, sondern zugleich einen Satzrahmen, erkennt er also die austauschbaren sowie die strukturbildenden Elemente eines Satzes, so hat er mit diesem zugleich eine Fülle weiterer, möglicher Sätze mitgelernt. Ein Satz wird zum Satzmuster, zum Modell vieler möglicher Sätze.

Unsere Weiterentwicklung setzt genau bei dem Problem an, das die traditionellen Strukturübungen nicht hatten lösen können: dem Problem des Übergangs vom Üben zum Kommunizieren.

Es gibt viele Anfängerklassen, die mit Begeisterung das Liedchen „What shall we do with the drunken sailor?" singen. Ich habe es jedoch kaum erlebt, dass Schüler dieser Klassenstufe im Gespräch Sätze äußern wie: „What shall I do with this book? Is it yours?" oder „What shall we do with our maths teacher? He sets us too much homework."

Das eben gilt es zu leisten: brauchbare Formeln und Strukturen aus ihrer funktionalen Gebundenheit, sprich dem Basistext, herauszulösen, und sie für alle nur möglichen kommunikativen Bedürfnisse verfügbar zu machen. Daneben gilt, dass eine Struktur vielfach wiederholend geübt werden muss, um verfügbar zu werden. Aber wir begnügen uns nicht mit dem Durchspielen von ein paar formalen Möglichkeiten, wie beim Satzkonjugieren früherer Jahrhunderte. Und auch anders als beim Pattern Drill des Strukturalismus sind die verschiedenen lexikalischen Füllungen nicht vernachlässigenswert; im Gegenteil, auf sie richten wir unser Hauptaugenmerk. Der Lehrer fragt also weniger danach, wie oft er eine Struktur wiederholen muss, damit sie wirklich sitzt, vielmehr fragt er sich, wie er dem Schüler durch interessante Austauschmöglichkeiten nahelegen kann, dass diese Satzstruktur auch für seine eigenen Ausdrucksbedürfnisse taugt. Hier ist also die austauschbare Lexik das Entscheidende.

Dazu ein erstes Beispiel aus einer fünften Hauptschulklasse. Der Lehrer (Stefan Eschbach) entnimmt den Satz *I've got a good idea* einem eingeführten Lehrtext und beginnt mit den üblichen, allerdings muttersprachlich gesteuerten, Abwandlungen:

□ Austausch

LEHRER: Ich hab' einen phantastischen Einfall.
SCHÜLER: I've got a fantastic idea.
LEHRER: Wir haben eine wunderbare Idee.
SCHÜLER: We've got a wonderful idea.

Am Anfang machen wir's also, was die Austauschwörter anbetrifft, *nice'n easy*, die Schüler sollen sich ganz auf die Form konzentrieren können. In der Tat müssen den Schülern erst einmal elementare Formassoziationen geläufig werden. *I've got* mag ihnen bald leicht von den Lippen gehen, nicht aber Formverbindungen wie *We've been ...ing* oder *Ça ne se (mange/dit/traduit) pas* oder, noch schlimmer, *je te l'ai toujours dit, je te l'ai déjà montré*, wenn man das übliche Sprechtempo einhalten will. Das mehrfache Wiederholen, wobei nur gut bekannte Wörter ausgetauscht werden, gibt den Schülern Sicherheit und Selbstvertrauen, und man kann bald schon etwas mehr riskieren. So könnte der Lehrer die Struktur auch wie folgt erweitern und umformen, wenn die Schüler mit diesen Operationen schon vertraut sind:

□ Erweiterung

LEHRER: Die haben 'ne ganz gute Idee.
SCHÜLER: They've got quite a good idea.
LEHRER: Er hat immer gute Ideen.
SCHÜLER: He's always got good ideas.

□ Umformung

LEHRER: Hast du eine gute Idee?
SCHÜLER: Have you got a good idea?
LEHRER: Haben die nicht 'ne gute Idee!
SCHÜLER: Haven't they got a good idea!

usw.

Statt dessen geht es wie folgt weiter (ungekürztes Protokoll):

LEHRER: Ehm ... Ich hab' 'ne grüne Idee.
SCHÜLER: I've got a green idea.
LEHRER: Ich habe 'ne blaue Idee.
SCHÜLER: I've got a blue idea.
LEHRER: Ich hab' 'nen blauen Pullover.
SCHÜLER: I've got a blue pull-over.
LEHRER: Ich hab' 'nen ... Ich hab' 'nen roten Pullover.

SCHÜLER: I've got a red pull-over.
LEHRER: I've got a red pull-over (Aussprachekorrektur).
SCHÜLER: I've got a red pull-over.
LEHRER: I've got a red pull-over.
SCHÜLER: I've got a red pull-over.
LEHRER: Now, all right. Ich hab' 'ne gelbe Idee.
SCHÜLER: I've got a yellow idee.
LEHRER: idea
SCHÜLER: idea
LEHRER: Yes. Ich habe einen dummen Lehrer. O.K.. Jenny.
SCHÜLER: I've got a silly teacher.
LEHRER: Have you got a silly teacher?
SCHÜLER: Yes.
LEHRER: Ehm ... Would you ... ehm ... be so kind to tell me his name?
SCHÜLER: Mr. Morrison.
SCHÜLER: Hahaha
LEHRER: You are laughing, hm?

Die Schüler haben in den Anfangsmonaten nur wenige Adjektive für die Struktur *I've got a good idea* zur Verfügung; also macht der Lehrer aus der Not eine Tugend und gibt diese komischen Sätze vor. Auch das ist eine Art, den Fokus von der Form auf die Bedeutung, auf den Sinn zu verschieben. *„In nonsense is strength"* (Kurt Vonnegut).

Diese – zunächst muttersprachlich gesteuerte – Strukturübung enthält also eine besondere innere Dynamik: Sie soll sich von rein formbezogenen Sätzen zu mehr inhaltsbezogenen Sätzen hin entwickeln und sich damit in Richtung mitteilungsbezogene Kommunikation verlagern.

Das geschieht hier durch Blödelsätze, die Spaß machen und damit von der Form ablenken; es geschieht zum anderen durch eingestreute kommunikative Zwischenspiele. Ein solches, die eigentliche Übung unterbrechendes Zwischenspiel ereignet sich am Ende unseres ersten Beispiels. Was eben noch bloßer lexikalischer Austausch war, verwandelt sich plötzlich in eine provozierende Frage. Natürlich bekommt der Lehrer postwendend die Antwort, die er auch erwartet hat: Mr. Morrison ist er selbst.

Das diesem Kapitel vorangestellte Unterrichtszitat von R. Göbel verdeutlicht, dass eine Verlagerung von formbezogenen zu inhaltsbezogenen Sätzen der Situation nicht aufgepfropft wird, sondern geradezu in der Luft liegt. Der Lehrer allerdings scheint dies nicht intendiert zu haben. Die „neue Kollegin" ist nur ein weiterer Stimulus – nicht anders als die vorhergehenden –, und er wundert sich, dass die Schülerin stockt, statt ebenso brav und reaktionsschnell wie zuvor die Antwort zu liefern. Schüler können oft gar nicht umhin, die Sätze beim Wort zu nehmen, anstatt sie lediglich als grammatische Aufgabe zu behandeln.

Der Vorwurf der formalen Eintönigkeit, die emotionale Ermüdung und eine affektive Distanz gegenüber dem Verfahren bewirke, trifft auf die neue Art von Pattern Drill nicht zu. Denn genau wie bei der muttersprachlichen Semantisierung hat der Lehrer bei seinen deutschen Vorgaben die Möglichkeit, Tonfall, Mimik und Gestik einzusetzen und seinen Sätzen zusätzlich Bedeutung zu verleihen. Wieviel Bedeutung etwa kann man rein stimmlich Sätzen geben wie „I'm an old dog" oder „I'm a crazy cat!" Das ist keine dröge Austauschübung mehr, nicht „mere empty jingle"! Das spielerische Element wird betont und an die Phantasie der Schüler appelliert, auch wenn es hier – vordergründig – um *a/an* geht.

	dog
	old dog
	crazy cat
	orange
	red orange
	beer bottle
	empty beer bottle
I'm a/an	egg
	egg in your egg-cup
	word in a line
	line on a page
	page in a book
	book on a shelf
	shelf in a classroom
	idea in your book
	question in your mind

Obwohl diese Übung problemlos einsprachig durchzuführen ist, wobei sich die Schüler ganz auf den Unterschied von *a/an* konzentrieren könnten, sind muttersprachliche Vorgaben vorteilhafter: Die Übung ist damit zugleich eine lustige Wortschatzübung. Wäre sie einsprachig, ließe sie sich ja genauso gut mit Kunstwörtern durchführen bzw. in ähnlicher Form in einer uns ganz unbekannten Sprache: Der Lerneffekt bliebe einzig auf die Unterscheidung vokalischer/konsonantischer Anlaut beschränkt.

Aber die zweisprachige Übung bietet nicht nur eine Chance zur Auffrischung des Wortschatzes. Sie verläuft auf anderen psychischen Bahnen. Bei einsprachiger Steuerung löst der Schüler ein formales Problem: Ein Wort oder eine Wortgruppe muss an der richtigen Stelle ausgetauscht werden. Bei zweisprachiger Steuerung löst der Schüler ein Formulierungsproblem: Ein Inhalt wird versprachlicht. Darin liegt der kaum zu überschätzende Vorteil, denn wir benützen dabei dieselben psychischen Bahnen wie beim Formulieren eigener Gedanken. Woher der Gedanke kommt, ist zunächst zweitrangig. Dass wir überhaupt einen Gedanken formulieren und zugleich eine formale Operation durchführen, ist entscheidend: Das ist Grammatik im Sprachvollzug. **Sie führt sprachliche Regelungen im Vollzug vor, statt sie zu beschreiben**, und entfaltet zugleich deren kommunikatives Potential.

Natürlich gelingt das nicht immer. Es kann vorkommen, dass der deutsche Wortlaut und nicht der im Wort ausgedrückte Gedanke als Auslöser fungiert. Anders gesagt: Der Schüler beginnt, den muttersprachlichen Satz Wort für Wort in die Fremdsprache umzusetzen. Das kann der Lehrer aber zumeist durch entsprechende Steuerung oder durch sofortiges Einhelfen verhindern. Der Schüler muss den Satz beim Inhalt nehmen, er muss ihn wie beim Dolmetschen *entverbalisieren*. Daraufhin ist die Übung anzulegen.

Man wird fragen, wie weit isolierte Einzelsätze überhaupt kommunikative Momente aufnehmen können. Sprechen wir einmal folgende Sätze mit passender Intonation und untermalender Gestik vor:

Was soll ich bloß mit dieser Hausarbeit anfangen?
What shall I do with this homework?
Was sollen wir bloß mit so einem Lehrer anfangen?
What shall we do with such a teacher?
Was soll ich bloß mit meiner kleinen Schwester machen?
What shall I do with my baby sister?

Sofort fallen einem dazu passende Situationen ein. Jedes Verstehen, hatten wir gesagt, ist nicht nur Sinnaufnahme, sondern auch Sinngebung. So kann es gelingen, dass der Hörer von sich aus einen Einzelsatz situativ verankert – in seiner Imagination. Darauf legen wir's an – interpretieren auch hin und wieder einen Satz durch Hinzufügen:

What shall I do with this homework? (I can't read it)
What shall we do with such a teacher? (He's so nervous)
What shall I do with my baby sister? (She's crying all the time)

So können kraft unserer Imagination auch Einzelsätze ohne visuelle Stützen oder weitere Einkleidungen Situationen und Konstellationen vorführen, die zu kommunikativen Reaktionen veranlassen.

2. Übergänge vom Üben zum Kommunizieren

Im nächsten Beispiel führt die Variation des Satzes *do you believe in* ... zu mehreren kommunikativen Unterbrechungen. Zweierlei ist bemerkenswert: (1) Das für eine 6. Hauptschulklasse ungewöhnliche Vokabular deutet darauf hin, dass man sich nicht mit einem vorab festgelegten Standardwortschatz begnügen kann, wenn man das Lehrziel Kommunikation ernst nimmt. (2) Die Gesamtatmosphäre ist trotz zweisprachiger Steuerung der Übungssätze einsprachig.

LEHRER: Glaubst du an Astrologie?
SCHÜLER: Do you believe in astrology?
LEHRER: Glaubst du an Demonstrationen?
SCHÜLER: Do you believe in revolution?
SCHÜLER: No.
SCHÜLER: demonstration
LEHRER: demonstrations, ‚s', plural: Do *you* believe in demonstrations?
SCHÜLER: I don't know.
LEHRER: You don't know. Do you believe in demonstrations?
SCHÜLER: It's my green, funny, wet, grey, black, white secret.
LEHRER: Aha. It's a secret for you. Anyway. Glaubst du an Umweltverschmutzung?
SCHÜLER: Do you believe in pollution?
LEHRER: Pollution, is that the word, pollution?
SCHÜLER: Yes.
LEHRER: Is pollution a good thing? Or is pollution a bad thing, Mike?
SCHÜLER: A bad thing.
SCHÜLER: Pollution is dirty.
LEHRER: Like your T-shirt or what?
SCHÜLER: Pollution is dirty.
LEHRER: Pollution is dirty. Your T shirt is clean, right? And your face?
SCHÜLER: *Your* T-shirt is dirty. (zeigt auf den Lehrer).

Die Variation des Basissatzes „I am sick of school“ führt im folgenden Unterrichtsausschnitt unter anderem zu dem Satz „I'm sick of grammar“ und damit zu einem kommunikativen Zwischenspiel, in dem sich Schüler spontan äußern:

LEHRER: Ich hab' Grammatik satt.
SCHÜLER$_1$: I'm sick of grammar.
LEHRER: That's a wonderful sentence.
SCHÜLER$_1$: Yes, of course.
SCHÜLER$_2$: I'm sick of grammar.
SCHÜLER$_3$: It's a wonderful sentence.
LEHRER: Why?
SCHÜLER$_4$: Because grammar is …
SCHÜLER$_5$: Not so good.
LEHRER: I mean you say grammar is not so good … What do you mean?
SCHÜLER$_6$: Grammar is … nuts because we can't take (?) grammar. Because we don't … not so clever.
SCHÜLER$_7$: What do you mean?
SCHÜLER$_6$: We are good but not clever.
SCHÜLER$_8$: I'm clever.
SCHÜLER$_7$: But what do you mean? We are not clever?
SCHÜLER$_6$: You are mad.
SCHÜLER$_7$: When I'm not clever then I must …
SCHÜLER$_6$: You are mad.
SCHÜLER$_7$: I'm not mad.
LEHRER: Well Frank. I tell you what. You are getting into deep water with what you say.

In mitteilungsbezogener Kommunikation tauschen wir uns aus, erfahren wir etwas voneinander und übereinander. So zeigt uns dieses aus einer 6. Hauptschulklasse stammende Beispiel das Bild, das einige Hauptschüler von sich selbst haben. S_6 meint ja, wir tun uns schwer mit Grammatik, wir sind eben nicht so intelligent. Allerdings lehnen sich S_7 und S_8 dagegen auf und widersprechen energisch.

Im weiteren Verlauf wird die Übung einsprachig. Der Transmissionsriemen Muttersprache wird nicht mehr gebraucht. **Der allmähliche Wegfall der Muttersprache ist charakteristisch für ihre Rolle im Fremdsprachenunterricht: Sie muss sich selbst überflüssig machen.**

Das geschieht dadurch, dass der Lehrer (Stefan Eschbach) die Übung an die Schüler abgibt: Now make your own sentences.

Dabei kommt es u.a. zu folgenden Sätzen:

SCHÜLER: I'm sick of the red note-book (gemeint ist das Zensurenbüchlein des Lehrers).
LEHRER: Well, me too (reagiert auf die Aussage, nicht auf den Übungssatz).
SCHÜLER: I'm sick of Mr. Morrison.
LEHRER: Me too.
SCHÜLER: I'm sick of the teachers. All the teachers (selbständige Erweiterung des patterns).
SCHÜLER: Me too (spontane Reaktion; das Vorgehen des Lehrers trägt Früchte).
SCHÜLER: All the teachers are mad.
LEHRER: Calm down, calm down. He's just playing around, you know.
SCHÜLER: I'm sick of the class-register (nach dem kurzen Geplänkel führt ein Schüler die Übung weiter).
LEHRER: Why? You can't be sick of the class-register. Why? What do you mean? (wieder reagiert der Lehrer inhaltsbezogen).

Das Problem des Übergangs vom formbezogenen Üben zum inhaltsbezogenen Sprechen wird also dadurch gelöst, dass kurze kommunikative Momente in die Übung selbst eingeschoben werden. Unter Umständen erreicht man dabei wie von selbst den Punkt, an dem ein zufällig angeschlagenes Thema so viel Übergewicht gewinnt, dass man die Übung darüber vergisst und nur das Thema fortführt.

Dabei sind die kommunikativen Einschübe, so kurz und bedeutungslos sie zu Beginn der Übung sein mögen, der Übung nicht aufgepfropft. Zwar hat der Lehrer mögliche Ansatzpunkte zur Kommunikation vorbedacht, dennoch ergeben sich die Sprechanlässe ganz natürlich aus den Abwandlungen der Satzmuster.

Gerade im einsprachigen Schlussteil versucht der Schüler, Gedanken zu versprachlichen, d.h. er fasst die Aufgabe, eigene Sätze zu bilden, nicht als formale Operation auf. Zwar richtet er sich nach einem Satzmuster, er versucht jedoch zumeist, etwas auszusagen. Er konzipiert also seinen Satz von einer Idee, nicht von der Form her. **Diese Bewusstseinsveränderung ist entscheidend**. Wenn er einmal passen muss und ihm nichts einfällt, so meint er nicht Wörter, sondern Ideen, die ihm fehlen.

3. Beispiele aus dem Französischunterricht

Man kann die Übung auch wie folgt planen:

1. Der Lehrer gibt einige Beispiele vor, genug, um die Schüler zu eigenen Ideen anzuregen oder auf Fehlerquellen aufmerksam zu machen. Hier geht es um die Herausnahme des Subjekts aus dem Satzrahmen und die typisch französische Segmentierung:

LEHRER:	SCHÜLER:
Zeit ist Geld	Le temps, c'est de l'argent
Der Staat bin ich	L'état, c'est moi
Die Schule bin ich	L'école, c'est moi
Wasser bedeutet Leben	L'eau, c'est la vie
Diese Fabrik ist mein Leben	Cette usine, c'est ma vie
Die kommunistische Partei bedeutete mir alles …	Le parti communiste, c'était ma vie
Sport ist Mord (Attention! Les Français disent littéralement: Der Sport ist der Tod.)	Le sport, c'est la mort
Zigaretten bedeuten Krebs	Les cigarettes, c'est le cancer
Rauschgift (die Droge) ist Scheiße	La drogue, c'est de la merde
Oder: Wollen heißt können (Wer will, der kann)	Vouloir, c'est pouvoir
Verstehen heißt verzeihen	Comprendre, c'est pardonner (Mme de Staël)
Alles verstehen heißt alles verzeihen	Tout comprendre, c'est tout pardonner
Leben heißt Lieben	Vivre, c'est aimer
Wer in der Klasse schläft, lernt nichts (Ne changez pas de structure!)	Dormir en classe, c'est ne rien apprendre
Wer im Unterricht schläft, hat seine Zeit angenehm verbracht	Dormir en classe, c'est bien passer son temps
Philosophieren heißt sich auf das Sterben vorbereiten	Philosopher, c'est se préparer à mourir

2. Nun könnte der Lehrer die Übung fortsetzen, indem er die Schüler auffordert, selbständig Sätze zu bilden. Die bilinguale Steuerung durch den Lehrer entfällt, die Übung wird einsprachig. Manchmal brauchen die Schüler noch etwas Bedenkzeit, um eigene Sätze zu finden. So folgen ein paar Minuten Stillarbeit, in der sich die Schüler eigene Sätze überlegen und aufschreiben. Wer will, kann sich beim Nachbarn oder beim Lehrer weiteren Rat holen. Tuscheln ist erlaubt! Es geht ums Lernen, nicht ums Überprüfen von Leistungen einzelner. Die Ideen des Nachbarn können uns genauso gut wie die des Lehrers zu eigenen Ideen verhelfen. Und schließlich: Auch wer bloß abschreibt, lernt noch! Erwartungsgemäß können die meisten Schüler dem Beispiel *la drogue, c'est de la merde* nicht widerstehen. Dazu fällt ihnen immer was ein. Was ist nicht alles Sch …!

3. Die Schüler geben ihre Sätze zum Besten. Lehrer und Mitschüler nützen die Chance, um inhaltlich anzuknüpfen, die Einfälle zu kommentieren, rückzufragen.

4. Abschließend könnte man einige Texte diktieren und memorieren lassen:

- Le travail, c'est la santé – ne rien faire, c'est la conserver.
- Aimer, ce n'est pas se regarder l'un l'autre, c'est regarder ensemble dans la même direction. (Saint-Exupéry)
- Partir, c'est mourir un peu, mourir à ce qu'on aime …

Weitere Beispiel für den Französischunterricht auf meiner *website.*

4. Dokumentation: Vom Satz zum Gespräch

Wie sich eine Strukturübung immer mehr zur mitteilungsbezogenen Kommunikation hin fortentwickelt, soll noch einmal an einem zusammenhängenden Beispiel gezeigt werden.

Eine Referendargruppe kam mit ihrer Fachleiterin in die Hochschule. Nach einem einführenden Vortrag über die bilinguale Methode führte ich getreu dem Motto: Probieren geht über Studieren! mit der Gruppe selbst eine Strukturübung durch, und zwar anhand eines Bildstreifens von Woody Allen:

1. Woody (ein Seil hochkletternd): Climbing a rope is difficult. –
2. (Nur eine Sprechblase sichtbar): But coming down is even more difficult …

3. Woody (hangelt sich mit dem Kopf nach unten am Seil herunter): Unless there is something wrong with my theory.

Bei Ankunft der Gruppe hatte ich mich kurz bei ihrer Leiterin informiert. Die Gruppe war wegen eines Verkehrsstaus in der Landeshauptstadt etwas zu spät gekommen, außerdem gab es Probleme, weil eine Referendarin ein Baby versorgen musste. Ein anderer Referendar (R.) war, wie ich erfuhr, als ausgezeichneter Gitarrenspieler aufgefallen. Diese Informationen wurden später in die grammatische Übung eingebracht.

Zunächst aber bildete die eben erst im Vortrag benutzte Fachsprache das Austauschmaterial. (Die Sätze wurden nicht immer so glatt produziert wie hier angegeben. Hier und da waren kleine Einhilfen und Korrekturen nötig, auf die wir hier der Einfachheit halber verzichtet haben:)

Ein Seil hochklettern ist sehr schwer.
Climbing a rope is very difficult.
Aber runterkommen ist noch schwerer.
But coming down is even more difficult.
Übersetzen ist leicht.
Translating is easy.
Übersetzen macht Spaß.
Translating is fun.
Übersetzen macht großen Spaß.
Translating is a lot of fun.
Sätze bilden macht großen Spaß.
Making sentences is great fun.
Sätze erweitern macht noch mehr Spaß.
Extending sentences is even more fun.
Kann Übersetzen Spaß machen?
Can translating be fun?
usw.

Ein harmloser Beginn. Dies änderte sich jedoch schon mit folgenden Sätzen, die auf die Übungssituation selbst Bezug nahmen:

Gefilmt zu werden macht Spaß.
Being filmed is fun.
(Das Seminar wurde auf Video aufgezeichnet.)
Lernen durch Zuhören kann effektiv sein.
Learning by listening can be effective. Usw.

Interessanter wurde es, als persönliche Verhältnisse angesprochen wurden:

R. zuzuhören macht Spaß.
Listening to R. is fun.
R. zuzuhören ist ein Vergnügen.
Listening to R. is a pleasure.
R. zuzuhören, wie er Gitarre spielt, ist ein Entzücken.
Listening to R. playing the guitar is a delight.

Diese Sätze führten zu einer ersten kommunikativen Unterbrechung:

LEHRER: How come I know about you?
FACHLEITER: He asked me about you before the lesson.
LEHRER: Oh, now you've given me away!

Spontane Einwürfe gab es zu folgenden Sätzen:

Driving through Düsseldorf is joyful and easy. (Aktuelle Anspielung!)
Driving through Düsseldorf is a great experience.
SCHÜLER: You must be joking!
SCHÜLER: Have you ever driven through Düsseldorf at 9 o'clock in the morning?

Noch lebhafter wurde es beim Thema „Baby“:

Ein Baby haben kann Spaß machen.
Having a baby can be fun.
Ein Baby haben ist eine große Verantwortung.
Having a baby is a great responsibility.
Ein Baby haben ist nicht immer Spaß.
Having a baby is not always fun.
Can *you* go on now? Having a baby means what to you?
SCHÜLER: Having a baby means a lot of work.
SCHÜLER: Having a baby means putting up with a lot of noise.
SCHÜLER: Having a baby means staying at home for most evenings.

Kommunikative Unterbrechung:

LEHRER: Is there anybody here who has a baby or who has had a baby – apart from our colleague here? No one? I've a daughter, but that was years ago when she was a baby. I think having a baby is fun, but having a two- or three-year-old is even greater fun. They start walking and talking.

SCHÜLER: Isn't it typical of a man to say this sort of thing. I've often heard this, but always from men. They want their children to be two or three years old ...

Schließlich lösten noch folgende Sätze sich über mehrere Minuten erstreckende Diskussionen aus:

Practising a Sport is very good for your health.
Teaching English to German children is very difficult.
But teaching German to English children is even more difficult.

Sicherlich ist es nicht schwer, angehende Englischlehrer in solche Diskussionen zu verwickeln. Schon gar nicht bedarf es dazu eines grammatischen Rahmens. Bei weniger Fortgeschrittenen bildet aber ein solcher Rahmen den festen Bezugspunkt, zu dem man jederzeit zurückkehren kann. Schülern fällt es schwer, längere Diskussionen durchzuhalten, es sei denn, diese wären selbst wieder durch nichtkommunikative Vorübungen gründlich vorbereitet.

Hier bedarf es keiner Vorübungen. Die dynamisch angelegte Strukturübung ist beides zugleich: sprachbezogener Drill und mitteilungsbezogene Kommunikation. Dabei ist anfangs die muttersprachliche Steuerung unerlässlich.

Die Unterrichtsanalyse macht außerdem deutlich, wie irreführend der Dualismus von *acquisition* und *learning* ist (Kap. VI). Denn unser Beispiel zeigt, wie Sätze teils als Übungssätze bzw. Form (Gerundium als Subjekt), teils als Inhalt wahrgenommen werden. Es gibt mithin ein Sowohl-Als-Auch, ebenso wie es viele Zwischenstufen zwischen tief unbewusstem und vollbewusstem Spracherwerb gibt. So bestätigt die Unterrichtsanalyse, was Skutnabb – Kangas (1982,83) aus der Sicht der Spracherwerbsforschung formuliert: „Krashen claims that analysis is more or less good for analysis and nothing else." Aber: „There seems to be a constant dialectical process going on: analysing regularities and trying out, focus on content and focus on form."

Auf meiner *website* finden sich weitere Protokolle von Übungsverläufen, in denen unterschiedliche Basissätze/Strukturen durchgespielt werden.

5. Vom Satzkonjugieren zu halbkommunikativen Strukturübungen: Gesamtübersicht

□ Klassische Theorie (soweit hier von Interesse):
- Durchspielen begrenzter formaler Möglichkeiten („Satzkonjugieren"); der Schüler löst ein formales Problem: Austauschen, Erweitern, Umformen.
- Einschleifen/Automatisieren elementarer Strukturen bei wechselnder Lexik

□ Verbesserungsversuche:
- sog. kontextualisierte Drills; alle Übungssätze beziehen sich auf eine bestimmte Situation
- Herstellen einer dialogischen Beziehung zwischen Stimulus und Response, z.B. Frage – Antwort, Äußerung – Kommentar.

□ Neuansatz: Halbkommunikative Strukturübungen:
- Strukturale Transparenz durch muttersprachliche Spiegelung (s. Kap. XIII);
- Kontrastivität durch muttersprachliche Mitteilungsäquivalente;
- Erkunden des semantisch-pragmatischen Potentials einer Struktur; spielerischer Umgang mit Sprache; Ausreizen der inhaltlichen Möglichkeiten einer Struktur im Hinblick auf Kommunikationsbedürfnisse; die Schüler lösen ein Formulierungsproblem;
- Ausnutzen der Variationen zu Sprechanlässen: kommunikative Einsprengsel, Übergang zum Gespräch.

□ Halbkommunikative Strukturübungen zeigen folgenden Verlauf:
- Die zunächst muttersprachlich gesteuerte Übung wird einsprachig, indem die Schüler selbständig Sätze bilden. Hier kann man bei Bedarf eine kurze Stillarbeit zwischenschalten, damit die Schüler sich einige Sätze in Ruhe notieren können.
- Damit geht im Verlauf der Übung die Initiative vom Lehrer auf die Schüler über.
- Die zunächst formbezogene Übung orientiert sich immer stärker an Inhalten.

- Infolge der stärkeren inhaltlichen Akzentuierung wird eine bloße Grammatikübung zunehmend von kommunikativen Einschüben durchsetzt.

Oder kürzer:

zweisprachig	→	einsprachig
reaktiv	→	kreativ
formbezogen	→	inhaltsbezogen
entspannt	→	angeregt

Aufbrechen der Übung und Übergang ins Gespräch.

6. Ältestes bewahrt mit Treue: Der strukturale Ansatz

Rekapitulieren wir. Pattern Drill wird nicht verworfen, sondern um- und ausgebaut. Schon Grittner (1969) berichtete, dass keine Übungsform so missverstanden worden sei wie diese. Als Chicagoer Schulrat, der Hunderte von Unterrichtsbesuchen zu absolvieren hatte, habe er beides erlebt: Pattern Drill als lebhaften Schlagabtausch, in dem elementare morphosyntaktische Strukturen wirksam eingeschliffen wurden, und Pattern Drill als ermüdenden Stumpfsinn, der inzwischen oft genug parodiert worden ist (berühmtes Beispiel: Ionescos *Cantatrice chauve*).

Nach wie vor sind Strukturübungen unverzichtbar. Eine Figur als ein Muster zu sehen und in den verschiedensten Verkleidungen wiederzuerkennen, einen Satz als Satzrahmen zu verstehen, d.h. **Analogiebildung**, ist ein Grundvorgang menschlichen Wissenserwerbs, ja des Lebens überhaupt.

Schon die klassischen Strukturdrills kombinieren drei für das Lernen vorteilhafte Momente:

- Elementare Formverbindungen müssen geläufig werden, im Deutschen etwa *soll* + *…en* wie in Was soll das heißen? Wer soll das bezahlen? Wie soll das gehen? Wir erwerben ein Gefühl für sprachliche Wahrscheinlichkeitsstrukturen, *transition probabilities*.
- Der morphosyntaktische Bereich ist überschaubar. Er ist gekennzeichnet durch das grammatische Prinzip der *Dihairesis*, d.h. der erschöpfenden Aufgliederung eines Ganzen. So reduziert die Grammatik vieler Sprachen alle Menschen der Welt auf drei Grundkategorien: den Sprecher, den Angesprochenen und den, über den man spricht. Oder: Alles, was uns begegnet, ist im

grammatischen Sinne entweder männlich, weiblich oder keines von beiden. Weitere Möglichkeiten sind ausgeschlossen. Folglich sind die morphosyntaktischen Abwandlungen stets begrenzt und schnell durchprobiert.

- Das grammatische Prinzip der vollständigen Aufzählung hat nun seinen Gegenpart in den offenen, stets erweiterbaren lexikalischen Feldern. Man kann also, wenn man will, eine Struktur durch verschiedene lexikalische Füllungen schier endlos variieren. Und weil sich eine Struktur durch die Lexik immer wieder anders ausprägen kann, verträgt sie es, vielfach wiederholt und eingeübt zu werden.

So wundert es nicht, dass trotz aller Kritik viele Autoren weiterhin Strukturübungen empfehlen, so etwa Hohmann (1983).

Auch Göbels (1986, 143) Ich-weiß-nicht-Spiel ist nichts anderes als Pattern Drill:

> „Jedes Gruppenmitglied darf jedem anderen eine beliebige Frage stellen. Der Angesprochene muss – so will es die Spielregel – mit ‚ich weiß nicht' + indir. Fragesatz antworten (und zwar möglichst ärgerlich, um die „lange" Antwort sinnvoll zu machen):
> ‚Wie heißt eigentlich deine Frau?' – ‚Ich weiß nicht, wie meine Frau heißt!'
>
> Wenn die Gruppe dieses Spielmuster akzeptiert, entwickelt sich viel Komisches; nicht ganz nebenbei wird die Satzstruktur massiv geübt (manche Gruppen können mit diesem Spiel nicht mehr aufhören – mit ihnen ist dann kein ernstes Wort mehr zu reden)."

Also eine Strukturübung, in der durch den simplen Trick, viel Ärger in die Antwort zu legen, das Inhaltsmoment verstärkt wird.

7. Freundlich aufgefasstes Neue: Struktur und Sprechakt, Situation und Kommunikation

Mit Recht hat man darauf aufmerksam gemacht, dass beim Durchspielen einer Struktur mitunter ganz verschiedene Sprechakte verwirklicht werden – was man früher schlicht übersehen hatte. Ist das didaktisch relevant? Nicht so, dass nunmehr anstelle der Morphosyntax die Sprechakte die Lernprogression zu bestimmen hätten. Es gibt nicht einmal die sog. „Parallelprogression", wie sie vom Lehrwerk *English* (Cornelsen) propagiert wird. Denn auch in diesem Lehrwerk bestimmt nach wie vor die Grammatik das fortlaufende Sprachangebot, der allerdings, deutlicher und bewusster als zuvor, Sprechakte zugeordnet werden. Das hat gute Gründe, wie folgendes Beispiel zeigt:

(1) Can I come, too? Asking for permission
(2) Can you come, too? Requesting
(3) Can he come, too? Asking for information

Hier haben wir es bei gleichbleibender Struktur mit jeweils verschiedenen Sprechakten zu tun, wobei in Satz 3 der Kontext entscheiden muss, ob es sich wie in (l) um eine Bitte oder um eine Informationsfrage handelt.

Man wird nun keineswegs darauf verzichten, *can* mit wechselnden Personen durchzuüben. Wegen der Übersichtlichkeit des grammatischen Themas, dessen Möglichkeiten schnell erschöpft sind, ist es allemal lernmethodisch günstiger, die Struktur auch bei wechselnden Sprechabsichten durchzuüben, statt umgekehrt von Sprechabsichten wie „bitten", „vorschlagen", „sich informieren" auszugehen und alle dafür in Frage kommenden Ausdrucksformen durchzugehen.

So schießt Piepho über das Ziel hinaus, wenn er für den kommunikativen Ansatz die traditionell grammatische Progression durch eine rein pragmalinguistische ablösen will: „In einem modernen Kurs zum Erlernen einer Zweitsprache ist weit wichtiger als die formale Schulgrammatik und deren Segmentierung eine Progression und eine Grammatik der kommunikativen Register, Absichten und Ausdrucksqualitäten ..." (Piepho 1974, 17). Sorry, das ist grundfalsch. Der Nachteil einer solchen Anordnung ist zu offensichtlich, müssten doch die verschiedensten Redemittel unter einer Rubrik wie „bitten" in einer grundsätzlich offenen Liste zusammengefasst werden. Außerdem liegt hier ein fundamentales Missverständnis über Grammatikerwerb vor: **Eine pragmalinguistische Reihung würde ja das generative Prinzip der Satzerzeugung eher verdecken.**

Wir bleiben deshalb bei einer prinzipiell strukturalen Progression, achten jedoch sehr bewusst auf den Wechsel der Sprechakte, markieren ihn eventuell intonatorisch oder durch passende Lexik, damit auch der Schüler merkt, wie ein Satz gemeint ist.

Das Akzentuieren von Sprechabsichten ist damit nur ein Sonderfall der allgemeinen Verschiebung vom formbezogenen zum inhaltsbezogenen Üben. Entscheidend für das Gelingen der Übung – und ihr wahrhaft innovatives Element – sind viele kleine nahtlose Übergänge zum Gespräch, die sich aus eben dieser Inhaltsbetonung ergeben. Für das Gespräch gibt es keinen Ersatz, auch nicht in Form langer Listen von Redefunktionen.

Halbkommunikative Strukturübungen stellen somit eine elegante Lösung eines alten methodischen Problems dar, das aus der Kluft zwischen Leben und Lehre als einem Strukturmerkmal der Institution Schule erwächst. Die Schule will einen Freiraum für die Heranwachsenden schaffen und erkauft dies mit einem bedeutsamen Verlust: Sie isoliert vom gesellschaftlichen Leben. So entsteht das Problem der Lebensferne und Künstlichkeit.

Die Fremdsprachendidaktik hat dies lange Zeit als die Aufgabe interpretiert, schulische Übungssituation und außerschulische Gebrauchssituation so weit wie möglich einander anzunähern – auf der Grundlage der lerntheoretischen Erkenntnis, dass Lernübertragung um so eher stattfindet, je mehr sich Unterrichtssituation und Ernstfall ähnlich sind. In der Praxis lief dies jedoch häufig auf einen bloßen Wechsel der Situation hinaus. „Durch die Variation des Situationsrahmens (z.B. *shopping at the grocer's, at the baker's* usw.) lassen sich neue Anwendungsmöglichkeiten bekannter Strukturen und Wörter schaffen (*transfer*)", heißt es in einem Lehrerhandbuch (English H 2, Cornelsen, 1971, 19). Transfer heißt hier durchgängig: Der Schüler lernt etwa den Spruch „Ich möchte zwei Pfund Tomaten" und überträgt das Gelernte auf einen anderen Bildstimulus: „Ich möchte diese CD". **Das eigentliche Transferproblem, die Übertragung von der Übungssituation auf den Ernstfall, in dem man wirklich meint, was man sagt, ist damit noch nicht gelöst.** Orientieren wir uns aber am Leitbegriff der Kommunikation anstatt der Situation, haben wir ein entscheidendes Kriterium zur Hand. Es kommt auf den Wechsel von sprachbezogener zur mitteilungsbezogenen Kommunikation an. Das entspricht dem Wechsel von der fiktiven zur „echten" Situation, Begriffe, die erst unter Rekurs auf den Kommunikationsbegriff scharf gefasst werden können.

In unserem Beispiel wäre also eine denkbare Transferleistung vor allen anderen eine Äußerung wie „Ich möchte einen anderen Platz", wenn sie wirklich einem Anliegen des Schülers entspricht. Auf solche Übergänge hin sind halbkommunikative Strukturübungen angelegt.

8. Freier, schöpferischer Umgang mit Sprache

Halbkommunikative Strukturübungen führen nicht nur zu eingestreuten Gesprächen (oft nur Gesprächssplittern), sondern bringen die Schüler auch zu dem Punkt, an dem sie nun in Einzel-, Gruppen- oder Plenumsarbeit die Basistexte so abwandeln können, dass daraus eigene Texte entstehen. Der Lehrer, der schon im Verlauf der Strukturübungen die Initiative weitgehend an die Schüler abgetreten hatte, nimmt sich noch mehr zurück und schafft Freiräume für selbstbestimmtes Lernen. „Kinder und Uhren dürfen nicht ständig aufgezogen werden; man muss sie auch gehen lassen" (Jean Paul).

Die Ausrichtung an vorgegebenen Texten, ja die vollständige Übernahme fertiger Texte durch die Schüler, diese künstliche Gängelung, ist nur sinnvoll, wenn sie den Schüler zur Natürlichkeit befreit. Im allgemeinen lassen wir uns die Worte nicht vorschreiben. **Wir werden erst frei im Gebrauch der Sprache durch ihren freien Gebrauch.** Dazu muss der Unterricht reichlich Gelegenheit geben, etwa indem die Schüler neue Ideen – oder Ideen aus den halbkommunikativen Strukturübungen – nach Belieben zu neuen Texten komponieren können. Wenn diese Texte vor der Klasse vorgetragen oder gespielt werden, ergeben sich Anlässe zur spontanen Diskussion.

Es folgt eine Gegenüberstellung von Basistexten und schülereigenen, korrigierten Texten aus dem fünften Schuljahr (Hauptschule).

Original

LUCY: You've got a ‚C' in history? That's only average.
LINUS: So what? I'm an average pupil in an average school. What's wrong with being average?
LUCY: You can do much better.
LINUS: That's the average answer.

(Peanuts Cartoon)

Schülertext

A: What's that? You've got a ,D' in music? You can do much better!
B: The teacher isn't good.
A: But you've got an ,A' in English. That's very good.
B: I am a good pupil in a good school.
A: That's wonderful. *I* must better *my* English.
B: I can help you.

Originaltext

LINUS: What's going on here?
CHARLIE B.: I'm helping Snoopy to bury a bone.
LINUS: Can't he do that himself?
CHARLIE B.: He hates getting his hands dirty.

(Peanuts Cartoon)

Schülertexte

A: What's going on here?
B: We're playing football.
A: Sorry, but who is playing football?
B: Peggy, Mary, Betty, Pamela, Susan, Ann and I.
A: Girls playing football? What are the boys doing?
B: They are playing with dolls.
A: Good grief! (In the classroom. The teacher has just come in.)

TEACHER: What's going on here?
BETTY; I'm drinking a coke.
TEACHER: Good grief! Can't you do that in the break?
BETTY: No, I'm thirsty.
TEACHER: Go outside.

Good grief! ist eine Übernahme aus einem früher gelerntem Cartoon. So sind alle Anfänge bescheiden. Aber sie zeigen den Weg.

Das Grundmuster der in diesem Kapitel dargestellten Übungssequenz stammt von Dodson (1967). Ohne die bilinguale Komponente, aber mit interessanter transaktionsanalytischer Begründung findet sie sich bei Stevick (1976), desgleichen ohne die kommunikative Komponente, aber mit guter Begründung des bilingualen Ansatzes bei Allen (1948/9). Es ist gewiss nicht der einzige Weg, der vom Satz zum Gespräch führt, aber der effektivste, den ich kenne, und einer, der fast in jeder Unterrichtssituation beschritten werden kann – in kleinen oder großen Klassen, mit jüngeren oder älteren Schülern, mit oder ohne unterstützende Medien.

XII. Grammatik: Die Chance des Unterrichts

Grammatica soll nicht regnare super sententias.
Martin Luther

I. Entrümpelung des Grammatikunterrichts

Früher, heißt es einmal bei v. Hentig (1966, 245), sei die eigentliche Grammatik die Rute gewesen, die die Klosterschüler zum dauernden Umgang mit dem Latein, beim Bettenmachen, beim Frühstück, auf dem Klosterhof zwang – rund um die Uhr. Wer bei einem Gespräch in der Muttersprache ertappt wurde, für den setzte es Hiebe. Der formale Grammatikunterricht, den es auch gab, war nicht das Zentrum der Spracherlernung. Die Sprache wurde ständig gebraucht. Die Belehrung kam hinzu.

Heute ist das wichtigste Anliegen, Zeit für die natürliche Sprachverwendung zu gewinnen. Eben deshalb ist die Grammatik auf das Notwendigste zu beschränken: Sie darf der Sprachverwendung nicht die Zeit stehlen. Wieviel an grammatischer Bewusstmachung brauchen unsere Schüler wirklich, um das Ziel fremdsprachlicher Kommunikation zu erreichen? Nie dürfen wir vergessen,

- dass unsere Sprachintuition ohne grammatische Unterweisung auskommen kann: Wir beherrschen die kompliziertesten Regeln, ohne sie zu kennen;
- dass diese auch dann die Hauptarbeit beim Spracherwerb leistet, wenn wir mit Erklärungen, Regeln und Übungen nachhelfen. Jede Stunde, in der die Fremdsprache sinnvoll und verständlich verwendet wird, ist schon eine Grammatikstunde.

Hüten wir uns aber, das Kind mit dem Bade auszuschütten. In regelmäßigen Abständen tritt ein Reformer auf den Plan und will den ganzen „Grammatikplunder" aus dem Unterricht hinauswerfen. Seinen Affekt gegen die Grammatik hatte schon ein Sprachmeister (Piélat 1673) in Alexandriner umgesetzt:

Cachés-vous promtement, ridicule Grammaire,
Vostre Regne a fini, l'on ne veut plus de vous;
Puisqu'enfin nous voyons par un destin plus doux,
Qu'on peut parler François sans votre Ministere.

Dabei hat er aber keineswegs auf Grammatik verzichtet, nur die Sprachbeispiele dem Regelwerk vorangestellt! Im großen Methodenstreit des siebzehnten Jahrhunderts war Piélat also ein Reformer. Typisch für die Gegner war ein umfangreicher Grammatikteil, zu dem die Texte eher ein Anhängsel bildeten. Aber die Ansicht, ganz auf Grammatik zu verzichten, hat unter Praktikern nie eine Chance gehabt.

War es in unserem Jahrhundert zunächst der krasse Behaviorismus, der das Wort Einsicht aus dem wissenschaftlichen Sprachschatz ausmerzen wollte, so waren es danach einzelne Spracherwerbsforscher, die uns den schlichten Rat gaben, man solle es getrost den Schülern selbst überlassen, die Regeln der fremdsprachigen Syntax intuitiv zu erfassen. Das sind übereilte Schlussfolgerungen, sie werden weder den Bedingungen der Schule noch den kognitiven Möglichkeiten der Sekundarschüler gerecht und verstoßen eklatant gegen die praktische Vernunft der Geschichte. So ist auch der radikale Vorstoß von Bleyhl (1999) gegen die Grammatik im Französischunterricht zu undifferenziert und daher chancenlos.

Es gäbe diese Tempelreiniger des Fremdsprachenunterrichts nicht, wäre da nicht ein weitverbreitetes und wohlbegründetes Unbehagen an der Grammatik. In der Tat ist das Problem immer noch, – und hier verstehe ich Bleyhls Ungeduld nur zu sehr – die grammatische Belehrung in der gering bemessenen Unterrichtszeit einzugrenzen, zurückzudämmen und besser in die Sprachanwendung zu integrieren. Dabei hat sich in der Theorie schon längst die Auffassung durchgesetzt, dass die Grammatik als Dienerin der praktischen Sprachbeherrschung unterzuordnen sei. Dennoch zeigt eine empirische Untersuchung, dass die Lehrer sich im Bereich der Grammatik zwar „auf den ‚Geist der Zeit' eingestellt, ihn verbal und rational akzeptiert haben, ihn aber real und affektiv nicht angenommen" haben (Zimmermann 1985, 313). Im Klartext: Die Lehrer bekennen sich zum Lehrziel Kommunikation, im Mittelpunkt ihres Unterrichts stehen jedoch grammatische Übungen und die dazugehörige Belehrung.

■ Fallbeschreibung (1)

Neulich kam Sybille zu mir gelaufen, ein Nachbarskind in einer achten Gymnasialklasse, um sich beim „Englischprofessor“ Rat zu holen. Sie hatte Schwierigkeiten bei einer Übung im *Workbook* zu *English G*, Band 4 A, Unit 4: *Present participle or progressive?* Sie brachte ein Zettelchen mit: „Das hat die Lehrerin uns aufschreiben lassen, aber das stimmt doch nicht, oder?“

Ich las:

„I saw the ship turning. Ich sah, wie das Schiff wendete.
Die ing-Form zeigt den ganzen Ablauf.
I saw the ship turn. Ich sah, daß das Schiff wendete.
Der Infinitiv zeigt die Tatsache an.“

Dann schlugen wir gemeinsam nach. Bei Quirk u.a. (1974) fanden wir die Erläuterung: „There is usually felt to be a difference in meaning between them, although it may be of little practical importance.“ Hätten wir bei Mackin/Eastwood (1980) nachgeschlagen („We use the -ing form after verbs of perception to talk about part of an action, but not the whole action from beginning to end“), wäre die Verwirrung komplett gewesen.

Wir versuchten dann, Sybilles Zettel zu erläutern: „Es ist eben genau der Unterschied zwischen dem Wie-Satz und dem Daß-Satz; den versuch dir zu vergegenwärtigen. Also ein minimaler Unterschied, aber in bestimmten Situationen würdest du wohl spontan eine von beiden Möglichkeiten klar bevorzugen.“ Ich sah mir dann noch die Workbook-Übung an: In der Tat konnte man, wie in Fragen des Aspekts nicht verwunderlich, oft geteilter Meinung sein. Was Sybille wohl nicht verstanden hatte, war, dass die Grammatik auch mal nur „Ansichtssache“ sein kann.

Immer noch wird im Gymnasialunterricht zuviel Wert auf grammatische Spitzfindigkeiten gelegt, die zur Spracherlernung wenig beitragen. Ein Hinweis mit einem einleuchtenden Beispiel hätte genügt. Warum noch eine Übung anhängen, in der die Eindeutigkeit des Beispiels verschwindet, so dass gerade die Gewissenhaften in Verwirrung geraten?

■ Fallbeschreibung (2)

Hospitation in einer amerikanischen Oberschule, drittes und viertes Lehrjahr Deutsch kombiniert; meist etwa 16-jährige Schülerinnen, dazu ein paar Jungen; mündliche und schriftliche Strukturübungen der folgenden Art:

(1) VORGABE: Konntest du in die Schule gehen?
REAKTION: Nein, ich hab' nicht in die Schule gehen können.
VORGABE: Mußtest du beim Arzt bleiben?
REAKTION: Nein, ich hab' nicht beim Arzt bleiben müssen.

(2) VORGABE: Ich muß zum Arzt gehen.
REAKTION: Ich hab' auch zum Arzt gehen müssen.
VORGABE: Er will mich untersuchen.
REAKTION: Er hat mich auch untersuchen wollen.

Das Lehrwerk (Winkler et al. 1979) führt die Schüler wie folgt in den grammatischen Lehrstoff ein:

□ The Conversational Past of Modals

Lest die Beispiele und beantwortet die folgenden Fragen!

Ich *kann* nicht schlucken.

Ich *hab'* nicht *schlucken können.*

What time is expressed in the first sentence? in the second? Name the verb that functions as a past participle. What form does it have? What is it preceded by?

Sie *muß* im Bett *bleiben.*

Sie *hat* gestern im Bett *bleiben müssen.*

What time is expressed in the first sentence? in the second? Name the verb that functions as a past participle. What form does it have? What is it preceded by?

Dann folgen über eine halbe Seite lang weitere Beispiele mit dazugehörigen Regeln. Der zur Unit gehörige Test enthält 11 Aufgabenblöcke mit Sätzen zum Umformen, darunter nur eine „freie“ Aufgabe, die (typischerweise?) fakultativ ist.

Der Unterricht war rein buchbezogen. Mitteilungsbezogene Kommunikation fand nicht statt, obwohl die Deutschlehrerin ausgezeichnet Deutsch sprach. „Dazu bleibt mir keine Zeit“ sagte sie mir. Am auffälligsten, ja verräterisch war für mich die Diskrepanz zwischen der zu übenden komplizierten Form – dem doppelten Infinitiv bei Modalverben – und den einfachen Sätzchen, die die Schüler produzierten, als ich sie einmal – im Anschluss an ein Tucholsky-

Gedicht – um eine kurze schriftliche Äußerung bat. Grammatik also wieder einmal Selbstzweck? Gewiss, denn die Übungen sind nicht damit gerechtfertigt, dass diese Form den Schülern zumindest rezeptiv vertraut sein muss. Denn die Didaktik ist auch die Kunst, ein Problem für eine Zeitlang verschwinden zu lassen, wenigstens so lange, bis es den Schülern selbst zur Frage wird und nach Aufklärung drängt.

■ **Fazit:** Nach wie vor bedarf es einer Entrümpelung des Grammatikunterrichts. „Die Grammatik mißfiel mir, weil ich sie nur als ein willkürliches Gesetz ansah; die Regeln schienen mir lächerlich, weil sie durch so viele Ausnahmen aufgehoben wurden, die ich alle wieder besonders lernen sollte", erinnert sich Goethe. Die Schulgrammatiken von heute sind gewiss lernerfreundlicher als die, die Goethe benutzen musste. Dennoch fragen wir uns auch heute meist nicht streng genug, ob die für einen bestimmten Fall vorgesehene Beschäftigung mit der Grammatik – die ja immer auf Kosten von etwas anderem geht – tatsächlich zur Spracherlernung beiträgt.

■ Fallbeschreibung (3)

Klasse 8, Gymnasium, Schuljahrsanfang. Die Klasse hat gerade Good English 4, Unit 1 abgeschlossen. Grammatisches Thema des Kapitels unter anderem das *present perfect continuous*. Eine abschließende Klassenarbeit ist vorgesehen, die der Lehrer verschiebt, als ich ihn darum bitte, mir die Klasse für einen Unterrichtsversuch zu überlassen. Ich entschließe mich, das *present perfect continuous* noch einmal zu üben:

- im Kontext eines kurzen lustigen Dialogs, der einstudiert wird. Dieser enthält den Satz: *But you've been watching for two hours*.
- in Pattern Drills und Einsetzübungen;
- in einem Ratespiel (Grammatik verbunden mit kommunikativen Elementen);
- und *last but not least*: in einem freien schriftlichen Kommentar zu dem im Dialog dargestellten Familienstreit über das Fernsehprogramm.

Schon beim Üben fiel mir auf, dass es einige Mühe bereitete, rein mündliche Vorgaben wie *that light (burn) all night long* in den geforderten Satz *that light has been burning all night long* umzuwandeln und den Satz im natürlichen Tonfall und normalen Tempo zu sprechen. Schockiert war ich jedoch über die schriftlichen Äußerungen, von denen zwei im vollen Wortlaut wiedergegeben seien:

> „I think, father is fair. He didn't know about the conflict. He had been worked all the day and now he want to look the news".
> „They must bourght a video recorder. Or they must have two T.V. My father says if you fight I switch of the T.V. Willie must give in because he has been looking for 2 hours."

Den Haupttreffer landete wohl ein Schüler, der den Gedanken: „Er kann ja nachmittags fernsehen" in den Satz fasste „He can looking at the afternoon."

Die Frage, die sich bei der Lektüre der 32 Arbeiten massiv aufdrängt, ist: Was soll die Beschäftigung mit dem *present perfect continuous*, wenn selbst bei einfachsten Formulierungen große Unsicherheit herrscht? In solchem Kontext wirkt dann ein korrektes *present perfect continuous* fast wie ein Fremdkörper. Hier herrschte die gleiche Diskrepanz wie bei den amerikanischen Oberschülern. Die neu eingeführten Regelungen waren **in das kommunikative Repertoire der Schüler nicht (oder noch nicht) integrierbar.**

Ich erkläre mir dieses Leistungsbild wie folgt: Im Mittelpunkt des Unterrichts stand der grammatische Lehrstoff, der im Lehrbuch kapitelweise erarbeitet und unmittelbar per Klassenarbeit abgefragt wurde. Die Klassenarbeiten waren eng auf dieses grammatische Ziel bezogen (z.B. Umformungsaufgaben) und überprüften kaum integrative Sprachleistungen. Die Schüler konnten diesen Leistungsprüfungen genügen, ohne dass die Grammatik zum dauerhaften Lernbesitz wurde. Der ganze Übungsbetrieb ein ziemlicher Leerlauf! Gerade wenn die Grammatik nicht in dieser Weise dominiert hätte und in ein wachsendes kommunikatives Repertoire eingebunden worden wäre, wäre sie auch behalten worden. So aber stellt man fest, dass nach drei bis vier Jahren Durcharbeiten der Elementargrammatik eigentlich gar nichts so recht sitzt und Fehler wie *I can looking* und *he want* immer noch an der Tagesordnung sind. Der große Katzenjammer kommt dann am Ende der Mittelstufe, wenn die Textarbeit im Mittelpunkt stehen soll, zu der ein Großteil der Schüler sprachlich gar nicht in der Lage ist.

Selbst wenn die Beschäftigung mit der Grammatik in jedem Einzelfall gerechtfertigt wäre: Es muss immer wieder Zeit bleiben für die Sprachanwendung. So birgt die traditionelle Grammatikarbeit erhebliche Risiken:

- Es ist schwierig, Erklärungen zu finden, die an die Denkweisen der Schüler anknüpfen. Der Lehrer merkt, dass die Schüler noch nicht richtig verstanden haben und schiebt weitere Erklärungen nach. Die Grammatik ufert aus.
- Auch wenn richtig erklärt und verstanden wurde, bleibt die Frage, wieviel davon zu unbewussten Steuerungsimpulsen für Spontansprache absinken kann. Skepsis ist angebracht.
- **Es wird geübt, aber nicht richtig geübt.** Die Übungserfolge sind bloß Scheinleistungen, (1) wenn die Produktivkraft der Sprache nicht angekurbelt, also das generative Prinzip vernachlässigt wird; (2) wenn beim Üben der Anschluss an kommunikative Arbeitsformen verpasst wird.

Denn Sprache wird nicht in erster Linie durch Darüberreden, noch durch Wiederholen und Umformen eingeschliffen, sondern muss einwurzeln. Dies gelingt, wenn wir unsere unbewusste Vernunft mitarbeiten lassen. Sie wird optimal eingesetzt, wenn wir verständliche, lebendige und möglichst vielfältige Spracherfahrungen machen. Nichtverstandenes ist kein Futter für den ratiomorphen Apparat. Das Zugesprochene muss verstehbar sein, damit Formen und Funktionen aufeinander bezogen werden können. Arbeitsformen, die dies leisten, *sind* Grammatikarbeit.

„Lebendig“ heißt: Der Schüler muss innerlich beteiligt sein, sich wirklich über etwas verständigen *wollen*. Ohne eine gewisse Intensität des Spracherlebens wird, so darf man spekulieren, auch unsere unbewusste Vernunft nicht richtig mobil.

Den Schülern müssen reichhaltige Spracherfahrungen zuteil werden. Wir dürfen ihnen also nicht zuviel sprachliche Schonkost anbieten: das **Prinzip der Mehrdarbietung**, das wir schon aus dem Mutterspracherwerb kennen. Es muss stets neues Material zugeführt werden, damit die Schüler ihre zumeist unbewussten Hypothesen über sprachliche Eigenschaften ständig verbessern können.

Es ist nicht Sinn und Ziel der Grammatikarbeit, die Zeit zu besetzen, die der Kommunikation zusteht. Ist der Schüler durch Einsichten in den Sprachbau und gezielte Übungen jeweils schneller zu gehaltvoller und sprachlich korrekter Kommunikation zu führen, und wenn ja, wie? Dieses Wie hatten wir schon im vorigen Kapitel erörtert. Im Folgenden machen wir weitere Vorschläge.

2. Die Mitwirkung der Muttersprache beim Grammatikerwerb: Grammatik im Sprachvollzug (2)

2.1 Funktionale Transparenz durch idiomatische Übersetzung; die Muttersprache als Orientierungsbasis

Unser natürlicher Sprachverstand wird regsam, sobald wir verstanden haben. Wir wollen nun zeigen, wie diese natürliche Sprachintuition durch bewusstes Verstehen unterstützt werden kann. Verstehen heißt ja zuallererst wissen, was genau gemeint ist, um der Situation angemessen reagieren können. Deshalb vermag eine gute, idiomatische Übersetzung in vielen Fällen ausreichende grammatische Orientierung bieten. Dazu einige Beispiele:

(1) Your bike is black, mine is blue. Meins ist blau.
Is the coat yours? Ist das deiner?

Ist es nötig, hier zusätzlich zur Übersetzung vom alleinstehenden *possessive pronoun* zu reden? Hilft es gar, die Funktion nach der Transformationsgrammatik mit der Löschungsregel zu erklären, nach der Wörter, die mit einem vorausgegangenem *headword* identisch sind, getilgt werden können (Is the coat your coat? Is the coat yours?)?

(2) Have you ever heard of the Yeti?
Hast du schon mal von dem Schneemenschen gehört?
Have you ever written a poem?
Hast du schon mal ein Gedicht geschrieben?
Have you washed up yet?
Hast du schon gespült?

Dieses „schon mal“: Sagt es dem Schüler nicht glasklar, welche Funktion sprich Bedeutung das *present perfect* hat? Es ist durchaus möglich, das *present perfect* zusätzlich mit dem Stichwort *current relevance* usw. zu charakterisieren, wie es die Grammatiken tun, aber Skepsis ist angebracht. Geht man nämlich umgekehrt von solchen griffigen Formeln aus, statt von klar erfassten, situativ verankerten Sätzen, geriete man bald in Teufels Küche. *My wife died only last week*: Welche Aussage könnte mehr *current relevance* besitzen? So mancher

Lehrer betet seinen Schülern solche schulgrammatischen Formeln vor, ohne selbst darüber nachgedacht zu haben.

(3) All I want is a room somewhere
Alles (was) ich brauche ist ...; ich brauch ja nur; ich wünsch' mir ja nur ...

Nichts gegen den Hinweis: „Wegfall des Relativpronomens". Wesentlich ist aber die strukturverdeutlichende Übersetzung. Danach müsste mit der idiomatischen Übersetzung weitergeübt werden:

Ich wünsch' mir ja nur ein wenig Mitgefühl.
All I want is a little sympathy.
Ich wünsch mir ja nur ein wenig Verständnis.
All I want is a little understanding.

usw.

(4) I had to go by bus because my car wouldn't start.
... wollte nicht anspringen / sprang einfach nicht an.
He wouldn't listen to me. Er wollte mir nicht zuhören.
Ist nicht mit der Übersetzung alles gesagt? Was soll da die Regel: „,Wouldn't' expresses the negative of willingness, i.e. refusal"?

(5) Der progressive Aspekt wird den Schülern am besten klar, wenn man sich um genaueste Wiedergabe in der Muttersprache bemüht:

What are you doing on the floor?
Was machst du da auf dem Boden?
Are we waiting for anybody?
Warten wir noch auf jemand?

You're not being honest
Jetzt sind sie nicht ehrlich.
You're not honest.
Sie sind kein ehrlicher Mensch.

He writes novels. Er schreibt Romane, ist Schriftsteller.
He's writing a novel. Er schreibt an einem Roman.

The sauce tastes horrible. Die Soße schmeckt schauderhaft.
I'm tasting the soup to see if it's hot. Ich schmecke die Suppe ab, probiere die Suppe ...

Gewöhnlich werden die fremdsprachigen Beispiele vorher eingeführten Texten entnommen. Es ist aber auch möglich, die Muttersprache selbst als Ausgangspunkt zu nehmen. So haben wir eine fünfte Klasse anhand des Ausgangssatzes „Achim spielt Cello" in den progressiven Aspekt des Englischen eingeführt (Achim war natürlich ein Schüler der Klasse, der tatsächlich Cello spielte). Die Leitfrage des Lehrers lautete: „Dieser Satz hat im Grunde zwei verschiedene Bedeutungen. Welche wohl?" Die Klasse gelangte auf kleinen Umwegen sicher zum Ziel (Ein Schüler fand noch eine dritte Bedeutung: „Achim spielt das Cello, er stellt das Cello dar").

(6) Der progressive Aspekt im *present perfect* wird in solchen Gegenüberstellungen am besten erfasst:

What have you done?
Was hast du getan / angestellt?
What have you been doing?
Was hast du (die ganze Zeit) getrieben?

What have you cooked? It smells good.
Was hast du denn da gekocht? Riecht ja gut.
What have you been cooking (since you went on diet)?
Was hast du gekocht (seitdem du auf Diät bist)?

What have you learnt (from the situation)?
Was hast du daraus gelernt?
She's been learning Latin for two hours.
Schon seit zwei Stunden paukt sie Latein.

■ **Fazit:** Die sinngetreue Übersetzung ist ein vorzügliches Mittel, fremde Sprachfunktionen zu verdeutlichen, so dass darüber hinausgehende Erklärungen oft überflüssig sind. Wir begreifen direkter und schneller, worum es geht. Die metasprachliche Erläuterung des Sachverhalts ist uns zumeist weniger zugänglich.

2.2 Strukturale Transparenz durch muttersprachliche Spiegelung

Ein ebenso vorzügliches Mittel grammatischer Bewusstmachung wie die sinngetreue Übersetzung ist die wortgetreue Übersetzung, d.h. die Nachbildung der fremden Struktur im Medium der Muttersprache. Es geht jetzt aber nicht mehr um grammatische Funktionen, sondern um die Morphosyntax. Es gilt, die Verbindung zu erkennen, die die formale Ordnung mit der inhaltlichen eingeht. Grammatik ist die in sprachliche Gliederung umgesetzte Sinngliederung unserer Menschenwelt, und diese Sinngliederung erfassen wir meist problemloser, wenn wir sie **in der Muttersprache abbilden, statt in ihr erörtern.** Denn „wenn man darüber redet, wird auch das Einfachste gleich kompliziert und unverständlich" (Hermann Hesse). **Form und Bedeutung müssen einander so zugeordnet werden, dass das Geheimnis der Satzerzeugung offenbar wird: das generative Prinzip.**

Was heißt das? Ich begrüße meine türkischen Gäste abends artig mit einem *iyi akşamlar* und bedanke mich, wo es angebracht erscheint, höflich mit einem *teşekkür ederim*. Das funktioniert. Der erste Ausdruck heißt ebensoviel wie „guten Abend", der zweite „danke"; damit kommt man zurecht.

In Jugoslawien fragt man mich, wie alt ich sei. Ich kenne die Zahlen schon: fünfzig heißt *pedeset*, möchte aber gerne wissen, wie man das korrekt sagt: Ich bin fünfzig Jahre alt. Antwort: *Imam pedeset godina*.

Lernt man so Sprachen? Ja und nein. Etwas Entscheidendes fehlt: die Grammatik. Ich kenne nur fertige Ausdrücke. Ich könnte genauso gut meinen Sprachführer aufschlagen, in dem jeweils eine Reihe höchst brauchbarer, nach touristischen Standardsituationen geordneter Floskeln und Sätze zweisprachig aufgeführt sind, die entsprechende Wendung hersagen, ja bei Ausspracheschwierigkeiten nur darauf zeigen. Sonst bliebe mir nichts anderes übrig, als jeden Ausdruck, jede Frage, jeden Satz, der vorkommt, auswendigzulernen. Will ich aber etwas sagen, was so nicht aufgelistet ist, müsste ich passen. Es sei denn, ich hätte doch schon – unbewusst, halb bewusst oder ganz bewusst – einige Ausdrücke in ihrem Aufbau verstanden:

iyi akşamlar	*gute Abende
teşekkür ederim	*Dank mache ich
imam pedeset godina	*ich habe fünfzig Jahre

Erst, als ich *akşamlar* als „Abende" erkannte, fiel es mir wie Schuppen von den Augen. Ich verstand jetzt die Wörter *Türk-ler, (h)oteller, clublar* und riskierte eigene Plurale:

Singular:	genç	Plural:	gençler	Junge/n
	çocuk		çocuklar	Kind/er
	gün		günler	Tag/e

Ich verstehe jetzt auch ohne Hilfe *Mira teşekkür ediyor* als **Mira Dank macht*. Und weil ich den einen serbokroatischen Satz auch als formale Struktur durchschaut hatte, konnte ich gleich tausend und mehr Sachen sagen, sofern ich die Einzelwörter kannte oder nachschlug. (Ob die Kasusendungen stimmten, sollte mich in diesem Stadium nicht stören):

	kcer		eine Tochter
Imam	sobu	Ich habe	ein Zimmer
	plan		einen Plan
	vremena		Zeit

Irgendwann kann es natürlich falsch werden, und mein Gegenüber versteht mich nicht: „Ich habe Hunger“ oder „Ich habe Zahnschmerzen“ kann ich so nicht bilden. Es muss lauten:

Sam gladan.	Ich bin hungrig.
oli me zub.	Es schmerzt mir der Zahn.

Aber ich verstehe auch jetzt folgende Wendungen besser:

Ima	li	ovdje restoran/hotel?
Hat es	(Fragepartikel li)	hier ein Restaurant/Hotel?
Imate	li	kruha?
Haben Sie	(Fragepartikel li)	Brot?

Der Tourist, der auf diese Weise in die fremde Sprache eindringt, befindet sich auf einem Erfolgsweg, den Lily Wong Fillmore (1976) in der schon erwähnten Studie von 5 mexikanischen Einwandererkindern eindrucksvoll dokumentiert hat (Kap.II). Diese Kinder benutzten anfangs u.a. fertige Formeln (*formulas, routines*), die sie aufgeschnappt hatten, die mehr oder weniger auf die jeweilige Situation passten oder doch von den anderen als passend aufgefasst werden konnten, z.B.:

Lookit!
Stopit!
Gimme!
Lemme see!
Whaddya wanna do?

Aus solchen Floskeln schlugen die Kinder großes Kapital. Sie blieben im Spiel, wurden nicht ausgeschlossen, gehörten dazu, denn sie erweckten den Anschein, als ob sie schon Englisch sprächen, und man nahm sie bald für voll. Das ging in den schnell durchschaubaren Standardsituationen der Kinderspiele meistens gut. Was gesprochen wird, bezieht sich ja meist auf die Situation vor Augen und wiederholt sich oft. Man erkennt auch so, wann man an der Reihe ist und versteht bald, was das heißt: *my turn / your turn / me first*. So blieben sie im Sprachkontakt und konnten sich ständig weiter mit Sprache versorgen.

Zu diesen schon erwähnten sozialen Strategien kommen kognitive Strategien. Nach Fillmore erkannten die Kinder analog gebildete Strukturen und begannen, die Formeln, die zuvor ungegliederte Ausdrucksganze waren, zu produktiven Satzrahmen aufzubrechen, etwa wie folgt:

say it		one of dese
color it	+ Nominalausdruck:	the things
read it		dese one
do it		that one

Man sieht, die grammatische Analyse ist noch nicht ganz zu Ende geführt: Die hier erzeugten Sätze sind allesamt ungrammatisch, aber voll verständlich. Im weiteren Verlauf wird die Sprache immer mehr aufgedröselt, bis alle Konstituenten richtig erkannt werden und neu kombiniert werden können.

Es ist umstritten, wie wichtig am Anfang solche größeren, undurchschauten Äußerungsganze sind, doch ist das Vorkommen solcher Ausdrücke ein im Vergleich zum Erstspracherwerb hervorstechendes Merkmal des natürlichen Zweitspracherwerbs. **Eine Sprache lernen heißt jedenfalls, ihre Struktur – unbewusst, halbbewusst, bewusst – soweit durchschauen, dass Wörter und Ausdrücke immer wieder neu kombiniert werden können.** Wie im Erstspracherwerb führt der Weg „vom Imitationslernen zum analytischen Lernen“ (Grimm 1977, I, 55) bzw. **von bloß situativ verstandener zu struktural verstandener Sprache (Doppelverstehen) und damit zur Bildung von produktiven Regeln.**

Reminiszenz aus einem Unterrichtsbesuch, Anfangsunterricht: Der Lehrer gebrauchte öfter die Formel *stop talking* und erzielte auch den gewünschten Erfolg damit. Offensichtlich hatten die Kinder verstanden. Meine Nachfrage: „Was heißt das denn, wenn der Lehrer *stop talking* sagt?“ ergab bei den meisten „Ruhe bitte“, „leise bitte“, „ihr sollt nicht so laut sein“, usw. Die Schüler hatten also trotz des Gleichklangs von *stop* – *stoppen* die Struktur nicht erfasst, zumal der Ausdruck nicht angeschrieben worden war. Zu diesem Zeitpunkt verstehen sie also den Ausdruck richtig und können ihn selbst sinnvoll anwenden. Aber sie haben den entscheidenden Schritt noch nicht getan. Sie wären nicht in der Lage, selbständig zu *stop eating* usw. zu gelangen.

Beim natürlichen Spracherwerb hören und verstehen Kinder weitere Äußerungen diesen Typs wie *stop writing, stop reading, stop worrying,* vielleicht auch *get going* usw., bis sie die Analogie mehr oder weniger bewusst erfassen. Es ist aber fraglich, ob der Unterricht stets genügend Hör-Sprech-Zeit bietet, damit der Groschen wie von selbst fällt. Jedenfalls können wir den Induktionsweg wie folgt verkürzen:

1. Durch bloßes Anschreiben. Die in Wörter segmentierende Schrift verdeutlicht die Struktur. Noch deutlicher wäre die graphische Gruppierung:

   stop talking
   stop working
   stop worrying

2. Das formale Verstehen kann sich aber auch schon bei rein mündlicher Gruppierung ergeben:

   „Listen carefully. Here are some sentences. You know these sentences: Stop talking, stop reading, stop worrying. Can you make more sentences like this?“

3. Man kann die Struktur regelrecht erklären, unter Verwendung von Fachausdrücken – für die Schüler fast immer der schwierigste Weg.

4. Man macht die Struktur durch wörtliche Übersetzung bewusst:

   „*Stop talking* heißt soviel wie *Ruhe bitte*. Wörtlich aber heißt es: *Stoppt* – oder besser – *hört auf zu sprechen*. Der Engländer sagt aber nicht *zu sprechen,* sondern gebraucht die -ing Form.“

Genau genommen ist dies eine Kombination von wörtlicher Übersetzung und Erklärung. Eine Nachbildung der ing-Form im Deutschen („stoppt spreching“) macht die Sache nicht klarer als die kurze Erklärung, wäre aber durchaus denkbar.

Es gibt viele Fälle, in denen die *muttersprachliche Spiegelung der fremden Struktur* (im Gegensatz zur idiomatischen Übersetzung) unmittelbar einleuchtet und jeder weiteren Erklärung enthebt. Es handelt sich denn auch um eine natürliche Erklärungsstrategie, die auch Kinder schon verwenden. So sagt Olivier zu seiner Mutter: „En français, c'est *le* soleil, en allemand die Sonne, *la* soleil" (Kielhöfer/Jonekeit 1983, 78). Leider tun wir uns als Lehrer immer noch schwer damit. Wir haben ja schon verstanden, und so fühlen wir Unbehagen, wenn wir „Does your dog bite?" mit Hilfe von „Tut dein Hund beißen?" erklären sollen. Begegnen uns aber solche Erklärungen in Sprachführern und Grammatiken weniger bekannter Sprachen, sind wir meist dankbar für solche Hilfen, mit denen wir auf Anhieb verstehen. Ich gebe getreu dem Prinzip des Doppelverstehens auch doppelte Übersetzungen. Beginnen wir mit den Uhrzeiten im Finnischen:

- Kello on yksi. Es ist ein Uhr. *Uhr (Glocke, Klingel) ist eins.
- Kello on kaksi. Es ist zwei Uhr. *Uhr ist zwei.

usw.

Spanisch:

- Es la una. Es ist ein Uhr. *Ist die eins.
- Son las cuatro. Es ist vier Uhr. *Sind die vier.
- Son las cuatro y cinco. Es ist fünf nach vier.
  *Sind die vier und fünf.

Bleiben wir noch beim Spanischen:

- Juan le presta la bicicleta a Pedro.
  Juan leiht Pedro das Fahrrad.
  *Juan leiht ihm, Pedro, das Fahrrad.
- Paco le da a René un pedazo de pan.
  Paco gibt René ein Stück Brot.
  *Paco gibt ihm, René, ein Stück Brot.

Es genügt also, diejenige Wörtlichkeit herzustellen, die die fremdartige Struktur, hier den „doppelten Dativ" verdeutlicht. Es wäre im Normalfall unnötig, ja verwirrend, etwa zu übersetzen: *Paco ihm gibt zu René ein Stück von Brot.

Gerade diese strenge und konsequent durchgehaltene Wörtlichkeit war ja der didaktische Makel der in früheren Jahrhunderten zum Sprachstudium häufig benutzten Interlinearversionen. Hat der

Schüler einmal erfasst, dass im Französischen wie in vielen anderen Sprachen Eigenschaftswort und Bestimmungswort normalerweise an zweiter Stelle stehen, stört es ihn nur, wenn weiterhin *salade verte* mit *Salat grüner* oder ein für ihn so durchsichtiger Ausdruck wie *salaire minimum* nicht sogleich mit *Mindestlohn* übersetzt wird.

Catford (1965, 26) unterscheidet zwei Grade von Wörtlichkeit:

It's raining cats and dogs.
1. Il est pleuvant chats et chiens. (Word-for-Word)
2. Il pleut des chats et des chiens. (Literal)
3. Il pleut à verse. (Free)

Auch das ist natürlich unter Umständen noch zu grob geschieden. Für didaktische Zwecke wird die Ebene, auf der Äquivalenz hergestellt wird, je nach Bedürfnis und Lernfortschritt der Schüler wechseln: Morphem, Wort, Syntagma, Satz, Absatz. Wenn wir von wörtlicher Übersetzung oder Nachbildung der fremden Struktur sprechen, meinen wir gewöhnlich Äquivalenz auf der Wortebene mit möglichem Wechsel auf die höherrangige Ebene der Wortgruppe/des Syntagmas. Äquivalenz unterhalb der Wortebene erübrigt sich zumeist, doch gibt es auch hierfür Beispiele. So erwähnt Zimmermann (1981, 158), dass Schüler Schwierigkeiten hatten, *qui est-ce qui* etc. als zusammengehörige Fragemorpheme hinzunehmen: „Sie äußerten den Wunsch, die Bedeutung der Einzelmorpheme zu erfahren".

Also, warum nicht:

qui est-ce qui: „wer ist es, der"; also: wer?
qui est-ce que: „wer ist es, den"; also: wen?

Natürlich sind damit noch nicht alle Probleme bereinigt, vor allem, wenn die Fragewörter, die nach Geschehen oder Sachen fragen, hinzukommen. Hier hilft die Muttersprache weniger gut, weil deutsch *was* doppeldeutig ist und im Französischen zwischen Objekts- und Subjektspronomen differenziert wird. Schließlich ist formale Äquivalenz immer approximativ. Keine Sprache lässt sich vollkommen auf eine andere abbilden.

Möglicherweise hat aber der rigorose und exzessive Gebrauch von Interlinearversionen dazu beigetragen, das Kind mit dem Bade auszuschütten. Denn es ist merkwürdig, wie selten diese Technik im Unterricht angewandt wird, obwohl sie niemandem fremd ist. Wie schnell erschließen sich z.B. folgende Strukturen des Neugriechischen, indem wir sie einfach in der Muttersprache imitieren:

- Thélo na fao. Ich will essen. *Ich will, daß ich esse.
- Präppi na to po. Ich muß es sagen. *Ich muß, daß ich es sage.
- Borro na dho to dhomatio. Kann ich das Zimmer sehen? *Kann ich, daß ich sehe das Zimmer?

Serbokroatisch:

Žao mi je.
Leider / Tut mir leid.
*Leid mir ist.

Finnisch:

Olkaa hyvä ja tuokaa minulle …
Bringen Sie mir bitte …
Olkaa hyvä ja antakaa minulle …
Geben sie mir bitte …

Mit dieser einem Sprachführer entnommenen Formel können wir uns tausendundeins Sachen bestellen. Wir brauchen ja nur am Ende das jeweilige Wort anfügen. Aber erst die wortgetreue Übersetzung macht aus einer halbanalysierten Struktur eine vollständig analysierte und potenziert noch einmal unsere Möglichkeiten:

Olkaa = Seien-Sie; hyvä = gut; ja = und;
antakaa = geben-Sie; minulle = mir.
Also: Seien Sie (so) gut und geben Sie mir …

Jetzt können wir notfalls auch der Schwiegermutter einen Kaffee bestellen.

Bei englischen Französischlehrern ist die wörtliche Nachbildung von *la plume de ma tante* ein bekannter Trick: *the pen of my aunt* klingt in englischen Ohren schauderhaft. Mit anderen Worten: Das Beispiel wirkt.

Vielleicht ergeben sich die überzeugendsten Beispiele beim Erlernen der deutschen Syntax durch Anglophone:

- Endlich kam der Arzt. At long last the doctor came. *At long last came the doctor. (Als stilistische Variante noch möglich.)
- Manchmal gingen wir schwimmen. Sometimes we went swimming. *Sometimes went we swimming.
- Ich will ein Auto kaufen. I want to buy a car. *I want a car (to) buy.

- Wenn er das Auto nicht reparieren kann ...
  If he can't repair the car ...
  *If he the car not repair can ...

Das bedeutungsmäßige und zugleich formale Erfassen dieser Äußerungen ist schon die Grammatik. Es muss doch einleuchten, dass etwa im folgenden Beispiel die Bezeichnung und Erörterung des grammatischen Phänomens „vorangestelltes erweitertes Partizipialattribut im Deutschen vs. Postmodifikation im Englischen" zur Erlernung nichts weiter beiträgt. Wesentlich ist die Spiegelung der Struktur, vielleicht verbunden mit der lapidaren Feststellung: „Im Deutschen stellt man das vor, im Englischen nach": Worum es bei diesem „das" geht, wird durch weitere Anwendungsbeispiele klarer als durch den zusammenfassenden, gelehrten Terminus:

- Die bei der Spaltung gebildeten Neutronen.
  The neutrons formed during the fission.
  *The during the fission formed neutrons.
- Die bei diesem Prozeß freiwerdenden Teilchen.
  The particles released at this process.
  *The at this process released particles.
- Der in wenigen Minuten einlaufende Zug.
  The train due to arrive in a few minutes.
  *The in a few minutes arriving train.

Die dabei entstehenden Verdrehungen der Muttersprache sind völlig harmlos und erinnern in manchen Fällen an ältere Sprachstufen des Englischen. Die Schüler brauchen nur bei Shakespeare oder in der Bibel (Authorized Version, 1611) nachzuschlagen:

- Then charged he his disciples that they should tell no man that he was Jesus the Christ (Matthew 16, 20).

Beispiele aus Hamlet:

- HORATIO: Break we our watch up.
- CLAUDIUS (to Laertes): What says Polonius?
- QUEEN: Go not to Wittenberg.
- OPHELIA (über Hamlets Besuch): Long stayed he so.
- HAMLET (über den Geist): Stayed it long? His beard was grizzled no?
- HAMLET: Man delights not me ...

Die gleichen Eselsbrücken führen umgekehrt frankophone Schüler zur Syntax des Englischen. Goscinny, Erfinder von Asterix und

Konsorten, bringt uns auf die Spur, wenn er die Briten u.a. sprachlich charakterisiert und karikiert:

- Une Romaine patrouille! Vite! Cachez-vous!
- Je prendrai un nuage de lait, je vous prie. S'il vous plaît, faites.
- Puis-je encore avoir de la marmelade pour les rôties? Sûr, vous pouvez.
- Bonté gracieuse! Ce spectacle est surprenant! Il n'est, n'est-il pas?
- Je dis! Est-ce bien le No. LVII ici? Non, ce n'est pas.

(Astérix chez les Bretons)

Schön, ist es nicht? Und deshalb erstaunlich, wie wenig bisher in unseren Schulbüchern von dieser Technik Gebrauch gemacht wird. Kann die Grammatik keinen Spaß vertragen? In Sprachführern für den Selbstunterricht, aber auch in wissenschaftlichen Grammatiken weniger bekannter Sprachen ist dieses Prinzip längst gang und gäbe. Eine Deutschdozentin an einer italienischen Universität vertraute mir an: „Es gibt im Italienischen ein Adjektiv *sperabile*. Deutsch *hoffentlich* entspricht aber meistens der Konstruktion *spero che* ... Ich erkläre meinen Schülern das Deutsche mit Hilfe von **sperabilmente*. Das funktioniert. Aber ich wage es nicht, wenn Besucher da sind. Traue mich nicht ..." Nachwirkungen eines Dogmas.

Im Grunde ist es ein Skandal: Schülern wird vorenthalten, was jeder von uns ganz unzweifelhaft als wesentliche Hilfe empfinden würde, sollte er etwa Arabisch oder Chinesisch lernen. Dass Kinder schon Sprache haben, wenn sie in der Schule auf Fremdsprachen treffen, wird konstant übersehen. **Ideologische Verblendung! Wenn es so etwas wie ein Wundermittel für die Syntax gibt, dann ist es die muttersprachliche Spiegelung.**

Soweit ich sehe, gibt es heute nur eine Autorin, die diese Technik, mit der sich eine ganze Reihe von Sprachlernproblemen schnell und schmerzlos lösen lassen, energisch vertritt: Vera Birkenbihl (1988). Sie ist eine bekannte Management-Trainerin, gehört nicht zu unserem Fach-Establishment und ist deshalb wohl unbeeinflusst von den herrschenden Orthodoxien der Fremdsprachendidaktik.

■ Durchsichtige Wörter und Wendungen

Ein altes chinesisches Wort für Sklaven heißt so viel wie „sprechende Tiere", lese ich in einem China Buch. *Sayonara* sagt man in Japan beim Abschiednehmen; aber wir sind erst zufrieden, wenn wir es genauer wissen: Es bedeutet: „Wenn es sein muss". Wir behalten den niederländischen Ausdruck *schei kunde* = Chemie besser, wenn wir die Idee, die dahintersteckt, erkennen: *Scheikunde* ist Scheidekunde, gemeint ist das Scheiden/Isolieren von Stoffen.

Transparenz ist also auch bei idiomatischen Ausdrücken, Kollokationen und Wortzusammensetzungen gefragt. „Bremsen entlüften" heißt engl. *bleed the brakes,* also eigentlich „zur Ader lassen". Wir bilden also Lehnübersetzungen als didaktisches Erklärungsprinzip – natürlich nur, wenn eine Erklärung nötig ist. Eine Wendung wie *étouffer dans l'œuf* oder *live up to one's reputation* könnte der Schüler auf Anhieb durchschauen; hier käme es umgekehrt darauf an, den treffenden deutschen Ausdruck zu finden.

Den Puristen aber, dem sich dabei die Feder sträubt, könnte man auf die außerordentliche Bereicherung des deutschen Wortschatzes durch Lehnübersetzungen hinweisen:

Erst das Lateinische macht das Deutsche zur Kultursprache:

in-fluxus	Ein-fluss
im-pressio	Ein-druck
circum-stantia	Um-stand
con-scientia	Ge-wissen
re-spectus	Rück-sicht
com-passio	Mit-leid
satis-factio	Genug-tuung

Eindeutschungen aus der Blütezeit des Französischen:

au revoir	Auf Wiedersehen
rendez-vous	Stelldichein
faux pas	Fehltritt
arrière-pensée	Hintergedanke
présence-d'esprit	Geistesgegenwart
point de vue	Gesichtspunkt

Weltsprache Englisch:

summit Conference	Gipfelkonferenz
brain washing	Gehirnwäsche
throw-away society	Wegwerfgesellschaft

Warum also nicht Wörter wie *nose dive* (Sturzflug) oder *arc-en-ciel* (Regenbogen) durch Lehnübersetzungen durchschaubar machen, falls sie der Schüler nicht schon auf Anhieb durchschaut?

Gewiss kann man jedes Prinzip ad absurdum führen, wenn man es ins Extrem treibt. Reminiszenz an einen schrulligen, aber erfolgreichen Lehrer: „Of the masters only one has left an enduring impression – Moscardi, the French master (known to us boys as ‚Musty') ... He was in any case a born teacher ... His classes were an agreeable oasis in the desert of a conventional curriculum for the most part conventionally taught. Musty's methods were his own and far from orthodox. Most of our work in class consisted of oral translation into French, but before attempting to translate a given sentence we must always first ‚anglo-gallicize' it by rearranging the words in their French order: thus if required to translate ‚I do not know why he did not do it' we must first render the statement into ‚anglo-gallic' form – ‚I not know not why he not it has not done'. I soon became expert at this game and enjoyed playing it. I fancy it would not be approved by teachers today, but at least it impressed on us indelibly the rules of French word order" (Dodds 1977, 9–10).

Eine Narretei, gewiss. Und doch gibt es keinen, der nicht stolz wäre auf ein solches Zeugnis eines Schülers. Fremdsprachendidaktik wird darum als Wissenschaft nicht abdanken. Aber Bescheidenheit lernen.

3. Erklären: Weniger ist mehr!

> „Da die Grammatik die Kunst ist, die Schwierigkeiten einer Sprache zu beheben, darf der Hebel nicht schwerer sein als die Last."
>
> (Rivarol)

In Johanna Spyris Klassiker der Kinderliteratur klärt Klara Heidi auf: „Und der Kandidat ist gut und erklärt dir alles schon. Wenn er dir etwas erklärt, und du verstehst nichts davon, dann warte nur und sage gar nichts, sonst erklärt er dir noch viel mehr, und du verstehst noch weniger." Bei allen Erklärungen ist das Alter der Schüler und ihr sehr individuelles Vorverständnis zu berücksichtigen. Grundschüler sind wohl gegen nahezu alle Versuche, ihnen Grammatik durch Darüberreden beizubringen, immun. Sie befolgen Klaras Rat. Sie fragen gar nicht, wenn sie nichts verstanden haben (um richtig fragen zu können, müssten sie wenigstens etwas verstanden haben), und hören einfach weg. In Zimmermanns Schülerbefragung (1984, 89) geben fast ein Viertel der Schüler an, sie verstünden die grammatikalischen Erklärungen ihres Lehrer höchstens „ausreichend“ oder gar „mangelhaft“ und „ungenügend“. Auch in Finkbeiners Befragung (1995, 267) ist Grammatik, „gemessen an der Zahl der Äußerungen, für einen großen Teil der Realschüler ein Problem“. Fast drei Viertel der Lehrer wiederum schätzen nach Zimmermann das Verstehensniveau ihrer Schüler nur als mittelmäßig oder gar schlecht ein. Das steht nun in einem eigenartigen Kontrast zur Beliebtheit der Grammatik bei den Lehrern. 77% der Befragten unterrichten Grammatik „gern“ oder „sehr gern“. Als Grund dafür wird in den Interviews oft die „Beherrschbarkeit“ der Grammatik genannt – als ob die Sprache nicht weitaus komplexer wäre als unsere Schulgrammatik sich träumen lässt.

Der Autor zählt sich, was die Vermittlung expliziten Sprachwissens anbelangt, zu den grammatischen Minimalisten. Somit bekennen wir uns unumwunden zur grammatischen Erklärung. Gerade ein ausgeklügeltes Verbundsystem von Texten, in denen neue Formen in typischen Funktionen präsentiert werden, mit muttersprachlichen Spiegelungen (wo hilfreich), Erklärungen und abgestimmten halbkommunikativen Strukturübungen könnte der Ruhmestitel des Unterrichts sein. Es ist die Künstlichkeit, die im Rahmen der Schule den natürlichen Lernfähigkeiten zuarbeitet, statt sie zu strangulieren – sofern die Hauptregel gilt, dass alles Üben und Erklären denkbar knapp ausfällt und mit unmittelbar folgender, reichhaltiger Anwendungserfahrung abgestimmt ist.

Es wird eine Hauptaufgabe künftiger didaktischer Forschung sein, herauszufinden, was das im einzelnen heißt: weniger und zugleich besser erklären. Man wird systematisch beobachten, wie Erklärungen bei Schülern ankommen, was sie sich beispielsweise beim Durchlesen eines grammatischen Kapitels für Gedanken machen, etwa mit Hilfe der Methode des nachträglichen lauten Denkens bzw. des lauten Mitdenkens. In Deutschland hat sich besonders Zimmermann des Themas der Grammatik- und Textverständlichkeit angenommen (vgl. das Schriftenverzeichnis in der Zimmermann-Festschrift, Düwell u.a. 2000).

□ Denkwege

SCHÜLER: (schreibt): Ich spielt/geht/arbeitet
LEHRER: Aber ich habe doch gesagt: nur bei der 3. Person, also er/sie/es geht, spielt, arbeitet.
SCHÜLER: Ich bin doch ein Junge (= Ich bin doch ein „er").

Unsere Leitfrage ist: „Wie erreichen wir das keimende Denken der Kinder?" Oft sind wir uns nicht bewusst, wie wenig unsere Erklärungen erklären, wie gedankenlos wir Ausdrücke wie „dritte Person" verwenden und warum sie dem Schüler nichts sagen. „It is almost impossible to imagine what it would be like not to know something that, in fact, you do know", sagt John Holt, einer der geduldigsten und scharfsinnigsten Beobachter von Kindern beim Lernen (1970, 90). Die Grammatik mit den Augen der Kinder sehen, wer könnte das schon? Und so missraten uns unsere Erklärungen, sind zu komplex, manchmal schlicht konfus, oder auch langwierig und langweilig. Wir brauchen Erklärungen, die ankommen und behalten werden, etwa folgende für englische Schüler, die Deutsch oder Französisch lernen: „Das Adjektiv richtet sich wie ein wohlerzogener Hund nach seinem Herrn, dem Substantiv. Wir wollen keine streunenden Hunde." Aber doch nur, wenn den Schülern schon klar ist, was Adjektive und was Substantive sind …!

Wir müssen erst einmal zuhören lernen. Etwa so: Der Lehrer erklärt etwas und fordert darauf die Schüler auf, dasselbe in Partnerarbeit einander noch einmal zu erklären. Dabei kann er zuhören. Es ist immer vernünftig, die Schüler zum gegenseitigen Unterrichten zu ermutigen – ein Prinzip, das nicht nur für den Erwachsenenunterricht gilt, aus dem folgendes Beispiel stammt: „Im Unterricht mit griechischen Arbeitern (ich kann kein Griechisch) ergab sich häufig diese Situation: Ich versuchte, ein grammatisches Phänomen zu erklären. Die Kursteilnehmer unterhielten sich daraufhin einige Minuten angeregt auf griechisch und baten mich anschließend (auf deutsch) um einige Beispiele zu diesem Phänomen. Nach einer weiteren kurzen Verständigung in der Muttersprache gaben sie zu verstehen, daß nun die Sache in Ordnung gehe" (Göbel 1986, 112).

Ein anderer Weg, den Denkweisen der Sprachlerner auf die Spur zu kommen und sie eventuell zu korrigieren, besteht darin, ihnen Sätze vorzulegen, in denen grammatische Funktionen auf besonders klare und denkwürdige, „prototypische" Weise zum Ausdruck kommen, etwa zum Problem *past tense / present perfect*. Die Schüler erklären dann in eigenen Worten, warum der Autor die jeweilige Form gewählt hat:

- The Lord gave, and the Lord hath taken away; blessed be the name of the Lord.
- An iron curtain has descended across the Continent (Churchill, 1946).
- The entire world has risen up against Islam (Ayatollah Khomeini, 1987).
- In the good old times, when wishes often came true, there lived a king whose daughters were all beautiful ...

„Denn Exempel sind stille Regeln", wusste ein Sprachmeister des achtzehnten Jahrhunderts (Sarganeck).

Im Übrigen sollte man Sprachlerner nicht zu regelgläubigen Adepten erziehen, und bei aller Klarheit, die man ihnen schuldet, eher von Faustregeln, Lernhilfen, Hinweisen, mehr oder weniger starken Tendenzen (die aber durchaus zu beachten sind) als von hundertprozentigen Regeln sprechen. Auch der Lehrer lebt, was manche grammatischen Bereiche anbetrifft, mit einem Halb- oder Dreiviertelwissen. Denn je näher man die Grammatik ansieht, desto ferner sieht sie zurück (um Karl Kraus abzuwandeln).

□ Rückführung der Grammatik auf die Semantik
Wir vermeiden eine Begrifflichkeit, hinter der keine Erfahrung steckt und verwenden vorzugsweise solche Kategorien, die aus dem Alltagsleben kommen: Einzahl, Mehrzahl, was als ein Paar vorkommt (statt Dual), Personen, Sachen, Geschehen, Ort, Zeit usw. Erklärungen wie *He sang at the concert last night* (Merke: Ort vor Zeit) *The police are investigating* ... (Merke: Plural, es handelt sich dabei um eine Gruppe, eine ganze Beamtenschaft, ein „Kollektiv") könnten von Nutzen sein. (Einen Terminus wie „Kollektiv", obwohl hier verzichtbar, führen wir ein, weil er allgemein nützlich ist.) Dagegen sind Begriffe wie Subjekt, Objekt, Genitiv, Dativ, Akkusativ usw. schwierig. *The boys' have got a football* schreibt ein Fünftklässler und verteidigt sich: „Der Ball gehört ihnen doch. Warum soll da kein Apostroph stehen?" Er versteht wohl, was Besitz oder auch ein „besitzanzeigendes Verhältnis" ist, nicht aber die morphosyntaktische Regelung, auf die die Erklärung gemünzt war (oder hat sie vergessen).

Die Missverständnisse setzen sich fort. So hat Nold die Erfahrung gemacht, dass jeweils ein beträchtlicher Teil seiner Anglistikstudenten im Erstsemester einen Satz wie *he lived in England for three years* für fehlerhaft halten. „Offensichtlich hat in diesem Fall die Signalgrammatik das Verständnis für semantisch-pragmalinguistische Zusammenhänge verhindert und zu einer manipulativen Lernstrategie verführt", kommentiert er (Nold 1981, 149). Auch später noch ist unser Wissen von der Grammatik bestenfalls ein Halbwissen. Ein Leben lang lassen wir uns durch Formeln mitschleppen. Sie lullen uns ein, gaukeln uns Verstehen vor, wo wir noch längst nicht verstanden haben. Doch erst wenn wir die Formeln abgelegt haben und wieder angefangen haben, Fragen zu stellen und ihnen nachzugehen, wären wir auch in der Lage, die Phänomene so zu erklären, dass sich bei den Schülern Verständnis anbahnt.

Keine lebendige Sprache wird je vollständig auf den Begriff gebracht werden. Aber nicht Verzagtheit, sondern Bewunderung möge die ungeheure Komplexität der Sprache in uns wecken. Wie könnten wir verzagen, da doch die Sprache keine Wesenheit außerhalb des Menschen ist, sondern sein Erzeugnis, das er – ratiomorph – immer schon beherrscht. Die Devise für den Lehrer kann nur lauten, über die Verkürzungen der Schulgrammatik nach Kräften hinauszugehen und Einzelfragen immer wieder zu dem Grundproblem zurückzuführen, **wie die Grammatik die Grundstruktur unserer menschlichen Wirklichkeit in ihre Ordnung übersetzt**. Denn Grammatik ist eben genau das: die in der Sprache ausgelegte Sinngliederung unserer Menschenwelt; und da es viele Grammatiken gibt, ist es nicht *die* Sinngliederung, sondern eine von vielen. Wir werden den Schülern am ehesten verständlich, wenn wir hinter die grammatischen Ordnungen zurückgehen und ihre Verknüpfung mit unserer Lebenswelt aufzeigen.

□ Hilfe zur Selbsthilfe

„Ein türkischer Schüler mit Mittelschulbildung", berichtet R. Göbel (1986, 67) „interessiert sich besonders für die Grammatik der deutschen Sprache. ‚Hier wird keine Grammatik gemacht', erklärt man ihm im Volkshochschulkurs. Er bleibt weg." Wir lassen es nicht so weit kommen. Wer Grammatik verlangt, soll sie bekommen. Es gilt, nach Lerntyp und Lernalter zu differenzieren, ja auch den Einzelwünschen von Schülern entgegenzukommen. Der Markt bietet geradezu eine Überfülle von Grammatiken und Übungsbüchern mit

Lösungsschlüsseln an. Solche Materialien sollten in den Schülerhilfsbüchereien zur Verfügung stehen. Die Lehrer stellen sie im Unterricht vor und zeigen, wie man mit ihnen effektiv arbeitet. Grammatikarbeit in der Schule sollte auch Hilfe zur Selbsthilfe sein und autonomes Lernen fördern.

Dies sind nur wenige Hinweise zu einem unerschöpflichen Thema, da sich ja bei jeder grammatischen Erscheinung, die irgendwie Schwierigkeiten macht, die Frage erneut stellt, ob etwas zu erklären ist, wie und wieviel. Bekräftigen wir abschließend, dass sich grammatische Regularitäten dem Sprachlerner zum größten Teil nicht durch Benennen und Darüberreden erschließen. Es gilt vielmehr, sie dem Schüler „gleichsam ungemeldet und stillschweigend ins Gemüth zu practiciren" (Sarganeck 1743).

4. Zusammenfassung

1. Vorsicht vor den Regeln und Termini, die wir üblicherweise verwenden! Wie gedankenlos haben wir sie übernommen, wie wenig haben wir sie selbst begriffen, wie sehr verdecken sie die lebendige Sprachvielfalt, statt sie aufzuklären! Auch wir beherrschen oft nur das Vokabular, ohne die Sache zu haben. Wie wirkungslos müssen Erklärungen von den Schülern abprallen, die sich nicht mit ihrem Vorverständnis/Weltwissen verhaken können! Also gut überlegter, sparsamer Umgang mit grammatischen Kategorien. Sie sind am besten von dem in der Muttersprache schlummernden Sprachverständnis her zu entwickeln.

2. Grammatikarbeit geht aus der Kommunikation/Textarbeit hervor und mündet in sie ein. Die Probleme der Kommunikation, der Grammatik und der Bedeutungsvermittlung sind miteinander verzahnt. Muttersprachliche Mitteilungsäquivalente sind eine wirksame Art, Bedeutungen zu vermitteln und zugleich grammatische Funktionen zu kären.

3. Wer *I love you* als *Ich liebe dich* versteht und so gebraucht, hat auch die Grammatik dieses Sprachstücks. Situativ-funktionales und strukturales Verständnis fallen zusammen (Butzkamm 2001). Wo sie auseinanderfallen wie bei *kocham cię* (polnisch), ist die Muttersprache alles in allem das geeignetste Mittel, um situativ-funk-

tionales („ich liebe dich“) wie strukturales Verständnis („lieb-ich dich)“ zugleich herzustellen und damit den Grammatikerwerb in Gang zu bringen.

4. Die Durchgliederung geschlossener Form- und Bedeutungsfelder bietet einen lerntechnischen Vorteil:

   chante avec moi
   chante avec lui
   chante avec elle

5. Hin und wieder helfen Merkverse wie

   Her (heraus, herab, herein)
   muss stets hin zum Sprecher sein.
   Hin (hinaus, hinein, hinan)
   Führt vom Sprecher weg sodann.

   a, ab, ex,e
   cum und sine, pro und prae
   stehen mit dem Ablativ.

Solche – altmodisch anmutenden – knappen Merkverse sind nicht nur tausendfach praktisch erprobt, sondern auch fertigkeitspsychologisch fundiert. Sie können in einem Zwischenstadium eine Vermittlerrolle spielen, bis die Regelungen in Fleisch und Blut übergegangen sind. Auch hier hat es in der Vergangenheit Exzesse gegeben, aber es gilt: „abusus non tollit usum“.

Ebenso Merksätze und Sinnsprüche, die sprachliche Formen und Funktionen auf denkwürdige Weise verdeutlichen:

Labour isn't working (Wahlslogan der Konservativen)
Jesus saves (Heilsarmee)

Französische Fragewörter prägen wir uns mit den Hammerschlägen des Abbé Sieyès (1789) ein:

1. Qu'est-ce que le Tiers Etat? Tout.
2. Qu'a-t-il été jusqu'à présent dans l'ordre politique? Rien.
3. Que demande-t-il? Tout.

6. Schließlich kombinieren wir verschiedene Mittel, z.B. graphische Verdeutlichung, Faustregel, muttersprachliche Spiegelung:

   He went there at once.

   Er ging sofort hin.

   Englisch heißt es also: *Er ging hin sofort. Merke: Ort vor Zeit.

7. „Prüfet alles, und behaltet das beste!“ Nichts wird vorschnell verworfen. Wir sitzen auf reichen Truhen einer über zweitausendjährigen Lehrtradition. Aber überall, wo es Verständnisprobleme mit der Grammatik gibt, ist die sinngetreue im Verein mit der wörtlichen Übersetzung das stärkste Mittel, um Klärung herbeizuführen. **Die Muttersprache ist der Eckstein des Sprachunterrichts, den die Bauleute des 20. Jahrhunderts verworfen haben.**

XIII. Wörter bedeuten die Welt

1. Je größer der Wortschatz, desto mehr Kommunikation

Vielfach versucht man der Schwierigkeiten in der Hauptschule dadurch Herr zu werden, dass man die Anforderungen senkt.

Im ersten Unterrichtsjahr sollen nur noch rund 400 Wörter eingeführt werden.

Sind denn schon alle Möglichkeiten ausgeschöpft, den Schülern einen reichhaltigen Wortschatz anzubieten, ohne sie dabei zu überfordern? Warum ist aber ein möglichst großer Wortschatz gleich zu Beginn so wichtig? Weil das Neugier- und das Kommunikationsmotiv nur über einen vielfältigen Wortschatz zu befriedigen sind. Die Ausdrucksbedürfnisse der Kinder dürfen nicht an die Kette eines wohldosierten, hauptsächlich nach Frequenzgesichtspunkten ausgewählten Wortschatzes gelegt werden. Dort verkümmern sie. Und da die Kinder sich angeblich nichts merken können, verringert man den Wortschatz noch weiter. Das nennt man dann realistisch.

„Wir verlangen zu wenig!" meint denn auch ein Hauptschullehrer (Schwab 2000, 302). Man wählt – scheinbar – den Weg des geringsten Widerstandes – und tut doch das denkbar Dümmste. Denn man tut den Schülern damit keinen Gefallen. Wörter sind nun einmal unser Tor zur Welt. Sie bringen das Denken auf Trab.

Die Kinder können sich nichts merken, weil sie wenig Anlass haben, sich von den Sätzchen, die da hin- und herlaufen, etwas zu merken. In den Sätzen passiert eben nichts, was über das Sprachlernen hinaus von Belang wäre – und das hängt eben ursächlich mit dem vorprogrammierten, portionierten Wortschatz zusammen. Das Problematische an der Wortschatzdosierung ist eben „ihr Verhältnis zu einem möglichst kommunikativen Unterricht" (Ickler 1982, 222). Das ist gewiss kein Problem der Hauptschule allein. Aber bei Real- und Gymnasialschülern werden oft weitere Motive wirksam – sachbezogenes Interesse des Elternhauses an der fremden Sprache und allgemeine Leistungsorientierung – die das Schlimmste verhüten.

Nehmen wir ein Beispiel:

Die Lehrerin hat die Fragen *How old are you? Where are you from? What's your hobby?* und entsprechende Antworten mit der Klasse geübt. Danach sollen die Schüler ihre persönlichen Antworten aufschreiben. Der Auszug macht jedoch deutlich, dass sie diese Aufforderung hinsichtlich Frage 3 nicht ernst meint. Sie erwartet, dass sich die Schüler an den vorgegebenen Wortschatz halten – was es den Kindern unmöglich macht, ihre wahre Lieblingsbeschäftigung zu nennen:

SABINE:	Was heißt „Galoppreiten"?
LEHRER:	Also hör mal, erstens weiß ich das nicht und zweitens haben wir das noch nicht gehabt.
INGE:	Und „reiten"? Was heißt nur „reiten"?
LEHRER:	riding a horse ..... Andreas.
ANDREAS:	Was heißt denn „malen"?
THOMAS:	Haben wir noch nicht.
LEHRER:	Jetzt bitte, nehmt nur das, was ihr gehabt habt, nicht. Sonst geb ich euch so viel Wörter, die könnt ihr euch jetzt gar nicht alle merken. Es ist wichtig, dass ihr euch die Wörter merkt, die wir bisher gehabt haben.
NICO zu Andreas:	Dann mach doch einfach „football".

Sehen wir einmal davon ab, dass hier auf Deutsch palavert wird. Fast vorwurfsvoll weist die Lehrerin Sabines Ansinnen zurück, als ob die Frage eine Zumutung wäre. Ein Mitschüler, Thomas, übernimmt denn auch sofort die Einstellung der Lehrerin, ist gewissermaßen päpstlicher als der Papst, da die Lehrerin hier gut und gerne mit *paint* oder *draw* hätte aushelfen können. Diese entschließt sich jetzt, die ursprüngliche Aufgabenstellung abzuändern: Persönliche Hobbies darf es nur im Rahmen des eingeführten Wortschatzes geben.

Die wechselnden, unvorhersehbaren Ausdrucksbedürfnisse bedingen, dass sich Fremdsprachenunterricht, der kommunikativ sein will, nicht auf den vorprogrammierten Wortschatz eines Lesebuchs beschränken darf. Vielmehr ist dieser nur erste Orientierung. Wir müssen kommunikativen Ernst machen mit der Forderung, an die unmittelbare Erfahrungswelt der Kinder anzuknüpfen. (Was heißt eigentlich „Asylantenheim"?). Auch das Tagesgespräch (etwa „der 11. September") darf, ja muss aufgenommen werden. Das ist bis zu einem gewissen Grade auch im Anfangsunterricht möglich. Denn wie im natürlichen Erwerb muss Sprache von Anfang an Mittel zur

Weltbemächtigung sein. Allerdings muss dann auch die muttersprachliche Semantisierung, schon um unnötige Umwege zu vermeiden, einbezogen werden.

Wieder wird deutlich, wie kompliziert das Zusammenspiel einzelner Wirkfaktoren im Unterricht ist. Für sich genommen ist es vernünftig,

- den Wortschatz nach Häufigkeitswerten auszuwählen (an den hochfrequenten Strukturwörtern kommt man ohnehin nicht vorbei);
- den Wortschatz nach der Durchschnittswelt der Schüler auszurichten (da gibt es die wenigsten Verstehensprobleme);
- neue Wörter durch schon vorhandene fremde Wörter zu erklären (man bleibt schön in der Fremdsprache, auf die kommt es ja an);
- die Schwierigkeiten zu isolieren und damit den Wortschatz sorgfältig zu dosieren (zuviel des Guten war schon immer schlecht).

Doch die Addition dieser Grundsätze ergibt die Unvernunft mancher modernen Lehrwerke. Die Wechselwirkung mit anderen Faktoren wird nicht erkannt. Dagegen setzen wir einen unorthodoxen, unverwechselbar persönlichen, darum befreienden und motivierenden Fremdsprachenunterricht, der die neue Sprache wie im natürlichen Erwerb mit dem Leben der Schüler verwickelt. Das hat aber Konsequenzen hinsichtlich des Wortschatzes. Alltagswelt heißt Durchschnittswelt. Aber was mich persönlich angeht, ist nicht immer Durchschnitt. Zwar kann man es dem Lehrbuchautor nicht verargen, dass *Galoppreiten* nicht vorkommt. Aber dann muss mir der Lehrer helfen. Nur so wird die Fremdsprache zu einem persönlichen Kommunikationsmittel.

Unterricht muss folglich auf die persönlichen Bedürfnisse individueller Schüler sowie auf die Tagesfragen reagieren können. Dazu muss manches neue Wort ad hoc eingeführt werden. Hinzu kommen fachliche Inhalte wie die Landeskunde. Denn die Welt wird nicht durch Grammatik und Formwörter, sondern durch Inhaltswörter eingefangen. Reisende packen eher Wörterbücher als eine Grammatik in den Koffer. Schon auf der Grundlage weniger Strukturen könnten wir uns zu vielen Lebensbereichen äußern, wenn wir nur über die Wörter verfügten. So gesehen ist die Kenntnis des Wortschatzes einer fremden Sprache „gerade für minimale Formen des sprachlichen Verkehrs unvergleichlich wichtiger“ als anderes

(Gauger 1970, 46). Auch im natürlichen Zweitspracherwerb ist die zentrale Rolle des Wortschatzes gerade zu Beginn gut belegt (Ufert 1980, 70). Und im Unterricht gefährden lexikalische Fehler nach Hecht/Green (1989) das Verständnis dreimal so häufig wie grammatische Fehler. Ansonsten möchte ich nicht wie Lewis (1993) die Lexik gegen die Grammatik aufwerten, da beide immer nur in Verbindung zu sehen sind, und halte es mit Anthony Burgess, dem vielseitig begabten Schriftsteller, Komponisten und Sprachlehrer: „A word in a dictionary is very much like a car in a mammoth motor-show – full of potential but temporarily inactive. To get the car on the road a whole complex of things is required – fuel and a controller at the wheel, direction and traffic-signs. To get a word moving we need the things that come under the heading of grammar." Fest steht, dass die Lernproblematik von Grammatik und Lexik sehr unterschiedlich ist.

2. Systematische Erweiterung des Wortschatzes durch Kognate und Internationalismen: der Schneeballeffekt

Nicht sorgfältig portionierter Wortschatz, sondern Flexibilität und Masse sind Trumpf. Aber mehr Wörter, das heißt zusätzliche Lernarbeit. Das didaktische Problem der Wörter ist ja gerade ihre Überfülle und Unübersichtlichkeit und der Reichtum an Bedeutungen, ihrer Schattierungen und Verschiebungen. Der natürliche Spracherwerb setzt auf Zeit. Nach und nach erobern wir uns neue Lebensbereiche, die dazugehörigen Wörter oder neue Bedeutungen schon bekannter Wörter. Der Unterricht kann und muss künstliche Mittel einsetzen: Vokabellernen, ein vielmaschiges Assoziationsnetz und Systematisierungen aller Art. Wir können z.B. durch das Ausnutzen von Kognaten, Lehn- und Fremdwörtern den Wortschatz erheblich anreichern. Internationalismen bieten einen besonders raschen Einstieg in die Fremdsprache (Mazza 1997).

Die muttersprachlichen Vorleistungen sind ja auf lexikalisch-begrifflichem Gebiet am offenkundigsten. Wir können auch im Fremdsprachenunterricht von Geburt, Krankheit, Tod und Sterben reden, weil wir schon wissen, was damit gemeint ist. Diese Selbstverständlichkeiten sollte man nicht übersehen, wenn man auf die Kehrseite hinweist; die vielen auffälligen und weniger auffälligen Interferenzen im lexikalischen Bereich, die im natürlichen

Spracherwerb ebenso vorkommen. Aber selbst fehlerträchtige Gleichsetzungen wie *bitte – please* oder von extrem vieldeutigen Verben wie *stehen – stand, gehen – go* usw. sind ja zunächst ebenso hilfreich wie unvermeidbar. Differenzierungen schließen sich fast immer an, so dass intuitive oder explizite Gleichsetzungen auch in der Regel als vorläufig empfunden werden.

Wer meint, die Forderung, Sprachverwandtschaften auszunutzen, sei alt und banal, der sei auf die Praxis verwiesen. Da hält man sich zumeist an das Lehrbuch. Die folgenden Beispiele gehen jedoch weit über das hinaus, was in den Lehrwerken selbst ausgearbeitet ist und angeregt wird.

In einer 5. Hauptschulklasse war zunächst die Tagespolitik Anlass zur Einführung von *demonstration*. Und weil das Wort Spaß machte, wurden gleich weitere Wörter eingeführt und lustvoll artikuliert.

Concentration	education
Complication	manipulation
Combination	frustration

Später wurden -ismen eingeführt und nach Bedarf ergänzt:

Capitalism	communism	nationalism
Socialism	anti-semitism	protestantism
(neo-)nazism	Marxism	opportunism

Natürlich dürfen die dazugehörigen *nomina agentis* nicht fehlen, die Anlass zu lustigen Spielchen waren:

„You're a communist". „No, I'm a socialist". „Are you a capitalist?" „Of course, I have a Jaguar" usw.

Gewiss waren vielen Kindern Wörter wie *Atheismus* und *Nihilismus* nicht bekannt. Aber sie übten ihren Reiz auf die Kinder aus. Der Unterricht gab Gelegenheit, nicht bloß mit Wörtern, sondern mit Ideen zu spielen. „Am I an atheist? Socialism is good. Socialism is bad" usw.

So sind Fremdwörter und Internationalismen, die wir nach Sachbereichen (Werbung, Computer usw.) gliedern und sammeln können, von allergrößter Bedeutung. **Ein großer Teil der Fremdsprache gehört uns schon!** Die Verwandschaften zwischen Muttersprache und Schulfremdsprachen müssen viel stärker ausgereizt werden. Hierfür brauchen wir eine Vokabelkladde, die über mehrere Jahre hinweg geführt und immer wieder ergänzt wird. Es entsteht so ein nach Sachgruppen geordnetes Fremdwörterlexikon.

Während solche formalen wie semantischen Äquivalenzen den Sprachunterricht entscheidend bereichern können, sind Zusammenstellungen von Kognaten unter dem Aspekt der Lautverschiebung lediglich interessante Beigabe:

home/Heim	two/zwei	town/Zaun
most/meist	ten/zehn	tell/(er)zählen
alone/allein	twenty/zwanzig	tear/zerren
ghost/Geist	tongue/Zunge	

have/haben	way/Weg
harvest/Herbst	day/Tag
silver/Silber	yesterday/gestern
evil/Übel	yawn/gähnen
deaf/taub	yellow/gelb

Ein dritter Bereich betrifft die Wortbildung. Formale Analogien wie die oben erwähnten -ismen sind immer ein wichtiges Strukturierungsprinzip. Lübke (1984, 374) erläutert den von Denninghaus geprägten Begriff des „potentiellen Wortschatzes", der sich teilweise mit dem des *recognition vocabulary* deckt:

> „Der potentielle Wortschatz besteht aus Wörtern, die der Schüler versteht, ohne sie speziell gelernt zu haben. Der Schüler nutzt dabei hauptsächlich drei Möglichkeiten:
>
> 1. Er leitet die französische Wortbedeutung von anderen französischen Wörtern ab, z.B.
>
> continuellement – continuer
> s'enflammer – la flamme
> désespérer – espérer
>
> 2. Er leitet die französische Wortbedeutung von Wörtern anderer Fremdsprachen (hier: aus dem Englischen) ab, z.B.
>
> éternel – eternal
> destin – destiny
> consentir – consent
>
> 3. Er leitet die französische Wortbedeutung von deutschen Fremdwörtern ab, z.B.
>
> immense – immens
> lecture – Lektüre
> triomphe – Triumph"

Besonders muss auf die heute noch produktiven Bildungsweisen aufmerksam gemacht werden: „You know damn well what's going to happen, if this country is going to sit back and let the enemy outthink, outrocket, outeducate us." Wir verdeutlichen diese Ad-hoc Bildungen am besten anhand von Konkreta wie „outrun, outswim, outreach", die schon im Wörterbuch stehen.

Jede tatsächlich gelernte Vokabel erweitert zugleich den potentiellen Wortschatz – ein echter Schneeballeffekt. Bleyhl/Timm (1998, 270) nennen es den *word frequency effect*: „Je mehr Wörter ein Lerner weiß, desto leichter lernt er neue." Überschreiten wir eine kritische Menge von Wörtern, können wir die Netze immer dichter knüpfen. Der Französischunterricht profitiert dabei ebenso sehr vom Englischunterricht wie auch von den anderen Fächern, in denen zunehmend Fremdwörter gebraucht werden, ja schließlich von der Allgemeinbildung der Schüler So gilt wie bei der Bedeutungsvermittlung auch für den Aufbau des Wortschatzes das methodische Grundprinzip: **anknüpfen statt trennen; zwischensprachlich vernetzen**, und dabei nicht den wichtigsten Bereich, die Muttersprache ignorieren! Darauf kommt es mir hier an. Für eine umfassendere Orientierung empfehle ich Kielhöfer (1994) und das dazugehörige Themenheft der *Neusprachlichen Mitteilungen* sowie Meißner (2000) mit dem dazugehörigen Themenheft von *Französisch heute*.

3. Textfundiertes Vokabellernen und phraseologische Arbeit

3.1 Reformen und ihre ungewollten Nebenwirkungen

In seiner „historisch-kritischen Darstellung" der neusprachlichen Reform schrieb Steuerwald (1932, 63): „Bei aller Anerkennung der Verdienste, die sich die Reformer auf dem Gebiet der Wortschatzaneignung erworben haben, sollte man aber die bewußt verstandesmäßige Worterlernung nicht so einfach mit einer überlegenen Geste abtun, wie es seit der Reform zum ‚modernen' pädagogischen Modeschnitt geworden ist. Denn einmal ist der so erworbene Wortschatz gar nicht so schnell vergessen wie es manche ‚Überreformer' hinzustellen belieben, und zum anderen ist die dazu notwendige geistige Konzentration, so unangenehm sie auch im Augenblick von dem Lernenden empfunden wird, eine sehr gute pädagogische Schulung für so manches ‚nervöse', in Wirklichkeit oft nur zerfahrene und sich gehenlassende Gemüt."

Mit Blick auf die siebziger Jahre schreibt Hohmann (1985, 150):

> „Es gibt zweifellos Fremdsprachenunterricht, der nicht in hinreichendem Maße über das formbezogene Üben hinaus zur mitteilungsbezogenen Kommunikation vorstößt. In der Phase des erweiterten Spracherwerbs scheint mir heute indessen eher die entgegengesetzte Gefahr zu überwiegen. Der Unterricht ist dort häufig so ausschließlich mit der Realisierung von Kommunikation befaßt, daß die Erarbeitung, Einübung, Einprägung und Reaktivierung der sie voraussetzenden sprachlichen Mittel darüber vernachlässigt wird ... Der Glaube an ein automatisches Wachsen der Sprachkompetenz durch kommunikative Abläufe als solche, durch Gruppenarbeit, durch Lesen und Besprechen von Texten, durch Hereinreichen von Listen mit Redemitteln ist im schulischen Fremdsprachenunterricht der Aufbaustufe mit drei oder vier Wochenstunden ein naiver Wunderglaube, den der bedauernswerte Schüler später auszubaden hat."

Wem solche subjektiven Einschätzungen nicht genügen, den verweise ich auf die große empirische Studie von Zydatiß (2002, 283), der die „durchgehende Abwesenheit" von lexikalischen Versatzstücken, idiomatischen Wendungen und Phraseologismen aller Art feststellt. Da sei in der Wortschatzvermittlung der Sekundarstufe „etwas schief gelaufen".

Wie sich die Bilder gleichen! Die neusprachliche Reform war aufgebrochen, mit einem verstaubten Grammatik-Übersetzungsdrill aufzuräumen und statt dessen eine lebendige, gesprochene Sprache zu lehren. Der kommunikative Neuansatz der siebziger Jahre sollte auf der Grundlage eines vertieften Verständnisses von Kommunikation die Reform weiterführen. Beide Bewegungen haben neuen Schwung in die Schulen gebracht und sichtbare Veränderungen bewirkt. Und doch sind beide Bewegungen nicht frei vom bloß Modischen gewesen. Die Mode bekämpft ja immer das am stärksten, was sie gerade ablöst, und riskiert damit, nach einer Zeit ebenso rigoros von einer Gegenströmung abgelehnt zu werden. So hat die Reform immer wieder Befürworter gefunden, die ohne tiefere Einsicht in die Zusammenhänge des Spracherwerbs die jeweils neuen Ideen vorangetrieben haben. Sie haben den Verschleißprozeß der Richtungen und Ismen weiter beschleunigt, ohne die Wirklichkeit nachhaltig zu verbessern.

Es geht um das Vokabellernen. Die Einwände gegen das Pauken zweisprachiger Wortgleichungen nach dem Vorbild des traditionellen Lateinunterrichts sind bekannt. Schon vor hundertfünfzig Jahren schrieb Thomas Carlyle in seinem autobiographischen Werk *Sartor Resartus*: „Innumerable dead Vocables (no dead Language, for they themselves knew no Language) they crammed into us and called it fostering the growth of mind." Mit Recht wurde das Vokabelheftchen mit seinen Wortgleichungen vom Typ *greet – grüßen; message – Botschaft* als Vokabelfriedhof verworfen.

Offenbar gelang es aber auch einigen Reformern, in ihrem Kampf gegen falsches Vokabellernen das Kind zugleich mit dem Badewasser auszuschütten. Das Vokabellernen wurde ersatzlos gestrichen. Dazu eine Schüleräußerung aus der Gesamtschule, zitiert aus dem *Spiegel* (28.4.1980):

> „Das Niveau ist wie am Gymnasium, vielleicht abgesehen von den Fremdsprachen, wo bei uns in den ersten Jahren ein bißchen was vergurkt wurde. Da war mal so eine Konzeption, die Fremdsprachen zu lernen wie die eigene Muttersprache, also ohne Vokabellernen und so etwas. Wenn man sich da ein Vokabelheft angelegt hat, war das beinah schon ein Verbrechen. Das ist dann revidiert worden, aber da haben wir den Anschluß, glaube ich, nicht mehr ganz geschafft."

Was will man eigentlich gegen die unzähligen, linguistisch verantwortbaren, „sicheren" Vokabelgleichungen wie

freedom of speech	Redefreiheit
under preservation order	unter Denkmalschutz
be at stake	auf dem Spiel stehen

vorbringen? Auf der Ebene der Wortgruppe und bei klischeehaften Ausdrücken finden wir fast immer stimmige, brauchbare Äquivalenzen.

So werden Reformansätze verspielt, indem sich unklare Geister und Ideologen ihrer bemächtigen. Warum muss eine Pädagogik „vom Kinde aus", eine Pädagogik der Freiheit, Kreativität und Solidarität so oft in eine Antipädagogik abdriften, die vom Kind keine Leistung mehr verlangen kann und will! Ist denn Auswendiglernen zwangsläufig mit Einfallslosigkeit, Stumpfsinn und Langeweile identisch? Hüten wir uns, die Diskussion methodischer Probleme zu ideologisieren: „Kommunikation" ist nicht *per se* progressiv und der Auftrag zum regelmäßigen Vokabellernen nicht von vornherein ein Zeichen reaktionärer Pädagogik. So warnt Bollnow in seiner lesenswerten Schrift

Vom Geist des Übens (1978,15): „Wo man nur auf den schöpferischen Ausdruck bedacht ist, entsteht sehr bald die Gefahr der Nachlässigkeit. Der Ausdruck bleibt ungeformt, und die anfängliche kindliche Produktivität zerflattert in einem undisziplinierten Dilettantismus. Das Ergebnis bleibt im Ungenauen und Ungefähren, solange der strenge Maßstab einer genauen Formung vernachlässigt wird. Am Ende steht wieder ein tiefes Unbefriedigtsein infolge eines mangelnden Könnens. Dieses Können aber ist nur durch strenge Übung zu erreichen." Peter Bichsel (1985,15) erinnert sich: „Ich habe das Lernen, auf das ich mich so freute, nicht bemerkt, weil man glaubte, mich mit Spielchen, Blechförmchen, mit Äpfelchen und Birnchen zum Lernen verführen zu müssen. Ich übertreibe, wenn ich sage, ich war beleidigt, daß man mir meine Lernwilligkeit nicht glaubte." Bichsel mag diese Kindheitserinnerungen durch die Brille des späteren Lehrers sehen. Dennoch gibt es keinen Zweifel daran, daß ausgeprägtes Auswendiglernen ohne spielerische Verbrämung sinnvoll ist und den Schülern auch schmackhaft gemacht werden kann. Was die Memorierarbeit angeht, können wir auf eine lange Tradition zurückblicken, die wir nicht unbesehen als überholt abtun dürfen. So erinnert Meißner (2000, 14) an die Lehrsätze der Quintilian'schen *ars memoriae*, die auch heute noch beachtenswert sind.

Blicken wir deshalb auch einmal auf den Lateinunterricht, der diese Tradition noch kennt. Hartmut von Hentig (1966, 343), der seine pädagogische Laufbahn als Lateinlehrer begann, will dem notwendigen Memorieren eine sportliche Note abgewinnen:

> „Lernsport: Pauken, so haben wir das früher schon gesagt, ist didaktisch gefährlich, solange der einzupaukende Gegenstand nicht für sich verstanden ist; es ist lästig, solange es unsportlich und ausschließlich getrieben wird. Das Pauken soll auf eine methodische Weise die fehlende Übung bei großer Klassenfrequenz und geringer Stundenzahl ersetzen. Daß es tatsächlich an dieser Übung fehlt, entnimmt man u.a. daraus, daß die Kenntnisse nach 5 Jahren schlechter sind als nach 2 Jahren. Ein Hauptmerkmal des Formensportes ist, daß er regelmäßig knapp und intensiv vorgenommen wird. Sein Hauptmittel ist das Tempo. Sein Klima: unärgerliche, unpathetische Sachlichkeit, es fällt kein überflüssiges Wort ..."

Lernsport, gewiss, aber auch meditative Praktiken wie in der Suggestopädie üblich (z.B. sog. Fantasiereisen) sind am Platz.

Wenn man sich nicht ausreichend mit der Fremdsprache beschäftigt, kann sie nicht einwurzeln. Der Unterricht treibt dann nur öde Sandbänke hervor, auf denen nichts wächst, weil sie immer wieder von den Wellen der Muttersprache überspült werden. Eine ideale Kombination wäre demnach ein Unterricht, der sich auf die Vermittlung neuer Sprache im Kontext konzentriert und darüber hinaus für viel Anwendungserfahrung, sprich Kommunikation, sorgt, verbunden mit einem regelmäßigen, intensiven Einprägen bereits angeübter Wörter und Wendungen in häuslicher Nacharbeit. Gerade wer im Unterricht das Miteinander der Schüler im Sinne eines modernen kommunikativen Ansatzes ausnützt, sollte auf konsolidierende häusliche Memorierarbeit nicht verzichten.

3.2 Das Vokabelverzeichnis

Bedenkenswert ist, wenn auch nicht zum Nachahmen geeignet, was Ernst Robert Curtius mit seinen Studenten machte. Rudolf Walter Leonhardt berichtet darüber in der ZEIT (8.4.83): „Da saßen wir dann mit roten Ohren in seinem Seminar und hofften alles zu erfahren über den ‚Französischen Geist im zwanzigsten Jahrhundert'. Statt dessen verschwendete der Meister kostbare Zeit damit, uns hundert französische Vokabeln zu diktieren. Wir waren ärgerlich und enttäuscht. Aber allmählich kapierten wir. Curtius hatte gemerkt, daß er es mit einer Generation zu tun hatte, die die primitivsten Grundkenntnisse entweder in der Schule nie vermittelt bekommen oder in sechs Jahren Krieg vergessen hatte. Die primitivsten Grundkenntnisse, das sind bei einer Fremdsprache nun einmal die Vokabeln. Sie fliegen einem auch auf der Reise durch die Provence nicht zu. Man muß sie pauken."

Wir schlagen zwei von Hohmann erprobte Arbeitsweisen vor, in denen sich die Schüler die durch die kommunikativen Abläufe im Unterricht angeübten Sprachmittel in häuslicher Stillarbeit einprägen. Zunächst arbeitet der Schüler mit dem heute üblichen dreispaltigen Vokabelverzeichnis seines Lehrwerks (z.B. Password Green, Klett-Verlag). Dabei soll er zuerst ohne Abdeckung einer Spalte die Sätze in der Mitte halblaut vor sich hinlesen und mit den neuen Wörtern vervollständigen. Dabei kann er bei Bedarf auf die linke oder auf die rechte Spalte mit den Übersetzungen schauen. Bei den nächsten Durchgängen deckt er erst die linke, dann die rechte ab. Kann er die Sätze flüssig vervollständigen, ohne die linke oder rechte Spalte zu Hilfe zu nehmen, hat er seine Vokabeln gelernt. Der Lehrer sollte das Gelernte im allgemeinen schriftlich überprüfen. Er liest die Sätze der Mittelspalte vor, wobei er die Lücke durch die Anweisung *complete* oder durch ein Kunstwort wie *woggle* ersetzt. Das Kunstwort hat den Vorteil, dass es dem jeweiligen Kontext grammatisch angepasst werden kann: *woggles, woggly, woggled, woggling* (nach Hohmann 1986).

3.3 Wortverbindungen

Für die gymnasiale Mittelstufe empfiehlt Hohmann die Anlage eines sprachlichen Sammelhefts im DIN A5 Format, mit dem zweiseitig gearbeitet wird. „Nach der Behandlung eines Textes/Textabschnitts diktiert der Lehrer die deutsche Übersetzung einiger (ggf. gekürzter) Sätze des Textes, die vielseitig verwendbare Wörter, Wendungen oder Konstruktionen enthalten. Die Schüler tragen sie fortlaufend numeriert auf die rechte Seite ihrer Hefte ein, suchen jeweils die fremdsprachliche Satzentsprechung im Text heraus, lesen sie vor, markieren und beziffern sie mit Bleistift im Text (und stellen fremdsprachliche und deutsche Version kurz gegenüber, um sich der Besonderheiten bewußt zu werden). Zu Hause werden die fremdsprachlichen Sätze gegenüber den deutschen Entsprechungen auf die linke Seite eingetragen und gelernt." (Hohmann 1986, 179).

Warum wechselt Hohmann in der Mittelstufe die Arbeitsform? Die Mittelstufenbände enthalten zunehmend authentische Texte, die Vokabelverzeichnisse schwellen an und führen auch weniger lernenswerte Wörter auf. Das Lernen nach dem Vokabelverzeichnis wird also unökonomischer. Hohmanns Beispiele sind viel stärker auf die typische Einbindung von Wörtern und Strukturen in Kontext, auf von der Muttersprache abweichende kollokative Verbindungen und präpositionale Anschlüsse angelegt. Tatsächlich handelt es sich um eine *lexico-grammar*, die hier eingeprägt wird.

Beispiel:
Im Text steht der Satz: „Parents should take an interest in what their teenage children are doing". Dem Lehrer kommt es auf die Wendung *take an interest in* an.

- Der Lehrer gibt die deutsche Entsprechung oder den fremdsprachlichen Satzanfang vor.
- Variation. Der Lehrer nennt die Lerneinheit und lässt den beizubehaltenden Satzkern unterstreichen. Die Schüler versuchen den Satz an möglichst vielen Stellen abzuwandeln. Daraus wird

dann etwa:"The police soon began to take an interest in how the squatters were earning their living."

- Aktualisierung/Individualisierung. Die Schüler sollen geeignete Satzeinheiten in auf sie zutreffende persönliche Äußerungen umwandeln. Daraus wird dann etwa: „I don't take an interest in what our neighbours are doing".

So wird nicht nur memoriert, sondern auch transferiert. Die Ähnlichkeit mit halbkommunikativen Strukturübungen (Kap. XI) ist unverkennbar. Übrigens empfahl Adenauers Chefdolmetscher Paul Schmidt ein ähnliches Vorgehen, wobei allerdings der Zettelkasten eingesetzt wird: „Früher wurden dem Lernenden ganze Vokabelreihen – leider meistens keine Wortgruppen – in Lektionen vorgesetzt, die er auswendig lernen mußte. Heute sucht er sich selbst aus Texten, die ihn sachlich interessieren, die fremdsprachigen Formulierungen heraus, die den ihm wohlbekannten Wendungen im Deutschen entsprechen. Er schreibt die fremdsprachige Originalformulierung auf die eine Seite eines Zettels ... und vermerkt auf der Rückseite das deutsche Gegenstück." (Schmidt 1954,110f.). Er betont, dass ganze Wortgruppen und Formulierungen auf einmal einzuprägen sind und gibt als Beispiele:

- Bitte, verbinden Sie mich mit dem Büro von Mr. Brown.
  Would you be kind enough to put me through to Mr. Brown's office.
- Bleiben sie bitte am Apparat. Ne quittez pas, monsieur.

Genau diese mehr oder weniger festen Wortverbindungen kommen immer noch zu kurz. Richtig sprechen und schreiben aber steht und fällt mit der Kenntnis der Wortverbindungen, jener „Halbfertigprodukte der Sprache, welche der Sprecher nicht kreativ zusammensetzt, sondern als Ganzes aus der Erinnerung holt und der Hörer als bekannt empfindet" (Hausmann 1984, 398). Wir konstruieren unsere Rede eben nicht nur aus Einzelwörtern, sondern rufen oft mehr oder weniger lange Wortgruppen als Ganzes ab. Solche Wortverbindungen sind ein Ergebnis der in Kap. V erwähnten Verschmelzung, des *chunking*. Das sind neben den bekannten idiomatischen Redensarten *lexical phrases* aller Art, pragmatische Floskeln, typische Satzanfänge, Funktionsverbgefüge, Kollokationen. „Language consists of grammaticalised lexis, not lexicalised grammar" (Lewis 1993, VI) Hier zeigt sich einmal mehr, dass eine Sprache keine übersichtliche Parklandschaft ist, sondern eher eine

Wildnis mit ungeheurem Artenreichtum. Mit der Kenntnis von Wörtern und grammatischen Regeln ist es noch nicht getan. Es gibt diesen Zwischenbereich der Wortverbindungen, des Sprechüblichen (*usage*), des „So-sagt-man's-eben“, wo es immer auf den Kontext ankommt. „Ittliche Sprag hatt ihren eigen Art“, heißt es bei Martin Luther, und in diesem Zwischenbereich kommt sie besonders zur Geltung und macht uns das Leben schwer. *“Did you have a good travel“? ist unüblich, statt „travel“ muss es „trip“ oder „journey“ heißen. Oder man muss unterscheiden:

This is life.	So ist eben das Leben.
This is the life.	So lässt sich's leben.

Leuchtet es nicht ein, dass auch hier wieder die Muttersprache zur Stelle sein darf, um den kommunikativen Wert eines solchen Ausdrucks richtig zu erfassen? Man muss solche Gebräuche durch vielfachen Umgang mit Texten aufsaugen und ein Sprachgefühl entwickeln, dabei auch sprachbezogene Kollokationsarbeit am Text leisten. „Hier kommt es darauf an, in der täglichen praktischen Arbeit alle im Text vorkommenden Kollokationen auch als solche bewußt zu machen und durch eine äquivalente deutsche Kollokation wiederzugeben“ (Hausmann 1984, 406). Hausmann hat eine differenzierte Methodik der Kollokationsarbeit für das Französische entworfen, die ohne weiteres auf andere Fremdsprachen übertragbar ist.

Schließlich empfiehlt sich noch themenbezogenes Memorieren mit dem nach Sachgruppen geordneten Lernwörterbuch wie etwa Lübkes *Emploi des mots* – allerdings nur dann, wenn das Thema/der Sachbereich durch einen Text vorbereitet ist und dieser Text auch gründlich diskutiert wird. Solche Lernwörterbücher haben im Fremdsprachenunterricht eine lange Tradition, erweisen sie sich doch bei jedem Auslandsaufenthalt als besonders nützlich: etwa wenn man in die Apotheke muss, die sanitären Anlagen in der Ferienvilla nicht funktionieren oder der Wagen eine Panne hat und wir mit der Werkstatt verhandeln müssen. Für mich sind deshalb solche Sammlungen weniger zum systematischen Lernen da, als zum Nachschlagen: bei der Vorbereitung auf ein Thema oder auf eine bestimmte Gesprächssituation. Die wesentlichen, einen Lebensbereich erschließenden Ausdrücke hat man auf einen Blick. Beispiel aus Lübke (1984,35):

Pharmacie –	Apotheke	(→ 173 Geschäft)
la pharmacie	die Apotheke	cette ~ est ouverte le dimanche
le pharmacien	der Apotheker	le ~ vend des médicaments/ le ~ de service
une ordonnance	ein Rezept	écrire une ~/un médicament délivré seulement sur ~
ordonner	verordnen	~ un médicament
le médicament	das Medikament	prendre un ~ avant le repas/ un ~ efficace (wirksam)
le comprimé	die Tablette	prendre un ~ avec une gorgée d'eau
le cachet	die Pille	avaler un ~
la pommade	die Salbe	frotter la peau avec de la ~

Lernwörterbücher zeichnen sich durch einen sorgfältig ausgewählten Wortschatz, eine Gliederung in sinnvolle Sachgruppen, gut memorierbare Wortgleichungen nebst Anwendungsbeispielen und Kollokationen aus.

3.4 Prinzipien der Wortschatzarbeit: Zusammenfassung

1. Nicht kleckern, klotzen! Je größer der Wortschatz, desto mehr Welthaltigkeit, desto intensivere, persönlich bedeutsame Kommunikation.

2. Der Text ist und bleibt Artikulationsmodell und Artikulationsanlass. Systematische Wortschatzinventuren und Ordnungsversuche nur im Anschluss an Texte, und nicht ausufern lassen! Stattdessen wieder einen neuen Text durcharbeiten, in dem wir uns nur mittelbar mit Wörtern und Wortverbindungen, aber unmittelbar mit Ideen, Themen und Gehalten auseinandersetzen und daraus unsere Ordnungsgesichtspunkte gewinnen. Textarbeit hat einen doppelten Fokus: primär inhaltsbezogen, aber auch sprachbezogen.

3. Die Einzelwortperspektive ergänzen durch stärkere Beachtung der Phraseologie, der Lexiko-Grammatik.

Fremdsprachenunterricht ist keine bilinguale Vokabeldressur. Aber neben der textfundierten anspruchsvollen Spracharbeit im Unterricht sind das häusliche Einprägen von Wörtern und Wendungen, die bewusste individuelle Lernarbeit, die konzentrative Anspannung des Gedächtnisses in Anbetracht knapp bemessener Unterrichtszeit unverzichtbar. „Remembering will always remain hard work" sagt ein Experte (Rose 1993, 325). Wer seinen Schülern keine systematische Lernarbeit mehr zutraut, hat sich als Fremdsprachenlehrer selbst aufgegeben. Wir haben gesehen, dass auch natürlicher Zweitspracherwerb Kraft kostet und Anstrengungen abfordert. Um so mehr gilt dies für den Unterricht, da wir nicht darauf bauen können, dass in der zur Verfügung stehenden Sprechzeit sich die Wörter wie von selbst festigen. Häusliche Memorierarbeit muss die eher unbewusste Assimilation neuer Wörter und Wendungen bei ihrer kommunikativen Verwendung im Unterricht stützen. Dort verwandelt sich sicher eingeprägtes Wissen in natürliche Sprechtätigkeit.

XIV. Übersetzen: Sprache als Denk- und Ausdrucksmittel

„... da unter allem Lesen das Übersetzen das aufmerksamste ist, sowie das scharf- und feinsichtigste ...“
Jean Paul, *Selberlebensbeschreibung*

1. Vom kulturellen Rang des Übersetzens

Im Folgenden geht es um das Herübersetzen von Texten, das Überführen eines vorliegenden fremdsprachlichen Textes in die Eigensprache. Keiner anderen Tätigkeit verdankt die abendländische Kultur mehr als dieser Übersetzungsarbeit. Die wenigsten von uns kommen über die Beherrschung von zwei Fremdsprachen hinaus, und wenn wir wissen wollen, was der Rest der Welt denkt, so sind wir allemal auf Übersetzungen angewiesen. „Denn, was man auch von der Unzulänglichkeit des Übersetzens sagen mag, so ist und bleibt es doch eins der wichtigsten und würdigsten Geschäfte in dem allgemeinen Weltwesen,“ schrieb Goethe an Carlyle, der seinen *Wilhelm Meister* übersetzte und den er wiederum dem deutschen Publikum vorstellte (zit. bei Koller 1983, 49).

Das christliche Abendland beginnt damit, dass vier Evangelisten die aramäischen Geschichten von Jesus und seinen Jüngern ins Griechische übertragen. Die Ausbreitung des Christentums über die ganze Welt lässt sich an der nicht abreißenden Folge der Übersetzungen in die einzelnen Volks- und Stammessprachen ablesen.

Die Übersetzungen aber verbreiten nicht nur einen Glauben und schaffen eine Weltreligion; sie entwickeln dabei auch die Sprachen selbst, in die übersetzt wird. Auch die deutsche Sprache entwickelte sich durch Übersetzung; „Latein erzeugt Deutsch“, schreibt Wandruszka (1979a, 116) und fährt fort: „Die deutsche Sprache ist aus germanischen Dialekten, aus den Stammessprachen der Franken, der Baiern, der Alemannen hervorgegangen. Einen gemeinsamen Überbau dazu schufen, von der karolingischen Renaissance bis zu den sächsischen und fränkischen Kaisern, die Übersetzer sakraler und profaner lateinischer Texte. Glossare, Interlinearversionen, lateinisch-deutsche Mischprosa, Paraphrasen geben uns einen guten Einblick in das Werden dieser Sprache. Das Erstaunliche, das Bewundernswerte daran ist: Dieses Deutsch steht den Übersetzern nicht bereits zur Verfügung, es muß durch Übersetzen überhaupt erst geschaffen werden."

Noch Jahrhunderte später empfindet Schleiermacher (1813, 69) die große Kraft, die der deutschen Sprache durch Übersetzen zuwächst: „Wie vielleicht erst durch vielfältiges Hineinverpflanzen fremder Gewächse unser Boden selbst reicher urd fruchtbarer geworden ist, und unser Klima anmuthiger und milder: so fühlen wir auch, daß unsere Sprache, weil wir sie der nordischen Trägheit wegen weniger selbst bewegen, nur durch die vielseitigste Berührung mit dem fremden recht frisch gedeihen und ihre eigne Kräft vollkommen entwikkeln kann." Wenn es Zweifel gibt, ob man das Deutsche heute noch als Weltsprache bezeichnen darf, so hält es doch noch einen stolzen Rekord: Es ist die Sprache, in die am meisten übersetzt wird. Nach dem *Index translationum* der Unesco werden pro Jahr rund 9000 Bücher ins Deutsche übersetzt, gut die Hälfte davon aus dem Englischen. Wenn es eine einzige spezifische kulturschaffende Tätigkeit vor allen anderen gäbe, so müsste es das Übersetzen sein. Unsere Kultur ist eine Übersetzungskultur.

2. Übersetzen als selbständiges Lehrziel

Übersetzen als ein Vermitteln zwischen den Kulturen ist eine zweifache Bewegung: der Versuch, eine fremde geistige Welt zu verstehen, und das Fruchtbarmachen des Fremden im Eigenen. Übersetzen ist damit geistige Aneignung *par excellence*. Sein hoher Rang im kulturellen Leben müsste genügen, um ihm einen Platz in der Schule zu sichern. Da immer zwei Sprachen beteiligt sind, müsste das Übersetzen auch in mindestens zwei Fächern verankert sein: Es ist sowohl Sache des Muttersprachen- wie des Fremdsprachenunterrichts. Was immer sonst noch beim Übersetzen mitgeübt und ausgebildet wird, die Ausbildung einer bescheidenen Übersetzungsfähigkeit müsste ein eigenständiges Lehrziel sein.

Die Wirklichkeit in den Schulen heute sieht anders aus. „Es ist verwunderlich, dass die Übersetzung von Texten aus einer fremden Sprache in das Deutsche im Deutschunterricht heute so gut wie überhaupt nicht genutzt wird" stellen König/Ludwig (1983, 16) fest. Stattdessen bietet der Deutschunterricht dem Schüler heute mehr denn je fremdsprachige Literatur in Form fertiger Übersetzungen an. Dazu wird in fast allen Lehrplänen der Bundesländer der Übersetzungsvergleich als Arbeitsform gefordert. Doch vor dem Übersetzen selbst besteht eine merkwürdige Scheu.

Im Fremdsprachenunterricht aber wirken die früheren Exzesse der Grammatik-Übersetzungs-Methode noch nach. Es ist die Furcht, wieder in einen Unterrichtsbetrieb zu verfallen, in dem das Erlernen einer fremden Sprache mit Grammatikarbeit und Übersetzen gleichgesetzt wurde. Mit Recht wünscht sich niemand eine Neuauflage dieser Praktiken. „Ich denke noch mit Entsetzen daran, daß ich aus der Chrestomathie des Professors die Anrede des Kaiphas an den Sanhedrin aus den Hexametern der Klopstockschen Messiade in französische Alexandriner übersetzen sollte! Es war ein Raffinement von Grausamkeit ... und ich war nahe daran, ein Franzosenfresser zu werden. Ich hätte für Frankreich sterben können, aber französische Verse machen – nimmermehr!" schrieb – Heine in seinen Memoiren (1854/5). Aber hier handelt es sich um die Hinübersetzung (und dazu um ein extremes Beispiel), und nur auf sie gemünzt war der berühmte Satz Viëtors von der Übersetzung als einer „Kunst, die die Schule nichts angeht". Interessant, dass sich Viëtor selbst schon gezwungen sah, der 1. Auflage seiner Schrift später folgende Anmerkung hinzuzufügen: „Man wolle beachten, daß ich hier vom Übersetzen in fremde Sprachen rede ... Den Wert einer guten Übersetzung in die Muttersprache leugne ich deshalb nicht. Das Verständnis des fremden Textes aber muß ihr vorausgehen; sie bildet eine Kunstübung in einer Sprache, die man beherrscht" (Viëtor 1905, 49).

Dennoch hat man inzwischen das Kind mit dem Bade ausgeschüttet: Auch die Herübersetzung verschwand als reguläre Arbeitsform aus dem Blickfeld der Schule. Wo zwei oder mehr Fächer sich die Verantwortung teilen, fühlt sich oft keins wirklich verantwortlich. In den Englisch-Richtlinien von NRW für die Sekundarstufe 2 Gymnasium/Gesamtschule (1999) kommt allenthalben das Stichwort „interkulturell" vor, vom Übersetzen ist nicht die Rede. Ein Witz. Auch im englischdidaktischen Überblick von Weskamp (2001) fehlt das Übersetzen.

3. Übersetzen im Rahmen einer kommunikativen Didaktik

Zu Viëtors Zeiten kristallisierte sich die Auseinandersetzung in den Stichworten „Bildung" versus „Fertigkeit". Die Traditionalisten sprachen verächtlich von Parliermethoden, von Bonnen- oder Oberkellnerfranzösisch, und sie warfen den Neuerern bloßen Utilitarismus vor. Diese konterten mit dem Vorwurf des reinen Formalismus. In unserem heutigen Plädoyer für das Herübersetzen steckt keine Feindseligkeit gegen die kommunikative Didaktik der letzten Jahrzehnte. Im Gegenteil: Übersetzen, Sprachmitteln und Dolmetschen sind ja ausgeprägte kommunikative Tätigkeiten. Ob und wieviel Platz wir ihnen im Unterricht einräumen, hängt davon ab, welche Prioritäten wir setzen und was unter den üblichen Bedingungen noch machbar ist.

Vietors berühmte Schrift erschien als Beitrag zur „Überbürdungsfrage". Übersetzen ist ein schwieriges Geschäft, das höchste Anforderungen stellen kann. Das gilt es zu bedenken. Letztlich ist aber das Moment des Überforderns (wie auch des Unterforderns) in jedem Fach jederzeit zu beachten. Das Übersetzen ist nicht prinzipiell zu schwierig, es gibt hier wie anderswo viele Schwierigkeitsstufen. Deshalb schließen wir auch nicht von vornherein die literarische Übersetzung aus. Wenn etwa die Deutsch-Richtlinien für die Oberstufe „Freiräume für die kreative Entfaltung" fordern, so ist zu möglichen Formen schülereigener Gestaltungsversuche auch die literarische Übersetzung, die Nachdichtung oder Umdichtung zu zählen. So mag die Übersetzung sogar als Übersetzungs*kunst* die Schule angehen – wenn auch nur am Rande oder als Sonderaufgabe für begabte Schüler.

Mitunter ist das Übersetzen mit den falschen Gründen verteidigt worden, etwa mit der Behauptung, man habe einen Text erst dann richtig verstanden, wenn man ihn auch übersetzen könne. Viele bewegen sich jedoch in einer Fremdsprache sehr frei und verstehen voll und ganz, ohne das Verstandene immer gleich übersetzen zu können.

Manche Bilinguale übersetzen schlecht und ungern, wenn sie in zwei Sprachmilieus leben, die sich wenig überschneiden. Man kann also zwei Sprachen fließend sprechen und trotzdem ein miserabler Übersetzer sein. Wahrscheinlich ist dies die Grunderfahrung, die zu der Auffassung geführt hat, Übersetzen habe mit dem Spracherwerb nichts zu tun. Diese Auffassung, so schief sie ist, hängt somit mit der richtigen Erkenntnis zusammen, dass das Übersetzen eine eigenständige Fertigkeit ist, die als solche zu üben und auszubilden ist. Der Bilinguale, der nicht übersetzt, weil er nicht zu übersetzen braucht, kann es auch nicht gut – könnte es aber leicht erlernen.

Man lernt eben in erster Linie genau das, was man übt und tut (Kap. V,4). Wer Vokabeln paukt, lernt eben Vokabeln, nicht aber, sich in einer Fremdsprache zu unterhalten. Und wer in einer Fremdsprache Gespräche führt, beherrscht damit noch nicht das Übersetzen und Dolmetschen. Allerdings – auch das ist trivial – werden verwandte Fertigkeiten stets mitgeübt.

Dennoch gib es keine bessere Verständniskontrolle (Fremd- oder Eigenkontrolle) als das Übersetzen in die Muttersprache. Übersetzen als eine Weise der Auslegung und Aneignung eines Textes ist unverzichtbar. Bleibt die Frage, wieviel davon in der Schule erreichbar und wünschenswert ist. Noch fehlt es allerdings an einer breiten praktischen Erprobung und wissenschaftlichen Auswertung. Auf einer solchen Erfahrungsgrundlage, die sich nicht auf die gymnasiale Oberstufe beschränkt, sondern die Hauptschule ab Klasse 5 bewusst einschließt, wird man die didaktischen Möglichkeiten genauer einschätzen können.

4. Methodik des Übersetzens

Weller (1981b und c) hat einen recht vollständigen Überblick über Formen und Funktionen des Übersetzens am Beispiel des Französischen gegeben. Diese Arbeit soll hier nicht wiederholt werden. Stattdessen greife ich einige Aspekte praktischer Übersetzungsarbeit auf, die bisher weniger Beachtung gefunden haben.

Konkrete empirische Untersuchungen über Verläufe und Ergebnisse von Übersetzungsübungen in der Schule bleiben weiterhin ein Desiderat. Einen vielversprechenden Anfang – allerdings im Hochschulbereich – hat Krings (1986) gemacht. Er stellte fortgeschrittenen Französischstudenten eine Übersetzungsaufgabe und bat sie, während der Niederschrift laut mitzudenken. So erhielt er gleich zwei Datenmengen: die Niederschrift mit all den Fehlern, Streichungen, Neuanfängen usw. und die auf Tonträger aufgezeichneten Protokolle dessen, was die Studenten von ihrer Denkarbeit verbalisierten. So konnte festgehalten werden, was, wann und mit welchem Ergebnis in ein- oder zweisprachigen Wörterbüchern nachgeschlagen wurde, wie manche Verstehenskurzschlüsse entstehen, ob der eine ganz unterschiedliche Übersetzungsstrategien als der andere anwendet usw. Kein Zweifel, dass ein Durchleuchten dessen, was in den Köpfen von Schülern – und zwar – nicht nur beim Übersetzen – vorgeht, wertvolle Hinweise für didaktisch-methodische Fragen liefern muss. Aufschlüsse sind aber auch schon von der Analyse der Übersetzungsprodukte zu gewinnen. So stellte Krings fest, dass seine Studenten, obwohl hochkompetente Muttersprachler, ein schlechthin miserables Deutsch schrieben, weil sie zu eng am französischen Original klebten – ein Befund, den ich aus gelegentlichen Übersetzungsversuchen in Hochschulseminaren nur bestätigen kann. Wo das Herübersetzen nicht regelmäßig geübt wird, gelingt es auch nicht.

Hier wollen wir einhaken: Das Herübersetzen kann schon von Anfang an gelingen, wenn wir es methodisch an die oben geschilderte bilinguale Semantisierung anschließen. Hier gibt der Lehrer Mitteilungsäquivalente (wobei ihn die Schüler gelegentlich unterstützen), die das Original optimal in den Sprach- und Verständnishorizont des Schülers übertragen, so wie es der Virgil-Übersetzer Dryden in einer berühmten Stelle formuliert hat: „I have endeavoured to make Virgil speak such English as he would himself have spoken, if he had been born in England, and in this present age“ (zit. bei Steiner 1975, 256). Von hier aus ist es nur ein kleiner Schritt, die Schüler in Partner- oder Einzelarbeit aufzufordern, einen Originaltext selbständig zu übersetzen.

Damit dies gelingt, sind zwei Punkte zu beachten. Erstens darf es keinen nackten Übersetzungsauftrag geben. Der Schüler soll wissen, wozu und für wen er übersetzt. Wir beginnen mit dem pragmatischen Übersetzen, das auch in den verschiedensten Berufen hier und da anfällt. Ganz selbstverständlich erwartet man ja von jedem Sprachkundigen, dass er im Notfall in der Lage ist, für jemanden, der diese Sprache nicht spricht, zu übersetzen und zu dolmetschen. In anderen Worten: Funktion oder Zweck der Übersetzung muss klar sein. Etwa so: „Übersetzt den Cartoon, Bildwitz usw. so, dass er in einer Tageszeitung veröffentlicht werden könnte.“ Oder so: „Es geht darum, diese Szene so zu übersetzen, dass wir sie auf einem Elternabend aufführen könnten.“: Den Schülern ist klar, dass damit alles zu vermeiden ist, was in deutschen Ohren einfach nicht klingt. Das holprige Deutsch mancher Übersetzungsklausuren bedeutet ja nicht immer stilistisches Unvermögen der Übersetzer, sondern rührt oft von einem unklaren Übersetzungsauftrag her. Der Kandidat neigt zur Vorsicht, fragt sich, ob ihm der Prüfer eine freie Übersetzung durchgehen lässt, und entscheidet sich meist für eine wörtliche, schwerfällige Variante. Es gilt also, das Interesse an der Übersetzung so scharf wie möglich zu definieren, sei es nun ein bestimmtes pragmatisches oder auch ästhetisches. Dabei wird von Schleiermachers zwei Arten des Übersetzens für die Schüler immer nur die eine in Betracht kommen, die das Original zum Leser herübernötigt, aus einem fremden einen deutschen Text macht, ja das Original gewissermaßen ersetzt.

Zweitens ist die Art der Texte zu bedenken. Wir verwenden *anfangs* nur Textsorten, die mehr oder weniger der Alltagsmundart der Schüler entsprechen; in denen sie schon ein gewisses Stilgefühl ausgebildet haben, mit einem Wort: in denen sie sprachhandlungsfähig sind. Auch hier gilt das pädagogische Grundprinzip der optimalen Passung: Es sind Aufgaben zu stellen, die den Schüler fordern, d.h. nur leicht über das hinausgehen, was er schon beherrscht, Texte etwa, bei denen eine kleine Schwierigkeit, eine Pointe, zu überwinden ist, die thematisch interessieren. Oder es gibt praktische Gründe fürs Übersetzen, etwa wenn wir ein Kochrezept für jemanden übersetzen, der es ausprobieren will.

5. Übersetzerwerkstatt

Das Herübersetzen erfolgt am besten in der Gruppe. Diese Gemeinsamkeit ist ein großer Gewinn, da dem einen immer wieder Formulierungen einfallen, auf die der andere nie gekommen wäre. Mehrere Kleingruppen arbeiten gleichzeitig am selben Text. Dann werden die verschiedenen Fassungen vorgetragen und eine Endfassung hergestellt.

Damit machen wir es ähnlich dem Übersetzerverband in seinen Esslinger Gesprächen (Braem 1979). Hier wird ein Text ausgewählt, den einige Teilnehmer schon vor dem Seminar unabhängig voneinander übersetzen. Im Seminar wird der Text mit seinen deutschen Varianten Punkt für Punkt besprochen und eine Endfassung hergestellt. Die Seminarprotokolle sind äußerst lehrreich, vermitteln sie uns doch einen Eindruck von der skrupulösen Detailarbeit des Übersetzens, von der Vielfalt der Möglichkeiten selbst bei einfachen

Sätzchen, von der Tiefe des Verstehens, die eine gute Übersetzung erreicht. Es lohnt sich darum, selbst ein dreißigseitiges Seminarprotokoll einer Schulklasse vorzulegen und ihr damit einen Einblick in eine echte Übersetzerwerkstatt zu verschaffen. Wir zitieren hier nur den Übersetzungskommentar zum Titel des Hörspiels von Henry Livings *The day Dumbfounded got his pylon*, um das Verfahren zu verdeutlichen:

The day Dumbfounded got his pylon

c) Der Tag, an dem Herr Sprachlos seinen Hochspannungsmast bekam
d) Der Tag, an dem der Sprachlose seine Sprache wiederfand
e) Wie Herr Baff seinen Hochspannungsmast bekam

Schon die deutsche Wiedergabe des Hörspiel-Titels weist auf zwei Schwierigkeiten hin, die beim Übersetzen der Dialoge dann immer aufs neue bedacht werden mussten; dass der englische Text grammatische Konstruktionen enthält (the day – der Tag, an dem), die unter Umständen gar nicht übersetzt werden müssen, und dass er mit wesentlich weniger Sprechsilben auskommt als seine deutsche Übersetzung – sofern diese versucht, alle Inhaltselemente exakt wiederzugeben.

Wie Baff zu seinem Mast kam
(Braem 1979, 16)

Die letzte Zeile zeigt die gewählte Endfassung. Auf diese Weise betreiben professionelle Übersetzer auf ihren Kongressen ein gemeinsames Übersetzungstraining. Vergleichbare Dokumente aus der Schule stehen m.W. noch aus. Eigene Unterrichtsversuche haben mir gezeigt, wieviel Gesprächsstoff das Übersetzen kurzer Passagen liefern kann, wenn verschiedene Versionen gewertet, verworfen oder akzeptiert werden. Wird dieses Gespräch in der Fremdsprache geführt, passt diese Arbeitsform bestens in eine kommunikative Didaktik. Zudem bestärken Krings' Untersuchungen aus dem Hochschulbereich den Eindruck, wie dringend notwendig das Übersetzen schon für die Schule wäre, um einmal die Ausdrucksfähigkeit in der Muttersprache zu verfeinern, sich bei der gemeinsamen Arbeit Neuland in der eigenen Sprache zu erobern, zum andern um Personen und Verhaltensweisen, Ideen und Gefühle, wie sie uns in fremdsprachigen Texten begegnen, bis in Nuancen hinein zu erfassen. So haben schon die Lateiner, wie Marrou (1957, 373) in seiner Geschichte der Erziehung im klassischen Altertum schreibt, sich griechische Bildung angeeignet, „um die Beherrschung der eigenen Sprache zu festigen". **Dies ist die Sprach- und Denkschulung, die Fremdsprachenunterricht zu leisten vermöchte** und die für die Bildung unserer Jugend unverzichtbar ist. Schande über die, die sie aus der Schule verbannt haben. Scharfsinn und Einfühlungsgabe bewähren sich an Texten. Eine besonders intensive Aneignungsform von Texten ist das Übersetzen. Wo diese Arbeit an Texten nicht geleistet wird, gleicht das Erlernen einer fremden Sprache dem Anschalten eines Kraftwerks, um eine Klingel zu betätigen.

6. Übersetzerdienst

Man kann auch eine Art „Übersetzerdienst" einrichten, der nach Bedarf tätig wird, etwa wenn ein fremdsprachiger Originaltext anderen Fächern zur Verfügung stehen soll.

Hier ein Beispiel:

> As a teaching aid in our anatomy course, Hamilton had shown us films of prolonged X-rays of the body, showing joint movements, and movements of the digestive tracts, peristalsis, etc. They were unique. Hopefully they still are. For exposure of the body to such prolonged X-rays produces massive X-ray burns and tissue devastation, and an agonizing death unless the human experimenta l animal is promptly put out of its misery. These were Nazi films of experiments done to Jews, purloined by the British at the end of World War II and now being used as teaching material ...
> We went to Professor Hamilton and expostulated with him. ‚We are watching people being burned to death! How can you use this as teaching material?'
> ‚Yes, I know. I agree with you. But it is unique teaching material. If we don't use it now, their deaths will have been in vain.'
> Most of the students agreed with him. There was no ‚movement' to boycott or ban these films.
>
> (Laing 1986, 69).

Sinn der Übersetzung ist, den Text für eine Diskussion innerhalb und außerhalb der Schule verfügbar zu machen; mit solchen Texten aus dem Ausland hier etwa in die deutsche Debatte darüber einzugreifen, ob man nicht endlich einen Schlussstrich ziehen solle.

Ab Mittelstufe empfehlen wir, ab und zu eine internationale Presseschau zusammenzustellen. Anlässe sollten besonders außenpolitische oder auch innenpolitisch strittige Themen sein, bei denen die Meinung des Auslandes besonders interessieren dürfte. Ausgewählte Abschnitte aus ausländischen Zeitungen werden übersetzt und am schwarzen Brett der Schule veröffentlicht. Zusammenarbeit mit sämtlichen an der Schule vertretenen Fremdsprachen ist hier selbstverständlich. Vielleicht gelingt es, eine solche Meinungsschau auch einmal in der Lokalzeitung unterzubringen.

7. Literarische Übersetzung

Wie schon angedeutet, kann man sich auch einmal an einer literarischen Übersetzung versuchen. Das ZEIT-Magazin rief zu einem Übersetzer-Wettbewerb auf. Folgender Vierzeiler von Ogden Nash sollte eingedeutscht werden.

REFLECTIONS ON ICE-BREAKING
Candy
Is dandy
But liquor
Is quicker.

Das Echo war überwältigend. Zweitausend Einsender aus vier Kontinenten lieferten ihre Schnapsideen ab, u.a.:

Mit Konfekt
Kommste weit –
Doch mit Sekt
Sparste Zeit! (Dieter Langel)

Konfekt
Hat Effekt
Doch Muskateller
Wirkt schneller. (Hannelore Ehmer)

Auch eine Schulklasse – WG 13 des Fachgymnasiums Niebüll – beteiligte sich:

Haste Zeit,
Nimm Süßigkeit
Drängt es doll,
Nimm Alkoholl.

Das Bornierteste, was ich über solche Versuche vernommen habe, war die Ansicht, es handle sich um muttersprachliche Stilübungen, die im Fremdsprachenunterricht keinen Platz hätten. Die Lösung kann nur lauten: Absprache und Zusammenarbeit der Fächer.

Normalerweise wird man Prosa übersetzen. Das Bestreben bei solchen gelegentlichen Übersetzungen wird sein, ganz in den Geist des fremden Textes einzudringen und die Lust und Liebe zur Perfektion zu wecken. Die Schüler können erfahren, wie man um den Ausdruck ringen kann, um Genauigkeit, Formschönheit und Eleganz zu erreichen.

Immer wieder geht es um die Doppelaufgabe des Verstehens und Gestaltens. So schlage ich vor, großartige Gedanken aus dem Zitatenschatz fremder Völker oder „Worte der Woche", wie sie die Zeitungen auswählen, durch gelungene Übertragung bekannt zu machen. Von Berichten aus der Schule, die methodische Anregungen geben, seien hier genannt Meyer (1983), der eine Stelle aus Tom Sawyer übersetzen lässt und dazu einen Übersetzungsvergleich anstellt, sowie Menzel (1983), der mit seiner Klasse Gedichte von Shel Silverstein übersetzt.

Schließlich sei noch das Untertiteln und Synchronisieren von Filmen genannt – Großprojekte, die vom Lehrer Spezialkenntnisse verlangen. Im allgemeinen sollten die zu übersetzenden Texte kurz sein. Denn das ernsthafte, verantwortungsvolle Übersetzen, wie wir es hier betreiben wollen, ist eine sehr langsame Art des Umgangs mit Texten. Deshalb sind hier auch Zeitanteile anderer Fächer einzufordern. Die Kritiker der Herübersetzung fragen mit Recht, welchen Zuwachs an Fremdsprachenkenntnissen eine Übertragung ins Deutsche dann noch einbringt, wenn man einen Text schon voll verstanden hat.

8. Schluss

Wir haben eine Lanze für die Herübersetzung gebrochen weil ihr didaktisches Potential heute unterschätzt wird. Selbstverständlich bleiben Textlektüre und Textgespräch die Hauptformen der Textaneignung im Fremdsprachenunterricht.

Unser Kommunikationsbegriff ist umfassend. Er schließt Sprache als Denkmittel ein, denn Denken will sich mitteilen. Kommunikation ist auch mehr als bloße Konversation, mehr als das Geplänkel eines von allem Mitteilenswerten befreiten einsprachigen Anfangsunterrichts. Über die „leisen Verführungen und Verflachungen, in denen das Leben so unermüdlich ist“ (B. v. Heiseler) erhebt sie sich zum Gedankenaustausch empor, in dem Lebensentwürfe sichtbar werden, und lässt uns eine Weltoffenheit gewinnen, die vielfältigste Erfahrung aufnimmt und nichts verloren gibt. Der Weg dazu führt nach wie vor über die Lektüre gehaltvoller Texte, bei der auch das Übersetzen wieder seinen Platz findet. Vergessen wir nicht diese gewollten Nebenwirkungen des Fremdsprachenunterrichts.

Fasst man alle Arbeitsformen zusammen, in denen die Muttersprache in irgendeiner Form mitspielt, so kann man die Bilanz ziehen: **Das wichtigste Hilfsmittel zum Erlernen der Fremdsprache ist zweifellos die Fremdsprache selbst. Aber die Muttersprache ist es, die das Tor zur Fremdsprache weit aufgestoßen hat. Wer sie geschickt mitbenutzt, gibt seinen Schülern unschätzbare Lernhilfen und kann zahllose Stolperstellen entschärfen.**

Epilog: Die Einwurzelung der Fremdsprache durch Kommunikation

Natura enim non imperatur, nisi parendo
(Bacon)

„Der erste Endzweck, den man gewöhnlich bei Erlernung einer lebendigen Sprache hat, ist: diejenigen zu verstehen, welche sie sprechen, und sich mit ihnen unterhalten zu können" (De la Veaux, 1787). Dieses Ziel ist zugleich der Weg. Wir suchen das Gespräch, das Handeln auslöst, steuert, koordiniert, begleitet, später sogar ersetzen kann. Denn die wundersame Begabung zur Sprache, die der Schöpfer in uns gelegt hat, entfaltet sich im Miteinandertun und im Miteinanderreden wie von selbst – vorausgesetzt, dass gemeinsames Handeln und Wollen das alles entscheidende situative und strukturale Verstehen der Sprache erzeugen. Der Natur befiehlt man nicht, es sei denn, man passt sich ihr zugleich an, wusste Bacon.

Die reinste Verwirklichung der kommunikativen Idee und damit der effektivste Sprachunterricht ist mithin die Kombination von Sprachunterricht und bilingualem Sachunterricht. Wo etwa Kunst, Kochen oder Politik ganz oder teilweise in der Fremdsprache unterrichtet werden, da wird die Fremdsprache zum Vehikel für Kenntnisse, Einsichten oder Fertigkeiten nicht-sprachlicher Natur. Sie ist Mittel zum Zweck, nicht mehr Selbstzweck. Wir müssen abkommen vom bloßen Wortunterricht und Situationen schaffen, in denen Sprache als Erkenntnismittel, als Mittel der Konfliktregelung, der handgreiflich-körperlichen Weltbearbeitung usw. erfahren wird.

Alle methodische Kunst ist deshalb darauf zu richten, immer wieder Gelegenheiten für fremdsprachige Kommunikation zu schaffen. Dies geschieht am besten, indem wir immer wieder neue Themen und Texte aufnehmen und besprechen und dafür die vielen Buchübungen beschneiden: mehr Texte, weniger drumherum! Wenn wir die Fremdsprache benutzen, um unsere Welt zu erforschen, Neues zu erfahren, uns zu besinnen, eigene Gedanken zu entwickeln, auf andere einzuwirken, dann lassen wir unsere Sprachintuition mitarbeiten, die – uns unbewusst – Hypothesen ausbildet, verwirft und verfeinert, bis uns die Fügungsweisen der fremden Sprache in Fleisch und Blut übergehen. Grammatik, das Sprachsystem, wird im Kommunizieren mitgelernt. Im Unterricht inszenierte Kommunikation ist der Versuch, die für den natürlichen Spracherwerb charakteristische Teilhabe am Leben einer fremden Sprachgemeinschaft nachzubilden bzw. zu ersetzen. Deshalb ist die von einigen herbeigeredete sog. „postkommunikative" Phase der Fremdsprachendidaktik schlichter Unsinn.

Kommunikatives Explorieren oder exploratives Kommunizieren tragen schon den Lohn in sich, wenn die Schüler verspüren, wie ihr Können wächst und sie allmählich Herr über ein Stück Sprache werden. Ihr Selbstvertrauen wird gestärkt, ein Großteil des Motivationsproblems hat sich erledigt. Sprachbeherrschung ist eine lustbetonte Erfahrung, die der Bestätigung von außen meist nicht mehr bedarf. Schaut doch bloß auf die Anfänge der Kommunikation zwischen Mutter und Kind!

Bisher hat die Schule den Eigenbeitrag des Lernenden, seine sich an der Muttersprache entfaltende, unbewusst wirksame Sprachlernfähigkeit nicht richtig ausgereizt. Dieses Buch zeigt den Weg, sie optimal ins Spiel zu bringen, zugleich aber auch im Sinne einer natürlichen Künstlichkeit unbewusst-ratiomorphe und bewusstrationale Fähigkeiten aufeinander abzustimmen. Es wurde eine neue Form der Grammatikarbeit entwickelt, die sprachliche Regelungen im Vollzug präsentiert (statt sie zu erörtern), das im natürlichen Erwerb so bedeutsam hervortretende Analogiespiel ankurbelt und zur Kommunikation hinführt, statt, wie viele Übungen, von ihr wegzuführen. Diese Buchübungen, so bunt sie auch sind, gehören auf die Müllhalde – weil es bessere gibt und Unterrichtszeit kostbar ist.

In der Grammatik spiegeln sich zugleich Glanz und Elend des Fremdsprachenunterrichts. Elend, wenn halbverstandene Erklärungen weitere nach sich ziehen, die die Denkweisen der Schüler verfehlen, und eine Buchübung nach der anderen ohne praktischen Gewinn absolviert wird; Glanz, wenn es mit einfachen Mitteln gelingt, scheinbar Disparates übersichtlich zu bündeln, Schwieriges durchschaubar zu machen, so gewonnenes Sprachwissen zu Steuerungsimpulsen für spontanen Sprachgebrauch umzufunktionieren und in geschickt gestaffelten Übungen zur Kommunikation hinüberzuleiten. Der Ruf nach Abschaffung der Grammatik wurde als naturmethodischer Trugschluss entlarvt.

Da eine fremde Sprache nur durch die Muttersprache hindurch erworben werden kann, bildet die Muttersprache auch die Orientierungsgrundlage für die Grammatik- und Wortschatzarbeit. In diesen Punkten ist die herkömmliche Praxis einschneidend zu revidieren. Der butterweiche Kompromiss, der bei irgendwelchen Schwierigkeiten, seien sie lexikalischer, grammatischer, kommunikativer, ja disziplinarischer Natur, die Muttersprache „erlaubt", sie im Grunde aber nur als Störfaktor mit gelegentlichen, wenn auch großzügig gewährten Ausnahmen betrachtet, ist nur die halbe Aufklärung. Vielmehr gilt es, sie als unschätzbare Lernhilfe wiederzuentdecken und weiterzuentwickeln. Bei entsprechendem methodischen Raffinement können die Risiken störender Interferenzen kleingehalten und zugleich die Chancen, den Lernweg erheblich zu verkürzen, ausgenutzt werden. Paradoxerweise kann gerade die gezielte Zuhilfenahme der Muttersprache Raum schaffen für mehr fremdsprachige Kommunikation.

So hat dies Buch die jahrtausendalte Dreieinigkeit von Kommunikation, Grammatik und Muttersprache als Mittel des Fremdsprachenerwerbs nicht zerstört, sondern theoretisch neu verankert und praktisch schärfer bestimmt: Ergebnis einer wechselseitigen Erhellung natürlicher und schulischer Erwerbskontexte. Die Geschichte des Unterrichts, in deren Verlauf radikale Standpunkte vielfach gewogen und stets zu leicht befunden wurden, ebenso wie Beobachtungen des natürlichen Sprachverhaltens Zweisprachiger zwingen uns, das traditionelle Unterrichtsprinzip der Einsprachigkeit zu revidieren. Letzteres sei, so Howatt (1984, 298), der einmalige und originale Beitrag des 20. Jahrhunderts zur Geschichte des Englischunterrichts. „If there is another ‚language teaching revolution' round the corner, it will have to assemble a convincing set of arguments to support some alternative (bilingual?) principle of equal power". Ein solches Prinzip haben wir zu etablieren versucht. Wann die Revolution kommt, hängt nicht zu letzt von Dir ab, lieber Leser. Aber sie kommt bestimmt.

Bibliographie

Aliusque Idem (1986), *Mr. Knickerbocker und die Grammatik oder warum der Sprachunterricht nicht umkehrt*, München: Hueber.

Allen, Stannard (1948/9), „In defence of the use of the vernacular and translating in class", *ELT III*, 33–39.

Apeltauer, Ernst (1987), „Einführung in den gesteuerten Zweitspracherwerb", in Ernst Apeltauer, Hg., *Gesteuerter Zweitspracherwerb: Voraussetzungen und Konsequenzen für den Unterricht*, München: Hueber, 9–52.

Arnberg, Lenore (1984), „Mother tongue playgroups for pre-school bilingual children", *Journal of Multilingual and Multicultural Development*, Vol. 5, No. 1, 65–84.

Aronstein, Philipp (1926), *Methodik des neusprachlichen Unterrichts*. 2 Bände. 2. Auflage, Leipzig: Teubner.

Asher, James J. (1977), *Learning another language through actions: the complete teacher's guidebook*, Los Gatos/Ca.: Sky Oaks Productions.

Ashton-Warner, S. (1964), *Teacher*, Bantam.

Auburger, Leopold / Kloss, Heinz / Rupp, Heinz, Hg., (1979), *Deutsch als Muttersprache in den Vereinigten Staaten. Teil I. Der Mittelwesten*, Wiesbaden: Steiner.

Baddeley, Alan (1986), *Your memory. A user's guide*. Harmondsworth: Penguin.

Baetens Beardsmore, H. (1982), *Bilingualism: basic principles*, Clevedon: Tieto.

Bahns, Jens (1983), „Acquisition-internal conditions in first and second language development", *Rassegna Italiana Di Linguistica Applicata* XV, 209–221.

Bahns, Jens (1985), „Schülerspezifische vs. entwicklungsspezifische Fehler", *Linguistische Berichte* 95, 4–18.

Baker, Colin (1998), *Encyclopedia of Bilingualism and bilingual Education*, Multilingual Matters, Clevedon.

Bateson, Mary Catherine (1985), *With a daughter's eye*, New York: Washington Square Press.

Bausch, K.-R. / Königs, Frank G., Hg., (1986), *Sprachlehrforschung in der Diskussion*, Tübingen: Narr.

Bausch, K.-R. / Weller, F.-R., eds., (1981), *Übersetzen und Fremdsprachenunterricht*, Frankfurt/M.: Diesterweg.

Bausch, K.-R. / Königs, Frank G. (1983), „‚Lernt' oder ‚erwirbt' man Fremdsprachen im Unterricht? Zum Verhältnis von Sprachlehrforschung und Zweitsprachenerwerbsforschung", *Die Neueren Sprachen* 4, 308–336.

Belasco, Simon (1967), „The plateau; or the case for comprehension: the ‚concept' approach", *Modern Language Journal* 51, 82–88.

Belasco, Simon (1975), *Reading College French. A bilingual functional approach*, New York: Harper & Row.

Belasco, Simon (1983), „Time, proficiency and the best method: an editorial", *Modern Language Journal* 67, 213–215.

Bergentoft, Rune (1986), *Modern Languages Project No. 12*, Report des Council for Cultural Cooperation, Straßburg.

Berko, J. / Brown, R. (1960), „Psycholinguistic research methods", in P.H. Müssen, Hg., *Handbook of research methods in child development*, New York: Wiley and Sons, 517–557.

Bertrand, Yves (1979), „Remarques sur l'étude des méthodes de langue", *Les langues modernes* 7, 19–40.

Bertrand, Yves (1983), „Que faire pour accroître le temps de parole de chaque élève?", *Nouveaux Cahiers D'Allemand*, 3, 137–154.

Bialystok, Ellen (1982), „On the relationship between knowing and using linguistic forms", *Applied Linguistics* III, 181–206.

Bichsel, Peter (1985), *Schulmeistereien*, Darmstadt: Luchterhand.

Bickerton, Derek(1984), „The language biogram hypothesis", *The Behavioral and Brain Sciences* 7:2, 173–221.

Birbaumer, Niels (1975), *Physiologische Psychologie*, Berlin: Springer.

Birkenbihl, Vera F. (1988[2]), *Die Birkenbihl Methode Fremdsprachen zu lernen*, Speyer: GABAL Verlag.

Biró, E. (1976), „Die Effektivität verschiedener Vermittlungsverfahren im Bewegungsunterricht", *Sportwissenschaft*.

Black, C. / Butzkamm, W. (1977), *Klassengespräche. Kommunikativer Englischunterricht*, Heidelberg: Quelle & Meyer.

Bleyhl, Werner (1998), „Selbstorganisation des Lernens – Phasen des Lehrens", in J.-P. Timm, Hg., *Englisch lernen und lehren. Didaktik des Englischunterrichts*, Berlin: Cornelsen, 60–69.

Bleyhl, Werner (1999), „J'accuse! Der gängige Französischunterricht erdrosselt mit seiner Grammatikorientierung das Lernen der französischen Sprache", *französisch heute 3*, 252–263.

Bleyhl, Werner / Timm, J.-P. (1998), „Wortschatz und Grammatik im Kontext", in J.-P. Timm, Hg., *Englisch lernen und lehren. Didaktik des Englischunterrichts*, Berlin: Cornelsen, 259–271.

Bolinger, Dwight (1975[2]), *Aspects of Language*, New York: Harcourt Brace Jovanovich.

Bollnow, O.F. (1978), *Vom Geist des Übens. Eine Rückbesinnung auf elementare didaktische Erfahrung*, Freiburg i. Br.: Herder.

Böttcher, Wolfgang et al. (1983), *Sprache. Das Buch, das alles über Sprache sagt.* Braunschweig: Westermann.
Braem, Helmut M., Hg., (1979), *Übersetzer-Werkstatt*, München: dtv.
Brown, H.D. (1972), „Cognitive pruning and second language acquisition", *Modern Language Journal* 56, 218–222.
Bruner, J.S. (1957), „Going beyond the Information given", in J.S. Bruner et al., eds., *Contemporary approaches to cognition*, Cambridge/Mass., 41–69.
Bruner, J.S. (1974/75), „From communication to language – a psychological perspective", *Cognition* 3(3), 225–287.
Bruner, J.S. (1977), „Wie das Kind lernt, sich sprachlich zu verständigen", *Zeitschrift für Pädagogik* 23, 829–845.
Bruner, J.S. (1983a), *Child's talk*, New York: Norton.
Bruner, J.S. (1983b), *In search of mind: essays in autobiography*, New York: Harper & Row.
Brunsvik, E. (1934), *Wahrnehmung und Gegenstandswelt. Psychologie vom Gegenstand her*, Leipzig.
Brusch, Wilfried (1986), *Text und Gespräch in der fremdsprachlichen Erziehung*, Hamburg: ELT.
Bühler, Karl (1934), *Sprachtheorie. Die Darstellungsfunktion der Sprache*, Jena: Brunsvik.
Burgess, Anthony (1992), *A mouthful of air. Language and languages, especially English*, London: Hutchinson.
Butzkamm, Wolfgang (1973), *Aufgeklärte Einsprachigkeit. Zur Entdogmatisierung der Methode im Fremdsprachenunterricht*, Heidelberg: Quelle & Meyer.
Butzkamm, Wolfgang (1977), „Sprechen als Fertigkeit", *Der fremdsprachliche Unterricht* 3, 46–55.
Butzkamm, Wolfgang (1980), *Praxis und Theorie der bilingualen Methode*, Heidelberg: Quelle & Meyer.
Butzkamm, Wolfgang (1981a), „Die Beurteilung von Unterricht aus dem Blickwinkel der Kommunikation", Zielsprache Deutsch 2, 2–10.
Butzkamm, Wolfgang (1981b), „Rationaler und Ratiomorpher Grammatikerwerb", *Linguistik und Didaktik* 45/46, 49–64.
Butzkamm, Wolfgang (1982), „Zur Vermittlung von Weil-Sätzen: Problemskizze anhand einer Unterrichtsanalyse", *Deutsch lernen* 4, 71–81.
Butzkamm, Wolfgang (1985a), „Natürliche Erwerbssituationen als Bezugspunkte für die Sprachlehrmethodik", *Neusprachliche Mitteilungen aus Wissenschaft und Praxis* 1, 5–11.
Butzkamm, Wolfgang (1985b), „The use of formal translation equivalents in the teaching of foreign language structures", in Christopher Titford / A.E. Hiecke, eds., *Translation in foreign language teaching and testing*, Tübingen: Narr, 87–97.
Butzkamm, Wolfgang (1985c), „The use of the printed word in teaching beginners", *IRAL* XXIII/4, 315–322.

Butzkamm, Wolfgang (1986), „Sprache und Erkenntnis", *Philosophia Naturalis* Bd. 23, 358–381.

Butzkamm, Wolfgang (1992), „Comprehensible Input als Hauptfaktor des Spracherwerbs", in Buttjes, D. et al. (Hg.), *Neue Brennpunkte des Englischunterrichts. Festschrift für Helmut Heuer,* Frankfurt a. Main, 180–192.

Butzkamm, Wolfgang (1994), „The wall between us – eine Unterrichtseinheit über einen Ausschnitt aus Arnold Weskers The Kitchen", *Englisch betrifft uns,* H. 2, 16–22.

Butzkamm, Wolfgang (1997), „Communicative shifts in the regular FL-Classroom and in the Bilingual Content Classroom", *IRAL,* XXXV/3, 167–186.

Butzkamm, Wolfgang (1998), „Code-Switching in a Bilingual History Lesson", *International Journal of Bilingual Education and Bilingualism,* 1/2, 81–89.

Butzkamm, Wolfgang (1998), „Zehn Prinzipien des Fremdsprachenlernens und –lehrens", in Timm, Johannes-P. (Hg.), *Englisch lernen und lehren. Didaktik des Englischunterrichts,* Berlin: Cornelsen, 45–52.

Butzkamm, Wolfgang (2000), „Generative principle", in Michael Byram (Hg.), *Routledge Encyclopedia of Language Teaching and Learning,* London and New York: Routledge, 232–234.

Butzkamm, Wolfgang (2001), „Learning the language of loved ones: on the generative principle and the technique of mirroring", *ELT Journal,* 55/2, 149–154.

Butzkamm, Wolfgang / Butzkamm, Jürgen (1999), *Wie Kinder sprechen lernen. Kindliche Entwicklung und die Sprachlichkeit des Menschen,* Tübingen und Basel: Francke.

Butzkamm, Wolfgang / Dodson, C.J. (1980), „The teaching of communication: from theory to practice", *IRAL* XVIII/4, 289–309.

Butzkamm, Wolfgang / Kasjan, Andreas (2000), „Das mündlich-muttersprachliche Mitteilungsäquivalent: Ein neuer Ansatz für die Bedeutungsvermittlung. Mit Beispielen aus dem Deutschunterricht für Japaner", *Germanistische Linguistik,* Heft 155–156 (Peter Kühn, Hrsg.), 180–194.

Butzkamm, Wolfgang / Schmid-Schönbein, Gisela (1984), „Die vertrackten ‚contracted forms' – ein ungelöstes methodisches Problem", *Praxis des neusprachlichen Unterrichts* 4, 388–392.

Caldwell, J. (1990), „Analysis of the theoretical and experimental support for Carl Dodson's bilingual method", *Journal of multilingual and multicultural development* 11, 459–479.

Campbell, D. (1974), „Evolutionary epistemology", in P. Schilpp, ed., *The library of living philosophers*. Vol. 14.

Canetti, Elias (1987), *Das Geheimherz der Uhr. Aufzeichnungen von 1973–1985*. München: Hanser.

Canetti, Ellas (1979), *Die gerettete Zunge. Geschichte einer Jugend,* Frankfurt/M.: Fischer.

Carlyle, Thomas (1967), *Sartor Resartus. On heroes and hero worship*, London: Dent.

Carpay, J.A.M. (1974), „Foreign-language teaching and meaningful learning. A Soviet Russian point of view", *ITL: A Review of Applied Linguistics*, 161–187.

Carroll, John B. (1975), „The teaching of French as a foreign language in eight countries", *International Studies in Evaluation* V, New York: Wiley.

Catford, J.C. (1965), *A linguistic theory of translation*, London: University Press.

Chastain, Kenneth (1971), *The development of modern-language skills: Theory to Practice*, Language and the teacher: a series in applied linguistics, Vol. 14, Philadelphia.

Chomsky, Noam (1970), „Diskussionsbeitrag", in Mark Lester, ed., *Readings in applied transformational grammar*, New York: Holt, Rinehart and Winston.

Chomsky, Noam (1975), *Reflections on language*, New York: Pantheon.

Clahsen, H. (1982), *Spracherwerb in der Kindheit*, Tübingen: Narr.

Clahsen, H. / Meisel, J. / Pienemann, M. (1983), *Deutsch als Zweitsprache: Der Spracherwerb ausländischer Arbeiter*, Tübingen: Narr.

Clahsen, Harald et al. (Hg.),"Bericht zur Tagung ‚Dysgrammatismus' bei der Werner-Reimers-Stiftung", in: Kegel, Gerd et al. (Hg.), *Sprechwissenschaft und Psycholinguistik*, Band 3, S. 278–304, Wiesbaden: Westdeutscher Verlag. Darin: S. 292, Vorstellung eines Projekts von Friedrich M. Dannenbauer.

Clyne, M. (1981), *Deutsch als Muttersprache in Australien: Zur Ökologie einer Einwanderersprache*, Wiesbaden: Steiner.

Cook, Vivian (1993), *Linguistics and second language acquisition*, Guildford, King's Lynn: Biddles Ltd.

Corder, S. Pit (1973), *Introducing applied linguistics*, Harmondsworth: Penguin.

Cranen, B. et. al. (1984), „An aid in language teaching: the visualisation of pitch", *System* 12, 1, 25–29.

Crystal, David (1986), *Listen to your child: A parent's guide to children's language*, Harmondsworth: Penguin.

Crystal, David (2000), *Language death*, Cambridge: University Press.

Cummins, Jim (1981), *Bilingualism and minority-language children*, Toronto/ Ontario: Oise Press.

Cummins, Jim (1984), *Bilingualism and special education: issues in assessment and pedagogy*, Clevedon: Multilingual Matters.

Czerwenka ua. (1990), *Schülerurteile über die Schule*, Europäische Hochschulschriften X/419, Peter Lang: Frankfurt a. Main.

d'Anglejan, A. (1978), „Language learning in and out of classrooms", in I. Richards, ed., *Understanding second and foreign language leaming*, Rowley/Mass.: Newbury House.

Dannenbauer, F.M. (1994), „Zur Praxis der entwicklungsproximalen Intervention", in H. Grimm u. S. Weinert (Hg.), *Intervention bei sprach-*

gestörten Kindern. Voraussetzungen, Möglichkeiten und Grenzen, Stuttgart: Fischer, 83–104.

Diehl, E. u.a Hg. (2000), *Grammatikunterricht: Alles für der Katz? Untersuchungen zum Zweitspracherwerb Deutsch,* Reihe Germanistische Linguistik Nr. 220, Tübingen: Niemeyer.

Digeser, Andreas (1983), *Fremdsprachendidaktik und ihre Bezugswissenschaften,* Stuttgart: Klett.

Ditfurth, H. v. (1976), *Der Geist fiel nicht vom Himmel. Die Evolution unseres Bewußtseins,* Hamburg: Hoffmann u. Campe.

Dixon, Norman F. (1981), *Preconscious processing,* London: Wiley.

Dodds, E.R. (1977), *Missing persons. An autobiography,* Oxford: Clarendon.

Dodson, C.J. (1962), *The bilingual method – Y Dull Dwyieithog, Faculty of Education,* University College of Wales, Aberystwyth, Pamphlet No.9.

Dodson, C.J. (1981), „A reappraisal of bilingual development and education: some theoretical and practical considerations", in H. Baetens Beardsmore, *Elements of bilingual theory.* Freie Universität Brüssel.

Dodson, C.J. (1983a), „Living with two languages", *Journal of Multilingual and Multicultural Development,* Vol. 4, No. 6, 401–414.

Dodson, C.J. (1983b), „Bilingualism, language teaching and learning", *British Journal of Language Teaching,* Vol. XXI, 3–8.

Dodson, C.J. (1985), „Second language acquisition and bilingual development: a theoretical framework", *Journal of Multilingual and Multicultural Development,* Vol. 6, No. 5, 325–346.

Dodson, C.J. et al. (1968), *Towards bilingualism. Studies in language teaching methods,* Cardiff: University of Wales Press.

Dodson, C.J., (1967), *Language teaching and the bilingual method,* London: Pitman.

Donaldson, Margaret (1978), *Children's minds,* Glasgow: Fontana/ Collins.

Donnerstag, Jürgen / Knapp-Potthoff, Annelie, Hg., (1985), *Kongreßdokumentation der 10. Arbeitstagung der Fremdsprachendidaktiker,* Tübingen: Narr.

Döpke, Susanne (1992), *One Parent One Language: An Interactional Approach,* Vol. 3, Studies in Bilingualism, Amsterdam/Philadelphia: John Benjamins Publishing Company.

Dore, J. (1975), „Holophrases, speech acts and language universals", *Journal of Child Language* 2, 21–40.

Dulay, Heidi / Burt, Marina (1978), „From research to method in bilingual education", in J. Alatis, ed. *International dimensions of bilingual education,* Georgetown University Round Table of Languages and Linguistics.

Dulay, Heidi / Burt, Marina / Krashen, Stephen (1982), *Language two,* New York/Oxford: OUP.

Duplantie, R. (1963), *Tan-Gau 1. Livre du maître,* Toronto: Gage.

Düwell, Henning (1979), *Fremdsprachenunterricht im Schülerurteil,* Tübingen.

Düwell, Henning u.a. Hg. (2000), *Fremdsprachen in Lehre und Forschung* Nr. 26, Dimensionen der didaktischen Grammatik. Festschrift für Günther Zimmermann zum 65. Geburtstag, Bochum: AKS-Verlag.

Eggert, Bruno (1911), *Übungsgesetze im fremdsprachlichen Unterricht,* Leipzig.

Eimas, Peter D. (1985), „Sprachwahrnehmung beim Säugling", *Spektrum der Wissenschaft,* März 1985.

Ellis, Rod (1988), *Classroom second language development,* Language teaching methodology series, New York u.a.: Prentice Hall.

Ellis, Rod (1994), *The study of second language aquisition,* Oxford: Oxford University Press.

Elwert, W. Theodor (1959), *Das zweisprachige Individuum,* Wiesbaden: Steiner.

Engelkamp, Johannes (1985), „Die Verarbeitung von Bedeutung: Behalten", in Ch. Schwarze / D. Wunderlich, Hg., *Handbuch der Lexikologie,* Königstein/Ts.: Athenäum.

Epstein, I. (1915), *La pensée et la polyglossie. Essai psychologique et didactique,* Lausanne.

Erasmus von Rotterdam (1963), *Ausgewählte pädagogische Schriften,* Hg. H.J. Gaie, Paderborn.

Erben, Heinrich K. (1984), *Intelligenzen im Kosmos? Die Antwort der Evolutionsbiologie,* München: Piper.

Ervin-Tripp, Susan (1978), „Is second language learning like the first?" In E.M. Hatch, ed., *Second language acquisition,* Rowley/Mass.: Newbury House, 190–206.

Felix, Sascha W. (1982), *Psycholinguistische Aspekte des Zweitsprachenerwerbs,* Tübingen: Narr.

Felix, Sascha W. (1984), „Das Heranreifen der Universalgrammatik im Spracherwerb", *Linguistische Berichte* 94, 1–26.

Felix, Sascha W., Hg., (1980), *Second language development. Trends and issues,* Tübingen: Narr.

Fillmore, Lily Wong (1976), *The second time around: cognitive and social strategies in second language acquisition,* Ph.D. dissertation, Stanford.

Fillmore, Lily Wong (1980), „Learning a second language: Chinese children in the American classroom", in J.E. Alatis, ed., *Current issues in bilingual education,* Washington: Georgetown University Press, 309–325.

Fillmore, W. (1979), „Individual differences in second language acquisition", in C. Fillmore, D. Kempler, and W. Wang, eds., *Individual differences in language ability and behavior*: Academic Press.

Finkbeiner, Claudia (1995), *Englischunterricht in europäischer Dimension. Zwischen Qualifikationserwartungen der Gesellschaft und Schülereinstellungen und Schülerinteressen. Berichte und Kontexte zweier empirischer Untersuchungen,* Beiträge zur Fremdsprachenforschung Bd. 2, Bochum. Brockmeyer.

Franke, F. (1884), *Die praktische Spracherlernung auf Grund der Psychologie und der Physiologie der Sprache dargestellt.* Heilbronn: Henninger.

Freudenstein, Reinhold (2000), „Grammatik lernen? Nein, danke! Grammatik erwerben? Ja, bitte!", in Düwell, H. u.a. Hg., *Fremdsprachen in Lehre und Forschung* Nr. 26, Dimensionen der didaktischen Grammatik, Festschrift für Günther Zimmermann zum 65. Geburtstag, Bochum: AKS-Verlag, 55–65.

Freudenstein, Reinhold (2001), „Europa als Grenzraum. Ein Projekt zur Förderung des Sprachenlernens.", *Praxis des neusprachlichen Unterrichts,* 47. Jg., H. 4, 405–407.

Fries, Charles C. (1945; 1967), *Teaching & learning English as a foreign language,* Michigan: The University of Michigan Press.

Fuhrig, Hans-Joachim (2000), „Deutsch an britischen Schulen auf Talfahrt", in Deutscher Philologenverband (Hg.), *Profil. Das Magazin für Gymnasium und Gesellschaft,* Nr. 5, 22–30.

Gauger, H.M. (1970), *Wort und Sprache,* Tübingen.

Geisler, Wilhelm (1987), *Die anglistische Fachdidaktik als Unterrichtswissenschaft,* Frankfurt/M.: Lang.

Gleitman, L. / Gleitman, H. / Shipley, E. (1972), „The emergence of the child as a grammarian", *Cognition* I, 137–163.

Göbel, Richard (1986), *Kooperative Binnendifferenzierung im Fremdsprachenunterricht,* Mainz: Werkmeister.

Gouin, F.(1880), *L'art d'enseigner et d'étudier les langues,* Paris.

Gould, James L. / Marler, Peter (1987), „Learning by instinct", *Scientific American,* Jan. 1987, 62–73.

Graf, Peter (19S7), *Frühe Zweisprachigkeit und Schule: Empirische Grundlagen zur Erziehung von Minderheitenkindern,* München: Hueber.

Grimm, H. (1977), *Psychologie der Sprachentwicklung,* 2. Bd., Stuttgart: Kohlhammer.

Grittner, Frank (1969), *Teaching foreign languages,* New York: Harper & Row.

Hahn, Angela (1982), *Fremdsprachenunterricht und Spracherwerb,* Dissertation, Passau.

Halliday, M. (1973), *Explorations in the functions of language,* London: Edward Arnold.

Halliday, M.A.K. (1975), *Learning how to mean. Explorations in the development of language,* London: Edward Arnold.

Hammerly, H. (1989), *French immersion. myths and reality. A better classroom road to bilingualism,* Calgary, Alberta: Detselig.

Hammerly, Hector (1987), „The immersion approach: Litmus test of second language acquisition through classroom communication", *Modern Language Journal* 71, 4, 395–401.

Hammerly, Hector (1991), *Fluency and Accuracy. Toward balance in Language Teaching and learning,* Multilingual Matters 73, Clevedon u.a.: Multilingual Matters LTD.

Harks-Hanke / W. Zydatiß, 1945–1985. *Vierzig Jahre Englischunterricht für alle. Festschrift für Harald Gutschow*, Berlin: CVK, 92–104.

Harley, Birgit et al. (Hg.) (1990), *The Development of Second Language Proficiency (The Cambridge applied linguistics series)*, Cambridge, New York, Melbourne: The Cambridge

Harris, Judith Rich (1998), *The nurture assumption. Why children turn out the way they do*, New York: The Free Press.

Hatch, Evelyn (1978), „Discourse analysis and second language acquisition", in Evelyn Hatch, ed., *Second language acquisition*, Rowley / Mass.: Newbury House, 401–435.

Hatch, Evelyn (1978), „Introduction" in: *Second Language Acquisition. A. Book of Readings*, Rowley, Massachusettes: Newbury House, 1–18.

Hatch, Evelyn (1980), „Second language acquisition. – Avoiding the question", in Sascha W. Felix, ed., *Second language development*, Tübingen: Narr.

Hausmann, Franz-Josef (1984), „Wortschatzlernen ist Kollokationslernen. Zum Lehren und Lernen französischer Wortverbindungen", *Praxis des neusprachlichen Unterrichts* 4, 395–406.

Häussermann, Ulrich (1986), „Die neue Sprache neu Sprechen", *Zielsprache Deutsch* 4, 12–22.

Hawkins, Eric W. (1981), *Modern languages in the curriculum*, Cambridge: CUP.

Hawkins, Eric W. (1987), *Awareness of language: an introduction*, Cambridge: CUP.

Hecht, Karlheinz und Green, Peter S. (1989), „Fehler: leicht-mittel-schwer? Zum Problem der Fehlergewichtung und des Bewertens der interpersonellen und referentiellen Funktion der Sprache", *Englisch* 24, Heft 3, 81–87.

Heine, Heinrich (1885), *Sämtliche Werke*, Fünfter Band, Hamburg: Hoffmann u. Campe.

Héloury, M. (1985), „Auf dem Weg zur kommunikativen Kompetenz: canevas de jeux de role", in Jürgen Donnerstag / Annelie Knapp-Potthoff, Hg., *Kongreßdokumentation der 10. Arbeitstagung der Fremdsprachendidaktiker*, Tübingen: Narr, 78–82.

Herder, Johann Gottfried (1772), *Abhandlung über den Ursprung der Sprache*, Hg. Th. Matthias, Leipzig: Brandstetter 1901.

Herder, Johann Gottfried (1967), *Sämtliche Werke*, Bd. IV, Hg. Bernard Suphan, Hildesheim: Olms.

Hermann-Brennecke, Gisela / Candelier, Michel (1992), „Wahl und Abwahl von Fremdsprachen: Deutsche und französische Schüler und Schülerinnen im Vergleich" *Die neueren Sprachen. Fremdsprachen im europäischen Haus*, Bd. 91, H. 4/5, 416–434.

Hess, G. (1968), *Biologie – Psychologie. Zwei Wege in der Erforschung des Lebens*, Zürich.

Hesse, Hermann (1971), *Lektüre für Minuten*, Frankfurt/M.: Suhrkamp.

Heuer, Helmut (1976), *Lerntheorie des Englischunterrichts*, Heidelberg: Quelle & Meyer.

Heuer, Helmut (1986), „,Good morning, everybody'. – ,Good morning, Sir.' Interaktionen zwischen Hochschullehrer und Grundkursschülern in einer Englischstunde der Hauptschule", in I. Harks-Hanke / W. Zydatiß, *1945–1985. Vierzig Jahre Englischunterricht für alle. Festschrift für Harald Gutschow*, Berlin: CVK, 92–104.

Heuer, Helmut / Klippel, Friederike (1987), *Englischmethodik. Problemfelder, Unterrichtswirklichkeit und Handlungsempfehlungen*, Berlin: CVK.

Hohmann, H.O. (1983), „Vermittlung und Einübung eines Diskussionswortschatzes im Englischunterricht der Oberstufe", *Praxis des neusprachlichen Unterrichts*, 125–133.

Hohmann, H.O. (1985), „Sprachliche Stagnation in der Phase des erweiterten Spracherwerbs und Möglichkeiten ihrer Überwindung", *Neusprachliche Mitteilungen aus Wissenschaft und Praxis*, Heft 3, 144–151.

Hohmann, H.O. (1986), „Lexikalische Lernarbeit mit dem Lehrbuch", *Der fremdsprachliche Unterricht* 20, 171–180.

Holt, J. (1970), *How children learn*, Harmondsworth: Penguin.

Holtwisch, Herbert (1994), „Behalten suggestopädisch-unterrichtete Schulkinder ihren Lernstoff besser?", *Neusprachliche Mitteilungen aus Wissenschaft und Praxis*, 47. Jg., H. 4, 228–233.

Honig, H.G. / Kußmaul, P. (1982), *Strategie der Übersetzung. Ein Lehr- und Arbeitsbuch*, Tübingen: Narr.

Hörmann, Hans (1970), *Psychologie der Sprache* (Neudruck), Berlin: Springer.

Hörmann, Hans (1976), *Meinen und Verstehen*, Frankfurt/M.: Suhrkamp.

Hörmann, Hans (1981), *Einführung in die Psycholinguistik*, Darmstadt: Wissenschaftliche Buchgesellschaft.

Howatt, A.P.R. (1984), *A history of English language teaching*, Oxford: OUP.

Hüllen, Werner / Nellessen, Ch. (1970), „Englische Fremdwörter im Deutschen. Möglichkeiten ihrer Verwendung im Unterricht", *Praxis des neusprachlichen Unterrichts* 17, 27–31.

Humboldt, Wilhelm, von (1963), *Werke in fünf Bänden*, Bd. III: Schriften zur Sprachphilosophie, Stuttgart: Cotta'sche Buchhandlung.

Ickler, Th. (1982), „Der Reiz der Wörter", Punkt. Absatz. *Zeitschrift für DaF an der italienischen Hochschule*, Verona, 213–236.

Ishii, T. / Kanemitsu, Y. / Kitamura, M. / Masuda, HZ. / Miyamoto, H. (1979), „Experiment on the Acquisition and Retention of Sentence-Meaning and the Imitation Performance", *Journal of the Kansai Chapter of the Japan English Language Education Society*, 3, 52–59.

Jarvis, G.A. (1968), „A behavioral observation system for classroom foreign language skill acquisition activities", *Modern Language Journal* 52, 335–341.

Jaspers, Karl (1964), *Die Sprache*, München: Piper.

Jespersen, Otto (1904), *How to Teach a Foreign Language*. London: Allen and Unwin.

Jespersen, Otto (1925), *Die Sprache, ihre Natur, Entwicklung und Entstehung*, Heidelberg: Winter.

Jolles, Evelyn (1983), „Wozu Übersetzungen gut sein sollen", *Praxis Deutsch* 58, 67–71.

Jonas, Hans (1973), *Organismus und Freiheit. Ansätze zu einer philosophischen Biologie*, Göttingen: Vandenhoeck & Ruprecht.

Kadar-Hoffmann, Gisela (1983), *Trilingualer Spracherwerb: Der gleichzeitige Erwerb des Deutschen, Französischen und Ungarischen bei einem Kind, dargestellt am Beispiel der Negation*. Phil. Dissertation, Kiel.

Kainz, Friedrich (1956), *Psychologie der Sprache*. Bd. 4: Spezielle Sprachpsychologie, Stuttgart: Enke.

Kainz, Friedrich (1962), *Psychologie der Sprache*. Bd. 1: Grundlagen der allgemeinen Sprachpsychologie, Stuttgart: Enke.

Kainz, Friedrich (1965), *Psychologie der Sprache*. Bd. 3: Physiologische Psychologie der Sprachvorgänge, Stuttgart: Enke.

Kainz, Friedrich (I9602), *Psychologie der Sprache*. Bd. 2: Vergleichende genetische Sprachpsychologie, Stuttgart: Enke.

Kar, Robert (1959), *So lernt man Sprachen. Rationalisierung und Immedialisierung des Fremdsprachenerwerbs als Ergebnis einer Analyse der psychologischen Phänomene des Sprachvermögens*, Meisenheim: Hain.

Karcher, G.L. (1979), *Kontrastive Untersuchungen von Wortfeldern im Deutschen und Englischen*, Frankfurt/M.

Kasjan, Andreas (1994), „Notbehelf oder positive Lernhilfe? Zur Auseinandersetzung um die Rolle der Muttersprache bei der Semantisierung im Fremdsprachenunterricht", *Kairos* 32, 86–105.

Kasjan, Andreas (1995), „Die bilinguale Methode im Deutschunterricht für japanische Studenten I. Die Einführung in die Textarbeit", *Gengobunka Ronkyu*, 159–171.

Keller, Heien (1954), *The story of my life*, New York: Doubleday & Company.

Kelly, L.G. (1979), *The true Interpreter. A history of translation theory and practice in the West*, Oxford: Blackwell.

Kelly, L.G., (1969), *25 centuries of language teaching*, Rowley/Mass.: Newbury House.

Kielhöfer, B. / Jonekeit, S. (1983), *Zweisprachige Kindererziehung*, Tübingen: Stauffenburg.

Kielhöfer, Bernd (1990), Rez. „W. Butzkamm, Psycholinguistik des Fremdsprachenunterrichts. Francke Tübingen 1989", *Fremdsprachen und Hochschulen* 29, 181–183.

Kielhöfer, Bernd (1994), „Wörter lernen, behalten und erinnern", *Neusprachliche Mitteilungen aus Wissenschaft und Praxis*, 47. Jg., H. 4, 211–220.

Klages, Ludwig (1950), *Grundlegung der Wissenschaft vom Ausdruck*, Bonn.

Klein, Woifgang / Dittmar, Norbert (1979), *Developing grammars. The acquisition of grammar by foreign workers,* Heidelberg: Springer.

Klein, Wolfgang (1984), *Zweitspracherwerb. Eine Einführung,* Königstein/Ts.: Athenäum.

Kleinschroth, Robert (1992), *Sprachen lernen. Der Schlüssel zur richtigen Technik,* Reinbek bei Hamburg: Rowohlt.

Knapp-Potthoff, Annelie (1987), „Fehler aus spracherwerblicher und sprachdidaktischer Sicht", *Englisch Amerikanische Studien* 2, 9, 205–220.

Knapp-Potthoff, Annelie / Knapp, Karlfried (1982), *Fremdsprachenlernen und -lehren,* Stuttgart: Kohlhammer.

Koehler, 0. (1973), „Tiersprachen und Menschensprachen", in G. Altner, Hg., *Kreatur Mensch. Moderne Wissenschaft auf der Suche nach dem Humanum,* München: dtv, 233–265.

Koestler, Arthur (1975), *The art of creation,* London: Pan Books Ltd.

Koestler, Arthur (1978), *Der Mensch – Irrläufer der Evolution,* Bern: Scherz.

Koller, Werner (1983), *Einführung in die Übersetzungswissenschaft,* Heidelberg: Quelle & Meyer.

König, Ekkehard / Ludwig, Otto (1983), „Englisch-Deutsch", *Praxis Deutsch* 58, 11–18.

Königs, Frank G. (1986), „Überlegungen zum Verhältnis von Übersetzung und Spracherwerb", in A. Addison / K. Vogel, Hg., Fremdsprachenausbildung an der Universität, Bochum: AKS Verlag.

Kouritzin, Sandra G. (1999), *Face(t)s of first language doss,* Mahwah: Lawrence Erlbaum Associates.

Krashen, Stephen D. (1981), *Second language acquisition and second language learning,* Oxford: Pergamon.

Krashen, Stephen D. (1982), *Principles and practice in second language acquisition,* Oxford: Pergamon.

Krashen, Stephen D. / Terrell, Tracy D. (1983), *The natural approach,* Oxford: Pergamon/Alemany.

Krings, H.P. (1986), *Was in den Köpfen von Übersetzern vorgeht,* Tübingen: Narr.

Kühn, Dieter (1977), *Ich Wolkenstein: Eine Biographie,* Frankfurt/M.: Insel Verlag.

Kurtz, Jürgen (2001), *Improvisierendes Sprechen im Fremdsprachenunterricht. Eine Untersuchung zur Entwicklung spontansprachlicher Handlungskompetenz in der Zielsprache,* Tübingen: Narr.

Kwakernaak, Erik (1996), *Grammatik im Fremdsprachenunterricht. Geschichte und Innovationsmöglichkeiten am Beispiel Deutsch als Fremdsprache in den Niederlanden,* Amsterdam, Atlanta: Rodopi (Deutsch: *Studien zum Sprachunterricht und zur interkulturellen Didaktik* 1).

La Roche, Madame (1708), *La pierre de touche ou le secret de délier la langue par le moyen de certains entretiens courts faciles et galans avec une grammaire ...,* Leipzig.

Labov, W. / Labov, T. (1976), „Das Erlernen der Syntax von Fragen“, *Zeitschrift für Literaturwissenschaft und Linguistik* 23/24, 47–82.

Laing, Ronald, D. (1986), *Wisdom, madness & folly, the making of a psychiatrist,* London: Papermac.

Lenneberg, Eric H. (1972), *Biologische Grundlagen der Sprache,* Frankfurt/M.: Suhrkamp.

Leont'ev, Aleksej A. (1974), *Psycholinguistik und Sprachunterricht,* Stuttgart: Kohlhammer.

Leopold, Werner, F. (1939), *Speech development of a bilingual child. A linguist's record. Vol. I: Vocabulary growth m the first two years,* Evanston: Northwestern University Press.

Leopold, Werner, F. (1947), *Speech development of a bilingual child. A linguist's record. Vol. II: Sound learning in the first two years,* Evanston: Northwestern University Press.

Leopold, Werner, F. (1949a), *Speech development of a bilingual child. A linguist's record. Vol. III: Grammar and general problems in the first two years,* Evanston: Northwestern University Press.

Leopold, Werner, F. (1949b), *Speech development of a bilingual child. A linguist's record. Vol. IV: Diary from age two,* Evanston: Northwestern University Press.

Levelt, W.J.M. (1977), „Skill theory and language teaching“, *Studies in Second Language Acquisition* 1 (1), 53–70.

Lewis, M. (1993), *The lexical approach. The state of ELT and a way forward,* Hove: Language Teaching Publications.

Lightbown, Patsy (1985), „Great Expectations: Second-language Acquisition Research and classroom teaching“, *Applied Linguistics* 6, 173–189.

Lindner, Gustav (1898), *Aus dem Naturgarten der Kindersprache,* Leipzig: Th. Grieben.

Linnartz, Bruno (1989), *Jenseits der Sprachzäune. Erfahrungen beim Lehren und Lernen fremder Sprachen,* Giessener Beiträge zur Fremdsprachendidaktik, Tübingen: Narr.

Little, D.G. / Singleton, D.M. (1988), „Authentic materials and the role of fixed support in language teaching: towards a manual for language learners“,*CLCS Occasional Paper No. 20,* Dublin.

Locke, John (1975), „Some thoughts concerning education“, in M.G. Hesse, Hg., *Approaches to teaching foreign languages,* Amsterdam: North-Holland, 183–209.

Lorenz, Konrad (1973), *Die Rückseite des Spiegels,* München: Piper.

Lorenz, Konrad / Kreuzer, Franz (1984), *Leben ist Lernen: Von Immanuel Kant zu Konrad Lorenz. Ein Gespräch über das Lebenswerk des Nobelpreisträgers,* München: Piper.

Lörscher, Wolfgang (1986), „Conversational structures in the foreign language classroom“, in G. Kasper, ed., *Learning, teaching and communication in the foreign language classroom,* Aarhus University Press.

Lübke, Diethard (1984), „Der potentielle Wortschatz im Französischen“, *Praxis des neusprachlichen Unterrichts* 4, 372–379.

Luther, Martin (1530), „Ein Sendbrief vom Dolmetschen“, in H.J. Störig (1963), *Das Problem des Übersetzens,* Stuttgart: Goverts, 14–32.

Luther, Martin (1913), *Tischreden, Werke. Kritische Gesamtausgabe,* Weimar.

Lyon, Jean (1996), *Becoming bilingual. Language aquisition in a bilingual community,* Bilingual education, and bilingualism, No. 11, Clevedon u.a.: Multilingual Matters Ltd.

Mackin, Ronald / Eastwood, John (1980), *A grammar of spoken English,* Berlin: Cornelsen & OUP.

Macnamara, J. (1972), „The cognitive basis of language learning in infants“, *Psychological Review* 79, 1–13.

Macnamara, J. (1972), „The objectives of bilingual education in Canada from an English-speaking perspective“, in M. Swain, ed., *Bilingual schooling,* Toronto, 7–10.

Macnamara, J. (1973), „The cognitive strategies of language learning“, in J.W. Oller / J.C. Richards, eds., *Focus on the learner. Pragmatic perspectives for the language teacher,* Rowley/Mass.: Newbury House, 57–66.

Marrou, Henri-Irenéé (1957), *Geschichte der Erziehung im Klassischen Altertum,* Freiburg/München: Alber. Taschenbuchausgabe 1977, München: Deutscher

Marsden, Richard (1999), „Go for the ‚a-ha!‘ factor in grammar learning“, *Deutsch: Lehren und Lernen,* No. 19, 15–16.

Martin, Jean-Pol (1983), *Aktive Schüler lernen besser. Neue Wege im Französisch-Unterricht,* Videokassette, VHS, Institut für Film und Bild in Wissenschaft und Unterricht, Grünwald, 420 349.

Martin, Jean-Pol (1984), *Schüler organisieren ihren Unterricht selbst. Neue Wege im Französisch-Unterricht,* Videokassette, VHS, Institut für Film und Bild in Wissenschaft und Unterricht, Grünwald, 420 451.

Martin, Jean-Pol (1986), *Zum Aufbau didaktischer Textkompetenzen beim Schüler,* Tübingen.

Mäsch, Nando (1981), „Sachunterricht in der Fremdsprache an Gymnasien mit deutsch-französisch bilingualem Zug“, *Neusprachliche Mitteilungen* 34, 18–28.

Mauthner, Fritz (1923), *Beiträge zu einer Kritik der Sprache,* Bd. 1–3, Hildesheim: Verlagsbuchhandlung.

Mazza, Elisabetta (1997), „Anfang gut, alles gut – Internationalismen im Fremdsprachenunterricht“, *Neusprachliche Mitteilungen aus Wissenschaft und Praxis,* 50. Jg., H. 4, 211–213.

Meijer, T. (1974), *De globaal-bilinguale en de visualiserende procedure voor de betekenisoverdracht,* Amsterdam.

Meißner, F.-J. (2000), „Orientierung für die Wortschatzarbeit“, *Französisch heute,* 31. Jg., H. 43558, 6–24.

Meißner, F.-J. (2000), „Zwischensprachliche Netzwerke. Mehrsprachigkeitsdidaktische Überlegungen zur Wortschatzarbeit“, *Französisch heute,* 31. Jg., H. 43558, 55–67.

Menzel, Wolfgang (1983), „Unterrichtsidee: Ein Gedicht übersetzen“, *Praxis Deutsch* 58, 26.

Merten, Stephan (1997), *Wie man Sprache(n) lernt. Eine Einführung in die Grundlagen der Erst- und Zweitspracherwerbsforschung mit Beispielen für das Unterrichtsfach Deutsch,* Frankfurt a. Main u.a.: Peter Lang.

Meyer, Helmut (1983), „Tom in Trabbel“, *Praxis Deutsch* 58, 50–56.

Miller, George A. (1977), Spontaneous Apprentices. Children and Language, New York: Seaburg Press.

Miller, M. (1976), *Zur Logik der frühkindlichen Sprachentwicklung. Empirische Untersuchungen und Theoriendiskussion,* Stuttgart: Klett.

Mitchell, R. / Parkinson, B. / Johnstone, R. (1981), The foreign language classroom: an observational study, *Stirling Educational Monographs,* No. 9.

Moerk, Ernst L. (1985), „Analytic, synthetic, abstracting, and word class-defining aspects of verbal mother-child interactions“, *Journal of Psycholinguistic Research* 14, 3, 263–287.

Moritz, Karl Philipp (1785), *Anton Reiser,* Stuttgart: Reclam, (Universal-Bibliothek Nr. 4813 [6], 1977).

Morrison, H. / Kühn, D. (1983), „Cognitive aspects of preschoolers' peer Imitation in a play Situation“, *Child Development* 54, 1054–1063.

Moskowitz, Gertrude (1978), *Caring and sharing in the foreign language class. A sourcebook on humanistic techniques,* Rowley/Mass.: Newbury House.

Naiman, N. et al. (1978), *The good language learner,* The Ontario Institute for Studies in Education.

Nash, Ogden (1962), *The pocket book of Ogden Nash,* New York: Washington Square Press.

Neisser, Ulric (1967), *Cognitive psychology,* New York: Appleton Century-Crofts.

Neisser, Ulric (1976), *Cognition and reality,* San Francisco: Freeman.

Nissen, R. (1974), *Kritische Methodik des Englischunterrichts. Erster Teil: Grundlegung,* Heidelberg.

Nold, Günter (1981), „Grammatik im Fremdsprachenunterricht angesichts der kommunikativen Wende“, in F.J. Zapp / A. Raasch / W. Hüllen, Hg., *Kommunikation in Europa,* Frankfurt/M.: Diesterweg, 144–155.

O'Sullivan, E. / Rösler, D., *I like you – und du?,* Reihe Rotfuchs, Bd. 323, Reinbek b. Hamburg: Rowohlt.

O'Sullivan, E. / Rösler, D., *It could be worse – oder?,* Reihe Rotfuchs, Bd. 374, Reinbek b. Hamburg: Rowohlt.

O'Sullivan, E. / Rösler, D. (1986), *Mensch, be careful!,* Reihe Rotfuchs, Bd. 417, Reinbek b. Hamburg: Rowohlt.

Otto, Ernst (1925), *Methodik und Didaktik des neusprachlichen Unterrichts. Versuch einer wissenschaftlichen Unterrichtslehre,* Bielefeld: Velhagen u. Klasing.

Palmer, H.E. (1922/1964), *The principles of language-study,* Language and Language Learning. No. 5, London: Oxford University Press.

Palmer, H.E. / Palmer, D. (1925/1958), *English through actions,* London: Longman.

Pape, S. (1972), „Hier haben es Mütter gut. Serie: Mein Mann ist Ausländer", *Brigitte* 11, 1972, 100–106.

Papoušek, H. / Papoušek, M. (1977), „Das Spiel in der Frühentwicklung des Kindes", Pädiatrische Praxis, Suppl. zu Vol. 18, 17–32.

Paton, Alan (1986), *Towards the mountain,* Harmondsworth: Penguin.

Peck, Antony (1988), *Language teachers at work. A description of methods,* London: Prentice Hall.

Penfield, W.(1967), „The learning of languages", in J. Michel, ed., *Foreign language teaching,* 192–214.

Petit, Jean (1985), *De l'enseignement des langues secondes à l'apprentissage des langues maternelles,* Paris.

Petit, Jean (1987), *Acquisition linguistique et interférences,* Paris: Publication de l'Association des Professeurs de Langues Vivantes.

Petit, Jean (1999), *Eine Nation, eine Sprache? Ein Plädoyer für ein mehrsprachiges Frankreich,* Bibliothèque des Nouveaux Cahiers d'Allemand Collection „Outils", Vol. IV.

Piaget, Jean (1975), *Der Aufbau, der Wirklichkeit beim Kinde,* Ges. Werke II, Stuttgart: Klett.

Piélat, Barthélemy (1673), *L'Antigrammaire du sieur Barthélemy Piélat, ... adressée aux Messieurs et Dames d'Amsterdam ... qui désirent d'aprendre la langue françoise ... fort propre a, aprendre aussi la langue flamende,* Amsterdam: J. Jeansson de Waesberge.

Pienemann, Manfred (1982), *Psychological constraints on the teachability of languages,* Ms. Passau.

Pienemann, Manfred (1983), *Learnability and syllabus construction,* Passau.

Pienemann, Manfred (1985), *Psycholinguistic principles of second language teaching,* Ms. Sydney.

Pienemann, Manfred (1989), „Is language teachable? Psycholinguistic experiments and hypothesis, *Applied Linguistics* 10/1, 52–79.

Piepho, H.E. (1974), *Kommunikative Kompetenz als übergeordnetes Lernziel im Englischunterricht,* Dornburg-Frickhofen: Frankonius.

Pilch, Herbert (1966), „Sprache als Spiel und Methode", *Freiburger Dies universitatis* 13/1966, 51–65.

Pinker, Steven (1994), *The language instinct,* New York: William Morrow.

Pinker, Steven (1999), *Words and rules. The ingredients of language,* London: Phoenix.

Piontek, Heinz (1980), *Träumen, Wachen, Widerstehen. Aufzeichnungen aus diesen Jahren,* Frankfurt/M.: Ullstein.

Plessner, Helmut (1928), *Die Stufen des Organischen und der Mensch. Einleitung in die philosophische Anthropologie*, Berlin/Leipzig: de Gruyter.

Popper, K.R. (1984), *Objektive Erkenntnis*, Hamburg: Hoffmann u. Campe.

Popper, K.R. / Eccles,J. (1977), *The self and its brain*, Berlin: Springer.

Popper, K.R. / Lorenz, K. (1985), *Die Zukunft ist offen*, München: Piper.

Porsché, Donald C. (1983), *Die Zweisprachigkeit während des primären Spracherwerbs*, Tübingen: Narr.

Prator, Clifford H. (1972), „Development of a manipulation – communication scale", in Kenneth Croft, ed., *Readings on English as a second language*, Cambridge/Mass., 402–408.

Pusch, L. (1975), „Über den Unterschied zwischen aber und sondern oder die Kunst des Widersprechens", in I. Batori et al.. Hg., *Syntaktische und semantische Studien zur Koordination*, Tübingen: Narr.

Quirk, Randolph / Greenbaum, Sidney / Svartvik, Jan (1974), *A grammar of contemporary English*, London: Longman.

Ramge, H. (1973), Spracherwerb. Grundzüge der Sprachentwicklung des Kindes, *Germanistische Arbeitshefte* 14, Tübingen: Niemeyer.

Ramge, H. (1976), *Spracherwerb und sprachliches Handeln*, Düsseldorf: Schwann.

Rehbein, Jochen (1987), „Diskurs und Verstehen. Zur Rolle der Muttersprache bei der Textverarbeitung in der Zweitsprache", in Ernst Apeltauer, Hg., *Gesteuerter Zweitspracherwerb: Voraussetzungen und Konsequenzen für den Unterricht*, München: Hueber, 113–172.

Reiß, Katharina / Vermeer, H.J. (1984), *Grundlegung einer allgemeinen Translationstheorie*, Tübingen.

Reiss, Mary-Ann (1985), „The good language learner: another look", *Canadian Modern Language Review* 41, 3, 511–523.

Riedl, R. (1981), *Biologie der Erkenntnis. Die stammesgeschichtlichen Grundlagen der Vernunft*, Berlin: Parey.

Riedl, R. (1984a), *Die Strategie der Genesis*, München: Piper.

Riedl, R. (1984b), *Evolution und Erkenntnis*, München: Piper.

Riedl, R. (1987), *Begriff und Welt: biologische Grundlagen des Erkennens und Begreifens*, Berlin: Parey.

Riemer, Claudia (1997), *Individuelle Unterschiede im Fremdsprachenerwerb. Die Wechselwirksamkeit ausgewählter Einflußfaktoren*, Perspektiven Deutsch als Fremdsprache Bd. 8, Baltmannsweiler: Schneider.

Rivers, W.M. (1968), *Teaching foreign language skills*, Chicago: University of Chicago Press.

Rivers, W.M. (1972), „Talking off the tops of their heads", *TESOL Quarterly* 6, 71–81.

Romijn, Elizabeth / Seely, Contee (1979), *Live action English: for foreign students*, San Francisco: The Albany Press.

Ronjat, Jules (1913), *Le dévelopment du langage observé chez un enfant bilingue*. Paris: Libraire Ancienne H. Campion.

Rose, Steven (1993), *The making of memory. From molecules to mind*, Toronto u.a.: Bantam Books.

Ruke-Dravina, Velta (1967), *Mehrsprachigkeit im Vorschulalter*, Lund: Gleerup.

Russell, Bertrand (1975), *My philosophical development*, London: Unwin.

Sarganeck, Geo. (1743), *Verbesserter Franz. Langius*, D.i.: Erleichterte Franz. Grammatica. Nach der Methode und Ordnung der Langischen Grammatica von Schatz herausgegeben, Halle: Waisenh.

Sastri, H.N.L.: The Bilingual Method of Teaching English – an Experiment. In: *RELC Jorunal*, 2 (1970), 24–28.

Saunders, George (1982), *Bilingual children. Guidance for the family*, Multilingual Matters Ltd..

Saunders, George (1988), *Bilingual children: from birth to teens*, Clevedon, Philadelphia: Multilingual Matters LTD.

Savignon, Sandra J. (1981), „Three Americans in Paris. A look at ‚natural' second language acquisition", *Modern Language Journal* 65, 241–247.

Schäfer, Hans (1971), *Leib, Geist, Gesellschaft*, München: Claudius.

Scherfer, Peter (1985), „Lexikalisches Lernen im Fremdsprachenunterricht", in Ch. Schwarze / D. Wunderlich, Hg., *Handbuch der Lexikologie*, Königstein/Ts.: Athenäum.

Scherfer, Peter (1994), „Überlegungen zu einer Theorie des Vokabellernens und -lehrens", in W. Börner, K. Vogel, Hg., *Kognitive Linguistik und Fremdsprachenerwerb. Das mentale Lexikon*, Tübingen: Narr, 185–215.

Schiffler, Ludger (1989), *Suggestopädie und Superlearning – empirisch geprüft: Einführung und Weiterentwicklung für Schule und Erwachsenenbildung*, Frankfurt/M.: Diesterweg.

Schleiermacher, Friedrich (1813), „Methoden des Übersetzens", in H.J. Störig, Hg., (1963), *Das Problem des Übersetzens*, Stuttgart: Henry Goverts.

Schmidt, Paul (1954), *Sprachen lernen, warum und wie?*, Bonn.

Schneider, B. (1971), „Kritische Anmerkungen zu den audio-lingualen Übungstypen im fremdsprachlichen Unterricht", *Praxis des neusprachlichen Unterrichts* 3, 56–66.

Schopenhauer, Arthur (1851): *Parerga und Paralipomena: Kleine Philosophische Schriften von Arthur Schopenhauer, Zweiter Band*, Zürich: Haffmans Verlag 1988.

Schwab, Götz (2000), „Zur Situation des Englischunterrichts. Anmerkungen eines jungen Fachlehrers", *Praxis des neusprachlichen Unterrichts*, 47. Jg., H. 3, 302–308.

Seleskovitch, D. (1974), *Langage et mémoire; étude de la prise de notes en Interprétation consécutive*, Paris.

Seleskovitch, D. (1975), *Langage, langues et mémoire*, Paris: Minerva.

Seliger (1977), „Does practice make perfect?", *Language Learning* 27, 263–276.

Serreius, Joannes (1603), *Grammatica Gall. nova*, Argentorati.

Seume, Johann Gottfried (1813), *Mein Leben*, Stuttgart: Reclam (1961).

Skumabb-Kangas, Tove / Toukomaa, P. (1977), *Teaching migrant children's mother-tongue and learning the language of the host country in the context of the sociocultural Situation of the migrant family,* Helsinki: The Finnish National Commission for Unesco.

Skutnabb-Kangas, Tove (1982), „Some prerequisites for learning the majority language – a comparison between different conditions". *Osnabrücker Beiträge zur Sprachtheorie* 22.

Slobin, I. / Ferguson, Charles A., eds., (1973), *Studies of child language development,* New York: Holt.

Smith, V. / Klein-Braley, C. (1985), *In other words. Arbeitsbuch Übersetzung,* München: Hueber.

Snow, C.E. / Ferguson, C.A. (1979), *Talking to children,* Cambridge: CUP.

Solmecke, G. (1981), „Gegen die unaufgeklärte Zweisprachigkeit", *Englisch* 16, 8–14.

Solmecke, Gert (2000), „Verständigungsprobleme im Englischunterricht", *Fremdsprachen in Lehre und Forschung* 26, 305–326.

Speight, Stephen (1985), „Aspects of conversation", *Praxis des neusprachlichen Unterrichts,* 273–282.

Spitz, Rene A. (1957), *Nein und Ja. Die Ursprünge der menschlichen Kommunikation,* Stuttgart: Klett.

Steindl, Michael (1983), *Zweitsprache Deutsch für Ausländerkinder,* Donauwörth: Auer.

Steiner, George (1975), *After Babel. Aspects of language and translation,* Oxford: OUP.

Steiner, George (1997), *Errata: an examined life,* London: Weidenfeld & Nicholson.

Stephens, Meic (1979), *The Welsh language today,* Gomer Press.

Stern, Clara / Stern, William (1928), *Monographien über die seelische Entwicklung des Kindes,* Leipzig: Barth.

Stern, H.H. (1983), *Fundamental concepts of language teaching,* London: OUP.

Steuerwald, K. (1932), *Wesen und Bedeutung der neusprachlichen Reform. Eine historisch-kritische Darstellung,* Langensalza.

Stevick, E.W. (1976), *Memory, meaning and method,* Rowley/Mass.: Newbury House.

Stevick, E.W. (198o), *Teaching languages. A way and ways,* Rowley/Mass.: Newbury House.

Stolt, B. (1964), *Die Sprachmischung aus Luthers Tischreden: Studien zum Problem der Zweisprachigkeit,* Stockholm: Stockholmer Germanistische Forschungen.

Streuber, Albert (1914), Beiträge zur Geschichte des französischen Unterrichts im 16–18. Jhd., I. Teil, *Eherings Romanische Studien,* Berlin.

Suckrau, Detlef (2001), „Sprachunterricht mangelhaft. Wie man die Bedingungen ändern könnte", *Praxis des neusprachlichen Unterrichts* 48. Jg., H. 2, 190–193.

Szagun, Gisela (1980), *Sprachentwicklung beim Kind. Eine Einführung*, München: Urban & Schwarzenberg.

Taeschner, T. (1983), *The sun is feminine. A study on language acquisition in bilingual children*, Berlin: Springer.

Techmer, F. (1985), „Sprachentwicklung, Spracherlernung, Sprachbildung", *Internationale Zeitschrift für allgemeine Sprachwissenschaft* 1, 141–192.

Terrell, T.D. (1982), „The natural approach to language teaching: an Update", *Modern Language Journal*, 66/2, 121–132.

Timm, Johannes-P. (1998), *Englisch lernen und lehren. Didaktik des Englischunterrichts*, Berlin: Cornelsen.

Tizard, J. et al. (1981), „Collaboration between teachers and parents in assisting children's reading", *British Journal of Educational Psychology* 52, 1–15.

Tucholsky, Kurt (1975), *Gesammelte Werke*, Bd. 4, Reinbek b. Hamburg: Rowohlt.

Tulving, E. (1972), „Episodic and semantic memory", in E. Tulving / W. Donaldson, eds., *Organization of memory*, New York: Academic Press, 382–404.

Ufert, Detlev (1980), *Der natürliche Zweitsprachenerwerb des Englischen. Die Entwicklung des Interrogationssystems*, Diss. Phil., Kiel.

Valette, R.M. (1973), „Developing and evaluating communication skills in the classroom", *TESOL Quarterly* 7, 407–424.

Veaux,J.C. de la (1787–90), M*ethodischer Unterricht in d. französ. Sprache, worin alles enthalt, was erford. wird diese Sprache zu lehren und zu lernen. 4 Thle*, Berlin.

Viëtor, W. (1905), *Der Sprachunterricht muß umkehren! Ein Beitrag zur Überbürdungsfrage von Quousque Tandem (W. Viëtor). 3., durch Anmerkungen erweiterte Auflage*, Leipzig.

Vollmer, Gerhard (1980), „Evolutionäre Erkenntnistheorie und Leib-Seele-Problem", *Herrenalber Texte* 23, 11–17.

Volpert, W. (1971), *Sensumotorisches Lernen*, Frankfurt/M.

von Hentig, Hartmut (1966), *Platonisches Lehren. Probleme der Didaktik, dargestellt am Modell des altsprachlichen Unterrichts*, Stuttgart: Klett.

Wagner, J. (1983), *Kommunikation und Spracherwerb im Fremdsprachenunterricht*, Tübingen: Narr.

Wagner, Klaus R. (1974/5), *Die Sprechsprache des Kindes*, 2 Bde., Düsseldorf: Schwann.

Walatara, Douglas(1973), „An Experiment with the Bilingual Method for Teaching English as a Complementary Language", *Jounal of the National Science Council of Sri Lanka*, 1, 189–205.

Walter, Anton v. (1995), „Englischdidaktik im Spiegel der Fachzeitschriften – Ergebnisse einer Publikationsanalyse der Jahre 1980–1992", *Neusprachliche Mitteilungen aus Wissenschaft und Praxis*, 48. Jg., H. 1, 17–24.

Walter, Gertrud (1978), „Unterhaltungen mit Schülern des 9. Schuljahrs – Studien zur Kommunikationsfähigkeit im Englischen“, *Die Neueren Sprachen* 77, 164–175.

Wandruszka, Mario (1979a), Die Mehrsprachigkeit des Menschen, München: Piper.

Wandruszka, Mario (1979b), „Sprache und Sprachen“, in Anton Peisl / Armin Mohler, Hg., *Der Mensch und seine Sprache*, Bd. 1, Frankfurt/M.: Ullstein, 7–48.

Watzlawick, Paul / Beavin, Janet H. / Jackson, Don D. (1969), *Menschliche Kommunikation. Formen, Störungen, Paradoxien*, Bern: Huber.

Waugh, Evelyn (1983), *A little learning*, Harmondsworth: Penguin.

Wedel, A. (1986), „Strategic interaction als Unterrichtsmittel beim Deutschunterricht“, in *VIII. Internationale Deutschlehrertagung. Sektionsreferate*, Bern.

Weigl, Egon (1974), „Zur Schriftsprache und ihrem Erwerb – neuropsychologische und psycholinguistische Betrachtungen“, in W. Eichler / A. Hofer, Hg., *Spracherwerb und linguistische Theorien. Texte zur Sprache des Kindes*, München: Piper, 94–173.

Weinert, Franz. E. (1999), „Die fünf Irrtümer der Schulreformer“, *Psychologie heute*, Heft 7 (Juli 1999), 28–34.

Weinrich, H. (1970), *Linguistik der Lüge*, Heidelberg: Lambert Schneider.

Weinrich, H. (1983), „Sprachmischung und Fremdsprachendidaktik“, *Der fremdsprachliche Unterricht* 67, 207–213.

Weir, R. (1962), *Language in the crib*. The Hague.

Weizsäcker, Carl Friedrich v. (1985), *Wahrnehmung der Neuzeit*, München: dtv.

Weller, Franz-Rudolf (1981 a), „Formen und Funktionen der Übersetzung im Fremdsprachenunterricht – Beispiel Französisch“, in K.-R. Bausch / F.-R. Weller, Hg., *Übersetzen und Fremdsprachenunterricht*, Frankfurt/M.: Diesterweg, 233–296.

Weller, Franz-Rudolf (1981b) „Inhaltliche Implikationen der Einsprachigkeit im Fremdsprachenunterricht I“, *Französisch heute* 1, 1–19

Weller, Franz-Rudolf (1981c), „Inhaltliche Implikationen der Einsprachigkeit im Fremdsprachenunterricht II“, *Französisch heute* 2, 71–93.

Wells, Gordon (1985), *Language development in the pre-school years*, Cambridge: CUP.

Weskamp, Ralf (2001), *Fachdidaktik: Grundlagen und Konzepte. Anglistik, Amerikanistik*, Berlin: Cornelsen.

West, M.P. (1955/56), „In the classroom: the problem of pupil talking-time“, *English Language Teaching* 10, 71–73.

West, Michael (1960/1966^4), *Teaching English in difficult circumstances. Teaching English as a foreign language with notes on the techniques of textbook construction*, London: Longmans, Green and Co.

Wilkins, D.A. (1978), *Second-language learning and teaching*, London: Arnold.

Willett, R. (1974), „Die Ausbildung zum Konferenzdolmetscher", in V. Kapp, Hg., *Übersetzer und Dolmetscher*, Heidelberg: Quelle & Meyer, 87–109.

Wilss, W. (1977), *Übersetzungswissenschaft. Probleme und Methoden*, Stuttgart.

Wirl, J. (1955), „Ergänzungen zum Problem des Übersetzens", in K. Bruner, Hg., *Anglo Americana. Meine Beiträge zur englischen Philologie* 62, Wien: Braunmüller, 173–184.

Wode, Henning (1977), „Lernerorientiertheit im Fremdsprachenunterricht: FU als Spracherwerb", in Hans Hunfeld, Hg., *Neue Perspektiven der Fremdsprachendidaktik*, Kronberg/Ts.: Skriptor.

Wode, Henning (1978), „L1-Erwerb, L2-Erwerb und Fremdsprachenunterricht", *Die Neueren Sprachen* 77, 452–465.

Wode, Henning (1981b), „Neue Wege zur Sprachlehrforschung und Fremdsprachendidaktik", *Englisch Amerikanische Studien* 4, 509–525.

Wode, Henning (1987), „Einige Grundzüge des natürlichen L2-Erwerbs des Wortschatzes", in H. Melenk et al., Hg., *11. Fremdsprachendidaktikerkongreß. Region, Drama, Politik, Spracherwerb*, Tübingen: Narr.

Wode, Henning (1988), *Einführung in die Psycholinguistik. Theorien, Methoden, Ergebnisse*, Ismaning: Max Hueber Verlag.

Wode, Henning (l 981 a), *Learning a second language. I. An integrated view of language acquisition*, Tübingen: Narr.

Wolff, Dieter (1994), „Der Konstruktivismus: Ein neues Paradigma in der Fremdsprachendidaktik?", *Die neuen Sprachen*, Bd. 93, H. 5, 407–429.

Woodworth, R.S. (1938), *Experimental psychology*, New York: Holt.

Wulf, Herwig (1985), „‚Your fare.' – ‚Yes, I am.' Wie sich die Schüler einen Vers aus den contracted forms machen könnten", *Praxis des neusprachlichen Unterrichts* 32, 266–269.

Wygotski, L.S. (1971), *Denken und Sprechen*, Stuttgart: Fischer.

Zeh, D. (1982), „Überlegungen zum Grammatikunterricht", *Mentorentagung des Instituts für Reallehrerausbildung an der Pädagogischen Hochschule Ludwigsburg im Herbst 1981*, Ludwigsburg.

Zehnder, Erich (1981), *Lernziel: Kommunikationsfähigkeit? Eine Analyse der Interaktions- und Kommunikationsprozesse im Englischunterricht der Orientierungsstufe*, Tübingen: Narr.

Zierer, E. (1977), „Experiences in the bilingual education of a child of preschool age", *IRAL* 2, 143–9.

Zimmer, Dieter (1998), *Deutsch und anders. Die Sprache im Modernisierungsfieber*, Reinbek bei Hamburg: Rowohlt.

Zimmer, Dieter E. (1985), „Das Sogenannte Unbewußte", *Zeitmagazin*.

Zimmer, Dieter E. (1986), *So kommt der Mensch zur Sprache*, Haffmanns: Zürich.

Zimmer, Hubert D. (1985), „Die Verarbeitung von Bedeutung: Verstehen und Benennen", in Ch. Schwarze / D. Wunderlich, Hg., *Handbuch der Lexikologie*, Königstein/Ts.: Athenäum, 314–332.

Zimmermann, Günther (1981), „Zur Textverständlichkeit im Lernbereich Grammatik", *Neusprachliche Mitteilungen* 3, 152–159.

Zimmermann, Günther (1984), *Erkundungen zur Praxis des Grammatikunterrichts*, Frankfurt/M.

Zimmermann, Günther (1985), „Verstehensregel und Monitorregel. Zum lehrtheoretischen Status der Signalgrammatik", *Praxis des neusprachlichen Unterrichts* 3, 292–296.

Zimmermann, Günther / Wißner-Kurzawa, Elke (1985), *Grammatik: lehren – lernen – selbstlernen*, München: Hueber.

Zollinger, B. (1996), *Die Entdeckung der Sprache*, Beiträge zur Heil- und Sonderpädagogik, Bd. 16, Bern, Stuttgart, Wien: Haupt.

Zydatiß, Wolfgang (2002), *Leistungsentwicklung und Sprachstandserhebungen im Englischunterricht*, Frankfurt: Peter Lang.

Register

Personenregister

Sachregister